高等学校汽车类规划教材
国家技能型人才培养培训系列教材

汽车检测技术

QICHE JIANCE JISHU

廖忠诚　谢三山　邬忠萍　主编

第二版

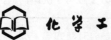

·北京·

内 容 提 要

《汽车检测技术》内容主要包括：汽车检测诊断的基础知识，汽车检测专用工具和检测设备，发动机检测技术，底盘检测技术，电控系统检测技术，汽车整车性能检测。本书采用最新标准，内容全面，对发动机、底盘、电控系统和汽车整车检测分类分项按步骤图文对照地进行了讲述，并且每章之后附有复习与思考题供使用者练习，以巩固所学内容。另外为方便教学，配套电子课件。

本书可作为高等院校、职业学校汽车类相关专业的教材，也可作为汽车行业培训用书，并可供汽车检测、维修人员参考使用。

图书在版编目（CIP）数据

汽车检测技术/廖忠诚，谢三山，邬忠萍主编. —2版. —北京：化学工业出版社，2020.8
高等学校汽车类规划教材　国家技能型人才培养培训系列教材
ISBN 978-7-122-36685-6

Ⅰ.①汽…　Ⅱ.①廖…②谢…③邬…　Ⅲ.①汽车-故障检测-高等职业教育-教材　Ⅳ.①U472.9

中国版本图书馆CIP数据核字（2020）第077834号

责任编辑：韩庆利　　　　　　　　　　　文字编辑：张绪瑞
责任校对：杜杏然　　　　　　　　　　　装帧设计：史利平

出版发行：化学工业出版社（北京市东城区青年湖南街13号　邮政编码100011）
印　　装：大厂聚鑫印刷有限责任公司
787mm×1092mm　1/16　印张18　字数448千字　2020年10月北京第2版第1次印刷

购书咨询：010-64518888　　　　　　　　售后服务：010-64518899
网　　址：http://www.cip.com.cn
凡购买本书，如有缺损质量问题，本社销售中心负责调换。

定　　价：49.00元　　　　　　　　　　　　　　　　　　版权所有　违者必究

前 言

《汽车检测技术》第一版出版以来，汽车技术和汽车检测技术有了新的发展，对汽车的技术管理和检测提出了一些新问题、新的要求，也产生了一些新的研究成果，有关技术标准和规范得以进一步完善，这些都需要及时纳入《汽车检测技术》教材中，以使本教材反映时代特色，继续保持内容的先进性；作为教授"汽车检测技术"课程的教师，在该教材的直接使用中，注意、发现并想到一些有待改进的地方，同行们也提出过一些可以使该教材得以进一步改善的建议；随着教学改革研究的深入，我们对教学规律和"汽车检测技术"课程的教学经验也在不断积累和深化。

《汽车检测技术》（第二版）章节上的安排，将原版第6章中的"汽车检测站"移到第1章；第2章改为"汽车检测专用工具和检测设备"；第3章为"发动机检测技术"，在原版第2章的基础上增加了"发动机异响的检测"；第4章为"底盘检测技术"，该章将原版的第3章和第4章中的一些底盘上的内容进行结合，并且增加了"转向盘自由行程和转向力检测"；第5章仍为"电控系统检测技术"，在5.3中的"电控发动机的传感器的检测和执行器检测"改为了"电控发动机基本的传感器和执行器的检测"；原版第6章的"汽车检测站"改为"汽车整车性能检测"，并加入了"汽车外观和整车技术参数检测"和"汽车噪声和喇叭声级检测"。

《汽车检测技术》（第二版）在内容方面，则结合汽车和汽车检测技术的发展和有关标准法规，对全书内容及文字进行了较大幅度更新。其中有第3章的汽车发动机检测中的汽油机燃油供给系统检测、发动机异响诊断；以及第5章的电控系统检测技术中的基本传感器和执行器的检测，主要列举了发动机工作主要的七个传感器和四个执行器（其中点火线圈波形的检测在3.3中有介绍）的检测；在第6章中汽车整车性能检测添加了汽车外观和整车技术参数检测、汽车噪声和喇叭声级检测。由于在各章中都新增了一些内容，故全书内容更为完整。

本书由廖忠诚、谢三山、邬忠萍主编，郭金莹、周红艳副主编，杨雪峰、王意东、朱若岭参编。

根据所涉及内容的内在联系，本次修订对原有章节的内容安排进行了合理的调整，使逻辑性和系统性更好。

本书配套电子课件，可免费赠送给用本书作为教材的院校和老师，可登录化学工业出版社教学资源网 www.cipedu.com.cn 下载。

恳请使用本教材的师生对教材内容、章节安排等提出宝贵的意见，以便再版时参考。

编　者

目 录

第1章 汽车检测诊断的基础知识 … 1

1.1 概述 / 1
    1.1.1 基本概念及术语 / 1
    1.1.2 汽车检测的目的及作用 / 2
    1.1.3 检测与诊断的方法及特点 / 3
1.2 汽车检测诊断的标准和周期 / 3
    1.2.1 检测诊断参数及分类 / 3
    1.2.2 检测诊断标准 / 6
    1.2.3 检测诊断周期 / 8
    1.2.4 测量误差和精度 / 8
1.3 汽车检测站 / 10
    1.3.1 检测站的类型 / 10
    1.3.2 汽车检测站检测流程和工位布置 / 12
复习与思考题 / 16

第2章 汽车检测专用工具和检测设备 … 18

2.1 部分专用工具和检测设备 / 18
2.2 万用表 / 21
    2.2.1 数字式万用表 / 21
    2.2.2 汽车专用万用表 / 22
2.3 解码器 / 32
    2.3.1 解码器的功能 / 32
    2.3.2 解码器的结构简介 / 33
    2.3.3 解码器的使用方法 / 35
2.4 发动机综合性能检测仪 / 40
    2.4.1 检测仪的功能与特点 / 40
    2.4.2 检测仪的基本组成与工作原理 / 41
    2.4.3 综合检测仪的主要检测项目 / 44
复习与思考题 / 46

第3章 发动机检测技术 — 47

3.1 发动机功率检测 / 47
    3.1.1 概述 / 47
    3.1.2 无外载测功的测量原理 / 47
    3.1.3 无外载测功的测试方法 / 49
    3.1.4 各气缸功率均衡性检测 / 51
    3.1.5 气缸效率测试 / 51

3.2 气缸密封性检测 / 52
    3.2.1 气缸压缩压力的检测 / 52
    3.2.2 曲轴箱窜气量的检测 / 55
    3.2.3 气缸漏气量的检测 / 56
    3.2.4 气缸漏气率的检测 / 57
    3.2.5 进气歧管真空度的检测 / 57

3.3 汽油机点火波形观测 / 60
    3.3.1 点火波形的检测 / 61
    3.3.2 点火波形分析 / 63
    3.3.3 次级电压的故障波形分析 / 67
    3.3.4 初级电压的故障波形分析 / 69
    3.3.5 无触点点火系波形和无分电器点火系 / 70
    3.3.6 点火正时检测 / 71

3.4 汽油机燃油供给系统检测 / 74
    3.4.1 电子控制汽油喷射系统的组成及工作原理 / 74
    3.4.2 混合气质量检测 / 75

3.5 柴油机燃油供给系统检测 / 82
    3.5.1 喷油压力检测 / 82
    3.5.2 喷油提前角测定 / 83
    3.5.3 供油压力波 / 83
    3.5.4 故障喷油压力波的加载分析 / 84

3.6 发动机异响诊断 / 87
    3.6.1 发动机异响的性质 / 87
    3.6.2 发动机异响的特征 / 87
    3.6.3 影响发动机异响诊断的因素 / 88
    3.6.4 发动机异响诊断仪的基本原理 / 89
    3.6.5 发动机异响诊断方法 / 91
    3.6.6 发动机异响诊断波形分析 / 92
    3.6.7 配气相位的动态检测 / 92

复习与思考题 / 94

第4章 底盘检测技术 — 95

4.1 转向盘自由行程和转向力检测 / 95

  4.1.1 转向盘自由行程及其检测 / 95
  4.1.2 转向盘转向力及其检测 / 95
4.2 车轮平衡度检测 / 96
  4.2.1 概述 / 96
  4.2.2 离车式车轮平衡机 / 98
  4.2.3 就车式车轮动平衡机 / 101
  4.2.4 检测标准 / 103
4.3 悬架装置检测 / 103
  4.3.1 悬架性能的检测方法 / 104
  4.3.2 检测标准 / 106
4.4 车轮定位检测 / 106
  4.4.1 车轮定位参数 / 107
  4.4.2 四轮定位仪的分类 / 110
  4.4.3 四轮定位仪的结构和检测原理 / 110
  4.4.4 四轮定位参数的测量原理 / 114
  4.4.5 四轮定位仪的使用 / 118
  4.4.6 3D图像式四轮定位仪简介 / 119
4.5 汽车车轮侧滑量的检测 / 120
  4.5.1 侧滑检测原理及检测标准规定 / 120
  4.5.2 侧滑试验台的结构及工作原理 / 123
  4.5.3 侧滑试验台使用方法 / 126
  4.5.4 检测后轴技术状况 / 127
4.6 传动系游动角度检测 / 127
  4.6.1 传动系游动角度增大的现象和原因 / 127
  4.6.2 传动系游动角度检测方法 / 128
  4.6.3 诊断参数标准 / 130
4.7 汽车制动性的检测 / 130
  4.7.1 汽车制动性评价参数 / 130
  4.7.2 汽车制动性能的检测标准 / 132
  4.7.3 汽车制动性的台试检测 / 134
  4.7.4 汽车制动性的路试检测 / 140
复习与思考题 / 141

第 5 章

电控系统检测技术

5.1 电控燃油喷射系统检测诊断的程序和方法 / 142
  5.1.1 电控发动机检修注意事项 / 142
  5.1.2 电控发动机的自诊断系统 / 145
  5.1.3 故障码的读取方法 / 151
  5.1.4 电控燃油喷射发动机故障诊断的基本流程 / 157
  5.1.5 用传统方法检查诊断故障的程序和方法 / 159

5.1.6 电控燃油喷射发动机常见故障的诊断 / 163

5.2 电控燃油喷射系统基本电子器件的检测方法 / 167

5.2.1 发动机电控单元 ECU 的检测 / 168

5.2.2 电控发动机基本传感器的检测 / 172

5.2.3 电控发动机基本执行器的检测 / 185

5.3 电控自动变速器系统检测诊断故障的程序和方法 / 195

5.3.1 对自动变速器做初步的信息了解和外观检查 / 195

5.3.2 读取自诊断系统的故障码进行故障分析 / 195

5.3.3 自动变速器的性能检测 / 199

5.3.4 自动变速器常见故障简介 / 208

5.4 防抱死制动系统检测诊断的程序和方法 / 208

5.4.1 ABS 系统故障自诊断功能 / 208

5.4.2 ABS 系统检测注意事项及检测条件 / 209

5.4.3 故障检测仪 VAG1551 的连接 / 209

5.4.4 读取故障存储器中的故障信息 / 210

5.4.5 清除故障存储器中的故障信息和结束输出 / 211

5.4.6 故障代码及含义 / 212

5.4.7 读取测量数据块 / 214

5.5 OBD-Ⅱ随车诊断系统 / 215

5.5.1 OBD-Ⅱ随车诊断系统的主要特点 / 215

5.5.2 OBD-Ⅱ随车诊断系统诊断代码的组成与结构 / 217

5.5.3 采用 OBD-Ⅱ的车系故障代码的读取和清除方法 / 218

复习与思考题 / 219

第 6 章 汽车整车性能检测

221

6.1 汽车外观和整车技术参数检测 / 221

6.1.1 汽车外观检测 / 221

6.1.2 汽车结构参数检测 / 222

6.1.3 汽车质量参数检测 / 223

6.1.4 汽车通过性参数检测 / 224

6.1.5 汽车稳定性参数检测 / 225

6.2 汽车动力性检测 / 226

6.2.1 汽车动力性的台架检测 / 226

6.2.2 汽车动力性的路试检测 / 233

6.3 汽车燃油经济性检测 / 242

6.3.1 汽车燃油经济性的台架检测 / 242

6.3.2 汽车燃油经济性的路试检测 / 248

6.4 汽车前照灯性能检测 / 252

6.4.1 前照灯及其特性 / 252

6.4.2 前照灯的检测项目与标准 / 254

　　　　6.4.3　前照灯的检测原理　/　256
　　　　6.4.4　前照灯检测仪的类型　/　258
　　　　6.4.5　前照灯的检测方法与步骤　/　261
　　6.5　汽车排放检测　/　263
　　　　6.5.1　不分光红外线尾气分析仪检测原理和构成　/　264
　　　　6.5.2　电化学电池检测原理　/　267
　　　　6.5.3　汽车尾气检测方法　/　268
　　　　6.5.4　废气分析仪使用　/　270
　　6.6　汽车噪声和喇叭声级检测　/　273
　　　　6.6.1　汽车噪声的来源　/　273
　　　　6.6.2　汽车噪声的检测指标　/　274
　　　　6.6.3　汽车噪声的检测标准　/　275
　　　　6.6.4　车内噪声和驾驶人耳旁噪声检测　/　276
　　　　6.6.5　汽车加速行驶时车外噪声的检测　/　277
　　　　6.6.6　汽车喇叭声级检测　/　279
　　复习与思考题　/　279

参考文献　/　280

第 1 章

汽车检测诊断的基础知识

在现代社会，汽车已成为人们工作、生活中不可缺少的一种交通工具。汽车在为人们造福的同时，也带来大气污染、噪声和交通安全等一系列问题。同时，随着行驶里程的增加和使用时间的延续，其技术状况将不断恶化。因此，一方面要不断研制性能优良的汽车；另一方面要借助维护和修理，恢复其技术状况。汽车检测技术就是在汽车使用、维护和修理中对汽车的技术状况进行测试和检验的一门技术。

1.1 概述

1.1.1 基本概念及术语

汽车检测是指为确定汽车技术状况或工作能力，利用汽车检测设备对汽车进行的检查和测量。汽车检测通常包括汽车维修制度规定的定期性能检测和汽车发生故障后为诊断故障而进行的检测。

汽车诊断是指汽车发生故障后，在不解体（或仅拆下个别小件）条件下，为确定汽车技术状况或查明故障部位及原因而进行的分析和判断。汽车诊断包括人工经验诊断和利用现代检测诊断设备进行诊断两种途径。

汽车检测与汽车诊断两个概念都是对汽车进行检查以了解汽车的技术状况，但两者的侧重点不同。汽车检测侧重于汽车检测设备的使用，汽车诊断侧重于汽车发生故障后的分析和判断。汽车发生故障前的定期检测是一种主动检查行为，如同健康人去医院做体检，以便了解身体健康状况，及时发现疾病隐患。汽车诊断是一种被动检查行为，好像人生了病要到医院看病一样，两者含义不同；当汽车发生故障后，利用检测设备进行诊断故障时，两者含义相近，诊断的

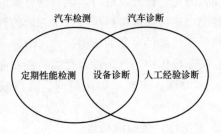

图 1-1 汽车检测与汽车诊断两个概念的关系

基础是检测，检测的目的是诊断。汽车检测与汽车诊断两个概念的关系如图 1-1 所示。

在汽车检测和诊断工作中常涉及以下术语。

① 汽车技术状况　定量测得的表征某一时刻汽车外观和性能的参数值的总和。

② 汽车工作能力　汽车执行技术文件规定的使用性能的能力。

③ 汽车综合能力　汽车多种技术性能的组合，包括汽车动力性、安全性、燃料经济性、操作稳定性、汽车排放性能以及整车装备完整性与状态等。

④ 汽车故障　汽车部分或完全丧失工作能力的现象。

⑤ 故障率　使用到某行程的汽车，在该行程之后单位行程内发生故障的概率。
⑥ 故障树　表示故障因果关系的分析图。
⑦ 检测诊断参数　供检测诊断用的，表征汽车、总成及机构技术状况的参数。
⑧ 检测诊断标准　对汽车检测诊断的方法、技术要求和限值等的统一规定。
⑨ 检测诊断规范　对汽车检测诊断作业技术要求的规定。
⑩ 检测诊断周期　汽车检测诊断的间隔期。

1.1.2　汽车检测的目的及作用

根据汽车检测诊断的目的，汽车检测诊断主要有安全环保检测、综合性能检测和故障诊断与维修检测，不同的类型，其检测目的又有区别。

(1) 汽车安全环保检测

对汽车进行安全环保检测是为了确保在用汽车具有符合要求的外观及车貌、良好的安全性能和排放性能，把诱发交通事故的各种隐患减小到最低程度，使汽车在高效、安全和环保的情况下运行。

根据《机动车管理办法》和交通法规的规定，对已领有正式牌照和行驶证的机动车辆，必须按规定的期限并按照《机动车运行安全技术条件》（GB 7258—2017）的要求进行检验，称为年度检验，简称年检。机动车安全检测内容包括外观检测、车下检测、机动车安全检测线检测和路试检测等，主要进行汽车整车、发动机、转向系、制动系、照明和信号装置、行驶系、传动系、车身、安全和防护装置等方面的检测。

(2) 汽车综合性能检测

对汽车进行综合性能检测是为了确定在用汽车的技术状况和工作能力，查明故障或隐患部位及原因，确保汽车在可靠性、动力性、经济性、环保性、安全性等方面有良好的技术状况。

综合检测站设备多且配套、功能齐全，自动化程度高，数据处理迅速准确，检测项目多且全面，因此它既可以进行车辆管理方面的安全环保检测，又可以进行车辆维修方面的技术状况检测，还可以承接科研或教学方面的性能试验和参数测试，为科研、教学、设计、制造和维修等部门提供可靠的依据。

在实际操作中，汽车综合性能检测按照汽车性能归类如下。

① 动力性：车速、加速时间、底盘输出功率、发动机功率、转矩、点火系和供油系状况。
② 经济性：燃油消耗量。
③ 安全性：制动、前照灯、车速表、转向和侧滑。
④ 环保性：排气污染物和噪声。
⑤ 可靠性：异响、磨损、变形、裂纹。
⑥ 操纵稳定性：车轮定位。

(3) 汽车维修检测

汽车维修检测，其目的是从维修的角度进行车辆维修前、后的检测。维修前确定故障部位和原因，提高维修质量和维修效率，维修后检测汽车的各种使用性能是否得到修复，各项指标是否达到技术标准的规定。

总的来说，汽车检测诊断有两个目的：一种是对显现出故障的汽车，通过检测诊断查找故障的确切部位和发生的原因，从而确定故障、排除故障；另一种是对汽车技术状况进行全面检查，确定汽车技术状况是否满足有关技术标准的要求及与标准相差的程度，以决定汽车是否继续行驶或采取何种措施延长汽车的使用寿命。汽车运行中故障的检测诊断和汽车维修前及维修过程中的检测诊断，属于前一种检测诊断；汽车维修作业后的竣工检验和定期或不定期进行的安全性能检测诊断、综合性能检测诊断，则属于后一种检测诊断。

1.1.3 检测与诊断的方法及特点

汽车检测诊断是由检查、分析、判断等一系列活动完成的。从完成这些活动的方式看，汽车的检测诊断主要有三种基本方法，分别是人工经验检测诊断法、利用现代仪器设备检测诊断法和自诊断法三种。

(1) **人工经验检测诊断法**

人工经验检测诊断法是通过路试和对汽车或总成工作情况的观察，凭借检测诊断人员丰富的实践经验和一定的理论知识，利用简单工具及眼看、耳听、手摸等手段，边检查、边试验、边分析，进而对汽车技术状况进行定性分析或对故障部位和原因进行判断的方法。该检测诊断方法不需要专用仪器设备，可随时随地使用。其缺点在于：检测诊断速度慢，准确性差，并要求检测诊断者具有丰富的实践经验和较高的技术水平。

(2) **现代仪器设备检测诊断法**

现代仪器设备检测诊断法是在人工经验检测诊断法的基础上发展起来的，可在不解体情况下，利用建立在机械、电子、流体、振动、声学、光学等技术基础上的专用仪器设备，对汽车、总成或机构进行测试，并通过对检测诊断参数测试值、变化特性曲线、波形等的分析判断，定量确定汽车的技术状况。采用微机控制的专用仪器设备能够自动分析、判断、打印检测诊断结果。现代仪器设备检测诊断法的优点是检测诊断速度快、准确性高、能定量分析；缺点是投资大、占用固定厂房等。

(3) **自诊断法**

自诊断法是利用汽车电控单元的自诊断功能进行故障诊断的一种方法。其基本原理是利用检测电路检测传感器、执行器及微处理器的各种实际参数，并与存储器中的标准数据比较，从而判断系统是否存在故障。当确定系统有故障存在时，电控单元把故障信息以故障码的形式存入存储器，并控制警告灯发出警示信号。

1.2 汽车检测诊断的标准和周期

1.2.1 检测诊断参数及分类

合理选择检测诊断参数，科学制订检测诊断标准和周期，是汽车检测诊断的前提。

(1) **检测诊断参数的分类**

汽车结构参数（如磨损量、间隙量等）可以表征技术状况，但都无法在不解体情况下直接测量。因此，在检测诊断汽车技术状况时，需要采用一种与结构参数有关而又能表征技术状况的间接指标，该间接指标称为检测参数。它与结构参数紧密相关，又能够反映汽车的技术状况，是一些可测的物理量和化学量。常用的汽车检测参数见表 1-1。

汽车检测参数包括工作过程参数、伴随过程参数和几何尺寸参数。

表 1-1 汽车常用检测参数

诊断对象	检测参数	诊断对象	检测参数
汽车整体	最高车速(km/h) 0~100km 加速时间(s) 最大爬坡度(°,%) 驱动车轮输出功率(kW) 驱动车轮驱动力(kN) 汽车燃料消耗量(L/km,L/100km) 汽车侧倾稳定角(°)	润滑系	机油压力(kPa) 机油池液面高度 机油温度(℃) 介电常数的变化量 金属微粒的容积百分数(%)
发动机总成	额定转速(r/min) 急速转速(r/min) 发动机功率(kW) 发动机燃料消耗量(L/h) 单缸断火(油)转速下降值(r/min) 汽车急速排放 CO(%)、HC(10^{-6}) 柴油车自由加速烟度(FSN) 排气温度(℃) 异响	点火系	断电器触点间隙(mm) 断电器触点闭合角(°) 点火波形重叠角(°) 点火提前角(°) 各缸点火电压值(kV) 各缸点火电压短路值(kV) 点火系最高电压值(kV) 火花塞加速特性值(kV)
		传动系	传动系游动角度(°) 传动系机械传动效率 异响
曲柄连杆机构	气缸压力(MPa) 气缸漏气量(kPa) 气缸漏气率(%) 曲轴箱窜气量(L/min) 进气管真空度(kPa)	行驶系	车轮不平衡量(g) 车轮端面圆跳动量(mm) 车轮径向圆跳动量(mm) 轮胎胎面花纹深度(mm)
配气机构	气门间隙(mm) 配气相位(°)	转向系	车轮侧滑量(m/km) 车轮前束值(mm) 车轮外倾角(°) 主销后倾角(°) 主销内倾角(°) 转向轮最大转角(°) 最小转弯半径(m) 转向盘自由转动量(°) 转向盘外缘最大切向力(N)
汽油机供油系	燃油泵出口关闭压力(kPa) 供油系供油压力(kPa) 喷油器喷油量(mL) 喷油器喷油不均匀度(%)		
柴油机供给系	输油泵输油压力(kPa) 喷油泵高压油管最高压力(kPa) 油泵高压油管残余压力(kPa) 喷油器针阀开启压力(kPa) 喷油器针阀关闭压力(kPa) 喷油器针阀升程(mm) 各缸喷油器喷油量(mL) 各缸喷油器喷油不均匀度(%) 供油提前角(°)	制动系	制动距离(mm) 制动减速度(m/s²) 制动力(N) 制动拖滞力(N) 驻车制动力(N) 制动协调时间(s) 制动完全释放时间(s)
冷却系	冷却液温度(℃) 冷却液液面高度 风扇传动带张力(kN) 散热器入口与出口温差(℃)	其他	前照灯发光强度(cd) 前照灯光束照射位置(mm) 车速表允许误差范围(%) 喇叭声级(dB) 客车车内噪声级(dB) 驾驶员耳旁噪声级(dB)

① 工作过程参数 该参数是汽车、总成、机构工作过程中输出的一些可供测量的物理量和化学量。例如，发动机功率、驱动车轮输出功率或驱动力、汽车燃料消耗量、制动力或制动减速度、滑行距离等，往往能表征检测对象总的技术状况，适合于总体检测。例如，通过检测得知底盘输出功率符合要求，说明发动机技术状况和传动系技术状况均符合要求。反之，通过检测得知底盘输出功率不符合要求，说明发动机或传动系技术状况不佳。汽车不工作时，工作过程参数无法测得。

② 伴随过程参数 该参数是伴随工作过程输出的一些可测量。如振动、噪声、异响、过热等，它可提供检测对象的局部信息，常用于复杂系统的深入诊断。汽车不工作（过热除

外）时，伴随过程参数无法测得。

③ 几何尺寸参数　该参数可提供总成、机构中配合零件之间或独立零件的技术状况。例如，配合间隙、自由行程、圆度、圆柱度、端面圆跳动、径向圆跳动等。它们提供的信息量虽然有限，但却能表征诊断对象的具体状态。

(2) 检测参数的选择原则

能够表征汽车技术状况的检测参数有很多，为了保证检测结果的可信性和准确性，在选择检测参数时，应掌握以下原则。

① 灵敏性　灵敏性是指诊断对象的技术状况在从正常状态到进入故障状态之前的整个使用期内，检测参数相对于技术状况参数的变化率，亦称为灵敏度 K_r，用下式表示

$$K_r = \frac{\mathrm{d}P}{\mathrm{d}u}$$

式中　$\mathrm{d}u$——汽车技术状况参数的微小增量；

　　　$\mathrm{d}P$——汽车检测参数 P 相对于 $\mathrm{d}u$ 的增量。

选用灵敏性高的检测参数评价汽车的技术状况时，可使诊断的可靠性提高。

② 单值性　单值性是指汽车技术状况参数从初始值 u_f 变化到终了值 u_t 的范围内，检测参数的变化不应出现极值，即不应出现 $\mathrm{d}P/\mathrm{d}u = 0$ 的值。否则，同一检测参数将对应两个不同的技术状况参数，给评价技术状况带来困难。

③ 稳定性　稳定性是指在相同的测试条件下，多次测得同一检测参数的测量值，具有良好的一致性。检测参数的稳定性越好，其测量值的离散度（或方差）越小。

④ 信息性　信息性是指检测参数对汽车技术状况具有的表征性。表征性好的检测参数，能表明、揭示汽车技术状况的特征和现象，反映汽车技术状况的全部信息。所以，检测参数的信息性越好，包含汽车技术状况的信息量越高，得出的诊断结论越可靠。

如图 1-2 所示，如果以 $f_1(P)$ 表示无故障检测参数的分布函数，以 $f_2(P)$ 表示有故障检测参数的分布函数，则 $f_1(P)$ 和 $f_2(P)$ 两分布曲线重叠区域越小，检测参数的信息性越强。由图可见，图 1-2（a）所示检测参数 P 的信息性最好；图 1-2（b）所示检测参数 P' 的信息性次之；图 1-2（c）所示检测参数 P'' 的信息性最差。

⑤ 经济性　经济性是指获得检测参数的测量值所需要的诊断作业费用的多少，包括人员、工时、场地、设备和能源消耗等项费用。经济性高的检测参数，所需要的诊断作业费用低。

(3) 检测参数与测量条件、测量方法的关系

汽车检测参数需要在一定的检测条件（如温度条件、速度条件和负荷条件等）下测量，如发动机功率的检测需在一定转速和节气门开度下进行；汽车制动距离的检测需要在一定的制动初速度和载荷（空载或满载）下进行。另外，对检测参数的检测方法也有规定，如汽油

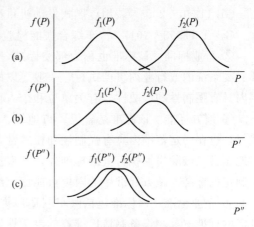

图 1-2　检测参数的信息性

车排气污染物的测量采用怠速法时，规定排气成分（HC、CO）采用不分光（NDIR）废气分析仪进行测量。可见，对检测条件和检测方法应进行规范，否则所测的检测参数值将无法

准确评价汽车的技术状况。

1.2.2 检测诊断标准

检测诊断标准是对汽车诊断的方法、技术要求和限值等的统一规定。检测诊断标准中包括检测诊断参数标准，检测诊断参数标准仅是对检测参数限值的统一规定，是检测标准的一部分。

(1) 检测诊断标准的类型

汽车检测标准可分为国家标准、行业标准、地方标准和企业标准四种类型。

① 国家标准　国家标准是指由国家机关制定和颁布的可用于检测诊断的技术标准。国家标准一般由某行业部委提出，由国家质检总局批准、发布，全国各级各有关单位和个人都要贯彻执行，具有强制性和权威性。

汽车检测诊断中常用的国家标准如下：

GB 7258—2017《机动车运行安全技术条件》

GB 18565—2016《道路运输车辆综合性能要求和检验方法》

GB/T 18344—2016《汽车维护、检测、诊断技术规范》

GB/T 18276—2017《汽车动力性台架试验方法和评价指标》

GB/T 12545.1—2008《汽车燃料消耗量试验方法》

GB 19578—2014《乘用车燃料消耗量限值》

GB 20997—2015《轻型商用车燃料消耗量限值》

GB 12676—2014《商用车辆和挂车制动系统技术要求和试验方法》

GB/T 18276—2017《汽车动力性台架试验方法和评价指标》

GB 1495—2016《汽车加速行驶车外噪声限值及测量方法》

GB/T 14365—2017《声学　机动车辆定置噪声声压级测量方法》

GB 18285—2018《汽油车污染物排放限值及测量方法（双怠速法及简易工况法）》

GB 3847—2018《柴油车污染物排放限值及测量方法》

GB 14763—2005《装用点燃式发动机重型汽车燃油蒸发污染物排放限值》

GB 11340—2005《装用点燃式发动机重型汽车曲轴箱污染物排放限值》

GB/T 17993—2017《汽车综合性能检验机构能力的通用要求》

② 行业标准　该标准也称为部委标准，是部级或国家委员会级制定并发布的标准，在部、委系统内或行业内贯彻执行，一般冠以中华人民共和国某某部或行业标准，也在一定范围内具有强制性和权威性，有关单位和个人也必须贯彻执行。

③ 地方标准　该标准是省级、市地级、市县级制定并发布的标准，在地方范围内贯彻执行，也在一定范围内具有强制性和权威性，所属范围内的单位和个人必须贯彻执行。省、市地、县三级除贯彻执行上级标准外，可根据本地具体情况制定地方标准或率先制定上级没有制定的标准。地方标准中的限值可能比上级标准中的限值要求还要严格。

④ 企业标准　该标准包括汽车制造厂推荐的标准、汽车运输企业和汽车维修企业内部制定的标准、检测设备制造厂推荐的参考性标准三种。一般情况下，企业标准应达到国家标准和上级标准的要求，同时允许超过国家标准和上级标准的要求。

任何一级标准的制定和修订，都要既考虑技术性和经济性，又要考虑先进性，并尽量靠拢同类型国际标准。

(2) 检测诊断参数标准的组成

检测诊断参数标准一般由初始值、许用值和极限值三部分组成。

① 初始值　此值相当于无故障新车和大修车检测参数值的大小，往往是最佳值，一般由制造厂制定，可作为新车和大修车的检测标准。当检测参数测量值处于初始值范围内时，表明诊断对象技术状况良好，无需维修便可继续运行。

② 许用值　检测参数测量值若在此值范围内，则诊断对象技术状况虽发生变化但尚属正常，无需修理可继续运行，但应按时维护。超过此值，勉强许用，但应及时安排维修。否则，汽车带病行车，故障率上升，可能行驶不到下一个检测周期。

③ 极限值　检测参数测量值超过此值后，诊断对象技术状况严重恶化，汽车的动力性、经济性和排气净化性大大降低，行驶安全性得不到保证，有关机件磨损严重，甚至可能发生机械事故。所以，汽车必须立即停驶修理，否则将造成更大损失。

检测诊断参数标准的初始值、许用值和极限值三者之间的关系及检测参数随行驶里程的变化情况如图 1-3 所示。图中：P_f、P_d 和 P_n 分别为检测参数的初始值、许用值和极限值，L_d 为检测周期，$P_f C$ 为检测参数 P 随行驶里程 L 的变化曲线。A' 是继续行驶可能发生故障的点，在 B' 是继续行驶可能发生损坏的点，C 为发生损坏；A 是 A' 后继续行驶最近的检测周期时采取维修措施，B 是维修后检测参数 P 降至初始值 P_f，汽车技术状况得以恢复。因此，将检测参数测量值与检测参数标准值比较，就可得知汽车技术状况，并做出相应的决断。

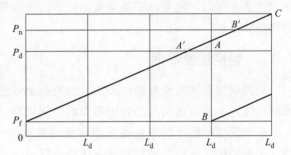

图 1-3　检测参数随行驶里程的变化情况

(3) 检测参数标准的制定或修正

检测参数标准的制定与修正，既要有利于汽车技术状况的提高，又要以经济为基础，进行综合考虑。标准制定得严格了，汽车的动力性、经济性、安全性、排气净化性等性能必定得到提高，即汽车整体技术状况得到提高，但汽车维护与修理的费用也会相应提高。反之，标准制定得宽松了，维护与修理的费用下降，但汽车整体技术状况也下降。随着我国国民经济的快速发展和对安全、节能、排放等方面的要求越来越高，标准的制定与修正必定会越来越严格，并且越来越向国际标准靠拢。

检测参数标准的制定与修正是个比较复杂的过程，一般采用统计法、经验法、试验法或理论计算法完成。

统计法是通过找出相当数量的在用汽车在正常状况下检测参数的分布规律（如正态分布或 γ 分布），然后经综合考虑而制定的并能使大多数在用汽车合格的标准。较常见的做法是随机选择相当数量的在用车辆，其中技术状况良好的车辆要占有一定数量，然后对某一检测参数进行测量，数值从 P_0 到 P_x。把 P_0 到 P_x 的数值分成若干个区间，再把对应各区间的汽车占有量算出，然后制成直方图，描出曲线，如图 1-4 所示，类似正态分布密度函数曲线。

在测量的检测参数中，相对完好技术状况的检测参数值是散布的，分散在最佳值的两侧。同样，相对故障状况的检测参数值也是散布的。故障状况的检测参数值可能与完好技术

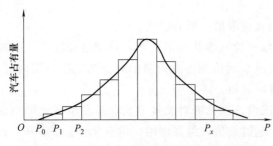

图 1-4 用统计方法确定检测参数的分布规律

状况的检测参数值交叉或重叠。在知道检测参数的分布规律后,可以对检测参数散布的允许范围加以限制,并要符合完好工作概率水平。用这种方法获得的检测参数限值,便是检测参数标准。

制定或修正检测参数标准也可采用其他方法,如经验法,是由一批有经验的专家,根据长期积累的实践经验而确定检测参数标准的一种方法;试验法,是在试验台上采用加速损坏、强化运行的手段来确定检测参数标准的一种方法;理论计算法,是仅适用确定个别机件(如轴承)检测参数标准的一种方法。

不管采用哪种方法制定的检测参数标准,都要经过试行、修改后才能确定下来,但经数年以至十几年后,随着经济的发展、技术的进步和社会需求的提高,检测参数标准要作相应的调整和修正。

1.2.3 检测诊断周期

检测周期是汽车诊断的间隔期,以行驶里程或行驶时间表示。最佳检测周期,是能保证车辆的完好率最高而消耗的费用最少的检测周期。

确定最佳检测周期既要使车辆在无故障状态下运行,又要使我国维修制度中"定期检测、强制维护、视情修理"的费用降至最低,因此要在"定期"上做好文章。

制订最佳检测周期,主要考虑以下因素。

① 汽车技术状况 在汽车新旧程度、行驶里程、技术状况等级、使用性能、结构特点、故障规律、配件质量不一的情况下,制订的最佳检测周期也不会一样。凡是新车或大修车、行驶里程较少的车、技术状况等级为一级的车,其最佳检测周期应长,反之则应短。

② 汽车使用条件 它包括气候条件、道路条件、装载条件、驾驶技术、是否拖挂、燃润料质量等条件。凡是气候恶劣、道路状况极差、经常超载、驾驶技术不佳、拖挂行驶、燃润料质量得不到保障的汽车,其最佳检测周期应短,反之则应长。

③ 费用 它包括检测诊断、维护修理、停驶损耗的费用。若使检测诊断、维护修理费用降低,则应使最佳检测周期延长,但汽车因故障停驶的损耗费用增加;若使停驶损耗的费用降低,则应使最佳检测周期缩短,但检测诊断、维护修理的费用增加。

根据大量统计资料显示,同时实现单位里程内费用最少和技术完好率最高在一定范围内是允许的。根据各地不同的条件,二级维护周期在 10000~15000km 范围内。大修前的检测,一般在大修间隔里程行将结束时结合二级维护前的检测进行。

1.2.4 测量误差和精度

任何一个测量,由于测量中多种因素的影响,所得测量值中总会存在一定的误差。测量值和真值之差,称为测量误差。被测量的真值是被测对象固有属性的真实反映,在确定的条件下是存在的。从测量的角度,真值无法准确获得。

(1) 测量误差的分类

按测量误差出现的规律,可以分为系统误差、随机误差和粗大误差三类。

① 系统误差　在同一测量条件下多次测量同一量时,保持不变或按一定规律变化的误差分量,称为系统误差。系统误差分为恒值系统误差和变值系统误差。恒值系统误差测量误差保持不变,如测试仪表机械零点不在原点上引起的误差,在用天平称重标准砝码的误差。变值系统误差测量误差随条件变化而变化。引起系统误差的原因很多,常见的有:检测设备本身测量精度不高,测量方法不当,使用方法不当和环境条件变化等因素。

系统误差是可以预知的,采取一定的预防措施或对测量值进行修正。

② 随机误差　在同一测量条件下多次测量同一量时,以不可预见的方式变化着的误差分量,称为随机误差。随机误差是测量中一些独立的、微小的、偶然的因素所引起的综合结果,因此也称偶然误差。

随机误差是不可避免的,在同一条件下多次进行的重复测量中,测量值上下起伏变化。但是,可以利用统计学的一些方法进行处理,计算出随机误差的大小。

测量中系统误差和随机误差没有明显分界线。随着科学技术的发展,人们对误差来源与规律的认识越来越深,过去是随机误差,现在有可能划为系统误差,采取措施进行处理。有时把影响不大,规律过于复杂的系统归为随机误差进行处理。

③ 粗大误差　明显超出规定条件预期的误差,称为粗大误差。粗大误差主要是人为因素造成的。例如,测量人员操作不当、读数错误、外界干扰等。含有粗大误差的测量结果属于异常值,误差分析时应剔除。

(2) 测量精度

测量精确度(简称测量精度),是指测量结果与真值的近似程度,它和测量误差是从两个不同角度说明同一概念的术语。测量误差越大,则测量精度就越低;反之,测量精度就越高。

测量精度由精密度和正确度两方面决定。

正确度表示测量结果受系统误差影响的程度,系统误差小,则正确度高。

精密度表示测量结果受随机误差影响的程度,它反映了在同一测量条件下多次测量同一量时,测量值的相互接近程度,随机误差小,则精密度高。

系统误差和随机误差精度都小,说明测量结果的精确度高,即测量精度高。

(3) 测量误差的表示方法

① 绝对误差　是测量值 X 与被测量真值 X_0 之间的差值,如下式所列:

$$\delta = X - X_0$$

式中,δ 为绝对误差。

绝对误差有正、负符号和单位。δ 的单位与被测量的单位相同。

② 相对误差　是测量值的绝对误差 δ 与被测量真值 X_0 的比值,用百分数表示,如下式所列:

$$r = \frac{\delta}{X_0} \times 100\%$$

式中,r 为相对误差。

相对误差只能表示不同测量结果的精确程度,不适用衡量检测设备本身的测量精度。这是因为同一台检测设备在其测量范围内的相对误差也是发生变化的,随着被测量的减小,相对误差变大,为此又采用了"引用误差"的概念。

引用误差是绝对误差 δ 与指示仪表量程 L 的比值,以百分数表示,如下式所列:

$$r = \frac{\delta}{L} \times 100\%$$

如果用指示仪表整个量程中可能出现的绝对误差最大值 δ_m 代替 δ，可得到最大引用误差，如下式所列：

$$r_{0m} = \frac{\delta_m}{L} \times 100\%$$

对于一台确定的检测设备，最大引用误差是一个定值。检测设备一般采用最大引用误差不能超过的允许值，作为划分精度等级的尺度。常见的精度等级有 0.1、0.2、0.5、1.0、1.5、2.0、2.5、5.0 级。精度等级为 1.0 的检测设备，在指示仪表的整个量程内，其绝对误差的最大值不会超过量程的 $\pm 1.0\%$。可以看出，对于精度等级已知的检测设备，只有被测量值接近满量程时才能发挥其测量精度。因此，使用检测设备时只有合理选择量程，才能提高仪器的测量精度。

1.3 汽车检测站

随着汽车制造业和汽车运输业的迅速发展，汽车保有量越来越大。汽车检测站不仅代表政府车管机关或行业对汽车技术状况进行检测和监督，而且已成为汽车制造企业、汽车运输企业、汽车维修企业中不可缺少的重要组成部分。

汽车综合性能检测是汽车运输业车辆技术管理的主要内容之一，是科学技术进步与技术管理相结合的产物，是检查、鉴定车辆技术状况和维修质量的重要手段，是促进维修技术发展，实现视情修理的重要保证。检测的主要内容包括动力性、燃料经济性、安全性、使用可靠性、排气污染和噪声以及整车装备完整性、防雨密封性等多种技术性能的组合。

汽车综合性能检测站定期检测在用车辆中综合性能与安全运行和环境保护有关的项目，综合检测可以提高汽车的技术性能、完善安全结构，对预防交通事故，减少环境污染，增进人民健康具有重要意义。

汽车检测站是综合运用现代检测技术，对汽车实施不解体检测、诊断的机构。它具有现代的检测设备和检测方法，能在室内检测出车辆的各种参数，并诊断出可能出现的故障，为全面、准确评价汽车的使用性能和技术状况提供依据。

1.3.1 检测站的类型

按不同的分类方法，检测站可以分为不同的类型。

(1) 按服务功能分类

如果按服务功能分类，检测站可分为安全检测站、环保检测站、维修检测站和综合检测站 4 种。不同类型的检测站其功用也有所不同。

① 安全检测站 安全检测站是指中华人民共和国境内，依法接受委托，从事机动车安全技术检验，并向社会出具公正数据的机构。

根据《中华人民共和国道路交通管理条例》的规定，汽车安全检测站对在道路上行驶的机动车辆进行安全和环保技术检测工作。承担下列任务。

a. 机动车申请注册登记时的初次检验。

b. 机动车定期检验。

c. 机动车临时检验。

d. 机动车特殊检验，包括肇事车辆、改装车辆和报废车辆等技术检验。

它按照《机动车安全检验项目和方法》（GA 468）规定的车检法规，定期检测车辆中与安全和环保有关的项目，以保证汽车安全行驶，并将污染降低到允许的限度。这种检测站对检测结果往往只显示"合格""不合格"两种，而不作具体数据显示和故障分析，因而检测速度快，检测效率高。检测合格的车辆凭检测结果报告单办理年审签证，在有效期内准予车辆行驶。这种检测站一般由车辆管理机关按照《机动车安全检验项目和方法》（GA468）的要求直接建立，或由车辆管理机关认可的企业单位或事业单位建立，也可多方联合建立。

② 环保检测站　环保检测站是承担在用车辆废气排放污染物定期检测任务的汽车检测站。按照《机动车环保检验合格标志管理规定》要求，对按照国家有关在用机动车污染物排放标准，经定期检验合格的机动车，核发机动车环保检验合格标志。

③ 维修检测站　维修检测站通常由汽车运输企业或维修企业建立，其作用是为车辆维修部门服务。它以汽车性能检测和故障诊断为主要内容，这种检测站通过对汽车维修前进行技术状况检测和故障诊断，确定汽车附加作业、小修项目以及车辆是否需要大修；同时通过对维修后的汽车进行技术检测，可以监控汽车的维修质量。

④ 综合检测站　综合检测站既能担负车辆安全、环保方面的检测任务，又能担负汽车维修中的技术检测，还能承担科研、制造和教学等部门的有关汽车性能试验和参数测定。这种检测站一般由交通运输管理部门依据《汽车运输业车辆综合性能检测站管理办法》的规定建立，其设备多而齐全、自动化程度高，既可进行快速检测，以适应年检要求；又可以进行高精度的测试，以满足技术评定的需要。这种检测站的检测结果可作为交通运输管理部门发放或吊扣营运证的依据，以及作为确定维修单位车辆维修质量的凭证。

按照《汽车运输业车辆综合性能检测站管理办法》的规定和《机动车安全检验项目和方法》（GA 468）的要求，汽车综合性能检测站的主要任务如下。

a. 依法对在用运输车辆的技术状况进行检测诊断。

b. 依法对汽车维修行业的维修车辆进行质量检测。

c. 接受委托，对车辆改装、改造、报废及其有关新工艺、新技术、新产品、科研成果等项目进行检测，提供检测结果。

d. 接受公安、环保、商检、计量和保险等部门的委托，为其进行有关项目的检测，提供检测结果。

(2) 按检测站的工作职能分类

根据检测站的工作职能，检测站可分为 A 级监测站、B 级监测站、C 级监测站三级。不同级别的监测站其工作职责不同。

① A 级检测站　能承担全面检测任务，能对汽车的安全性、动力性、可靠性、经济性、环保特性进行全面的检测，并能对汽车的技术状况及维修质量进行鉴定。它能检测车辆的制动、侧滑、灯光、转向、前轮定位、车速、车轮动平衡、底盘输出功率、燃料消耗、发动机功率和点火系状况及异响、磨损、变形、裂纹、噪声、废气排放等状况。

A 级检测站出具的检测结果或证明，可以作为汽车维修单位维修质量的凭证。

② B 级检测站　能承担在用车辆技术状况和车辆维修质量的检测，它能检验车辆的制动、侧滑、灯光、转向、车轮动平衡、燃料消耗、发动机功率和点火系状况及异响、变形、

噪声、废气排放等状况。

B级检测站出具的检测结果或证明，可以作为汽车维修单位维修质量的凭证。

③ C级检测站　能承担在用车辆技术状况的检测，它能检测车辆的制动、侧滑、灯光、转向、车轮动平衡、燃料消耗、发动机功率及异响、噪声、废气排放等状况。

(3) 按检测线数量不同分类

按检测线数量不同检测站可分为单线检测站、双线检测站和三线及以上检测站等多种。我国目前在使用的车辆检测站，大多为单线或双线检测站，三线及以上的检测站极少。

1.3.2　汽车检测站检测流程和工位布置

(1) 汽车检测站的组成及基本要求

汽车检测站主要由清洗站、检测车间、办公区、维修车间、停车场、试车道路及辅助设施等组成。

① 清洗站　车辆上检测线之前，先上清洗站对待检车辆进行清洗，为检测做好准备。

② 检测车间　检测车间是检测站的核心，内设检测线。检测车间根据检测站所承担的检测项目及执行的技术标准，一般设有一条、两条或三条自动检测线。各条检测线应在总体规划中根据流程进行合理设置，应充分考虑到检测线与业务厅、待检停车场、已检停车场、试车道路、车辆进出、行人及行车安全以及其他配套设施的位置和功能相匹配，不能有流转不畅、堵塞和瓶颈现象。在检测线上根据工艺流程保证各检测工位有足够的空间，各工位间应根据所能检测的最大车型的长度确定安全距离，保证既能形成流水作业，又使各工位间不相互干涉。在检测线入（出）口处应有足够长（一般为1.5倍最大车型的长度）的引车道和醒目的交通标志，以保证车辆进出安全。检测线内设有非工作人员行走区域，并有安全防护装置，以保证检测工作的安全进行。

检测车间的长度、宽度、高度应满足被检测车型的检测工作需要，并符合建筑标准的要求。车间长度由检测线长度决定，而检测线长度主要取决于检测工作的数量和检测车辆的长度尺寸，如布局一条6工位检测线时，以客车型最长12m计算，其车间长度应以92m为宜。若工作数减少，应根据实际确定，确定原则是：各个工位能同时检测一台车，各工位检测车辆互不干扰，一般检测线长度不得小于54m。车间宽度取决于车间内检测线的条数和每条检测线的宽度，其中检测线宽度，既要考虑设备的安装，又要考试检测的安全性，一般每条检测线的宽度不得低于8m。车间高度应由车间内的噪声、空气污染因素及车辆通行高度确定，一般净空高度不得低于6m，进出口高度不得低于4.5m。

检测车间的地理位置一般略高于检测站的其他部分，以保证车间排水畅通。检测车间的进口方向应尽量与风向逆向，这样将废气排放较重的工位置于进口处时，可减少车间内的废气污染。另外，车间两侧一般都增设自然通风装置，这样既可保证空气流通，减少车间内的废气污染，同时能节约强制通风的动力能源，减少因采用强制通风带来的噪声污染。

有的检测站设置有多个检测车间，如安全线检测车间、综合检测车间、外检车间、测功车间等，对汽车进行分门别类的检测。

③ 办公区　办公区是检测站的办公场地，车辆的报检、打印报表、办证等都在办公区内完成。办公区是体现其企业文化、服务质量的窗口。因此，办公区应宽敞、明亮，区内的业务办理台布局和色调应设置检测站的检测工作程序、员工工作守则、服务质量承诺、检测收费标准以及其他信息资料，以充分显示企业的服务特色；区内应设置上线车辆检测动态显

示装置,增加检测工作的透明度,以充分展示检测的公正性;区内应设置车主休息区,以供车主休息等待。

④ 停车场 停车场是被检车辆停车的场地。停车场地一般分为待检停车区和已检停车区,它们应有明显的标识加以区分和分开设置。进检车辆、待检车辆和已检车辆的行驶路线应符合检测工艺流程,不能有相互交叉和碰头现象,以保证检测车辆行进有序、安全行驶。

停车场地的面积应与检测能力相适应。通常,已检停车区的面积一般为检测线能同时检测最大型车辆数量的 1.5~2.5 倍停车面积;待检停车区的面积一般为检测线能同时检测最大型车辆数量的 3~4 倍停车面积。若检测站通行能力强,且日检测数量较多时,可在已检停车区、待检停车区设置专职人员对车辆进行指挥和调度,以充分保证场内车辆安全、有序,不会发生拥堵和瓶颈现象,从而确保检测线高效运行。

为保证安全、高效,停车场地不允许与检测场地、试车道路和行车道路等设施共用。

⑤ 试车道路 试车道路用于汽车的道路试验,它主要用于受检汽车的委托性检测或争议仲裁性检测。其试车道路的长度和宽度一般根据检测站检测项目需进行道路试验的参数确定,通常其长度不小于 100m,宽度不小于 8m。试车道路的承载能力应满足受检汽车的轴荷需要,其路面通常为平坦、硬实、清洁、干燥且轮胎与地面间的附着系数不小于 0.7 的水泥或沥青路面,且纵、横向坡度在 0.1% 以内。

从安全角度考虑,一般试车道路设置在检测车间后面,试车方向最好与检测线车辆行进方向一致,以免出现交叉和会车现象。同时,在试车道进出口区域应有明显的警示标志,防止非工作人员和非试车车辆自行进入,以免引起安全事故。

另外,根据检测要求还应设置驻车坡道,通常驻车坡道设置在试车道路尽头。

⑥ 辅助设施 检测站的辅助设施是为车辆检测提供服务和保障的各种设施的总称。一般包括检测所需的能源供给设施、办公设施、职工休息生活设施以及车辆调修设施等。

一般检测站的组成如图 1-5 所示。

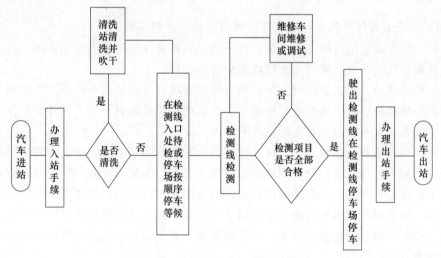

图 1-5 一般检测站组成示意

(2) 汽车安全环保检测站检测流程和工位布置

机动车安全技术检验是指机动车安全技术检验机构依照法律、行政法规的规定,根据车辆用途、载客载货数量、使用年限等不同情况，按照国家机动车安全技术检验标准，定期检验机动车是否符合国家机动车安全技术标准。因此，机动车安全技术检验是机动车安全管理的重要环节，同时也是预防和减少道路交通事故的重要手段，对提高道路运行机动车的安全技术状况、保障实现交通安全管理战略目标具有十分重要的意义。

各安全环保检测线的检测内容基本一致，但项目的组合、工位的设置因检测站实际情况的不同有所差异，通常设置3~5个工位，图1-6是四工位安全环保检测线布置，图1-7是五工位全自动安全环保检测线检测流程。

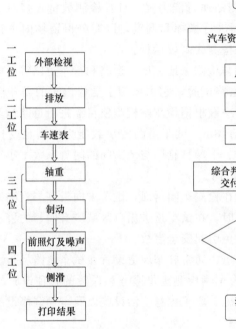 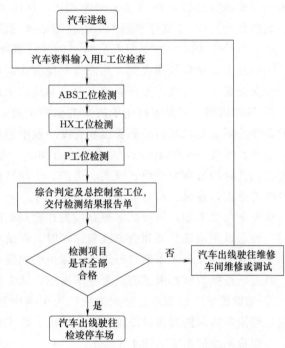

图 1-6　四工位安全环保检测线布置　　　图 1-7　五工位全自动安全环保检测线检测流程

① 四工位安全环保检测线各工位的检测内容和设备基本情况

一工位，即车辆外部检视工位。该工位一般设置在室外，主要进行车辆唯一性确认、整车装备完整有效性检查等，需要人工辅以简单量具进行。

二工位，即排放、车速表检测工位。该工位检测项目是包括汽车排放污染检测、车速表检测、车底外观检查、汽车底盘间隙检测等。配置的主要设备有不分光红外分析仪、不透光烟度计、车速表试验台、汽车底盘间隙检测台等。

三工位，即轴重制动检测工位。该工位进行汽车轴重和制动性能检测，其主要检测项目是汽车各轴的轴重、各轮制动力、同轴车轮制动力平衡、车轮阻滞力、驻车制动力和制动协调时间。工位配置的主要设备有制动试验台、轴重仪或带有轴重检测功能的制动试验台。

四工位，即前照灯、噪声及侧滑量检测工位。本工位检测项目是前照灯发光强度、光束照射方向、喇叭声级、前轮侧滑量等。工位配置的主要设备有汽车前照灯检测仪、声级计和双滑板式侧滑试验台。

② 五工位全自动安全环保检测线的工位设置和检测内容

a. 汽车资料输入及安全装置检查工位。该工位主要录入被检车辆资料并发送至检测线主控微机、进行汽车上部的灯光和安全装置等外观检查，简称L工位。具体检查内容包括：

汽车上部的灯光、安全装置、防护装置、操纵装置、工作仪表和车身等是否装备齐全、工作正常、连接可靠符合规定，检查的重点是灯光和安全装置。

工位上的设备主要包括：进线指示灯、汽车资料录入计算机、工位测控计算机、检验程序指示器、轮胎自动充气机、轮胎花纹测量器、检测手锤、不合格项目输入键盘、电视摄像机、光电开关等。

b. 侧滑、制动、车速表工位。该工位主要进行侧滑量检测、轴重检测、制动检测和车速表检测，简称 ABS 工位。工位配置的主要设备包括：工位测控计算机、侧滑试验台、轴重计或轮重仪（与反力式滚筒制动试验台配套使用。若反力式滚筒制动试验台本身备有轴重计或轮重仪两装置或采用惯性式平板制动试验台，则不必再配备轴重计或轮重仪）、制动试验台、车速表试验台及车速检测申报开关（或遥控器）、检验程序指示器、电光开关、反光镜等。

c. 灯光、排放工位。该工位主要进行前照灯检测、排气检测、烟度检测和喇叭声检测，简称 HX 工位。检测项目包括前照灯发光强度和光轴偏斜量、汽油车怠速排放污染物或柴油车光吸收系数或烟度、喇叭声级。工位上配置的设备包括：工位测控计算机、前照灯检测仪、排气分析仪和烟度计、声级计、检验程序指示器、停车位置指示器、光电开关、反光镜等。

d. 车底检查工位。该工位是对车辆底部的外观检查，由检测人员在地沟内或举升机下对车辆底盘各种装置及发动机的连接是否可靠，有无弯扭断裂、松旷、漏油、漏水、漏气、漏电等现象进行人工检查，见表1-2。工位配置的设备包括：工位测控计算机、检验程序指示器、地沟内举升平台、检测手锤、不合格项目输入键盘、对讲话筒及扬声器、光电开关、车辆到位报警灯或报警器、电视摄像机等。

表 1-2 汽车安全环保检测线检测内容

检测部位	检测内容
上部	远光灯、近光灯、制动灯、倒车灯、牌照灯、示宽灯、辅助灯、标志灯、室内灯；车厢、座位、车门、车窗、车身、漆面、后视镜、下视镜、侧视镜、风窗玻璃、刮水器、喇叭、轮胎、轮胎螺栓、离合器、变速器、制动踏板自由行程、驻车制动操纵杆、转向器自由转动量、油箱、油箱盖、挡泥板、防护网及连接装置、电器导线、启动机、发电机、蓄电池、灭火器、仪表、仪表灯、机油低压报警器、半轴螺栓、座椅安全带等
底部	发动机及其连接车架、前梁、转向器的转向轴及其万向节、转向器支架、转向垂臂、转向器、转向主销及其轴承、纵横拉杆、前悬架连接、后悬架连接、各部杆系、各种软管、油路、气路、电路、储气筒、传动轴、万向节、伸缩节、中间支承、离合器及操纵机构、变速器、主传动系、减振器、排气管及消声器、制动系拉杆、驻车制动器、后桥壳、缓冲器、保险杠、牵引钩、漏油、漏水、漏气、漏电、油箱蓄电池固定等

e. 综合判定及总控制室工位。该工位对检测完毕的车辆进行结果判定，由主控制计算机根据各工位检测结果进行综合判定，并打印检测结果报告单。工位上配置的设备包括主控计算机、打印机、监视器、控制台、稳压电源和不间断电源等。

(3) 汽车综合性能检测站检测流程和工位布置

综合检测站的检测内容分为五类，即综合性能检测、安全环保性能检测、修理质量检测、二级维护竣工检测、委托检测。各检测类别的检测项目见表1-3，各项目的检测参数见表1-4。

表 1-3 汽车综合检测站检测项目

检测类别	检测项目
综合性能检测	发动机性能、汽车动力性能、行车制动性能、驻车制动器性能、前照灯特性、车速性能、车轮定位、车轮动平衡、转向性能、侧滑性能、尾气排放物含量、噪声、轴荷、客车防雨密封性、悬架特性、使用可靠性以及外部检视等

续表

检测类别	检测项目
安全环保性能检测	制动性能、前照灯特性、车速表性能、侧滑性能、尾气排放物含量、噪声、轴荷、使用可靠性以及外部检视等
修理质量检测	发动机性能、制动性能、前照灯特性、车速表性能、车轮定位、转向性能、侧滑性、尾气排放物含量、轴荷、客车防雨密封性、使用可靠性以及外部检视等
二级维护竣工检测	发动机性能、制动性能、车轮定位、转向性能、车轮动平衡、侧滑性、尾气排放物含量、轴荷以及外部检视
委托检测	委托检测项目由用户指定。可以是检测线上的任何检测项目，也可以是路试检测项目

表1-4 汽车综合性能检测参数

检测项目	检测参数
发动机性能	发动机无负荷功率、怠速转速、气缸压力、启动电压、启动电流、蓄电池内阻、稳定电压和柴油机供油压力、点火提前角、配气相位、断电器触点闭合角、多缸点火波形重叠角、点火高压、单缸转速降、喷油压力、针阀开启压力、燃油雾化质量、供油泵供油量、供油均匀性以及曲轴箱污染物
动力性能	校正驱动轮输出功率、滑行距离和整车加速时间
制动性能	行车制动力、同轴制动力平衡、车轮滑力、制动协调时间和驻车制动力
前照灯性能	基准中心高度、远光灯发光强度和光轴偏移量
车速表	车速表示值误差
车轮定位	前束、车轮外倾、主销后倾和主销内倾等
转向性能	转向盘自由转动量、转向盘操纵力和转向轮转向角
侧滑量	车轮横向侧滑量
排放污染物含量	汽油发动机：CH、CO、CO_2、NO_x 和 O_2 柴油发动机：微粒、波许烟度值和光吸收系数
噪声	喇叭声级、客车车内噪声、车辆定置噪声和驾驶员耳旁噪声
轴荷	各轴质量和整车质量
悬架特性	悬架吸收率和悬架效率
车轮平衡	动不平衡量和静不平衡量
客车防雨密封性	客车门窗泄露量
可靠性	①发动机异响：敲缸、活塞销、连杆轴瓦、曲轴轴瓦和气门敲击等 ②底盘异响：离合器、变速器、传动轴和主减速器等 ③总成螺栓、铆钉紧固：发动机(附离合器)紧固、底盘传动系紧固、转向装置紧固、悬架装置紧固、制动器(系)紧固、轮胎螺栓(母)、半轴螺栓(母)紧固、备胎紧固、车轴U型螺栓(母)紧固和油箱螺栓(母)紧固等 ④主要部件间隙：车轮轮毂、传动轴万向节、传动轴轴承、传动轴花键、转向横直拉杆球头、转向节主销、钢板弹簧衬套(销)、减振器杆件衬套(销)和传动轴跳动量等 ⑤重要部位缺陷：承载油(桥)裂纹、转向系杆件(臂)裂纹、悬架弹性组件裂纹、车架裂纹以及制动管路磨损、老化、龟裂等
外观	①车辆唯一性确认：车牌号码/颜色/车主(单位)、整备质量或座位数、车型类别/整车外廓尺寸、厂牌型号和出厂编号(或VIN代码)、车架号码/悬架形式、发动机形式/号码、驱动形式、燃油类别、车身颜色、制动形式、车辆轴数、前照灯制式等 ②整车装备完整有效性基本检验：车容/漆面、后/侧视镜、车门/行李厢门/车窗及门窗玻璃、车门手把/车门锁/行李厢销、安全门/安全窗/安全带/灭火器/刮水器/洗涤器/灯光/仪表/信号装置及控制、车内地板、车身外缘对称部位左右差、车身对称部位高度差、左右轴距差、挡泥板、轮胎气压、轮胎规格和胎冠花纹深度、牵引车与挂车连接机构、可见螺栓/管/线紧固、漏油、漏水、漏气/漏电、离合器操纵装置自由行程、行车制动系统操纵装置自由行程、应急制动系统操纵装置自由行程、驻车制动系统操纵装置自由行程等

复习与思考题

1. 汽车检测的定义是什么？与汽车诊断有什么区别？
2. 检测参数的选择原则是什么？
3. 各级检测标准的性质有哪些？

4. 检测参数标准由哪三部分组成?
5. 制订最佳检测周期需要考虑哪些因素?
6. 传感器的分类有哪些?
7. 比较智能仪表和虚拟仪表,各有何特点?
8. 系统误差、随机误差、精密度、正确度、精确度之间的相互关系是怎样的?
9. 检测站的主要任务是什么?
10. 检测站是如何分类的?
11. 二级维护竣工检测的内容有哪些?
12. 检测发动机性能有哪些参数?
13. 对汽车检测站有哪些基本要求?
14. 检测站的工艺布局有几种?

第 2 章

汽车检测专用工具和检测设备

从事汽车电控系统的检修人员，除应拥有一些常用工具和检测设备外，还必须配备一些与检测电控系统有关的专用工具和检测设备，才能有效、快速、准确地完成汽车电控系统的检测工作。常用的专用工具和检测设备有跨接线、测试灯、手提式真空泵、压力表、真空表、喷油器清洗器、万用表、解码器、发光二极管、示波器、扫描仪、专用诊断仪和发动机综合性能检测仪等。

2.1 部分专用工具和检测设备

(1) 跨接线

跨接线也称为维修专用线，能起旁通电路的作用，是专用维修工具 SST（Special Serivce Tools）之一。简单的跨接线一般是一段多股导线，两端分别接有鳄鱼夹或不同形式的插头，如图 2-1 所示。检修人员一般要备有多种形式的跨接线，以用作多种部位的测量。

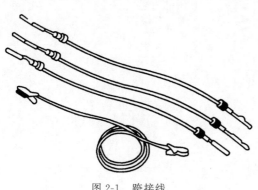

图 2-1 跨接线

跨接线的使用方法及注意事项举例说明如下。

① 对于有故障的电器设备，首先应将跨接线连接在该电器设备接线点"－"与车身搭铁之间。如果此时故障消失，说明其搭铁线路断路。

② 如果故障未消除，再将跨接线连接在该电器设备接线点"＋"与蓄电池正极之间。如果故障消失，说明其电源线路断路或短路。

③ 用跨接线连接电源和电器设备之前，必须先确认电器设备的使用电压是否为 12V。如果电器设备的电压低于 12V，将不能连接。

④ 跨接线不能将电器设备接线点"＋"直接与搭铁线之间连接。

(2) 测试灯

测试灯分不带电源测试灯（12V 测试灯）和自带电源测试灯两种，如图 2-2 所示。

① 不带电源测试灯（12V 测试灯） 该种测试灯以汽车电源作为电源，由 12V 测试灯、导线和各种不同的端头组成，主要用来检查系统内电源电路是否给电器部件供电，举例如下。

a. 将 12V 测试灯一端搭铁，另一端接电器部件电源接头。如灯亮，说明该电器部件电源电路无故障。

b. 如果灯不亮，再将 12V 测试灯接电源的一端去接电源方向的第二个接点。如果灯亮，

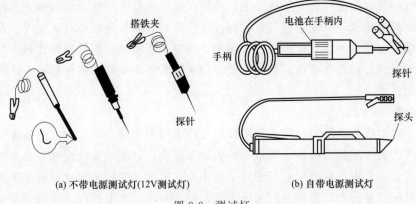

(a) 不带电源测试灯(12V测试灯)　　　(b) 自带电源测试灯

图 2-2　测试灯

说明故障在第一接点和第二接点之间,电路出现断路故障。

c. 如果灯仍不亮,则去接第三个接点、第四个接点……,愈来愈接近电源,直至灯亮为止,且断路发生在最后被测接头与前一个被测接头之间。

② 自带电源测试灯　该种测试灯以其手柄内装有的两节干电池作为电源,其余同于12V测试灯,也是用于检查线路断路与短路故障。

a. 检查断路。断开电器的电源电路,将自带电源测试灯的一端连接在电路首端,将另一端一个一个地分别连接其他各接点。如果灯亮,说明测点与电路首端导通。

b. 检查短路。断开电器的电源电路,将自带电源测试灯一端搭铁,将另一端连接电器部件电路。如果灯亮,表示有短路故障。可一步一步地采取将电路接头脱开、开关打开或拆除部件等办法,直至使电源测试灯熄灭,则短路出现在最后开路与前一开路部件之间。

需要指出的是,如无特殊说明,不可用12V测试灯和自带电源测试灯检测电控单元ECU（Electronic Control Unit）系统。

(3) 手提式真空泵

手提式真空泵一般由吸气筒、真空表和软管等组成,如图2-3所示。该种真空泵主要用于检测诊断真空控制系统的故障,可实现不解体检测,即不需要从车上拆卸真空部件,就车进行即可。使用中通过推拉真空泵的手柄,供给真空部件负压,就可测得真空部件的密封性和真空控制阀一类的部件打开、关闭时的真空度数值,以判断是否符合要求。

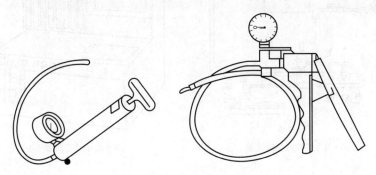

图 2-3　手提式真空泵

(4) 真空表

真空表由表头和软管组成,主要用于气缸密封性检测。软管的一头固定在表头上,另一头连接在节气门后方的进气管专用接头上。进气管真空度是一项综合性很强的诊断参数。若进气管真空度符合要求,不仅表明气缸密封性符合要求,而且也表明点火正时、配气正时和空燃比等也都符合要求。在气缸密封性检测中,真空表能检测诊断的故障比较多,而且无需拆卸火花塞等机件,在国外被认为是最重要、最实际和最快速的不解体诊断方法之一,目前仍在继续使用。

(5) 压力表

压力表一般由表头、导管和接头等组成,可用来检测管路、部件内部的液体压力或气体压力。汽车压力表中配备有各种不同量程的表头和接头,以满足发动机和底盘各部检测的需要。其中,气缸压力表可检测气缸压缩终了的压力,以表征气缸密封性;汽油压力表可检测发动机供油系的汽油压力,以检查汽油压力是否符合要求。在电控汽油喷射发动机供油系供油总管上,有些车设有专用的油压检测口,用于与汽油压力表连接;有些车虽没有专用的油压检测口,但可通过冷启动喷油器管路接头或汽油滤清器管路接头,连接汽油压力表进行压力检测。

(6) 喷油器清洗器

喷油器清洗器用来对电控汽油喷射发动机的喷油器进行清洗和对喷油量进行测量,以恢复喷油器喷油量和喷射形状。喷油器清洗器可分为就车式和离车式两种形式。

① 就车式喷油器清洗器 该种喷油器清洗器内部装有除炭剂和一个电动汽油泵,用于就车(无需将喷油器拆下)清洗喷油器,如图2-4(a)所示。使用该设备时,要将清洗器的油管与发动机供油系供油总管的油压检测口连接,再将供油系油压调节器回油管与清洗器连接,并断开发动机电动汽油泵驱动电路,启动清洗器电动汽油泵,在2000r/min下运转发动机10min,即可将全部喷油器清洗干净。

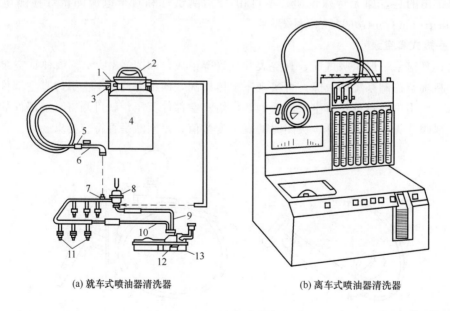

(a) 就车式喷油器清洗器　　(b) 离车式喷油器清洗器

图 2-4　喷油器清洗器

1—汽油压力表;2—除炭剂电动泵;3—检测阀;4—喷油器清洗器;
5—滤清器;6—阀;7—油压检测口;8—油压调节器;9—回油管;10—供油管;
11—喷油器;12—电动汽油泵;13—汽油箱

② 离车式喷油器清洗器　该种喷油器清洗器用于离车（须将喷油器拆下安装到喷油器清洗器上）清洗喷油器。图 2-4（b）所示的超声波喷油器清洗器可在 10min 内彻底清洗 8 个喷油器，并完成喷油量测量等检测项目。

(7) 发光二极管

发光二极管可用于显示诊断代码和检测脉冲信号（如喷油信号、点火信号、点火反馈信号、步进电机信号等）。汽车电控系统的许多脉冲信号，既可用示波器显示，也可以用发光二极管显示。

发光二极管具有体积小、重量轻、工作电压低、响应速度快、分辨能力强和使用寿命长等优点。

(8) 示波器

示波器是一种多用途的汽车检测设备，可用来显示点火系波形、电子元器件波形、柴油机供油压力波形和针阀升程波形、发动机异响波形等，用途越来越广泛。数字式万用表和解码器等检测设备，一般都只能显示电压峰值、统计值或平均值，且信息的更换比较慢，而示波器显示信号的速度比一般电子检测设备快得多，是唯一能即时显示瞬态波形的仪器。

示波器的基本功能是显示电压随时间的变化，除用于观察状态变化外，还可以检测电压、频率和脉冲宽度等项目。

(9) 扫描仪

扫描仪一般是在解码器的基础上增加了电控系统数据扫描、显示及其他一些功能的检测仪器。它不仅具有读码、解码、清码功能，而且能对电控系统进行动态分析，并能方便地指示出与诊断代码有关的电路或元件的实际运行参数，以便快速诊断出故障原因和部位。

扫描仪除了具有上述诊断功能外，有的还具有对传感器、执行器的测试功能，甚至还有诊断、维修指南功能，比较适合承修厂牌、车型复杂的汽车修理厂。

2.2　万用表

万用表分为指针式万用表和数字式万用表两种，可作为电阻表、电流表和电压表使用。由于指针式万用表在量程、精确度、测量速度和输入阻抗等方面大大逊色于数字万用表，使用中容易对车载电脑及传感器造成损坏。所以在实际测量中，指针式万用表已经被数字式万用表所替代。在汽车电控系统的检测中，为了避免损坏电路元件，规定不能使用指针式万用表检测电控单元 ECU 和各种传感器，更不能使用测试灯测试 ECU 和任何与 ECU 相连接的电气设备，而应该使用高阻抗数字式测试仪表进行测试。因此，数字式万用表在汽车电控系统的检测中获得了广泛应用。

2.2.1　数字式万用表

(1) 数字式万用表的优点

① 数字式万用表采用数字测量技术和液晶显示器（CD）显示，具有测量范围宽、分辨力强、测量速率快、测量结果客观准确的特点，又符合人们读数习惯，消除了指针的读数视差，可满足常规电子测量需要，且精度和分辨率远远高于指针式万用表。

② 数字式万用表的输入阻抗高（一般为 10MΩ）、过载能力强、功耗小，因此在测量过程中从被测电路中消耗的电流极小，不会影响被测电路的工作状态，减小了测量误差，并能

保护电子元器件不被损坏。

③ 数字式万用表测试功能全，过载保护能力强，抗干扰性能好。除可以用来检测电阻（Ω）、电流（A）和交、直流电压（V）外，有些还具有测试脉冲、振幅和频率等功能。

(2) 数字式万用表的外形和电路结构（以袖珍数字式万用表为例简介）

袖珍数字式万用表是由直流数字电压表扩展而成的，其电路结构如图 2-5 所示，外形如图 2-6 所示。直流数字电压表的电路分为模拟部分和数字部分两部分。模拟部分用于模拟信号处理，可将模拟量转换为与之成正比的数字量。数字部分可完成整机逻辑控制、计数与显示功能。被测量通过转换开关和测量电路，由测量电路输出适合数字电压表测量的直流电压。

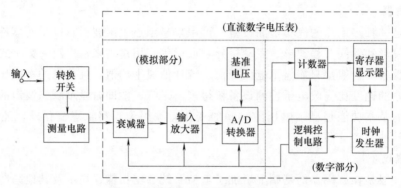

图 2-5 袖珍数字式万用表电路结构

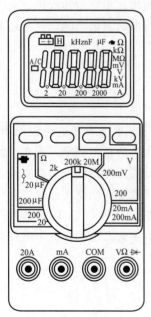

图 2-6 袖珍数字式万用表外形

一般的数字式万用表只能测量直流和交流电压、直流电流、电阻、二极管、晶体管和电路的通断等。对于电控汽车来讲，只检测上述参数是远远不够的，还必须检测转速、闭合角、占空比、频率、压力、时间、电容、电感、温度等。这些参数对于电控汽车的故障诊断是非常重要的，用一般的数字式万用表是无法检测上述参数的。因此，现代电控汽车的检测及故障诊断必须采用汽车专用万用表。

2.2.2 汽车专用万用表

汽车专用万用表承袭了数字式万用表的一切优点，并使其扩展到汽车检测领域。除了具有一般数字式万用表的特点外，还具有自动断电、自动量程变换、图形显示、峰值保留和数据锁定等功能。具有图形显示的汽车万用表，也称为图形汽车万用表。它不仅具有一般汽车万用表的所有功能，而且能将信号以图形的方式显示出来。

汽车专用万用表的种类很多，虽然面板形式不同，但功能相近，对上述提到的各种参数均能进行检测，2002 年以前上市的汽车专用万用表常用的有笛威 TWAY9206A、TWAY9406A；美国艾克强（Actron）MODEL 2882、MODEL3002、Sunpro Cp7678；萨美特（Summit）SDM586、SDM786；OTC 系列汽车万用表；我国台湾省产品 EDA 系列汽车万用表等。有的专用数字万用表还增加了示波器、运行记录器、发动机分析仪的功能。

现在常见的汽车万用表，有 EDA 系列汽车万用表、OTC 系列汽车万用表、VC400 型汽车万用表和 KM300 型汽车万用表等。KM300 型汽车万用表系美国艾克强汽车测试设备制造公司产品，其外形如图 2-7 所示。

不论哪种型号的汽车专用万用表，除了具有数字式万用表的功能外，还具有汽车专用项目的测试功能。

① 常规的交、直流电压的检测。考虑到电压的允许变动范围及可能产生的过载，汽车专用万用表应能测量大于 40V 的电压值。但测量范围也不能过大，否则读数的精度会下降。直流电压的量程一般为 400mV～400V，1000V；交流电压的量程一般为 400mV～400V，750V。

② 常规的交、直流电流的检测。汽车专用万用表应能测量大于 10A 的电流，测量范围过小会造成使用不方便。直流电流的量程为 $400(1\pm1\%)$mA，$20(1\pm2\%)$A；交流电流的量程为 $400(1\pm1\%)$mA，$20(1\pm2.5\%)$A。

③ 测量电阻。汽车专用万用表应能测量 1MΩ 的电阻，且测量范围大一些会使操作更为方便。电阻量程为 $400(1\pm1\%)$Ω，4kΩ～4MΩ（精度 $\pm1\%$）；$400(1\pm2\%)$MΩ。

④ 测量温度。配置温度传感器后，汽车专用万用表可以检测冷却液温度、尾气温度和进气温度等。温度的检测范围为 18～300℃（精度 ±3℃），301～1100℃（精度 ±3℃）。

⑤ 测量二极管的性能。

⑥ 电控系统传感器输出的电信号频率的测试。频率量程为 4Hz～4kHz（精度 $\pm0.05\%$），最小输入频率为 10Hz。

⑦ 测量闭合角、占空比。汽车专用万用表还可测量脉冲波形的占空比和点火线圈的闭合角。该功能用于检测喷油器、怠速稳定控制阀、EGR 电磁阀及点火系统等的工作状况。闭合角的检测范围为 ±0.50；占空比的检测范围为 $\pm0.2\%$。

⑧ 发动机转速检测。转速的检测范围为 150～3999r/min（精度 $\pm0.3\%$），4000～10000n/min（精度 $\pm0.6\%$）。

⑨ 模拟条显示。该功能用于观测连续变化的数据，以及测量数据保持功能。

⑩ 测量电容、压力、时间、频率、半导体元件参数等。

⑪ 输出脉冲信号。该功能用于检测无分电器点火系统的故障。

⑫ 电路的断路、短路检测，声响指示。

⑬ 线路中的电压降与阻抗的检测。

⑭ 线路中接点压降的检测。

⑮ 汽车交流发电机的检测。

⑯ 故障码的读取。

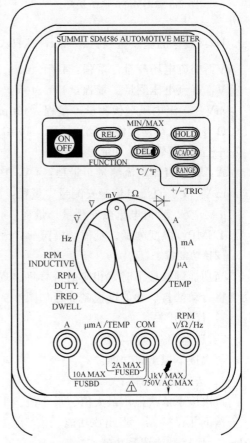

图 2-7 汽车专用万用表

⑰ 具有最大值、最小值的检测功能。

汽车万用表还有一些扩展功能，如自动断电、自动变换量程、电池测试（低电压提示）等。为了实现测量温度和转速的功能，汽车万用表还配有一套附件，如热电偶适配器、热电偶探头、电感式拾取器，以及 AC/DC 感应式电流夹钳。

汽车万用表的使用方法，现分别以 Summit SDM586 型汽车万用表和 KM300 型汽车万用表为例，介绍如下。

2.2.2.1 Summit SDM586 型汽车万用表的使用

汽车专用万用表因型号不同，其版面布置型号各异。但一般包括液晶显示器、功能按键、选择开关和表笔插孔等部分。下面以 Summit SDM586（图 2-7）为例说明汽车专用万用表面板的功能和用途。

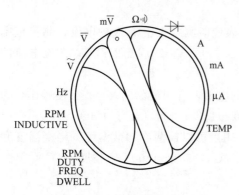

图 2-8　SDM586 选择开关

(1) 选择开关

打开仪表开关，当选择所需要的功能后，所有的功能字符将出现在显示器上 1s，同时仪表进行自检，随后仪表才能进行正常操作。选择开关如图 2-8 所示。

RPM（DUTY FREQ DWELL）：使用表笔进行转速、占空比、脉宽和频率测量。

RPM（INDUCTIVE）：感应式转速测量。

Hz：频率测量。量程：200Hz，2kHz，20kHz，200 kHz。

$\tilde{V}$：交流电压测量。量程：4V，40V，400V，1000V。

$\overline{V}$：直流电压测量。量程：4V，40V，400V，1000V。

$m\overline{V}$：直流电压毫伏测量。量程：400mV。

Ω·))：电阻与连续性测量。量程：400Ω、4 kΩ、40kΩ、400kΩ、4MΩ、40MΩ。

⇥：二极管测量。量程：3V。

A：交、直流电流测量。量程：4A，10A。

mA：交、直流电流毫安测量。量程：40mA，400mA。

μA：交、直流电流微安测量。量程：400μA，4000μA。

TEMP：温度测量。量程：摄氏 $-40 \sim 1370$℃，华氏 $-40 \sim 2498$ °F。

(2) 功能键

当功能键被按下时，相应的符号将出现在显示器上，同时蜂鸣器响。如果转选择开关，功能将自动缺省。功能键控制面板如图 2-9 所示。

1：仪表开关。

2：选择相对读数功能；

再次按下退出该功能。

3：选择记录功能；

再次按下依次显示最大值、最小值、平均值和目前读数；

按下并保持 3s，退出该功能。

4：保持目前读数功能；

再次按下退出该功能。

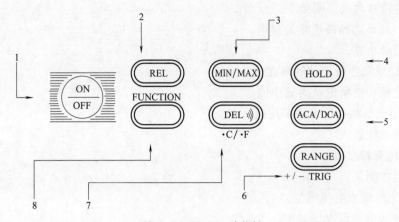

图 2-9 SDM586 功能键

1—开关；2—读数选择；3—记录功能；4—保持功能；5—交、直流转换；6—自动、手动转换；
7—闭合角、连续性、温度选择开关；8—转速、占空比、脉宽和频率选择开关

5：交流、直流电流选择键。

6：在自动测量范围（AUTO Rance）下，按下选择手动范围；

按下并保持 3s，返回自动测量范围；

在进行脉宽、占空比和频率测量时，按下可选择触发相位的＋或－；

在进行感应式转速测量时，可选择发动机的冲程数；

在使用表笔进行转速测量时，可选择发动机的气缸数。

7：在 RPM（DUTY、FREQ、DWELL）挡时，可选择闭合角测量；

在欧姆挡时，可选择连续性测量；

在进行温度测量时，可选择摄氏或华氏。

8：在 RPM（DUTY、FREQ、DWELL）挡时，按下可依次选择转速、占空比、脉宽和频率的测量。

(3) 液晶显示器

显示器除显示测量数值外，还将正在进行的测量项目符号显示在显示器上。如果输入信号稳定，测量结果将很精确，如果输入信号是变化的，可以通过观察显示器下方线柱的高低，完成测量。如果变化值太大，超出线柱显示范围，显示器将显示超载。在占空比（DUTY CYCLE）测试中，如果信号很高、很低或无信号，显示器也显示超载。现将图 2-10 所

图 2-10 SDM586YE 液晶显示器

示显示器上的符号含义说明如下。

AUTO：自动选择最佳测量范围。
REC：记录功能。
MAX：记录功能所记录的最大值。
MIN：记录功能所记录的最小值。
AVG：记录功能所记录的平均值。
REL：相对读数。
DH：数值保持功能。
CAP：电容测量。
AC：交流电流或电压测量。
BAT：仪表电池低电压显示。
TRIG：＋、－触发器。
STR：发动机冲程数选择，2 或 4。
CYL：发动机气缸数选择，最多至 8 缸。
DWL：闭合角。
RPM IP：使用感应式夹钳测量转速，将夹钳夹在一缸高压线上。
RPM IG：使用表笔测转速，将表笔接在点火线圈低压接柱上。
V：电压挡。
mV：毫伏电压挡。
A：电流挡。
mA：毫安电流挡。
μA：微安电流挡。
％：占空比测量。
Ω：欧姆或阻抗测量。
kΩ：千欧。
MΩ：兆欧。
Hz：频率测量。
kHz：千频测量。
ms：毫秒测量，使用于喷油脉宽。
C/F：摄氏或华氏温度测量。
AC：二极管测量。
⬥))：显示连续性。

(4) 使用注意事项
① 在使用仪表之前，详细阅读说明书。
② 工作区域内禁烟火。
③ 测量前正确选择测量挡位。
④ 当需重新选择测量挡位时，应将一支表笔脱开。
⑤ 要在通风良好、合适的温度（0～40℃）和湿度（RH＜85％）下使用。
⑥ 长时间不使用仪表时，将电池取出。
⑦ 输入端的电压或电流不应超过插孔旁的警告指示值，以免损坏内部电路。

(5) 测量方法

现代电控汽车在进行检测与诊断时，需要测量的参数很多，现将一些特殊参数的测量方法介绍如下。

① 占空比的测量　以电控喷油器的占空比信号为例介绍如下。

a. 仪表开机，将选择开关转至 RPM（DUTY FREQ DWELL）挡。

b. 按下功能键 FUNCTION，直至占空比符％出现为止。

c. 测量表笔与仪表连接方法如图 2-11 所示。

d. 黑色测量表笔良好接地。红色测量表笔接喷油器电插的信号线。

e. 启动发动机，从显示器上即可读占空比的数值。

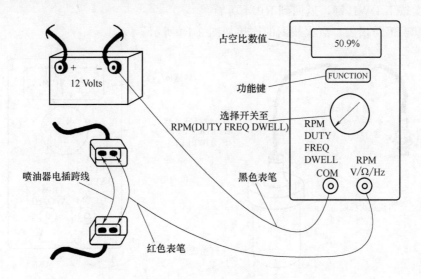

图 2-11　占空比的测量

② 氧传感器输出电压信号的测量

a. 仪表开机，将选择开关转至 DC 挡。

b. 测量表笔与仪表的连接方法如图 2-12 所示。

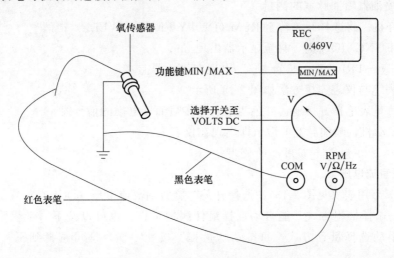

图 2-12　氧传感器输出电压的测量

c. 黑色测量表笔良好接地，红色测量表笔接氧传感器输出信号线。
d. 按下仪表上功能键 MIN/MAX，选择记录功能。
e. 启动发动机并至快怠速。
f. 按下功能键 MIN/MAX，仪表显示氧传感器的最高输出电压。
g. 再次按下功能键 MIN/MAX，仪表显示氧传感器的最低输出电压。

③ 发动机转速测量

a. 仪表开机。将选择开关转至 RPM (DUTY FREQ DWELL) 挡。
b. 按下功能键 RANGE，选择发动机的冲程数。
c. 按下 DWL 键，然后按下 RANGE 键，选择发动机的缸数。
d. 再次按下 DWL 键，返回到 RPM 功能。
e. 测量表笔与仪表、点火线圈的连接如图 2-13 所示。

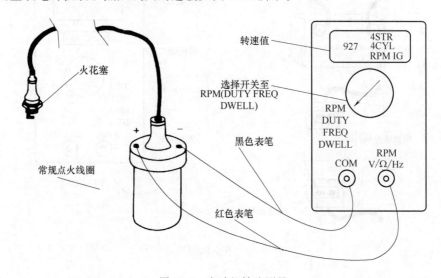

图 2-13 发动机转速测量

f. 启动发动机。发动机转速将显示在仪表上。

④ 电控喷油器喷油脉宽的测量

a. 仪表开机。将选择开关转至 RPM (DUTY FREQ DWELL) 挡。
b. 按下 FUNCTION 键，直至显示器出现 ms。
c. 按下 +/−TRIG 键，直至"−"出现在显示器上。
d. 测量表笔与仪表连接方法如图 2-14 所示。
e. 黑色测量表笔良好接地，红色测量表笔接喷油器电插的信号线。
f. 启动发动机，喷油脉宽的数值即出现在仪表上。

2.2.2.2　KM300 型汽车万用表的使用

(1) 测量直流电压

① 将汽车万用表（见图 2-15）"选择开关"旋转到直流电压（DCV）位置。此时汽车万用表进入自动选择量程方式，能自动选择最佳测量量程。也可以按下"量程"（RANGE）按钮，选择手动选择量程方式。每按动"量程"按钮一次，即可选择到下一个高一点的量程。

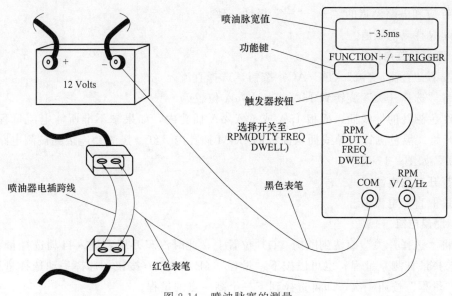

图 2-14 喷油脉宽的测量

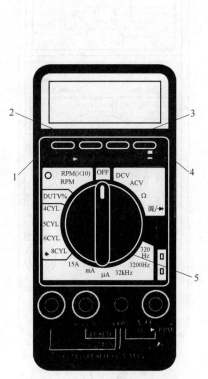

图 2-15 KM300 型汽车万用表

1—"直流/交流"按钮；2—"保持"按钮；3—"量程"选择按钮；4—"转速"选择按钮；5—选择开关

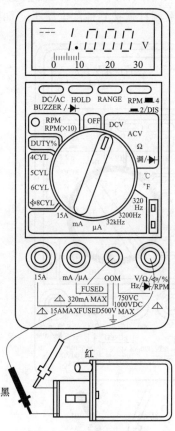

图 2-16 测量直流电压

② 红色测针的导线插入面板电压/欧姆插孔中，黑色测针的导线插入面板 COM 插孔中。红、黑测针连接到被测电路上，如图 2-16 所示。如前所述，要注意汽车万用表的"＋"

"－"测针应和电路测点的"＋""－"极性一致。

③ 读取直流电压值。

(2) 测量直流电流

① 按下"直流/交流"（DC/AC）按钮，选择直流。

② 将"选择开关"旋转到 15A 或 mA/μA 位置。

③ 红色测针的导线插入面板 15A 或 mA/μA 插孔内，如果拿不准所需电流量程，应先从 15A 开始。黑色测针的导线插入面板的 COM 插孔内。红、黑测针连接到被测电路上，与电路串联，如图 2-17 所示。

④ 打开被测电路。

⑤ 读取直流电流值。

(3) 测量电阻

① 将"选择开关"旋转到欧姆（Ω）位置上，此时汽车万用表进入自动选择量程方式，能自动选择最佳测量量程。也可以按下"量程"（RANGE）按钮，选择手动选择量程方式。每按动"量程"按钮一次，即可选择到下一个高一点的量程。

② 红色测针的导线插入面板电压/欧姆插孔中，黑色测针的导线插入面板 COM 插孔中。红黑测针连接到被测电路上，如图 2-18 所示。

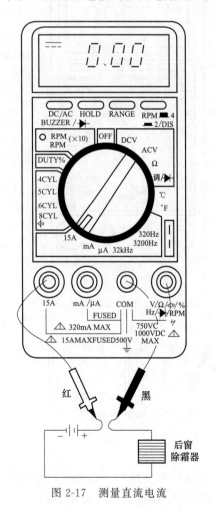

图 2-17 测量直流电流

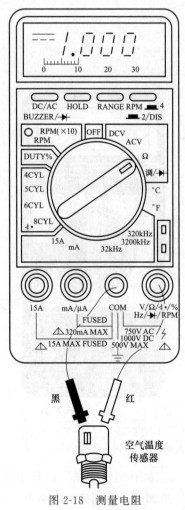

图 2-18 测量电阻

③ 读取两点之间的电阻值。

如前所述，测量电阻时决不能带电操作，否则易烧坏汽车万用表。

(4) 测量温度

① 将"选择开关"旋转到温度（℃或°F）上。

② 将万用表配备的带测针的特殊插头，插接到面板上黄色插孔内，测针与被测温度的部位接触。如图 2-19 所示。

③ 温度稳定后，读取测量值。

(5) 测量转速

① 将"选择开关"旋转到转速（RPM 或 RPM×10）位置上。

② 感应夹的红色导线插入面板电压/欧姆插孔内，黑色导线插入 COM 插孔内，感应夹夹在通往火花塞的高压线上，其上方的箭头应指向火花塞，如图 2-20 所示。

③ 按下"转速"选择按钮，根据被测发动机的冲程数和有无分电机，选择"4"或"2/DIS"。

④ 读取发动机转速值。

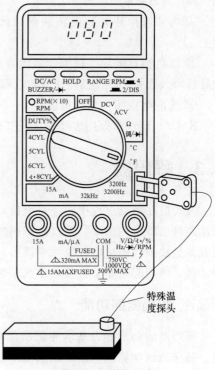

图 2-19 测量温度

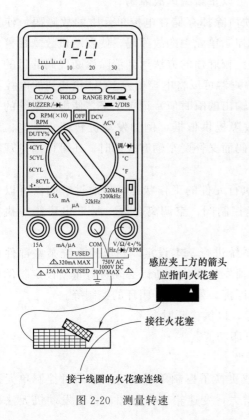

图 2-20 测量转速

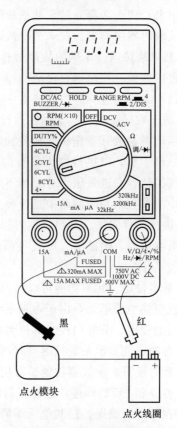

图 2-21 测量触点闭合角

(6) 测量触点闭合角

① 将"选择开关"旋转到触点闭合角区域中对应缸（4CYL、5CYL、8 CYL）的位置上。

② 红色测针的导线插入面板闭合角插孔（与电压/欧姆插孔为同一插孔）中，黑色测针的导线插入面板 COM 插孔中。红、黑测针连接到被测电路上，如图 2-21 所示。

③ 读取触点闭合角度值。

KM300 型汽车万用表还能进行二极管、频率和占空比等项测试，不再介绍。

2.3 解码器

发动机在运行过程中，一旦电控系统出现故障，发动机电子控制单元将利用自身的自诊断功能将故障检测出来，并以故障码的形式储存在电控单元的存储器中。发动机解码器的作用就是将故障代码从电控单元中读出，为检修人员提供参考。解码器具有解码、读码、清码的功能，使用起来非常方便，是汽车电控系统检测中不可缺少的检测设备之一。

2.3.1 解码器的功能

解码器的功能分为基本测试功能和特殊测试功能。基本测试功能包括读取和清除故障码。特殊测试功能包括动态数据流测试、执行元件测试、基本设定和控制单元编码等。

① 读取故障码。解码器可以方便地直接读出存储在电控单元中的故障码，并在显示屏上显示出来，而不必再通过发动机故障报警灯的闪烁读取。故障码的含义也可通过按键的操作将其从解码器中调出。在未清除故障码之前，可以重新阅读故障码。

② 消除故障码。车辆的故障被排除后，必须清除掉存储在电控单元中的故障码。使用解码器可以方便、快捷地直接清除掉存储在电子控制单元中的故障码，使发动机故障报警灯熄灭，而不必再通过拆卸熔丝或蓄电池负极这种比较麻烦的方法达到清除诊断代码的目的。

③ 动态数据流测试。车辆在运行中，使用解码器可以将电控单元 ECU 检测到的电控系统中各项动态参数（工作状况和多种数据输入、输出的瞬时值）记录下来，使电控系统的工作状况一目了然，以供检修人员查阅，为诊断故障提供依据，例如发动机转速、车速、水温、节气门位置和进气压力等。当不产生诊断代码而又怀疑车辆有故障时，还可以通过观察数据流中的参数来判断回路中是否确实有故障。

④ 执行元件测试。此项功能可以检查终端执行元件的工作状态。如通过解码器可以检查燃油泵继电器、喷油器、废气再循环阀、怠速控制阀、空调离合器、A/T 电磁阀等执行元件是否工作。

⑤ 基本设定。此项功能可以对汽车上电控系统进行基本设定。当电控系统某些部件维修后，或更换电控单元，由于电控系统中的初始值发生变化，所以必须进行重新设定。例如点火正时的设定、节气门控制部件与电控单元的匹配，发动机开闭环的控制等。

⑥ 有的还能显示系统控制电路图和维修指导，以供诊断时参考。

⑦ 有的还具有示波器功能、万用表功能和打印功能。

⑧ 可以和 PC 机相连，进行资料的更新与升级。

⑨ 控制单元编码。控制单元编码没有显示或更换了控制单元之后，必须对控制单元进行编码。如果发动机电脑编码错误将导致油耗增大，变速箱寿命缩短，直至发动机无法启

动。功能强大的专用解码器，还能对车上 ECU 进行某些数据的重新输入和更改。

但是，解码器也有以下不足。

① 自身不能思考，因而也不会分析判断故障。

② 在某些条件下，可能会显示错误的信息，而且也不会从所有被检汽车上都能获取 ECU 中微机的数据信息。

③ 在诊断电控系统未设诊断代码的故障时，或诊断的电控系统无法提供数据或数据无法取出时，解码器无能为力，特别是对于机械系统、真空系统、用气系统、电器系统和液压系统等，还应采取传统的检测诊断方法。

解码器的功能随车型、车系不同而异。而对同一车型、车系的测试，不同型号的解码器，其测试功能也不尽相同。对于车辆的测试范围，不同型号的解码器也各不相同。有的只能检测一个系统，如发动机系统；有的可检测多个系统，包括发动机、A/T、ABS、SRS、防盗系统、巡航、A/C、悬挂、仪表、TCS 等。国产 431ME 电眼睛各车系的检测功能见表 2-1。

表 2-1 431ME 电眼睛各车系的检测功能

丰田(TOYOTA)	大宇(DAEW00)	福特(Ford)	大众(VOLKSWAGEN)奥迪(AUDI)
长方形诊断插座	17PIN 半圆形诊断插座	12PIN 半圆形诊断插座	16+18 PIN 诊断插座	亚规/美规 6+1 诊断插座	4PIN/16PIN 诊断插座
·测试诊断插座 ·查阅已测故障码 ·查阅故障码 ·清除故障码 ·清除 SRS 故障码	·读发动机数据流 ·读系统状态 ·测试故障码 ·查阅已测故障码 ·查阅故障码 ·清除故障码 ·清除 SRS 故障码	·读发动机数据流 ·测试故障码 ·查阅已测故障码 ·清除故障码 ·动态数据曲线	·测试故障码 ·查阅已测故障码 ·清除故障码	·测试故障码 ·查阅已测故障码 ·清除故障码	·查控制单元型号 ·测试故障码 ·查阅故障码 ·测试执行元件 ·系统基本调整 ·读测量数据流 ·读独立通道数据

对特定车系来讲，专用型解码器的功能要强于通用型解码器。如对车载电脑的程序进行重新编写、车载音响的解码等，许多通用型解码器则无法做到。

2.3.2 解码器的结构简介

带有数据流功能的解码器可分为通用型和专用型两种。专用型解码器只能检测指定的车型。它是各汽车制造厂商为自己生产的各种车型而设计的专用解码器。世界上一些大的汽车制造商，如通用公司、福特公司、克莱斯勒公司、奔驰公司、宝马公司、奥迪公司、日产公司等，都有专用型解码器，只适用检测诊断本厂生产的汽车，一般配备在汽车特约维修站，以提供良好的售后服务。例如德国大众公司的专用解码器 VAG1552，美国通用公司的 TECH-2、日本丰田公司的 HHT、奔驰 STAR-2000、宝马 MODIS-3 等。它们虽然适用车型单一，但就所测的车型来讲，其功能要强于通用型解码器，所以各车型的特约维修站均配置该车型的专用解码器。

通用型解码器的适用车型广，基本上涵盖了美、欧、亚及国产车系，其功能也与专用型解码器相近，能够满足用户的基本需要。一般是检测设备制造厂为适应检测诊断多车型而设计制造的。这类仪器的种类很多，它往往存储有几十种甚至几百种不同厂牌、不同车型汽车电控系统的检测程序、标准数据和诊断代码等资料，并配备有各种车型的检测接头，可以检测诊断多种车型，因而适用综合性维修企业使用。目前国内维修企业使用最多的通用型解码器，有美国生产的 Scanner 诊断仪（俗称红盒子）和 OTC4 规型等解码器，有德国 Bosch FS560 诊断仪、瑞典 Mulit-Test Plus 诊断仪和 OB91 欧洲车辆解码器等，还有国产的 431ME 电眼睛、仪表王、HY-222Bf 修车王、金奔腾汽车电脑解码器、检测王 2000M、车博士等解码器。

图 2-22 和图 2-23 分别是美国 OTC 解码器和国产 431ME 电眼睛主机。

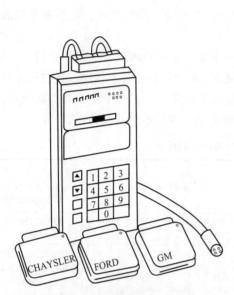 

图 2-22　美国 OTC 解码器　　　　　图 2-23　国产 431ME 电眼睛主机

不管是专用型还是通用型解码器，大多都能对全车各部电控系统进行检测诊断和数据流分析。解码器与 ECU 相互交流信息的速度，决定于 ECU 中内置微机的性能，即决定于数据传输的波特率。波特率是每秒钟通过的数字式数据的字节或高、低电压信号的度量单位。波特率愈高，则信息传输速度愈快。它不仅表明了解码器与 ECU 相互交流信息的速度，而且决定了解码器对 ECU 反应的快慢和显示屏数据读数变化的速率。

不论是通用型还是专用型解码器，其结构组成基本相同。主要由主机、测试卡、显示屏、键盘、接口电缆及电源线等构成。如图 2-24 所示为修车王解码器。

① 双钳电源夹。用于连接 12V 电瓶为解码器供电。

② 主机电源线。其作用是为主机供电。解码器的电源一般取自汽车的蓄电池（12V）。电源的接入有两种方法，一种是从汽车点烟器处为解码器供电，另一种是使用双钳电源线直接从汽车蓄电池处为解码器供电，具体使用哪种方法主要根据诊断接口的位置而定。使用 OBD-Ⅱ 诊断系统时，则不需专用主机电源线。该电源线接头可连接双钳电源夹和点烟器电源线。

③ 检测接口。该接口用于连接各种车系测试线缆。

④ 显示屏。显示屏是人机对话的界面，操作菜单、测试结果、维修资料均能通过显示屏显示。显示屏一般为液晶显示。不同型号的解码器其显示屏的大小及形状各异。

⑤ 键盘。键盘是仪器的输入元件，当需往解码器内输入信息或执行某种功能时，可通过按键操作来完成。解码器键盘按键数量、相互间的位置和各按键的功能随型号的不同而不同。有些解码器为使操作更简单，键盘的按键大为减少，如 Scanner，常用按键只有 2 个，

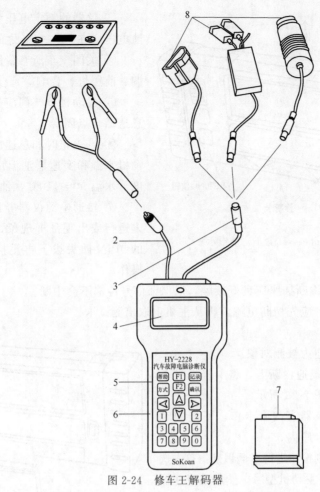

图 2-24 修车王解码器

1—双钳电源夹；2—电源线；3—故障检测接口；4—显示屏；5—键盘；6—主机；7—软件测试卡；8—各种车系测试专用电缆

外加 1 个选择滚轮。

⑥ 主机。主机即为解码器的电路板组件，主机上有安装测试卡的卡槽，有测试电缆接口和电源接口。有的解码器还配有外接仪器接口。

⑦ 测试卡。测试卡也称软件卡，内存有被测车系的故障测试程序、股长说明及维修资料。一般情况下，一块测试卡只能测试一种车系。随着时间推移，测试卡可以升级换代。

⑧ 接口电缆。接口电缆是连接解码器与被测车系的专用电缆，是解码器与汽车电控系统进行数据传输、信息交换的通道。接口电缆与被测车辆的诊断接口相连，由于诊断接口的规格繁多，所以通用型解码器接口电缆的插头也随车系的不同而不同。

有些解码器还设置有用于外接打印机、终端或 PC 的外接口。

2.3.3 解码器的使用方法

下面以 Scanner 为例介绍解码器的基本使用方法。Scanner（红盒子）的外形如图 2-25 所示。

(1) 使用仪器注意事项

① 测试前应正确选择测试接头。这是因为各车型的诊断插座提供电源的形式不一，有的可能要接外接电源，有的可能不接外接电源。因此，要避免因选择接头不当而烧坏仪器。

② 测试前应先将测试卡插入仪器主机的测试卡接口，然后再接通电源。

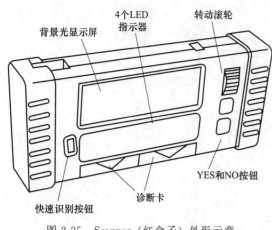

图 2-25 Scanner（红盒子）外形示意

③ 仪器的额定电压为 12V，汽车蓄电池电压应在 11～14V 之间。

④ 关闭汽车所有附属电器设备（如空调、前照灯、音响等）。

⑤ 发动机节气门应处于关闭状态，即怠速结合点闭合。

⑥ 点火正时和怠速应在规定范围，发动机水温和变速器油温应达到正常工作温度（水温 90～110℃，油温 50～80℃）。

⑦ 接通电源仪器屏幕闪烁后，若程序未运行或出现乱屏现象，可将仪器主机上的 9PIN 插头拔下再重插一次，即可继续操作。

⑧ 测试接头和诊断插座应良好接触，以保证信号传输不会中断。

⑨ 测试结束后，应先切断电源，再从主机上取出测试卡。

(2) 使用操作

以桑塔纳或奥迪为被测对象。

① 选择大众、奥迪诊断卡，将卡轻轻推入仪器的卡座内，如图 2-26 所示。

注意事项：本仪器有两个卡座，不能同时将两块诊断卡插入卡座内。

② 按下快速识别按钮进行车辆识别：首先选择汽车厂家，其次是发动机型号，然后是变速器 "Y" 键完成车辆识别。松开快速识别按钮。

注意事项：在车辆识别过程中，不要松开快速识别按钮。

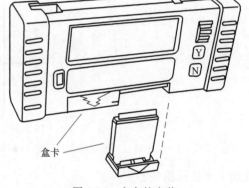

图 2-26 盒卡的安装

注意事项：进行上述仪器与汽车相连时，应确认点火开关 "OFF"。使用 OBD-Ⅱ 适配接头时，不需连接电源电缆。

③ 将数据线缆与仪器相连。将正确的适配接头与数据线缆相连，适配接头的另一端与发动机诊断接头相连（如图 2-27 所示）（诊断接头位置可根据仪器屏幕提供的信息寻找），如图 2-28 所示。将 Scanner 电源线缆的一端插入诊断适配接头内，另一端与汽车电瓶或点

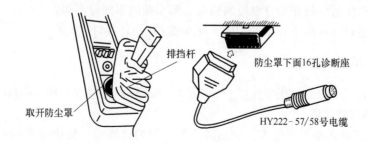

图 2-27 大众·奥迪车诊断座位置示意

烟器相连，红色夹正极，黑色夹负极。

④ 按 Y 键，打开点火开关，通过滚轮移动光标选择发动机管理系统，屏幕将出现如图 2-29 所示菜单。

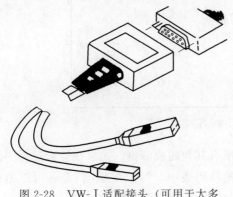

图 2-28　VW-Ⅰ适配接头（可用于大多数 Volkswagen 和 Audi 车型）

主菜单－VOLKSWAGEN　　其他系统

>故障码　　数据

用户设置

功能检测　　故障排除

图 2-29　选择发动机管理系统

主菜单的每个选择都具有屏幕在线提示信息。为了获得主菜单选择的信息，只需将光标箭头指向该选择并按 N 键。

⑤ 故障码的读取。在“主菜单”中选择故障码选项，并按 Y 键。如果电控单元内不存在故障码，则 Scanner 将显示如图 2-30 所示信息。

无故障码存在

按Y或N键退出

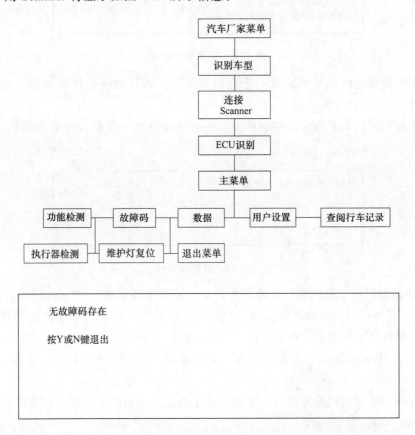

图 2-30　电控单元内不存在故障码时 Scanner 的显示信息

如果存在故障码，Scanner 将按其产生的顺序显示这些故障码及其说明，如图 2-31 所示。

```
00520(2232) 空气流量传感器-70/G19

接地电路开路或短路。

偶然发生故障。

按 Y/N 键退出。用滚轮上下选择故障码。
```

图 2-31 存在故障码时显示信息

如果存在两个以上故障码，则转动滚轮以查看所有其他的故障码。如果在检测过程中发生故障，并且设置了故障码，该故障码将被添加到故障码表中。对于 VAG 汽车，可以通过 Scanner 清除故障码。对于这些车型，将在退出菜单中出现"清除故障码"选项。

⑥ 退出菜单操作。当在"故障码"功能下按 N 键时，Scanner 将显示退出菜单。退出菜单可能会因识别的车型不同而稍有变化。典型的退出菜单如图 2-32 所示。

```
>恢复      LED 菜单
打印故障码
打印所有的故障码
清除故障码[按 N 键返回主菜单]
```

图 2-32 退出菜单操作

再次按 N 键将返回主菜单。若不想返回主菜单，可转动滚轮让光标指向需要的选项，按 Y 键即可。

⑦ 清除故障码。大多数车型能够用 Scanner 清除汽车电控单元中的故障码。如图 2-33 所示。

```
清除电控单元储存的故障码
```

图 2-33 清除故障码

Scanner 将返回原"故障码"屏幕，并显示"无故障码存在"，表示故障码已经被清除。

如果由于某种原因故障码清除失败，当返回"故障码"时，以前的故障码将重新出现。此时，按 N 键返回退出菜单，重新进行"清除故障码"操作。

注意事项：清除故障码时，发动机熄火，钥匙开关打开（SW-ON），并保证故障确已排除。

⑧ 读取与清除发动机故障码时，发动机处于静态（不启动发动机，但 SW-ON）和动态（发动机运转）均可。

⑨ 数据。当从主菜单中选择"数据"时，Scanner 将显示如图 2-34 所示信息。

```
数据选择菜单(按 N 键获得信息)
＞数据组
  数据概览
  返回主菜单
```

图 2-34　从主菜单中选择"数据"时

将光标滚动到需要的数据选项，然后按 Y 键。如果选择了"数据组"，Scanner 将按诊断组显示数据，如果选择"数据概览"，Scanner 将把所有的数据参数在一起显示，但显示的数据刷新率将很慢。如果选择了"返回主菜单"，则将显示主菜单。

注意事项：在进行该项操作时，发动机应处于运转状态，或车辆处于行驶状态。

⑩ 数据组。"数据组"模式将首先显示如图 2-35 所示内容。

```
按 Y 键选择组
001—怠速控制
003—控制发动机负荷
007—高度修正因子
```

图 2-35　数据组

对于不同的车型，数据组项目将有所不同。对于某些车型，数据组列表可能很短，只有 2 组；有些车型却很长，有 25 组。

滚动光标选择任何组，然后按 Y 键，或在第 1 组上按 Y 键，Scanner 将显示如图 2-36 所示信息。

```
＊＊＊＊高度修正因子＊＊＊＊
综合霍尔效应和发动机转速信号_____61
高度修正因子_____1.04
有限的机械工作(跛行)_____否
```

图 2-36　滚动光标选择任何组

当 Scanner 第一次进入该组时，它将显示该组的名称和三行数据。向下滚动屏幕，Scanner 将显示该组的其他数据，直到出现"组结束"。如图 2-37 所示。

```
ADP 停止(超时)_____否
怠速开关_____闭合
＊＊＊＊＊组结束＊＊＊＊＊
转动滚轮查看下一组。
```

图 2-37　组结束

此时，如果滚过这一行，Scanner 将试图与数据组列表中的下一组进行通信，如图 2-38 所示。

```
请求数据组
请等待
正在进行。
```

图 2-38　Scanner 与数据组列表中的下一组进行通信

在通信重新建立后，Scanner 将显示被检测车的下一组数据。如图 2-39 所示。

```
****急速控制****
发动机转速(RPM)_____992
冷却液温度(℃)_____38
λ传感器(V)_____0.46
```

图 2-39　Scanner 显示被检测车下一组数据

⑪ 退出菜单操作。当在"数据"功能按 N 键时，Scanner 将显示退出菜单。退出菜单可能会因识别的车型不同而稍有变化。典型的退出菜单如图 2-40 所示。

```
>恢复
 打印数据组
 行车记录
[按 N 键返回数据组选择菜单]
```

图 2-40　典型的退出菜单

再按 N 键将返回"数据组选择菜单"。若不想返回"数据组选择菜单"，可转动滚轮让光标指向需要的选项，按 Y 键即可。

2.4　发动机综合性能检测仪

发动机是汽车的心脏，是汽车动力的来源。发动机技术状况的好坏直接影响到汽车的动力性、经济性和排放等性能指标。发动机性能检测是考核发动机的动力性、经济性和工作可靠性等指标不可缺少的手段。

发动机综合性能检测一般用发动机综合参数测试仪来进行。发动机综合参数测试仪也称发动机性能分析仪或发动机综合性能检测仪，该仪器技术含量较高、检测项目齐全，可全面检测、分析、判断发动机在各种不同工况下的工作性能及技术参数，能对多种车型所存在的机械及电子故障进行全面的分析诊断，它在汽车综合性能及汽车故障的检测诊断中发挥着重要的作用。因此，一般的修理厂、4S 站及检测站都配有发动机综合参数测试仪。目前在国内汽车维修行业应用较广的发动机综合性能检测仪主要有德国的波许系列和国产的元征 EA 系列（包括 EA1000、EA2000、EA3000）、金德系列（包括 K100、PC2000）等。

2.4.1　检测仪的功能与特点

(1) 检测仪的功能

在所有汽车检测设备中，发动机综合参数测试仪的功能最多、检测项目最全。且随着电子技术在汽车上的广泛应用，除发动机电控技术外，越来越多的汽车采用了底盘电控、车身电控技术。因此，有些型号的发动机综合参数测试仪的功能已超出了发动机性能测试的范畴，相应地增加了对汽车底盘电控系统和车身电控系统等进行检测的功能。

① 无外载测功（无负荷测功），即加速测功。

② 检测点火系统。能够进行初级与次级点火波形的采集与处理，如对点火系多缸平列

波、并列波、重叠波和重叠角的处理与显示；断电器闭合角和开启角检测；点火提前角的测定等。

③ 进气歧管真空度波形测定与分析。

④ 各缸压缩压力的测定。

⑤ 各缸工作的均匀性测定。

⑥ 启动过程各参数的测定，主要包括启动电压、电流及转速等。

⑦ 机械和电控喷油过程各参数的测定，这些参数主要包括压力、波形、喷油、脉宽、喷油提前角等。

⑧ 电控供油系统各传感器的参数测定。

⑨ 柴油机喷油提前角、喷油压力检测。

⑩ 启动机与发电机检测。

⑪ 数字万用表功能。

⑫ 排气分析功能。

⑬ 测试结果查询。

(2) 检测仪的特点

与其他的发动机单项性能检测仪相比，发动机综合参数测试仪具有以下3个特点。

① 动态测试功能：它的传感系统和信号采集与记忆系统能迅速、准确地捕获发动机每一个瞬间的实时状态参数，这些动态参数是对发动机技术状况进行有效分析的科学依据。

② 通用性：测试过程不依据被检车辆的数据卡（即测试软件），只针对基本结构和各系统的形式及工作原理进行测试，因此它的检测结果具有良好的普遍性，检测方法同样也具有最广泛的适用性。

③ 主动性：发动机综合参数检测仪不仅能适时采集发动机的动态参数，而且还能主动地发出指令干预发动机工作，以完成某些特定的测试程序（如断缸试验）。

2.4.2 检测仪的基本组成与工作原理

发动机综合参数检测仪由信号拾取系统、信号预处理系统、采控与显示系统3部分组成。图2-41所示为国产EA1000型发动机综合参数检测仪外形结构。EA1000型发动机综合参数检测仪通过传感器采集信号，经前端预处理器处理后，输入计算机进行处理，以不同的形式输出，可方便地对发动机进行故障检测诊断。它还可以与检测线的主机进行数据通信，对车辆及用户信息、检测数据进行交换、集中监控与管理。

(1) 信号拾取系统

信号拾取系统的任务在于拾取汽车被测点的参数值，鉴于被测点的机械结构和参数性质不同，信号拾取系统必须具有多种形式，以适应不同的测试部位。大多数发动机综合性能分析仪的信号拾取系统以它们接触的形式不同可以分为四类。

① 直接接触式的拾取器，如控针、鳄鱼夹和各种接头。

② 非接触式的拾取器。对于高电压和强电流等直接接触测量困难很大的信号，这时须采用非接触拾取器。这类传感器主要有次级高电压传感器、标准缸传感器、卡式供油传感器和正时灯传感器。

③ 非电量转变成电量传感器。这类传感器和被测点直接接触，直接采集电信号或将非电量转换成电量后采集信号。这类传感器有蓄电池传感器、初级点火传感器、缸压传感器、

图 2-41 EA1000 型发动机综合参数检测仪外形

油压传感器、异响传感器、振动传感器、真空度传感器和温度传感器。

④ 各种转接信号用的适配器。为了不中断计算机的控制功能,通过 T 形接头来拾取信号。

EA1000 的信号拾取系统如图 2-42 所示,该仪器配备有多种传感器、夹持器和探针等,以便直接或间接地与测点接触。其信号提取系统由 12 组拾取器组成,每一组拾取器根据用途不同,由相应的传感器、夹持器或探针、电缆及插接头构成。各拾取器测试电缆均带有活动滑块,已标示其名称。适配器的作用是对进入前端处理器的采集信号进行处理。

表 2-2 说明了该系统的具体配置。

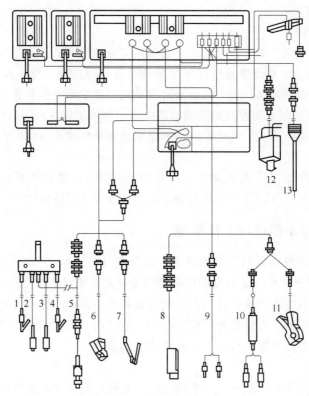

图 2-42 信号拾取系统

1,4—蓄电池夹(红色为正极、黑色为负极);2,3—点火线圈初级接线夹;5—上止点传感器;6,7—电感式或电容式夹持器;8—频闪灯;9—探针;10—鳄鱼夹;11—电流互感钳;12—压力传感器;13—温度传感器

(2) 信号预处理系统

信号预处理系统又称前端处理器,是发动机综合性能分析仪的关键部分,它可将传感器输出信号经衰减、滤波、放大、整形后输入到计算机的多功能信号采集卡。此外,发动机上装配的传感器是控制和判断发动机故障的关键部件,但其输出的电信号千差万别,不能被计算机直接使用,可通过信号预处理系统处理后转换成标准的数字信号后送入计算机。

车载传感器的输出信号分为模拟和频率两种,应采取不同的处理方法。

表2-2 EA1000发动机综合检测仪的信号拾取系统

信号拾取系统		主要作用
编号	名称	
1280401	初级信号拾取器(小鳄鱼夹)	红、黑分别连接点火线圈"+""-"极,可测试初级电压波形及自动断缸控制
1280401-1	DSI初级信号拾取器	测试除常规点火系统以外的其他点火系统的初级信号
1280402	柴油机外卡式喷涌压力传感器	将标有AVL字的红色夹安装在6mm管径的高压油管上,其作用是拾取柴油机喷油过程
1280403	蓄电池电压拾取器(电源夹)	测量蓄电池电压值;夹持连接汽车蓄电池,红正、黑负
1280404	启动电流拾取器(大电流互感器)	测试发动机的启动电流
1280405	充电电流拾取器(小电流互感器)	测定发动机的充电电流
1280406	气缸信号传感器	测试汽车发动机转速,更重要的是用于高速采集的信号触发
1280406-1	喷油脉冲及初级同步适配器	拾取一缸的喷油脉冲及初级信号,并整形为系统可识别的信号,以作为缸号识别标志
1280407	提前角和进气压力传感器	正时灯用于检测汽油机点火提前角和柴油机喷油提前角。进气压力传感器用于检测汽车发动机配气机构的故障等
1280408	次级高压信号和温度信号传感器	次级高压信号传感器用于检测次级高压点火波形;温度信号传感器用于发动机进气温度、冷却水温度和机油温度
1280408-1	电感式次级信号传感器	拾取无中心高压线的非直接点火车型的次级信号,如广州本田
1280408-D1		拾取常规双缸点火系统的次级高压点火波形的信号和测试
1280408-S1		拾取PASSAT 1.8GSI和1.8GLI车型次级高压波形的信号和测试
1280408-S2		拾取宝马各车型次级高压点火波形的信号和测试
1280408-S3		拾取BENZ E320和E200车型次级高压波形的信号和测试
1280408-S4		拾取NISSAN、HONDA LEGNED、TOYOTA CAMRY3.0各车型次级高压波形的信号和测试
1280409	万用表探针	检测电压、电流、电阻。红色和黑色探针用于检测电压和电阻,黄色和黑色探针用于检测电流
1280410	充电电压探针	检测汽车发电机电压
1280411	上止点位置传感器(磁电传感器)	检测发动机上止点信号
1280412	通用探针	检测电控燃油喷射传感器信号和数字示波器的信号输入端子
其他	初级及电控测试转接器	测试初级信号及电控传感器时转接信号,以方便将信号引入设备进行测试
	次级信号测试线	由汇接器、次级信号转接线、次级信号连接线和次级信号夹组成,可构成次级信号的输入通道
	次级信号感应线	拾取汽车的次级信号。各专用感应片与相应的次级信号适配器配合使用,用于测试相应车型的车型信号

对于模拟信号,应根据其信号的特点进行相应的处理:①模拟信号的幅值较小,如氧传感器为0~1V,废气分析仪的电气接口输出信号多为0~50mV,需经信号放大、低通滤波和信号隔离后,才能进行A/D转换。②模拟信号的幅值较大,应先经过信号衰减,再由低通滤波和信号隔离后才能进行A/D转换。如初次级点火信号,由于线圈的自感和互感作用,其电压幅值可达300V或30kV,甚至更高,故须用电压衰减器进行衰减后再进行后续处理,由于其频率很高(可达1MHz以上),故须使用高速A/D转换器,才能保证转换后的信号

不失真。启动电流的峰值可达 200A 以上，无法直接测量，须利用电流互感器转换成 0～5V 的电压信号再进行测量。③模拟信号为电荷量。车用爆震传感器和柴油机喷油压力传感器多用压电晶体作为敏感元件，其输出信号为电荷量，可采用电荷放大器作为前级放大，且要从频率非常丰富的振动信号中准确提取有效信号，因而必须对其进行带通滤波。

对于频率信号，如发动机的转速、判缸信号、车速信号等，由于多选用电磁式、霍尔效应式和光电式传感器，其输出信号本身即为数字脉冲，但由于传输过程中的衰减、交变电磁波辐射等原因，也易形成一定程度的失真，故需对其进行整形，整形后输出的标准数字脉冲，再经高速光电隔离器送入后断电路，经消除其干扰，提高系统的工作可靠性。

为了实现传感器的准确测量，不影响发动机的正常运转，进行信号提取时必须保证电路有足够高的输入阻抗，同时为保证预处理系统的主板安全，对各输出信号均采取了限幅措施。

2.4.3 综合检测仪的主要检测项目

EA2000 发动机综合检测仪的功能很强，可检测的项目很多。表 2-3 显示了 EA2000 发动机综合检测仪的主要检测项目。

表 2-3 EA2000 发动机综合检测仪的主要检测项目

测试对象	测试项目
汽油机	无外载测功及转动惯量功能测试
	初、次级点火波形及特征值测试（常规点火、单缸独立点火、双缸独立点火发动机）
	点火提前角测试
	动力平衡功能测试
	气缸效率分析功能测试
	进气管真空度波形测试
	相对气缸压缩压力功能测试
	启动电流、电压及波形测试
	充电电流、电压及波形测试
柴油机	喷油压力及波形测试
	喷油提前角测试
	启动电流、电压及波形测试
	充电电流、电压及波形测试
	无外载测功及转动惯量功能测试
电控系统传感器测试	转速、温度、进气管真空度、节气门位置、爆震信号、空气流量、喷油脉冲信号、氧传感器等
其他	数字示波器及万用表功能、检测线联网功能、废气分析仪、烟度计联机功能和信号回放与分析

汽油机性能检测主要包括十几个项目的检测，它们都是在进入"检测"→"汽油机"界面后点击所要测试的项目开始，如图 2-43 所示。同样地，柴油机性能检测主要包括七个项目的检测，它们都是在进入"检测"→"柴油机"界面后点击所要测试的项目开始。

下面对启动系和充电系的检测加以说明。

(1) 启动电流、电压测试

① 测试前的连接：将蓄电池电压拾取器的红夹、黑夹分别夹在蓄电池的正、负极，将启动电流拾取器夹在与蓄电池相连的电动机电流线上（启动电流拾取器箭头的指向应与电流的流向相同），如图 2-44 所示。

② 测试过程：在汽油机测试菜单中用鼠标左键依次点击"启动电压，启动电流"图标，进入启动电压，启动电流测试界面。

用鼠标左键点击"测试"（"测试"图标被按下后即变为"停止"，若想停止该项操作，再点击此软开关即可），启动发动机，系统即可自动检测启动电压、启动电流波形并显示发动机当前转速、蓄电池电压值、启动电压值、启动电流值，如图 2-45 所示。

(2) 充电电流、电压测试

① 测试前的连接：将充电电压探针接在汽车发电机的正极，将蓄电池电压拾取器的红夹、黑夹分别夹在蓄电池的正、负极，将充电电流拾取器夹在与蓄电池相连的充电电流线上（充电电流拾取器上箭头的指向应与电流的流向相同），如图 2-46 所示。

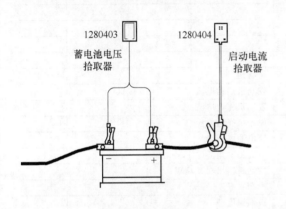

图 2-44 启动系测试前的连接

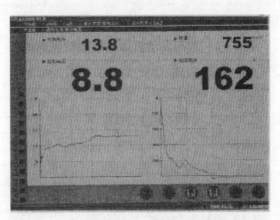

图 2-43 汽油机检测菜单的界面

图 2-45 启动测试

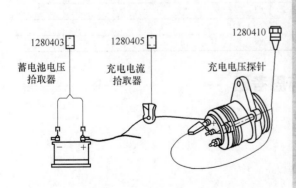

图 2-46 充电系测试前的连接

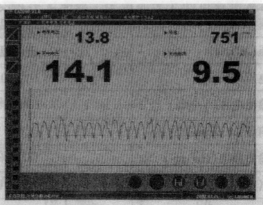

图 2-47 充电测试

② 测试过程：在汽油机测试菜单中用鼠标左键依次点击"充电电压、充电电流"图标，即进入充电电压和充电电流测试界面。

用鼠标左键点击"测试"图标（"测试"图标被按下后即变为"停止"，若想停止该项操作，再点击此图标即可），系统即可自动检测充电电压波形并显示发动机当前转速、蓄电池电压值、充电电流值，如图2-47所示。

在测试记录菜单下用鼠标左键点击检测结果查询，系统将显示所有车的测试结果记录，方便用户查询，也可以作为修车档案以备用户查询。其格式见表2-4。

表2-4 汽车发动机综合性能检测结果

车牌号						汽车类型	汽油机		
点火次序		1—3—4—2				汽车型号	桑塔纳2000		
冲程数	4		缸数	4		发动机号			
VIN						底盘号			
车主单位						联系电话			
气缸次序	初级电压/V	次级击穿电压/kV	火花电压/kV	火花持续时间/ms	气缸相对压缩压力/%	进气歧管真空度/kPa	柴油机喷油压力/MPa	动力平衡/%	闭合角/%
1									
2									
3									
4									
5									
6									

转速传感器脉冲/[Hz/(r/min)]		重叠角/%	
转速传感器脉冲占空比/[%/(r/min)]		发动机启动电流/A	
爆震传感器频率/Hz		发动机充电电流/A	
氧传感器输出电压/[V/(r/min)]		发动机充电电压/V	
喷油脉冲频率/[Hz/(r/min)]		蓄电池电压/V	
喷油脉冲占空比/[%/(r/min)]		点火提前角/[(°)/(r/min)]	
冷却水传感器输出电压/[V/(r/min)]		发动机输出功率/kW	
机油温度传感器输出电压/[V/(r/min)]		冷却水温度/℃	
进气温度传感器输出电压/[V/(r/min)]		机油温度/℃	
进气压力传感器输出电压/[V/(r/min)]		进气/℃	
节气门位置传感器输出电压/[V/(r/min)]		HC/10^{-6}	
翼板式空气流量传感器输出信号/[V/(r/min)]		CO/%	
热线式空气流量传感器信号/[mV/(r/min)]		O_2/%	
卡门式空气流量传感器输出频率/[Hz/(r/min)]		CO_2/%	
转速分析 n_{max}/(r/min)/n_{min}/(r/min)		NO_x/10^{-6}	
烟度/%			

复习与思考题

1. 常用的汽车专用工具及检测设备有哪些？
2. 汽车专用示波器可检测哪些波形？
3. 数字式万用表的优点有哪些？
4. 与普通万用表相比，汽车专用万用表有哪些特殊功能？
5. 解码器使用时的注意事项有哪些？

第3章

发动机检测技术

3.1 发动机功率检测

3.1.1 概述

发动机输出的有效功率是发动机的综合性能评价指标,该指标可以确定发动机的动力性,判断发动机的技术状况。因此,发动机功率检测是汽车不解体检测中最基本的检测项目。

检测发动机的有效功率有稳态测功和动态测功两种。

稳态测功是指发动机从汽车上拆下,安装在水力测功器(或电力测功器)的测试台架上,然后发动机在节气门开度一定、转速一定和其他参数保持不变的稳定状态下,测功器测出发动机的有效转矩 T_{tp} 和转速 n,然后按式(3-1)计算获得功率的一种方法。稳态测功要对发动机施加外部负荷,所以又称负荷测功或有外载测功。稳定测功的结果准确可靠,多为发动机设计和制造部门、高等院校和科研部门进行性能试验所采用。但测功一次需要吊装发动机,费时费力,成本高,且需要大型、固定安装的测功器,例如水力测功器、电涡流测功器等,因而汽车维修企业和道路运政管理机构通常不采用该方法。

$$P_e = \frac{T_{tq} n}{9549.3} \tag{3-1}$$

式中 P_e——发动机有效功率,kW;

T_{tq}——发动机转矩,N·m;

n——发动机转速,r/min。

动态测功是在发动机节气门开度和转速均为变化的动态情况下,测定发动机功率的一种方法。由于动态测功时无需对发动机施加外部负荷,所以又称为无负荷测功或无外载测功。但实际上无负荷测功也是有负荷的,其负荷就是发动机运动部件的惯性和运动阻力,只不过这种负荷不是来自外部,而是来自发动机内部。该方法无需专门的试验台架,也无需将发动机从车上拆下,可实现就车不解体检测。设备简单,操作方便,费用低,测功速度快。缺点是精度较差,大多数车型无法直接测出功率。对于汽车维修企业、检测站和交通管理部门,目前应用较多的是动态测功。

3.1.2 无外载测功的测量原理

无外载测功是基于动力学原理的一种测功方法。当发动机与传动系脱开,并将发动机气门从怠速位置全开时,发动机将克服自身的惯性力矩,迅速加速到空载最大转速。对某一型号的发动机，其运动件的转动惯性可以认为是一个定值，因此，只要测出发动机在指定转速范围内急加速时的平均加速度，或测量从某一转速时的瞬时加速度，就可以确定发动机输出功率的大小。

根据检测方法的不同，无外载测功分为瞬时功率检测和平均功率检测。所谓瞬时功率是指发动机在加速运转时某一转速所对应的功率；所谓平均功率是指发动机在加速运转时某一指定转速范围内的平均功率。

(1) 瞬时功率检测原理

无外载的发动机，在怠速情况下突然踩下加速踏板时，发动机发出的动力除克服各种机械阻力矩外，其有效转矩将全部用来加速发动机运动部件。其加速时的惯性阻力矩为该工况下的唯一负载，因此其加速过程的运动方程如下：

$$T_{tp} = J \times \frac{d\omega}{dt} = J \times \frac{\pi}{30} \times \frac{dn}{dt} \tag{3-2}$$

式中　T_{tp}——发动机转矩，N·m；

　　　J——发动机运转部件对曲轴轴线的当量转动惯量，kg·m^2；

　　　$\frac{d\omega}{dt}$——曲轴的角加速度，s^{-2}；

　　　n——发动机转速，r/min；

　　　$\frac{dn}{dt}$——曲轴转速度变化率，r/s^2。

将式 (3-2) 代入式 (3-1) 处理得

$$P_e = \frac{T_{tp}n}{9550} = \frac{\pi}{30} \times \frac{J}{9550} \times n \times \frac{dn}{dt} = Cn\frac{dn}{dt} \tag{3-3}$$

式中　P_e——发动机功率，kW；

　　　C——系数，$C = \frac{\pi}{30} \times \frac{J}{9550}$，对于一定的发动机，$J$ 视作常量，因而 C 为常量。

由于在动态测试时，发动机的进气、燃烧状况与稳态时不同，其有效功率相对小些，因而应进行功率修正，其修正系数可由发动机稳态测功和动态测功的对比试验确定，如设功率修正系数为 k，则发动机有效功率为

$$P_e = kC \cdot n\frac{dn}{dt}$$

如令 $C_1 = kC$，则

$$P_e = C_1 n\frac{dn}{dt} \tag{3-4}$$

该式表明，发动机在加速过程中某一转速下的功率，与该转速及其转速变化率呈正比。因此，只要测出加速过程中的这一转速 n 及其对应的转速变化率 $\frac{dn}{dt}$，则可求得该转速下的发动机功率。实际应用中，往往是通过测取发动机额定转速下的功率，来评价发动机的动力性，判断发动机的技术状况。

(2) 平均功率检测原理

瞬时功率的检测在实际操作中有一定的困难，实际应用时往往测量发动机加速过程中的平均功率。根据动能原理知，发动机驱动曲轴转动所做的功等于曲轴旋转动能的增量，其数

学表达式为

$$A = \frac{1}{2}J(\omega_2^2 - \omega_1^2) \times \frac{1}{1000} \tag{3-5}$$

式中　J——发动机当量转动惯量；
　　　ω_1，ω_2——发动机加速过程测定区间的曲轴起始角速度和终止角速度，s^{-1}；
　　　A——在 $\omega_1 \to \omega_2$ 的加速过程中，发动机曲轴输出的有效功，kJ。

设曲轴角速度加速过程测定区间 $\omega_1 \sim \omega_2$ 对应的发动机转速为 $n_1 \sim n_2$，加速所经历的时间为 ΔT，则这一时间间隔的平均功率为

$$P_{av} = \frac{A}{\Delta T} = \frac{1}{1000} \times \frac{J(\omega_2^2 - \omega_1^2)}{2\Delta T} = \frac{1}{1000} \times \frac{J}{2\Delta T} \times \left(\frac{\pi}{30}\right)^2 (n_2^2 - n_1^2) \tag{3-6}$$

令 $C_2 = \frac{1}{1000} \times \frac{1}{2}J\left(\frac{\pi}{30}\right)^2 (n_2^2 - n_1^2)$，对于一定的发动机，$J$ 为常量，n_1、n_2 为检测人员给定的转速值，故 C_2 可视为常量。因此根据式（3-6）可以得出：

$$P_{av} = C_2 \frac{1}{\Delta T} \tag{3-7}$$

式中　P_{av}——平均功率，kW；
　　　ΔT——加速时间，s。

式（3-7）表明，发动机在加速过程中的平均功率与加速时间成反比，即突然踩下加速踏板时，发动机由转速 n_1 加速到转速 n_2 的时间越长，表明发动机功率越小；反之，加速时间越短，表明发动机功率越大。因此，只要测取某一转速范围的加速时间，则可得到发动机相应的平均功率，定性评价发动机的动力性。

实际应用中，往往是将额定功率作为发动机的动力性评价指标。因此，应将测出的某一转速范围的平均功率转化为稳态时额定转速下的功率进行对比评价。根据稳态测功与动态测功的对比试验得知，发动机额定转速下的功率与相应加速状况下测得的平均功率之间存在一近似常量关系。通常人们利用这种关系，根据加速时间 ΔT 与额定转速下的功率对应情况，来对无负荷测功仪进行标定，这样通过测量加速时间就可直接测得额定转速下的功率，即发动机最大功率，从而定量评价发动机的动力性。

3.1.3　无外载测功的测试方法

目前，采用平均功率检测原理的无外载测功仪得到了广泛的应用。下面以这种无外载测功仪为例进行说明。

(1) 无外载测功仪的组成及原理

发动机外载荷平均功率测功仪主要由转速信号传感器、转速脉冲整形装置、起始转速触发器、终止转速触发器、时标、计算与控制装置和显示装置等组成，如图 3-1 所示。

测功时，转速信号传感器通过点火系低压（高压）电路，或高压油管处（柴油机）感应出发动机的转速脉冲信号，然后送入转速脉冲整形装置整形为

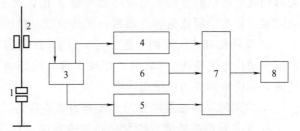

图 3-1　无外载平均功率测功仪示意
1—断电器触点；2—转速信号传感器；3—转速脉冲整形装置；
4—起始转速触发器；5—终止转速触发器；6—时标；
7—计算与控制装置；8—显示装置

矩形触发脉冲，并转变为平均电压信号，该电压值与发动机转速成正比。在发动机加速过程中，当转速达到起始转速时，与起始转速对应的电压信号通过起始转速触发器触发计算与控制电路，使时标信号进入计算器并寄存；当发动机加速到终止转速时，与终止转速对应的电压信号通过终止转速触发器又去触发计算与控制电路，使时标信号停止进入计数器，并把寄存器中时标脉冲数经数模转换成电信号，通过显示装置显示出加速时间或最大功率。

(2) 无外载测功仪的使用方法

无外载测功仪既可以制成单一功能的便携式测功仪，又可以与其他测试仪表组合成发动机综合检测仪。它们的一般使用方法如下。

① 测试前的准备

a. 调整发动机配气机构、供油系统和点火系统，使之处于技术完好状态；预热发动机至正常工作温度（80～90℃）；调整发动机怠速，使之在规定范围内稳定运转。

b. 接通电源，预热仪器并调零，把传感器按要求连接在规定部位。

c. 按检测仪器的要求设置起始转速 n_1 和终止转速 n_2。

d. 将被测发动机的转动惯量置入仪器内。若被测发动机的转动惯量未知时，则应先测定其转动惯量。

e. 操作其他必要的键位，如机型（汽油机、柴油机）选择键、缸数选择键和测试键等。

② 功率测试方法　常用的测试方法有怠速加速法和启动加速法两种。

a. 怠速加速法。发动机在怠速下稳定运转，然后突然将加速踏板踩到底，发动机转速急速上升，当转速超过终止转速时，仪表显示出所测功率值。此后应立即松开加速踏板，以避免发动机长时间高速运转。记下或打印出读数后，按"复零"键使指示装置复零。为保证测试结果可靠，一般重复测量3次取其平均值。该测试方法既适用于汽油机，也适用于柴油机。

b. 启动加速法。首先将加速踏板踩到底，然后启动发动机使其自由加速运转，当转速超过终止转速后，仪表显示出测试值。启动加速法可避免因迅猛加速操作发动机引起的误差，也可排除化油器式汽油机加速泵附加供油作用的影响，但该方法不适合电控喷油发动机。

③ 使用注意事项

a. 发动机当量转动惯量 J 值的选取要准确。J 值的大小将直接影响无负荷测功的精度，故 J 值的选取应相当慎重。通常，仪器生产厂家提供的某些车型的 J 值多为发动机台架试验测得。这种试验一般不带风扇和空气滤清器，与就车测试的条件不同。因此，必须使用有关部门就车测试的发动机当量转动惯量 J 值。对于新型或初次测试的车型，必须经过大量的试验，并与出厂数据和发动机台架试验数据对比后，才能得出适当的当量转动惯量 J 值。

b. 发动机加速区间的转速 n_1、n_2 的选取要适当。通常起始转速 n_1 应高于发动机怠速，常取发动机怠速转速的150%，以减少怠速的影响，提高测量精度；终止转速 n_2 应取额定转速，以便检测发动机最大功率。

c. 检测时，踩加速踏板的速度和力度要均匀，且要求重复性好。

d. 无负荷测功所测得的发动机加速性能，仅仅是动力性的一个侧面，而不是全部。众所周知，功率指标高的发动机其加速性能不一定优良。

e. 无负荷测功精度一般不高，但作为发动机维修调整后的质量判断，或一般车况分析，无负荷测功常常是十分有效的方法。

3.1.4 各气缸功率均衡性检测

发动机所发出的功率应等于各气缸发出的功率的总和。理论上讲,正常运行时,发动机各气缸所发出的功率应是相同的,但由于结构、供油系及点火系等方面的差异,各气缸实际发出的功率还会有所不同,特别是当某气缸有故障时,这种差异就更加明显。例如,当发动机以某一转速运转时,若某气缸火花塞突然断火,该气缸就不会做功,则发动机发出的总功率就会下降。根据这种分析,可以采用对各气缸轮流断火的办法,来判断某缸技术状况是否完好。"单缸断火"的测试办法有几种:①测试单缸功率的变化;②测试转速的变化。

(1) 单缸功率的检测

首先利用前面介绍的无外载测功原理测量发动机的总功率,然后在某缸断火条件下,再测量发动机功率。两次测量功率之差就是断火气缸所发出的功率。用这样的方法,依此将各缸断火,分别测量各次断火后的功率,并得出各单缸功率。比较各单缸功率,即可判断各气缸的工作情况。正常情况下,各单缸功率应是基本相同的,各缸断火后的功率也应该相近。

(2) 单缸断火后转速的变化

发动机在一定转速下运行时,若某气缸突然断火,则发动机输出的功率将减少,因而转速也会降低。若各缸的功率是均衡的,则当各缸轮换断火时,转速下降的幅度应基本相同。反之,若转速下降的幅度差别很大,则说明有的气缸工作不正常。因此,可以利用单缸轮换断火情况下转速下降的数值来评价各缸的工作状况。转速下降的幅度与气缸数有关。显然,气缸数越多,单缸断火后转速下降值就越小。

表 3-1 给出了发动机以 800r/min 的转速稳定工作的条件下,某气缸断火后,转速的平均下降值。一般要求转速下降的最高、最低值之差,应不大于平均值的 30%。若某缸断火后,转速下降远小于平均值,则说明该缸工作不良。当然,转速下降越小,说明该缸发出的功率也越小;若转速下降为零,说明该缸不工作。

表 3-1 单缸断火后发动机转速下降的平均值

发动机气缸数	转速下降平均值/(r/min)	发动机气缸数	转速下降平均值/(r/min)
4	150	8	50
6	100		

通常利用单缸断火后转速下降值来检测各缸功率均衡性,对于缸数很多(8缸以上)的发动机是不适宜的。因为气缸数越多,单缸断火后转速下降值越小,测量误差就越大,判断各缸工作性能的难度就越大。

3.1.5 气缸效率测试

气缸效率测试是根据汽车发动机各缸间歇工作造成转速微观波动的特点,来高速采集各缸点火的间隔时间,通过计算各缸点火的间隔时间,求出各单缸的瞬时转速与平均转速之差值,作为判断各气缸工作能力及比较各缸工作均匀的指标。利用 EA2000 发动机综合检测仪,在"汽油机测试菜单"中用鼠标左键点击"气缸效率分析"图标,系统即进入测试状态,如图 3-2 所示。

气缸效率测试不必进行断缸测试,因而不会发生排气温度过高及催化转换酶中毒的情况,更适合于电子燃油喷射的汽油车。

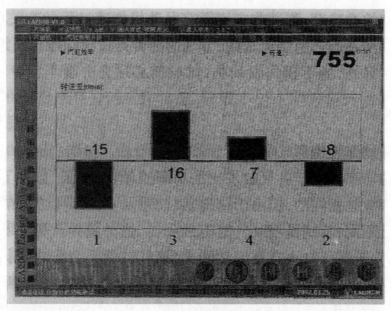

图 3-2 气缸效率分析

(1) 操作前的连接

将次级信号和温度拾取器与一缸信号拾取器夹到相应的高压线上。

(2) 界面说明及操作

① 点击"测试"图标,系统即开始进行测试,并显示发动机的转速和各缸相对平均转速的差值。

② 柱形图在标线上方表示为正,说明瞬时转速比平均转速高,即该缸工作较好;反之,柱形图在标线下方,说明该缸工作性能相对较差。各缸瞬时转速相差过大,则发动机工作就不平稳。

各缸功率均衡性是判断发动机技术状况的一个重要指标,是发动机检测诊断的一个重要内容。

3.2 气缸密封性检测

气缸密封性是保证发动机缸内压力正常并有足够动力输出的基本条件,也是影响发动机燃油经济性的一个重要内容。发动机气缸密封性与气缸、气缸盖、气缸衬垫、活塞环和进排气门等部件有关,这些零件的技术状况的好坏,严重影响发动机的动力性和经济性,而且决定发动机的使用寿命。因此,通过气缸密封性的检测可较容易地判断发动机的基本技术状况。发动机在使用过程中,由于上述零件的磨损、烧蚀、结胶、积炭等原因,气缸漏气量、进气管真空度、气缸漏气率等会发生相应变化,通过检测其表征参数就可以评价气缸的密封性。

3.2.1 气缸压缩压力的检测

气缸压缩压力是指缸内气体压缩终了的压力。它是气缸密封性最直接的评价指标,气缸压缩压力检测量是通过测量活塞在压缩行程终了到达上止点时气缸的压缩压力。由于用气缸压力表测量气缸压缩压力方便操作,检测仪器价格低廉,因此应用较广泛。

3.2.1.1 气缸压缩压力的检测

(1) 用气缸压力表检测

① 气缸压力表　常用气缸压力表检测气缸压缩压力。气缸压力表是一种专用压力表,它一般由表盘、导管、单向阀和接头等组成,气缸压力表如图3-3所示。

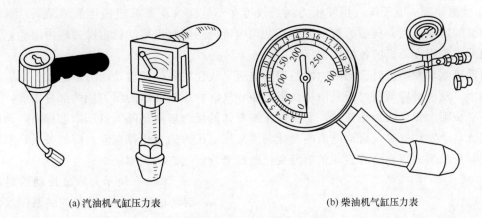

(a) 汽油机气缸压力表　　　　　　　(b) 柴油机气缸压力表

图3-3　气缸压力表

气缸压力表的接头有两种,一种为螺纹管接头,可以拧紧在火花塞或喷油器螺纹孔内;另一种为锥形或阶梯形的橡胶接头,可以压紧在火花塞孔上。接头通过导管与压力表头相连通。导管也有两种,一种为软导管,另一种为金属硬导管。软导管使用橡胶接头与压力表头的连接。压力表盘的作用是指示压力。单向阀的作用是,当阀处于关闭位置时可保持测得的气缸压缩压力读数,当单向阀处于打开位置时,可使压力表指针回零。

② 检测方法

a. 启动发动机,待发动机运转至正常工作温度(冷却液温度达70~90℃)后停机。

b. 用压缩空气吹净火花塞或喷油口周围的脏物,然后卸下全部火花塞或喷油口,并按气缸秩序摆放。汽油机还应将节气门和阻风门全开,以减少进气阻力。

c. 将气缸压力表的锥形橡胶接头插在被测缸的火花塞或喷油口安装孔上,扶正压紧。如图3-4所示。

d. 用启动机带动发动机运转,转速应符合规定。3~5s(不少于四个压缩行程),待压力表指针指示并保持最大压力后停止启动。取下气缸压力表,记下读数,按下单向阀使压力表指针回零。

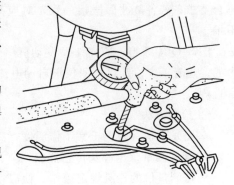

图3-4　测量气缸压缩压力

e. 为使测量数据准确,每缸重复测量2~3次,取其平均值为被测气缸的压缩压力。

f. 按上述方法依次测量各缸,即可得到各缸的压缩压力。

③ 检测特点

a. 检测实用可靠、简单易行,适用于气缸组技术状况的常规诊断。

b. 检测效率低，需拆火花塞或喷油器（柴油机），且需逐缸测量，不适应现代化检测要求。

c. 检测精度受发动机转速变化的影响大。研究表明，在曲轴转速低于 1000r/min 的范围内，较小的转速变化会带来较大的气缸压缩压力值变化。为减少测量误差，应使发动机检测转速符合要求。

(2) 用电子气缸压缩压力测量仪检测

① 检测原理　电子气缸压缩压力测量仪可在不拆卸火花塞或喷油器的情况下，测定发动机各缸的压缩压力。典型的检测原理是利用电流传感器测出启动机启动过程中启动电流的变化波形来测定发动机的各缸压缩压力。

启动机驱动发动机时启动阻力矩与启动电流呈线性关系，即启动阻力矩越大，则启动电流就越大。发动机启动阻力矩是由机械阻力矩和气缸内压缩气体的反力矩两部分组成，正常情况下机械阻力矩可认为是常数，而缸内压缩气体的反力矩则是随气缸压缩过程而波动的变量。因此启动发动机时，启动电流的变化与气缸压缩压力的变化存在着对应的关系，所以可通过测量反映阻力矩波动的启动机电流变化曲线来确定气缸的压缩压力。

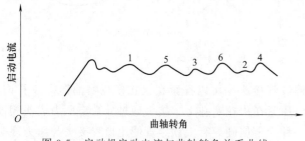

图 3-5　启动机启动电流与曲轴转角关系曲线

图 3-5 所示是六缸发动机启动机启动电流与曲轴转角的关系曲线。它清楚地表明，启动电流值是变化的，其变化是因气缸内压缩压力的波动而引起的，其电流波形各段的峰值与各缸的最大压缩压力成正比。若能确定某一电流峰值所对应的气缸，则可按点火次序确定各缸所对应的启动电流峰值，其大小可代表相应气缸最大压缩压力值。通常各缸电流波形峰值所对应的缸号是通过点火传感器或喷油传感器先确定第一缸波形的位置而推得的。

检测时，若显示的各缸电流波形振幅一致，且峰值又在规定范围内，说明各缸压缩压力符合要求；若各缸波形振幅一致，对应某缸电流峰值低于规定范围，则说明该缸压缩压力不足。

国产 QFC-5 型、WFJ-1 型发动机综合检测仪就是依据上述原理检测发动机气缸压缩压力的。也有不少发动机检测仪把启动电流的波形变成直方图来显示各缸的气缸压缩压力，非常直观。

② 检测方法

a. 将发动机运转至正常工作温度（冷却液温度达 70～90℃）后停机。

b. 连接测量仪电源及传感器接线，并预热调节测量仪至正常状态。

c. 按测量仪的检测规定操作，使启动机以规定的转速驱动发动机运转但不着火。

d. 测量仪屏幕将显示启动电流曲线或相对气缸压缩压力的柱方图、各气缸压缩压力。

e. 视需要打印输出检测结果。

③ 检测特点　检测速度快、效率高，适用于发动机一般技术状况的定性检查。

3.2.1.2　检测标准分析

对于在用汽车发动机，按《营运车辆综合性能要求和检验方法》（GB 18565—2001）的规定，发动机各缸压力应不小于原设计规定值的 85%；每缸压力与各缸平均压力差，汽油机应不大于8％，柴油机不大于10％。对于大修竣工发动机，按《汽车修理质量检查评定标准——发动机大修》(GB/T 15746.2—1995）附录B的规定，大修竣工发动机的气缸压力应符合原设计规定；每缸压力与各缸平均压力的差，汽油机不超过8％，柴油机不超过10％。

研究表明，测量结果不但与气缸内各处的密封程度有关，而且还与曲轴转速有关。当曲轴转速超过1500r/min以后，气缸压力才变化不大。但在低转速范围内，即使同一型号的发动机，由于蓄电池、启动机和发动机的技术状况不一，其启动转速也不可能完全一致，如表3-2所示。这就出现了检测转速是否符合规定值的问题，这就是用气缸压力表检测气缸压力误差大的主要原因。所以，在检测气缸压力时，如能监控曲轴转速，将是减少测量误差、获得正确结果分析的重要保证。

表 3-2 几种车型发动机气缸压缩压力的标准值

车型	压缩比	气缸压力/kPa	测定转速/(r/min)
桑塔纳2000AFE	9.0	1000～1300	200～250
桑塔纳2000AJR	9.5	1000～1300	200～250
夏利TJ376Q-E	9.5	1000～1225	200～250
广州本田雅阁	8.9	930～1230	200～250
解放CA1091	7.4	930	100～150
北京BJ1040	7.2	785～981	200～250
跃进NJ1041	7.5	980	200～250
天津大发	9.0	1225	200～250

3.2.2 曲轴箱窜气量的检测

检测曲轴箱窜气量，也是检测气缸密封性的方法之一。特别是在发动机不解体的情况下，使用该方法诊断气缸活塞摩擦副的工作状况具有明显的作用。

(1) 曲轴箱窜气量的检测方法

曲轴箱窜气量的检测一般采用专用气体流量计进行，如图3-6所示，具体检测步骤如下。

① 打开电源开关，按仪器使用说明书的要求对检测仪进行预调。

② 密封曲轴箱，即堵塞机油尺口、曲轴箱通风进出口等，将取样头插入机油加注口内。

③ 启动发动机，待其运转平稳后，仪表箱仪表的指示值即为发动机曲轴箱在该转速下的窜气量。

曲轴箱窜气量除与发动机气缸活塞组技术状况有关外，还与发动机转速和负荷有关。因此在检测时，发动机应加载，节气门全开（或柴油机最大供油量），在最大转矩转速（此时窜气量达最大值）下测试。发动机加载可在底盘测功机上实现，测功机的加载装置可方便地通过滚筒对发动机进行加载，以实现发动机在全负荷工况下从最大转矩转速至额定转速的任一转速下运转，因此，可用曲轴箱窜气量检测仪检测出各

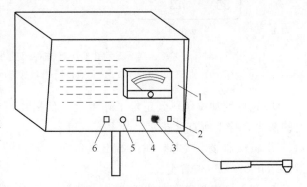

图 3-6 曲轴箱窜气量检测仪
1—指示仪表；2—预测按钮；3—预调旋钮；
4—挡位开关；5—调零旋钮；6—电源开关

种工况下曲轴箱窜气量。

(2) 曲轴箱窜气量诊断参数标准

对曲轴箱窜气量还没有制定出统一的国家诊断标准，有些维修企业自用的企业标准一般是根据具体车型逐渐积累资料制定的。由于曲轴箱窜气量还与缸径大小和缸数多少有关，很难把众多车型统一在一个诊断参数标准内。有些国家以单缸平均窜气量作为诊断参数。综合国内外情况，单缸平均窜气量值可参考以下标准。

汽油机：新机 2～4L/min，达到 16～22L/min 时需大修

柴油机：新机 3～8L/min，达到 18～28L/min 时需大修

曲轴箱窜气量大，一般是气缸、活塞、活塞环磨损量大，使各部分间隙大；活塞环对口、结胶、积炭、失去弹性、断裂及缸壁拉伤等原因造成，应结合使用、维修和配件质量等情况来进行深入诊断。

3.2.3 气缸漏气量的检测

气缸的密封性可用检测气缸漏气量的方法进行评价。检测气缸漏气量时，发动机不运转，活塞处在压缩终了上止点位置，从火花塞孔处通入一定压力的压缩空气，通过测量气缸内压力的变化情况，来表征整个气缸组的密封性，即不仅表征气缸活塞摩擦副，还表征进排气门、气缸衬垫、气缸盖及气缸的密封性。该方法仅适用于对汽油机的检测。

国产 QLY-1 型气缸漏气量检测仪如图 3-7 所示。该仪器由调压阀、进气压力表、测量表、校正孔板、橡胶软管、快速接头和充气嘴等组成，此外还须配备外部气源、指示活塞位置的指针和活塞定位盘。外部气源的压力相当于气缸压缩压力，一般为 600～900kPa。压缩空气按箭头方向进入气缸漏气量检测仪，其压力由进气压力表 2 显示。随后，它经由调压阀、校正孔板、橡胶软管、快速接头和充气嘴进入气缸，气缸内的压力变化情况由测量表 3 显示。检测方法如下。

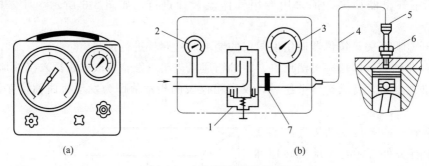

图 3-7 气缸漏气量检测仪

1—调压阀；2—进气压力表；3—测量表；4—橡胶软管；5—快速接头；6—充气嘴；7—校正孔板

① 先将发动机预热到正常工作温度，然后用压缩空气吹净缸盖，特别要吹净火花塞孔上的灰尘，拧下所有火花塞，装上充气嘴。

② 将仪器接上气源，在仪器出气口完全密封的情况下，通过调节调压阀，使测量表的指针指在 392kPa 位置上。

③ 卸下分电器盖和分火头，装上指针和活塞定位盘。指针可用旧分火头改制，仍装在原来的位置上。活塞定位盘用较薄的板材制成，其上按缸数进行刻度，并按分火头的旋转方向和点火次序刻有缸号。假定是 6 缸发动机，分火头顺时针方向转动，点火次序为 1-5-3-6-

2-4，则活塞定位盘上每60°有一刻度，共有6个刻度，并按顺时针方向在每个刻度上分别刻有1、5、3、6、2、4的字样。

④ 摇转曲轴，先使第1缸活塞处于压缩终了上止点位置，然后转动活塞定位盘，使刻度"1"对正指针。变速器挂低速挡，拉紧驻车制动器，以保证压缩空气进入气缸后，不会推动活塞下移。

⑤ 把1缸充气嘴接上快速接头，向1缸充气，测量表上的读数，便反映了该缸的密封性。在充气的同时，可以从进气口、排气消声器口、散热器加水口和加机油口等处，查听是否有漏气声，以便找出故障部位。

⑥ 摇转曲轴，使指针对正活塞定位盘下一缸的刻度线，按以上方法检测下一缸漏气量。

⑦ 按以上方法和点火次序，检测其他各缸的漏气量。为使数据可靠，各缸应重复测量一次。

仪器使用完毕后，调压阀应退回到原来的位置。

对于解放和东风等国产发动机，在确认进排气门和气缸衬垫密封良好的情况下，其测量读数值大于246kPa，气缸活塞摩擦副的密封性可诊断为合格；如读数值小于246kPa，则需换环或镗缸换活塞。

3.2.4 气缸漏气率的检测

气缸漏气率的检测，无论在使用的仪器、检测的方法，还是判断故障的方法上，与气缸漏气量的检测是基本一致的，只不过气缸漏气量检测仪的测量表标定单位为kPa或MPa，而气缸漏气率测量表的标定单位为百分数。一般说来，当气缸漏气率达30%～40%时，如果能确认进排气门、气缸衬垫、气缸盖和气缸套等是密封的（可从各泄漏处有无漏气或迹象确认），则说明气缸活塞摩擦副的磨损临近极限值，已到了需换环或镗磨缸的程度。

3.2.5 进气歧管真空度的检测

3.2.5.1 用真空表检测诊断

(1) 进气歧管真空度的检测

真空表是检测汽油机进气歧管真空度最常用的工具。利用真空表检测进气歧管真空度的方法，可以对发动机因机械部分造成的故障（如气缸盖、气缸垫、气缸体、活塞、活塞环、气门、气门座、气门导管、气门弹簧、液压气门挺杆、节气门体衬垫、进气歧管垫）和喷油器密封圈以及各真空管路的密封不良造成的发动机故障进行有效的检测。同时，还可对因发动机点火正时、配气相位和可燃气体混合比不正确所产生的故障进行检测。另外，还能检测到废气再循环系统（EGR）和曲轴强制通风装置的密封性不良所造成的故障。它主要由表头和软管构成，软管一头固定在真空表上，另一头可方便地连接在进气歧管的检测孔上。

真空度的检测通常在怠速条件下进行，因为怠速时进气管真空度较高，同时技术状况良好的汽油机怠速时，进气管真空度具有较为稳定的数值，另外怠速时真空度对进气管和气缸密封性不良状况最为敏感。进气歧管真空度检测步骤如下。

① 预热发动机至正常工作温度。

② 将真空表软管与进气歧管上的检测孔连接。

③ 将变速器置于空挡，发动机怠速稳定运转。

④ 在真空表上读取真空读数，如图3-8所示。白针表示稳定，黑针表示漂移。

⑤ 必要时，按规定改变节气门的开度，看真空度读数的变化情况来诊断相关故障。

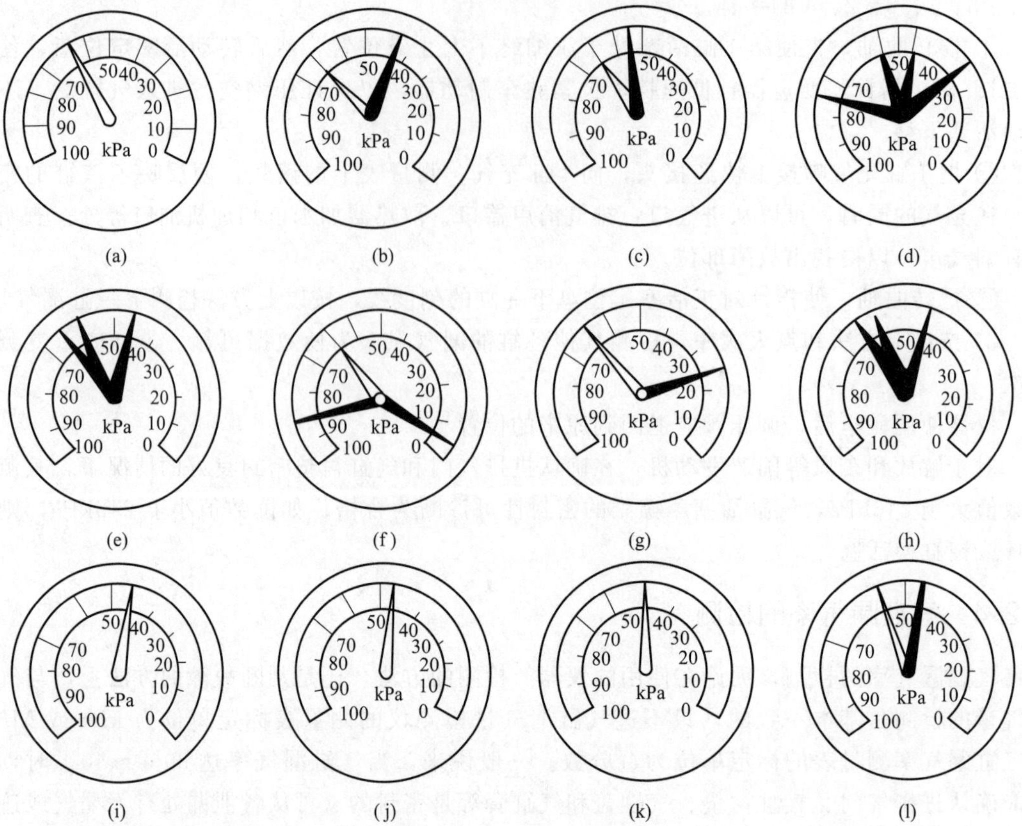

图 3-8 真空表检测结果

(2) 检测结果的诊断

① 进气歧管真空度诊断标准　一般进气歧管真空度在怠速时都有规定的正常值和波动范围。根据 GB/T 15746—2011《汽车修理质量检查评定方法》的规定，大修竣工的汽油发动机在怠速时，进气歧管真空度应在 57～70kPa 范围内；进气歧管真空度波动，六缸汽油机不超过 3kPa，四缸汽油机不超过 5kPa（大气压力以海平面为准）。

进气歧管真空度随海拔高度升高而降低。海拔每升高 100m，真空度将降低 10kPa 左右。因此其进气歧管真空度的诊断标准，也应根据当地海拔高度进行修正。

② 进气歧管真空度诊断分析　检测时，通过对真空表指针摆动状态的研判和对进气歧管真空度检测结果的分析，可诊断发动机的技术状况和故障，下面是一些典型的诊断实例。

a. 怠速时，若真空表指针稳定在 57～70kPa 之间，如图 3-8（a）所示，则表明气缸密封性正常。海拔高度每升高 500m，真空度应相应降低 4～5kPa。

b. 怠速时，若真空表指针跌落 3～23kPa，如图 3-8（b）所示，而且指针有规律地摆动，则表明气门与气门座密封不良。

c. 怠速时，若真空表指针时常快速跌落 10～16kPa，如图 3-8（c）所示，则表明气门与导管卡滞。

d. 怠速时，若真空表指针在 33～74kPa 范围内缓慢摆动，且随发动机转速升高摆动加剧，如图 3-8（d）所示，则表明气门弹簧弹力不足。

e. 急速时，若真空表指针较正常值低 10～13kPa，且缓慢地在 47～60kPa 范围内摆动，如图 3-8（e）所示，则表明气门导管磨损严重。

f. 当发动机转速升至 2000r/min 左右时，突然关闭节气门，若真空表指针迅速跌落至 6～16kPa 以下，当节气门关闭时，若指针不能回复到 83kPa，如图 3-8（f）所示，则表明活塞环失效；当快速开启节气门时，若指针不低于 6～16kPa，则表明活塞环工作状况良好。

g. 急速时，若真空表指针从正常值突然跌落至 33kPa，随后指针又恢复至正常值，在发动机运转过程中，真空表指针总是这样来回波动，如图 3-8（g）所示，则表明气缸衬垫窜气。

h. 急速时，若真空表指针不规则跌落，如图 3-8（h）所示，则表明发动机的混合气过稀；若真空表指针缓慢摆动，则表明发动机的混合气过浓。

i. 急速时，若真空表指示值比正常值约低 10～30kPa，但很稳定，如图 3-8（i）所示，则表明进气歧管衬垫漏气。

j. 急速时，若真空表指针稳定地指示在 27～57kPa 之间，如图 3-8（j）所示，则表明发动机点火过迟。

k. 急速时，若真空表指针稳定地指示在 27～50kPa 之间，如图 3-8（k）所示，则表明发动机气门开启过迟。

l. 急速时，若真空表指针缓慢地摆动在 47～54kPa 之间，如图 3-8（l）所示，则表明火花塞电极间隙太小，断电器触点接触不良。

3.2.5.2 用示波器检测诊断

往复式活塞发动机的进气过程是间歇的，这必然引起进气压力脉动，导致进气歧管真空度波动，而气缸密封状况会影响进气歧管真空度波动的波形，因此，通过示波器不解体检测发动机进气歧管真空度波形，可以分析、判断气缸密封性和诊断相关机件的故障。

（1）进气歧管真空度波形检测

由传感器采集到的进气歧管真空度的电压信号，经仪器处理后送入示波器，于是仪器屏幕上便显示出进气歧管真空度波形。进气歧管真空度波形的检测步骤如下。

① 预热发动机至正常工作温度。

② 将检测仪真空度传感器与发动机相应部件连接，对于化油器式发动机，其连接如图 3-9 所示，对于电控燃油喷射发动机的连接，有的采用三通接头使传感器与发动机真空软管相连，有的在进气歧管上装专用传感器相连。

③ 使发动机稳定运转在规定转速。

④ 开启检测仪器，示波器则显示被检测发动机进气歧管真空度的波形，图 3-10 所示为四缸发动机进气歧管真空度的标准波形。

（2）进气歧管真空度波形分析

发动机技术状况良好时，各缸进气歧管真空度波形基本相似，只是因进气歧管形状与断面情况不尽一样，致使其进气真空度波形稍有差异。但若气缸的结构参数或技术状况变化，则进气歧管真空度波形会有明显改变，如气缸与活塞配合副磨损使其密封性变差、气缸衬垫或气门漏气、气门弹簧性不足、混合气过浓或过稀等均会引起进气歧管真空度波形的改变，由此判断发动机故障是十分方便有效的。

诊断时，将发动机进气歧管各缸真空度的检测波形进行对照比较，若各缸进气过程所造成的进气歧管负压基本一致，且与标准波形相同，则说明该发动机进气系统和气缸活塞组技

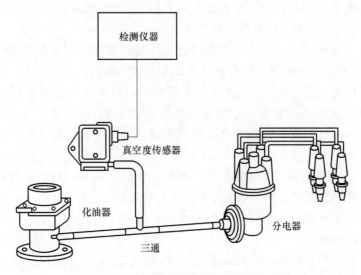

图 3-9　真空度传感器与发动机的连接

术状况正常；若个别气缸波形异常，则说明进气系统和气缸活塞组存在故障，图 3-11 所示为四缸发动机第 4 缸进气门严重漏气的进气歧管真空度波形。

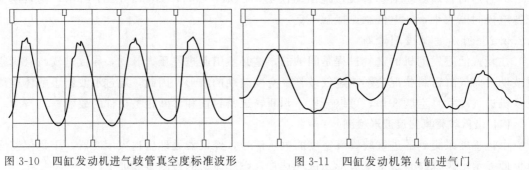

图 3-10　四缸发动机进气歧管真空度标准波形　　图 3-11　四缸发动机第 4 缸进气门
　　　　　　　　　　　　　　　　　　　　　　　　　　　严重漏气的进气歧管真空度波形

3.3　汽油机点火波形观测

　　汽油发动机工作时，不仅需要一定空燃比的混合气，还需要按一定的顺序及时为各气缸提供电火花点燃混合气。对点火系统一般的要求如下。
　　① 火花要具有足够高的击穿电压。
　　② 火花要有足够的能量保证可靠点火。
　　③ 火花时刻要能够适应发动机工况的变化。
　　由于发动机点火系元件较多、工作条件又往往比较恶劣，使用久了，性能会下降，还可能出现故障，这些都会影响发动机的动力性和经济性，严重时还会造成发动机熄火或不能启动。因此，点火系的故障往往是发动机不能正常工作的重要原因之一。
　　目前，汽油机点火系大体分为以下三类。
　　① 由电磁、红外或霍尔元器件构成的非接触式断电器组成的点火系统称为无触点点火器，其放大电路又分晶体管电路和电容放电电路两种。

② ECU 控制的点火系由 ECU 中的微处理器根据曲轴转角传感器的信号确定点火时刻，因而它没有断电器，只有分电器，根据 ECU 送来的信号直接控制点火线圈初级电路的通断。

③ 无分电器点火系统是当前运用越来越多的点火系统，它完全是电子器件而无机械运动部件，彻底解决了凸轮和轴承磨损以及触点烧蚀间隙失调而引起的一系列故障。曲轴传感器送来的不仅有点火时刻信号，而且还有气缸识别信号，从而使点火系统能向指定的气缸在指定的时刻送去点火信号，这就要求每缸配有独立的点火线圈，但如果是六缸机，第一缸和第六缸、第二缸和第五缸以及第三缸和第四缸分别共用一个点火线圈，即共有三个点火线圈。显然每一个点火线圈点火时，总有一个缸是空点火，检测时应加以注意一点。

一般用发动机综合检测仪对点火系统进行检测，主要分析点火线圈初、次级电压波形（主要是次级电压波形），进而判断点火系统的工作情况，以及测试点火提前角等。

3.3.1 点火波形的检测

(1) 点火波形检测仪器

汽油机点火波形常用汽车专用示波器来检测。示波器是指用波形显示或记录电量（如电压、电流等）随时间变化关系的仪器，它是一种多用途的测量仪器。汽车专用示波器是指主要用于汽车有关波形、参数检测的仪器，它能检测点火波形、供油压力波形、真空度波形、异响波形、汽车电控元件信号波形等。汽车专用示波器既可以制成单一功能的示波器，也可以制成多功能的示波器。

① 仪器的组成　图 3-12 所示的发动机综合检测仪是一种多功能汽车专用示波器。它主要由检测探头、外接线、电控系统和显示器等组成。

检测探头及外接线用于连接测量点，并向示波器输入信号。检测探头实际上就是示波器的信号获取装置（传感器），它用来感应测量点的被测信号，该信号通过其外接线传输给示波器的电控系统。

电控系统用来接受、处理外接线输入的信号和波形控制旋钮输入的控制信号，并传送给显示器控制输出波形。现代示波器多是带有微处理器的电控系统，它能将模拟电压信号转换为数字信号输至显示器，并具有记忆功能，能实现对检测波形的显示、记录、打印和储存进行控制。

显示器用来显示被测信号的波形，以供人们观测和分析。传统的汽车专用示波器多采用阴极射线管（CRT）显示器；现代汽车专用示波器多采用液晶显示器（LCD），它属于非发光显示，具有工作电压低（一般为 3V）、耗电少、显示面积大、图形清晰度高、体积小及重量轻等优点。

② 仪器的示波原理　仪器的示波原理与显示器的类型有关，下面分别介绍阴极射线管显示器和液晶显示器的示波原理。

a. 阴极射线管显示器原理。阴极射线管显示器主要由电子枪、偏转板和荧光屏等组成。如图 3-13 所示。电子枪向荧光屏发射电子束撞击，激发荧光屏内表面磷层产生光亮点。偏转板有两组：水平放置的两块称为垂直偏转板，垂直放置的两块有电荷时，偏转板间便形成电场，电子枪发射的电子束经过这些电场时，其方向就会偏转。

在水平偏转板电场的作用下，电子束在荧光屏上的光亮点由屏幕的左端移向右端，扫出一条亮线，然后再从右至左变暗回扫，因其扫描速度很快，所以屏幕上能看到的是一条光亮

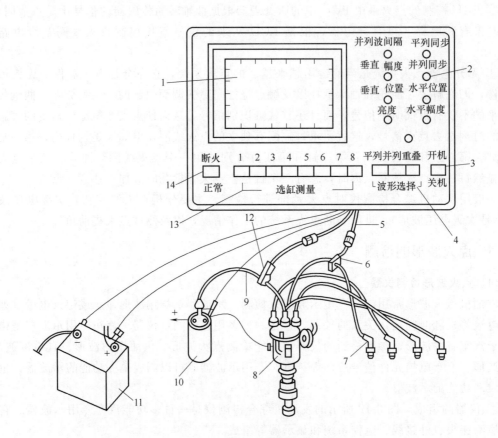

图 3-12 汽车专用示波器及其连接

1—显示器；2—波形控制按钮；3—电源开关；4—波形选择按钮；5—外接线；6,12—探头（感应夹）；7—火花塞；8—分电器；9—中央高压线；10—点火线圈；11—蓄电池；13—选缸测量按钮；14—断火按钮

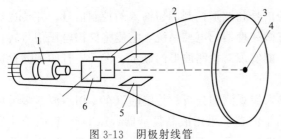

图 3-13 阴极射线管

1—电子枪；2—电子束；3—荧光屏；4—光亮点；5—垂直偏转板；6—水平偏转板

的直线。当示波器接受被测信号时，垂直偏转板便从示波器电路接收到与被测信号电压变化成比例的电荷，于是电子束在从左到右扫描的同时，又在垂直偏转板电场作用下上下移动，从而在荧光屏上扫出一条信号电压随时间而变化的波形曲线。

b. 液晶显示器原理。液晶显示器屏幕为双玻璃夹层结构，夹层间填充液晶。当在液晶上加电场时，液晶分子重新排列，从而改变液晶的透光特性，使光线能按照控制的方式通过并显示其检测信号波形。

③ 仪器的调节与使用

a. 仪器的调节。汽车专用示波器的调节主要是指对 Y 轴电压和对 X 轴时间的调整。对于非微机控制的示波器，一般采用开关、按键和旋钮等实现对波形的垂直幅度、水平幅度、垂直位置、亮度和清晰度等的调整。对于微机控制的示波器，通常采用菜单式操作，可用按钮或鼠标选择所需的检测或调整项目。有的汽车专用波器具有自动设定功能，可免除手动调节的麻烦。

b. 仪器的使用。开启示波器，将示波器的一根外接线探头连接到被测线路电压取样点，另一根外接线接地，被测的电压波形就会在屏幕上显示。两根外接线端部探头的距离越近，干扰的信号就越小，检测的波形就越稳定。

(2) 点火波形检测方法

点火线圈完全相当于一个变压器，在初级线圈周期性通电和断电过程中，初级线圈和次级线圈都会因为电流变化而感应电动势，而因初级电压和次级电压随时间变化的规律也是相似的。其变化的波形就是点火波形。

点火波形的检测是汽车不解体检测的一个重要项目，它通常由汽车专用示波器测得，其检测方法如图3-14所示。检测时，启动发动机，将示波器探针分别连接点线圈的"—"接柱和接地，可测得初级电压波形；将示波器的一个探针接地，另一根外接线用感应夹连接高压线，可测次级电压波形。

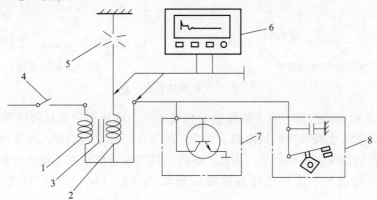

图 3-14 点火波形的检测

1—初级线圈；2—次级线圈；3—铁芯；4—点火开关；5—火花塞；6—示波器；7—晶体管点火器；8—分电器

3.3.2 点火波形分析

无论是传统触点式点火系还是无触点电子点火系或计算机控制的点火系，都是由点火线圈通过互感作用把低压电转变为高压电，通过火花塞跳火点燃混合气做功的。点火系低压、高压的变化过程是有规律的，因此把实际测得的点火波形与标准点火波形进行分析比较，可以确定点火系的技术状况及诊断故障。

(1) 标准点火波形

标准点火波形是指点火系正常工作时点火线圈初、次级电压波形，它是点火系的诊断标准。图3-15所示是传统点火系单缸初、次级电压标准波形。图中的触点张开时间是初级线圈断电时间，它对应于次级线圈的放电阶段；图中的触点闭合时间是初级线圈通电时间，它对应于点火线圈的储能阶段，这两个阶段组成了一个完整的点火循环。图中波形反映了从断电器触点张开、闭合、再张开的整个点火过程中，初、次级电压随时间变化的规律。因点火线圈初、次级间的变压器效应，其初级电压波形与次级电压波形具有一定的对应关系。

① 初级电压标准波形。图3-15 (a) 所示为单缸初级电压标准波形。当断电器触点张开时，初级电压迅速提高（约为100~200V），从而导致次级电压急剧上升击穿火花塞间隙。当火花塞两极火花放电时，出现高频振荡波。火花放电完毕后，由于点火线圈和电容器中残余能量的释放，又出现低频振荡波，其波幅迅速衰减直至初级电压趋向于蓄电池电压。当断

电器触点闭合后，初级电压几乎为零，成一直线一直延续到触点的下一次张开。当下一缸点火时，点火循环又将复现。

通常，示波器上触点的张开时间、闭合时间和各缸点火间隔时间用分电器凸轮轴转角表示，于是触点张开时间和闭合时间又可分别称为触点的张开角和闭合角，各缸点火间隔时间称为点火间隔角。若上述角度数值用曲轴转角表示，则对于四冲程发动机来说需乘以 2。

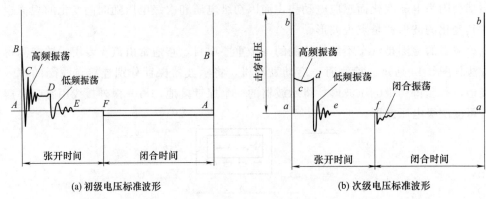

图 3-15 单缸电压标准波形

② 次级电压的标准波形。点火线圈完全相当于一个变压器。在初级线圈周期性通电和断电的过程中，初级线圈和次级线圈都会因为电流变化而感应电动势，因而初级电压和次级电压随时间变化的规律也是相似的。因此，次级电压对发动机正常工作至关重要，下面将重点分析次级电压的波形。次级电压的标准波形如图 3-15（b）所示。对此波形可作如下说明。

a 点：断电器触点断开，或电子点火器输出断开，点火线圈初级突然断电，导致次级电压急剧上升。

ab 段：为火花塞击穿电压。传统点火系统的击穿电压约为 15～20kV，电子点火系统可达 18～30kV。

cd 段：为火花塞电极间的混合气被击穿之后，维持火花放电所需电压，一般为几千伏。这段波形通常也叫"火花线"。火花线应具有一定的高度和宽度，它反映了点火能量的大小，也是保证可靠点火的重要条件。

de 段：火花消失，点火线圈中剩余磁场能量在线路中维持一段衰减振荡。这段也叫第一次振荡。振荡结束后，电压降到零。

f 点：断电器触点闭合，或电子点火器输出导通使点火线圈初级突然闭合，初级电流开始增加，引起次级电压突然增大。需要注意的是，在 a 点，初级电流是急剧减少的，而在 f 点，电流是逐渐增加的，所以这两点感应次级电压的方向相反，而且大小也不相同。

fa 段：因初级电流接通而引起回路电压出现衰减振荡。这段称为第二次振荡。振荡消失后，电压恢复到零。

整个波形中，从 a 点到 f 点对应初级电流不导通，次级线圈放电阶段，也就是传统点火系统中断电器触点断开阶段；从 f 点到 a 点对应初级电流导通，线圈储能阶段，也就是传统点火系统断电器触点闭合阶段。

由于次级电压对发动机的正常点火至关重要，实际检测诊断中应用更多的是次级电压波形。

(2) 点火波形类别

为了便于比较、分析各缸点火波形，判断点火系统故障，通常按一定的规则分类排列各缸点火波形，利用示波器可显示各类点火波形。

① 多缸平列波。它是指将各缸电压波形按点火顺序从左至右依次排列的波形。如图 3-16 所示。利用多缸平列波很容易观察比较各缸点火电压的高低以及点火状况是否正常。

② 多缸并列波。它是指将各缸电压波形之首对齐，并按点火顺序从下至上依次排列的波形，如图 3-17 所示。利用多缸并列波很容易观察各缸火花线长度、断电器触点的张开角和闭合角是否一致，从而判断点火系工作状况是否正常。

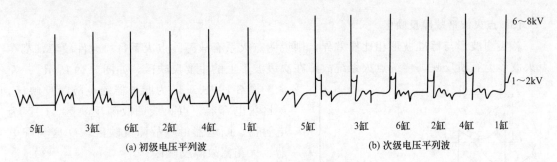

图 3-16　多缸平列波

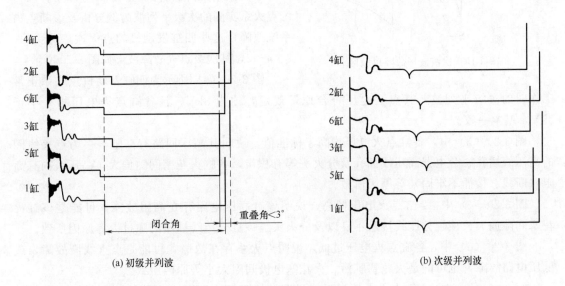

图 3-17　多缸并列波

③ 多缸重叠波。它是指将各缸电压波形之首对齐并重叠放在一起的波形，如图 3-18 所示。利用多缸重叠波可以评价各缸工作的一致性。各缸工作一致的重叠波就像一个单缸波形，只要其中一缸工作不佳，其波形就会偏离重叠波，届时通过逐缸断火可立即找出这一工作不佳的气缸。

④ 单缸选缸波形。在故障判断过程中，有时为了仔细观察某一缸的故障波形，可将其单独选出观测。单缸选缸波形是指根据需要单独选出的任何一缸的单缸点火波形。将选出的波形适当提高其垂直幅度以及水平幅度，并与单缸标准波形对照，可容易发现故障。

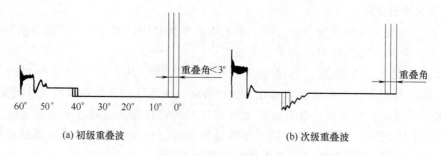

(a) 初级重叠波　　　　　(b) 次级重叠波

图 3-18　多缸重叠波

(3) 点火波形故障反映区

若实测波形与标准波形相比有差异，则说明点火系有故障。点火系每一元件故障，都在点火波形上有所反映，传统点火系统故障在次级波形上的主要反映区，如图 3-19 所示。

图 3-19 中 A 区为断电器触点故障反映区，B 区为电容器、点火线圈故障反映区，C 区为电容器、断电器触点故障反映区，D 区为配电器、火花塞故障反映区。

(4) 点火波形的故障诊断

① 多缸发动机故障波形分析与诊断。以传统点火系实测的次级平列波为例分析及诊断点火系统故障，这些四缸发动机的点火次序为：1—2—4—3，其次级点火故障波形如图 3-20 所示。

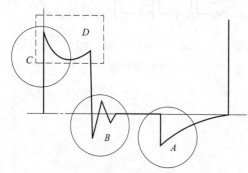

图 3-19　次级波形故障反映区

图 3-20 (a) 所示为四缸发动机点火系正常工作时的次级平列波，其点火电压符合原厂规定，约为 8kV，且各缸点火电压相差小于 2kV，基本一致。

图 3-20 (b) 中，各缸点火电压均高于标准值，说明其高压回路有高阻，多为点火线圈的高压线插孔、分电器高压线插孔及分火头等有积炭，各缸火花塞间隙偏大，高压线内有高阻（断线、接插不牢固）等原因所致。

图 3-20 (c) 中，2 缸点火电压偏高，说明该缸高压电路存在高阻故障，可能是该缸火花塞间隙偏大、该缸分压线接触不良以及分火头与该缸分压线插座间隙过大等原因所致。

图 3-20 (d) 中，各缸点火电压过低，说明点火系存在故障，可能是点火线圈故障，或低压电路故障，也可能是火花塞脏污、火花塞电极间隙太小等原因所致。

图 3-20 (e) 中，3 缸点火电压过低，说明该缸高压电路存在短路故障，可能是该缸火花间隙太小、火花塞脏污以及该缸高压线绝缘损坏或火花塞瓷芯破裂有漏电现象等原因所致。

图 3-20 (f) 中，4 缸点火电压过高，为 4 缸高压线掉落而开路所致。有时为诊断点火系性能，特意从火花塞上拔掉某缸高压线进行开路单缸高压测量，此时，该缸点火电压达到 20～30kV。否则，说明高压线、分电器盖绝缘不良或点火线圈、电容器的性能不佳。

② 闭合角检测与故障诊断。利用初级并列波（见图 3-17）可方便地观测各缸断电器触点的闭合角，其闭合角的大小以分电器凸轮轴转角表示时应符合下列标准：4 缸发动机，50°～54°；6 缸发动机，38°～42°；8 缸发动机，29°～32°。

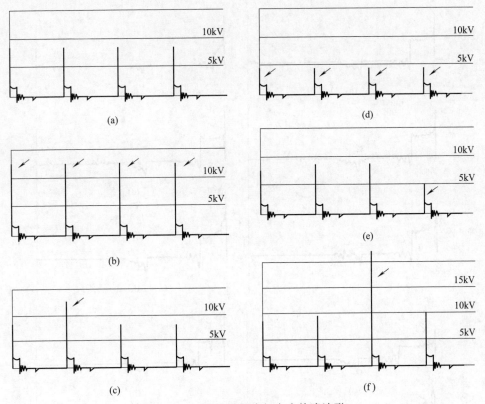

图 3-20 四缸发动机次级点火故障波形

若测出的闭合角过小，说明触点间隙太大，触点闭合时间短，初级电流增长达不到需要的数值，会造成高速时点火能量不足；若闭合角太大，说明触点间隙小，会使触点间发生电弧放电，反而削弱了点火能量，不利于正常点火。为保证触点闭合角符合标准，可调整触点间隙至 0.35~0.45mm。不过点火提前角因触点间隙的调整会发生相应变化，因此调整触点间隙后应重新校正点火正时。

③ 重叠角检测与故障诊断。利用多缸重叠（图 3-18）可方便地观测各缸波形间的重叠角。重叠角是指各缸点火波形首端对齐时，最长波形与最短波形长度之差所占的分电器凸轮轴转角。重叠角不应大于点火间隔 5%，以接近零为好。根据这一原则，重叠角的大小以分电器凸轮轴转角表示时应符合下列标准：四缸发动机，≤4.5°；六缸发动机，≤3°；八缸发动机，≤2.25°。

重叠角的大小反映了多缸发动机各缸点火间隔的一致程度，重叠角愈大，则点火间隔愈不均匀。这不仅会影响发动机的动力性、经济性，还会影响发动机运转的稳定性。若重叠角太大，则表明分电器凸轮磨损不匀或分电器轴磨损松旷、弯曲变形，应更换分电器凸轮或分电器总成。

3.3.3 次级电压的故障波形分析

若点火系统出现故障，次级电压的波形也会发生相应的变化。所以可以通过分析次级电压的波形来判断点火系统可能的故障。

(1) 传统点火系次级电压波形分析

点火系统出现故障的原因很多。图 3-21 给出了较常见的一些故障波形。下面将对这些

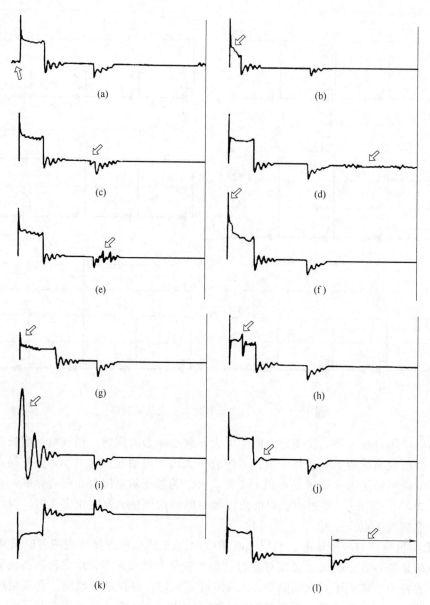

图 3-21 几种次级电压的故障波形

故障波形作简要的分析（请注意图中箭头所指处）。

① 图 3-21（a）：断电高压产生之前出现小的多余波形，说明断电器触点接触面不平，在完全断开之前有瞬间分离现象，引起电压抖动。

② 图 3-21（b）：火花线变短，很快熄灭，说明点火系统储能不足。可能是供电电压偏低，或初级电路导线接触不良造成的。

③ 图 3-21（c）：第二次振荡波形之前出现小的杂波，可能是由断电器触点接触面不平，在完全闭合之前有不良接触所致。

④ 图 3-21（d）：在触点闭合阶段，存在多余的小的杂波，可能是初级电路断电器触点搭铁不良，或各接点接触不良，引起了小的电压波动。

⑤ 图 3-21（e）：第二次振荡波形存在严重的杂波，这一般是由于断电器触点臂弹簧弹

力太弱，使触点闭合瞬间引起弹跳所致。

⑥ 图 3-21（f）：击穿电压过高，且火花线较为陡峭，这可能是火花塞间隙太大，或次级电路开路等引起。火花间隙越大，所需击穿电压越高，而且往往没有良好的放电过程。

⑦ 图 3-21（g）：击穿电压和火花线都太低，且火花线变长，这可能是火花塞间隙太小或积炭较严重。在这种情况下，击穿电压就会很低，而火花放电时间则较长。

⑧ 图 3-21（h）：火花线中出现干扰"毛刺"，可能是分电器盖或分火头松动。这样在发动机高速运转时，因分电器的振动会使火花塞上的电压不稳定而出现抖动。

⑨ 图 3-21（i）：完全没有高压击穿和火花线波形，说明火花塞未被击穿，也就没有火花放电过程。产生的原因可能是次级高压线接触不良或断路，或者火花塞间隙过大。

⑩ 图 3-21（j）：第一次振荡次数明显减少，可能的原因是断电器触点并联的电容器漏电、电容器容量不够或初级线路接触不良，导致线路上电阻增大、耗能增加，火花熄灭后剩余能量小，振荡衰减加快。

⑪ 图 3-21（k）：整个次级电压波形上下颠倒，说明点火线圈初级两端接反或将电源极性接反了，从而初级电流以及次级电压都改变了方向。

⑫ 图 3-21（l）：与正常时相比，触点闭合阶段变短，说明断电器触点间隙过大。反之，若闭合阶段变长，就说明触点间隙太小。

实际上，次级电压波形不仅与点火系统的状况有关，还要受发动机内部工作状况（温度、压力、燃气成分等）的影响，情况较为复杂。所以在实践中应对所遇到不同形状的故障波形作出相应的分析判断。

(2) 电子点火系波形分析

① 电子点火系的初、次级电压波形与传统触点式点火系波形相似，但由于电子点火系无传统点火系的电容器，故其高低频振荡波会比传统点火系少些。

② 电子点火系的初、次级电压波形的张开与闭合时间是由晶体管的导通与截止电流造成的，因而其波形与传统点火系也有差异。如有的电子点火系次级波形闭合段内有波纹或凸起；次级波形闭合段结束时，先产生一条锯齿状的上升斜线，再导出点火线等都属于正常现象。

③ 电子点火系的初、次级电压波形中的闭合角一般都随发动机转速而变化，低速时闭合角减少，高速时闭合角增大。若检测时闭合角像传统点火系那样不随速度而变，则说明电子点火器闭合角控制功能失效。

④ 电子点火系无触点、电容，有的电子点火系无分电器，因此，与这些有关的故障原因也就没有了。

⑤ 在无分电器点火系中，两缸共用一个点火线圈，一个气缸在循环中点火两次，属于正常现象。在次级电压波形中，点火电压较高的为有效点火，发生在压缩行程末期；而点火电压较低的为无效点火，发生在排气行程末期。

不同的电子点火系其正常的电压波形不尽相同，为在检测时判断迅速而又准确，平时应注意查看各型汽车维修手册上的点火电压波形说明，或用示波器记录下各型汽车在正常工作状态下的点火电压波形。

3.3.4　初级电压的故障波形分析

通过观察初级电压波形也可分析点火系统可能的故障，如图 3-22 所示。以下对这些故

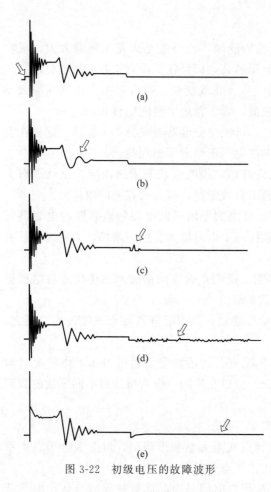

图 3-22 初级电压的故障波形

障波形作些简要的分析。

① 在断电器触点开启时出现大量杂波,显然是因触点严重烧蚀而造成的。

② 初级电压波形在火花后期的衰减振荡次数明显减少,幅度变低,这一般是与触点并联的电容漏电造成的。

③ 在触点闭合阶段出现少量多余杂波,一般是由于触点弹簧弹力不足引起触点闭合时产生的意外跳动而造成的。

④ 在触点闭合阶段出现少量杂波,一般是由于触点接地接触不良引起的。

⑤ 电子点火系统在通电储能阶段电压没有上升,说明电子点火器电路的限流作用失效。

3.3.5 无触点点火系波形和无分电器点火系

(1) 无触点点火系波形

图 3-23 为无触点的电子点火系的正常点火波形,与有触点者相比,因其初级电路的通断不是机械触点的合与开,而是晶体管的导通持续期内初级电压没有明显的振荡,而充磁过程中因限流作用电压有所升高,这一变动因点火线圈的感应引起次级电压线相应的波动(图中点 2 所示),这是无触点点火波形的正常现象,检测时需注意这一点。

(2) 无分电器点火系

无分电器点火系中两缸共用一个点火线圈将会发生一个缸在循环中点火两次,一次在压缩过程末期[图 3-24 中(a)所示],是有效点火,该工况下因气缸内为新鲜可燃混合气,电离程度低,因此击穿电压和火花塞电压较高;另一次是在排气过程末期[图 3-24 中(b)所示],是无效点火,该工况下因气缸内为燃烧废气,电离程度高,因而击穿电压及火花电压较低,检测时应加以区分。

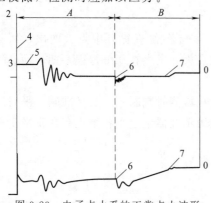

图 3-23 电子点火系的正常点火波形

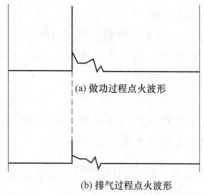

图 3-24 无分电器点火系的两次点火

3.3.6 点火正时检测

发动机内可燃混合气的燃烧是需要一定时间的，从火花塞开始点火，到燃气烧完，大约需要 2~3ms。为了使活塞到达上止点时，混合气已经充分燃烧，以便发出最大功率，应使火花塞到达上止点之前点火。从点火开始到活塞到达上止点的这段时间，曲轴转过的角度就是点火提前角。

点火正时是指正确的点火时间，一般用点火提前角来表示。点火正时对发动机动力性、经济性和排放性能有很大影响，因此，应重视发动机点火提前角的检测及调整，使之处于最佳点火提前角。最佳点火提前角并非固定不变，而是随转速、负荷和汽油辛烷值的变化而变化。在传统点火系统中，点火提前角随转速的变化是通过分电器中的离心提前机构控制；随负荷的变化由真空提前机构调节；而随汽油辛烷值的变化则是在静态条件下，通过调整分电器壳与分电器轴的相对位置而实现的。在现代电子点火系统中，尤其是无分电器点火系统中，转速和负荷提前量是由微处理器根据发动转速传感器、气节门位置传感器以及进气真空度、凸轮位置和水温等信号，从预先存储的数据中选定最佳点火提前角，再由微处理器向电子点火器发出指令送到各气缸的点火线圈。点火提前角的检测可通过专用检测仪或发动机综合检测仪进行，常用的检测方法有频闪法和缸压法。

(1) 频闪法

① 检测仪器 频闪法点火正时检测仪主要由闪光灯、传感器、整形装置、延时触发装置和显示装置构成，它既可以制成单一功能便携式，又可和其他仪表组合成多功能综合式。频闪法常用的点火正时检测如图 3-25 所示。

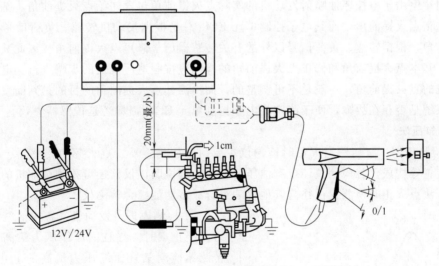

图 3-25　点火正时检测示意

② 检测原理 若照射旋转轴的光束频率与旋转轴的转动频率相等，则由于人的视觉具有暂留的生理现象，人们觉得旋转似乎不转动。频闪法就是利用这一原理来检测点火提前角的。

在发动机飞轮或曲轴带轮上，一般都刻有正时标记，在与之相邻的固定机壳上也刻有标记。曲轴旋转至活动标记与固定标记对齐时，第 1 缸活塞刚好到达上止点。通常用点火感应传感器获取的第 1 缸点火信号来触发闪光灯，闪光灯每闪光一次表示第 1 缸的火花塞点火一次，其闪光与第 1 缸点火同步。检测时，闪光灯照射刻有活动标记的飞轮或曲轴带轮，若发动机转速稳定，则活动标记与闪光灯的闪光在光学上是相对静止的，活动标记似乎不动。当闪光灯在第 1 缸点火信号发生的同时闪光，若第 1 缸活塞尚未到达压缩上止点，即活动标记与固定标记尚未对齐，则此时两标记之间所对应的发动机曲轴转角即点火提前角。

③ 检测方法 检测时，先接上正时闪光灯，然后将感应传感器夹持在第 1 缸高压线上，并擦拭飞轮或曲轴带轮上的正时标记使之清晰露出。置发动机于怠速工况下运转，打开闪光灯并使之对准正时标记（见图 3-25），调整电位计旋钮，使活动标记与固定标记对齐，延时越多，点火提前角就越大。此时显示装置显示的读数即为怠速工况下的点火提前角。

发动机怠速运转时，离心式和真空式点火提前装置未起作用或起作用很小，此时测得的点火提前角为初始点火提前角。初始点火提前角是点火系正常工作的基础，在离心式和真空式点火提前装置正常工作的情况下，发动机的最佳点火提前角往往取决于初始点火提前角调整正确，同时说明离心点火提前装置和真空点火提前装置工作正常。若测出的初始点火提前角超出规定值，则应予以调整；调整后，在规定的发动机转速、负荷工况下测出点火提前角，若仍不符合要求，则说明点火提前装置损坏，应予以检查。

点火提前装置性能的检查可通过点火正时检测仪进行。方法是：拆下分电器真空提前装置的真空软管，在发动机某转速下测出点火提前角，并减去初始点火提前角，即可得到该转速下的离心点火提前角；连接真空提前装置的真空软管，在同样转速下测得的点火提前角减去离心点火提前角和初始点火提前角，则可得到该转速下的真空点火提前角。将各种转速测出的离心、真空点火提前角与规定值进行对照，就可确定点火提前装置是否损坏。

对于电控燃油喷射发动机的点火系而言，其实际点火提前角的检测方法与传统点火系的完全相同。但由于电控燃油喷射发动机的实际点火提前角包含初始点火提前角、基本点火提前角和修正点火提前角，而其电子控制单元 ECU 总是根据发动机转速、负荷信号控制基本点火提前角，根据转速、负荷信号以外的有关传感器信号修正点火提前角，因此其初始点火提前角、基本点火提前角和修正点火提前角的检测应按制造厂规定的步骤进行。电控燃油喷射发动机的点火提前角，一般是不可调整的，而检测其点火提前角的目的是判断发动机的点火控制系统是否存在故障，便于确定是电子控制单元 ECU 损坏还是传感器失效。

(2) 缸压法

① 检测仪器 缸压法点火正时检测仪主要由缸压传感器、点火感应传感器、处理电路和指示装置等构成。若检测仪还带有油压传感器，则说明该仪器还可检测柴油机的供油提前角。缸压法点火正时检测仪往往与其他仪表组合成多功能综合检测仪。

② 检测原理 发动机气缸内活塞到达压缩行程上止点时，气缸内压缩压力最高。用缸压传感器检测某缸压缩压力最高的上止点时刻，同时用点火传感器检测同一缸的点火时刻，二者之间所对应的曲轴转角 θ（图 3-26）即为被测缸的点火提前角。通常，多缸发动机中各缸点火提前角基本一致，因此被测缸的点火提前角可以认为是被测发动机的点火提前角。

③ 检测方法 发动机点火提前角的检测步骤如下。

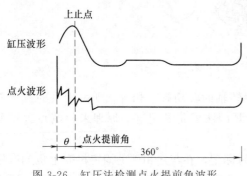

图 3-26 缸压法检测点火提前角波形

a. 运转发动机,使其达到正常工作温度后停机。

b. 拆下某一缸火花塞,把缸压传感器装在火花塞孔内,接上缸压传感器连接线。

c. 将拆下的火花塞固定在机体上使旁电极搭铁,将该缸高压线连接在火花塞上,把点火感应传感器夹在该缸高压线上。

d. 运转发动机,被测缸缸外点火,缸内不燃烧,因而缸压传感器输出的信号反映了气缸压缩压力的大小,其最大值产生于活塞压缩终了上止点。

e. 按仪器使用说明书的要求操作,可测得被测缸点火波形信号和缸压波形信号(图 3-26),并从指示装置上获得该缸从点火信号开始至最高缸压信号出现所对应的点火提前角。

f. 根据需要变换发动机转速,可测得怠速、规定转速或任一转速下的点火提前角,并打印检测结果。

缸压法与频闪法一样,可测得初始点火提前角和不同工况下的总点火提前角、离心点火提前角、真空点火提前角以及电控燃烧油喷射发动机的点火提前角。

(3) **实例**(丰田凯美瑞发动机点火正时的调整及参数)

① 点火正时的调整 下面为 3VZ-FE 和 5S-FE 发动机点火正时的调整步骤。1MZ-FE 的点火正时由 ECM 控制,为不可调。

a. 启动发动机,暖机至正常工作温度。

b. 把转速表测试探针连接到诊断接头端子 IG Θ 上,如图 3-27 所示。

注意:不要让转速表探针搭铁,因为这可能会导致点火器或线圈的损坏,在使用转速表前确认它和点火系统兼容,查阅转速表说明书。

c. 用专用检测导线(SST 09843-18020)连接诊断接头端子 TE1 和 E1,如图 3-28 所示,使发动机转速保持在 1000~1300r/min,5s 后,检查能否恢复怠速。

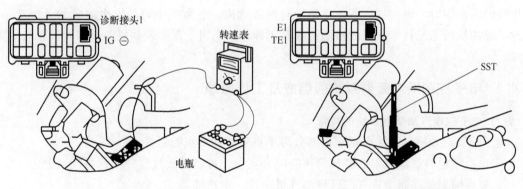

图 3-27 转速表的连接　　　　图 3-28 正时检查连接

d. 使用正时灯,检查正时盖上的正时标记是否和曲轴皮带轮上的标记对齐,见图 3-29。点火正时:上死点前 10°(怠速时)。

e. 如未对齐,则松开分电器压紧螺栓并转动分电器外壳直至标记对齐。

f. 以 19N·m 的扭矩拧紧分电器螺栓并重新检查点火正时。

g. 拆下专用检测导线。

h. 在拆下专用检测导线后,再检查怠速时点火正时的提前角,见图 3-30。点火正时(怠速时):3VZ-FE,上死点前 10°~20°;5S-FE,上死点前 0°~10°。

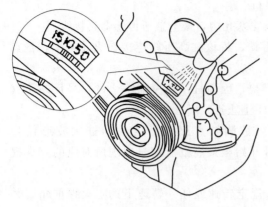
图3-29 基本点火正时标记

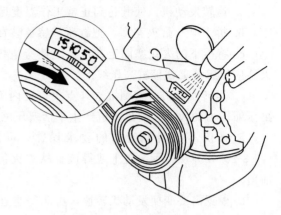
图3-30 点火正时提前记号

i. 从发动机上脱开转速表和正时灯。
② 技术参数
a. 点火顺序：3VZ-FE和1MZ-FE为1 2 3 4 5 6；5S-FE为1342。
b. 点火正时：基本点火正时，10°（上死点前，怠速时）。
提前点火正时，3VZ-FE为10°～20°（上死点前，怠速时）。

3.4 汽油机燃油供给系统检测

汽油机燃油供给系统的作用是根据发动机各种工况的要求，向气缸即时提供一定数量和浓度的可燃混合气，以便在临近压缩终了时使发动机点火燃烧而膨胀做功，最后把燃烧产物排至大气。汽油机燃油供给系统的技术状况好坏直接影响着发动机的动力性、燃油经济性和工作稳定性。同时，燃油供给系统也是发动机各机构、各系统中较易发生故障的系统之一。因此，燃油供给系统技术状况的检测诊断及正确调整，对于保障发动机的技术状况具有重要意义。

3.4.1 电子控制汽油喷射系统的组成及工作原理

(1) 电子控制汽油喷射系统的类型
电子控制汽油喷射系统根据喷射部分为单点喷射和多点喷射。
① 单点喷射将燃油喷射在节气门体的混合室中，再经进气歧管分配到各气缸中。
② 多点喷射是在每个进气门外侧的气道中设一个喷油器。
(2) 电子控制汽油喷射系统的构成
电控燃油喷射系统由各种传感器、电控单元（ECU）、执行器及连接线路组成，见图3-31。
(3) 电控汽油喷射系统的基本工作原理
电动汽油泵将汽油从油箱中吸出，经过滤清器滤去杂质和水分后，由输油管路中的压力调节器维持250～300kPa的稳定供油压力，输送到喷油器。当压力超过规定值时，压力调节阀内的减压阀打开，汽油经回油管流回油箱，使输油压力保持恒定。

在喷油控制系统中，喷油器的喷油截面积和喷油压力都是恒定的，喷油量由喷射时间决定。传感器将采集到的各种信息传给电子控制器，计算确定满足发动机运转状态需要的燃料

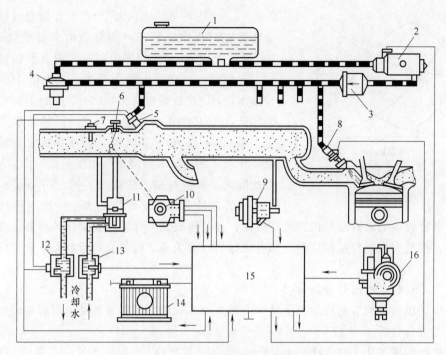

图 3-31　电控燃油喷射系统

1—汽油箱；2—电动汽油泵；3—汽油滤清器；4—压力调节器；5—冷启动喷油器；6—怠速调整螺钉；
7—进气温度传感器；8—喷油器；9—压力计；10—节气门温度传感器；11—附加空气阀；12—热敏时控开关；
13—冷却液温度传感器；14—蓄电池；15—电子控制器；16—分电器（转速信号）

量，并根据该需要的喷射量转化成不同电脉冲信号，控制喷油器的打开及延续时间，以控制汽油喷射时刻及延续时间长短，满足发动机不同工况对混合气的要求。

为了改善发动机的启动性能，有些发动机在进气管道上设有冷启动喷油器，在发动机冷态启动时，由热敏时控开关根据发动机冷却液温度高低控制其开闭，提供不同程度的加浓混合气。

3.4.2　混合气质量检测

无论何种类型的汽油机燃油供给系统，都必须根据发动机的工况供给气缸高质量的混合气，只有这样，发动机才能正常工作并具有良好的动力性和经济性。因此，混合气质量是发动机燃油供给系统检测的综合检测项目。

混合气质量可以用空燃比（A/F）或过量空气系数（a）评价。空燃比指可燃混合气中空气的质量与燃油质量的比值；理论空燃比为 14.8，即 1kg 汽油完全燃烧所需要的空气量为 14.8kg。过量空气系数指燃烧过程中实际供给的空气质量与理论上完全燃烧所需要空气质量的比值。混合气的空燃比可以用分析发动机排气成分的方法进行间接分析。

3.4.2.1　汽油机的排气成分与混合气空燃比的关系

在保证发动机动力性的前提下，获得最佳经济性和排气净化，是发动机燃油供给系统技术状况好、供给可燃混合气质量高的表现。随着世界各国制定的汽车排放法规逐步严格，汽车排放废气中的成分及含量也逐渐成为评价混合气质量的重要指标。在一定转速和节气门开度下，发动机空燃比或过量空气系数与发动机排放废气的成分及含量间存在一定关系，见

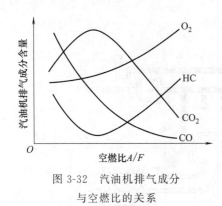

图 3-32 汽油机排气成分与空燃比的关系

图 3-32。由图可见，当 A/F 值低时，混合气较浓，燃油在燃烧过程中缺氧，一部分燃油未经燃烧而排出，HC 排放量较高；当 A/F 值高时，混合气较稀，若稀到一定程度，就会发生缺火现象，未燃的 HC 经排气管排出，HC 排放量也增大。CO 生成的主要原因是空燃比低，A/F 值低时，混合气浓，燃油缺氧燃烧会产生大量 CO；当 A/F 值高时，燃油在高氧含量状态下燃烧排气中的 CO 含量降低。由图可见，CO 含量与空燃比的大小有极好的对应关系，因此可通过检测废气中 CO 的含量来判断空燃比的大小。汽车排气中的含氧量，是电控燃油喷射式发动机监测空燃比、控制排放量、保护三元催化转换器正常工况的重要信号，排气中氧的含量与空燃比亦有很好的对应关系，但变化趋势与 CO 含量的变化趋势相反。

3.4.2.2 混合气空燃比的分析方法

汽油发动机排气成分的检测方法见本书第 6 章 6.5 节，根据检测结果可对混合气的空燃比是否适当进行分析。

如果排出的废气中 CO、HC 的含量很高，CO_2 和 O_2 的含量很低，表示空燃比太小，混合气过浓；如果 HC、O_2 的含量高，而 CO、CO_2 的含量均较低，表明空燃比太大，混合气过稀。

O_2 的含量是最有用的诊断分析依据之一。发动机技术状况正常时，装有催化装换器的发动机所排出的废气中氧的含量在 1.0%～2.0% 之间。小于 1.0% 时，说明空燃比太小，混合气太浓，不利于完全燃烧；大于 2.0% 时，说明空燃比太大，混合气过稀，易于导致缺火。

由于发动机排气成分与空燃比具有直接关系，因此可在使用气体分析仪对发动机排放进行监测的条件下，对其进行调整，改善混合气质量，使其达到各工况下的最佳空燃比，以提高发动机的动力性、经济性和排放性能。

电控燃油喷射系统的电子控制喷油信号和燃油压力可反映发动机电子控制燃油喷射系统的技术状况。若所测电控燃油喷射系统不能提供满足使用工况要求的适宜浓度的可燃混合气，可进一步对电控喷射系统的喷油信号、喷油压力和汽油泵的技术状况进行检测。

3.4.2.3 燃油压力的检测

燃油压力和进气歧管压力的高低决定喷油器供油压力的高低，因此直接影响混合气的浓度；同时，通过检测发动机运转时燃油管路内的油压，可以判断电动燃油泵、油压调节器有无故障，汽油滤清器是否堵塞等。检测燃油压力的方法如下所述。

(1) 燃油压力表的连接

检测电控燃油喷射系统燃油压力时应采用量程为 1MPa 左右的专用压力表，并将其正确连接在系统的油路中。

连接前，首先松开油箱上的加油盖，释放油箱中的蒸发压力，并检查油箱内燃油量。然后，启动发动机后，拔下燃油泵继电器或其线束插接器，使发动机自行熄火。如此重复 2～3 次，直到不能启动为止。用上述方法使燃油系统压力充分释放后，关闭点火开关，接上燃油泵继电器或其线束插接器。检查蓄电池电压，拆下蓄电池负极搭铁线。

以上准备工作完成后，把专用压力表（量程为1MPa左右）连接在油路中。燃油供给系统有油压检测孔时可直接把油压表接在油压检测孔上；无油压检测孔时，可断开进油管，用三通管接头把油压表安装在系统的管路中，见图3-33。

连接后，重新装上蓄电池负极搭铁线。

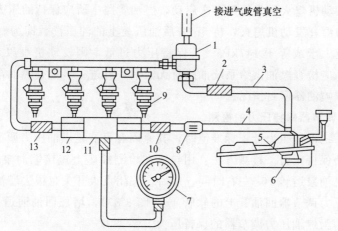

图3-33 压力表在多点燃油喷射系统中的连接

1—燃油压力调节器；2,10,13—软管；3—回油管；4—进油管；5—燃油泵；6—燃油泵滤网；7—油压表；8—燃油滤清器；9—喷油器；11—三通管接头；12—管接头

(2) 燃油供油系统静态压力的检测

用导线在检测插座上短接电动燃油泵端子和电源端子，接通点火开关使电动燃油泵运转，其压力表读数即为系统的静态燃油压力，其正常油压约为300kPa。若油压过低，应检查油路有无渗漏，检查电动燃油泵、汽油滤清器和燃油压力调节器等；若油压过高，应检查燃油压力调节器。

(3) 发动机运转时燃油压力的检测

启动发动机，使发动机怠速运转，其压力表读数即为发动机怠速运转时的燃油压力。

缓慢踩下加速踏板，至节气门全开，其压力表读数即为节气门全开时的燃油压力。

使发动机怠速运转，拔下燃油压力调节器上的真空软管，并用手堵住，此时压力表压力读数应与节气门全开时的燃油压力基本相等，通常多点喷射系统的压力约为250～350kPa，见表3-3。

表3-3 电控燃油喷射系统的供油压力和供油量

类型	测试项目		压力值/MPa	测试条件
MPI型电控喷射系统	系统压力		0.25～0.35	燃油泵运转或怠速
	调节压力		0.20～0.26	
	系统保持压力	10min后	>0.20	熄火后开始计时
		20min后	>0.15	
	燃油泵压力		0.5～0.7	燃油泵运转
	燃油泵保持压力		0.35	燃油泵运转
	燃油泵供油量/(L/min)		1.2～2.6	燃油泵运转
SPI型电控喷射系统	系统压力		0.07～0.10	燃油泵运转或怠速
	调节压力		0.10	
	调节保持压力		0.05	
	燃油泵压力		0.30	燃油泵运转
	燃油泵供油量/(L/min)		0.83～1.5	燃油泵运转

若测得的燃油压力过低，则应检查燃油系统有无泄漏，燃油泵滤网、燃油滤清器和燃油管路是否堵塞；而后，应检查燃油泵和燃油压力调节器。若测得的燃油压力过高，应检查回油管路是否堵塞，真空软管是否破裂；而后，则应检查油压调节器。

(4) 燃油供给系统保持压力的检测

保持压力指发动机熄火后为便于再次启动，燃油管路中所应保持的压力。测得发动机怠速运转的燃油压力后，发动机熄火，待5min后油压表上的油压读数即为燃油供给系统的保持压力。该压力应大于或等于147kPa。若保持压力过低，则发动机难以发动或不能发动。保持压力过低时，应检查燃油供给系统油路有无泄漏，并进一步检查燃油泵出油阀、燃油压力调节器回油阀或喷油器密封情况。

(5) 燃油压力调节器保持压力的检测

当燃油供给系统保持压力低于标准值时，其原因有可能是燃油压力调节器故障，应检测燃油压力调节器的保持压力。检测方法：用导线在检测插座上短接燃油泵端子和电源端子，接通点火开关使燃油泵运转10s左右时间。然后，关闭点火开关，拔去燃油泵检测上的短接导线。夹紧燃油压力调节器回油管上的软管13（图3-33），堵住回油通道。待5min后油压表上的压力读数即为燃油压力调节器的保持压力。

若燃油供给系统保持压力低于标准，而燃油压力调节器保持压力又大于燃油供给系统保持压力，则说明燃油压力调节器回油阀泄漏，应更换燃油压力调节器回油阀；若调节器保持压力仍然与燃油供给系统保持压力相同，则说明保持压力过低的原因可能是燃油泵、喷油嘴、油管泄漏。

(6) 燃油泵最大压力和保持压力的检测

当燃油供给系统的保持压力及运转时燃油压力低于标准，其原因可能是燃油泵故障。因此，必要时需检测燃油泵的最大压力和保持压力。检测方法：夹紧通往喷油器的软管13（图3-33），堵塞燃油的输出通道；用导线在检测插座上短接电动燃油泵端子。然后，接通点火开关使燃油泵运转10s左右时间。此时油压表指示的压力即为燃油泵的最大压力。关闭点火开关，拔掉燃油泵检测插座上的跨接线5min后，油压表上的压力值即为电动燃油泵的保持压力。

车型不同，燃油泵的最大压力和保持压力标准也不一样。通常，燃油泵的最大压力为490～640kPa，保持压力应大于340kPa。

3.4.2.4 电子控制喷油信号检测

对于电控燃油喷射系统而言，如果燃油压力由调节器控制，使其与进气歧管的压力之差为规定值，则从喷油器喷出的燃油量仅取决于喷油器的开启时刻和开启时间的长短，该时刻和开启时间是由微处理器向喷油器电磁线圈发出指令的信号控制的。

(1) 喷油信号控制原理

喷油信号对于喷油器开启的控制原理见图3-34。微机的指令信号控制大功率晶体管的导通与截止，当大功率晶体管导通时，喷油器电磁线圈电路接通，产生电磁力，当电磁力超过针阀弹簧力时，铁芯被吸气，针阀被打开，喷油器开始喷油；当大功率晶体管截止时，喷油器电磁线圈电路切断，电磁力消失，弹簧又使针阀返回阀座，喷油器停止喷油。为了正确判断喷射系统的基本喷油控制是否正常，各种传感器喷油量的修正控制（加浓补偿）是否良好，ECU和喷油器是否存在故障，有必要对喷油控制信号波形进行检测与分析。

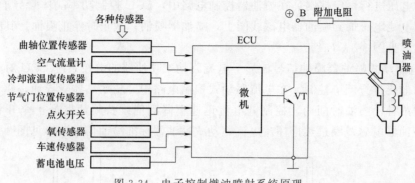

图 3-34 电子控制燃油喷射系统原理

(2) 喷油信号波形检测方法

电子控制燃油喷射系统喷油器工作时的喷油信号波形，可以用发动机综合性能分析仪或汽车专用示波器来检测，其检测方法如下。

① 按照使用说明书的要求连接好检测仪器。为测得电控喷油系统的喷油压力脉冲信号，可拆开喷油器电路插头，中间接入专用T形接头。其一端接喷油器，另一端接电路插头，中间引出端接发动机综合性能分析仪的信号拾取系统的信号探针，见图3-35。该T形接头有两种形式，图3-35（a）为直接插头引出式，图3-35（b）为鱼夹引出式，可供多种传感器信号引出用。

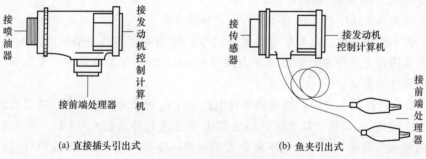

图 3-35 T形接头的连接

② 启动发动机，使发动机稳定运转预热至正常温度。

③ 打开检测仪器。按规定工况运转发动机，示波器则显示喷油器工作时的喷油信号波形和喷油脉宽，见图3-36。

(3) 标准喷油信号波形

标准喷油信号波形是指电控燃油喷射系统工作正常时，喷油控制信号电压随时间变化的波形，它是不解体动态检测电控燃油喷射系统的诊断依据。

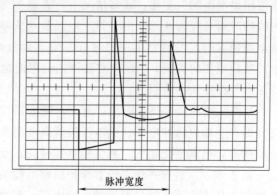

图 3-36 电流驱动式喷油器喷油信号波形和喷油脉宽

喷油器的驱动方式有电压驱动和电流驱动两种。喷油器的驱动方式不同，其喷油信号波形也不同。

① 电压驱动式喷油器喷油信号波形　电压驱动式喷油器的电控系统ECU对驱动喷油器

的喷油脉冲电压进行恒定控制。在喷油器控制电路中，ECU控制功率晶体管导通或者截止。导通时，蓄电池电压加到喷油器电磁线圈上，喷油器喷油；截止时停止喷油。其喷油器标准喷油信号波形见图3-37（a）。

② 电流驱动式喷油器喷油信号波形　电流驱动式喷油器的电控系统ECU对驱动喷油器的电磁线圈电流进行调节控制。在电流驱动式控制电路中，功率晶体管导通，驱动电流不受限制；在加浓补偿喷油时间内，控制其电流迅速下降到能维持喷油器处于全开状态的较小值，以免喷油器电磁线圈过热损坏。电流驱动式喷油器标准喷油信号波形见图3-37（b）。

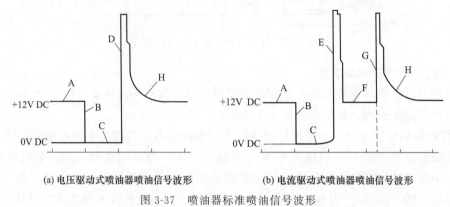

(a) 电压驱动式喷油器喷油信号波形　　　　　(b) 电流驱动式喷油器喷油信号波形

图3-37　喷油器标准喷油信号波形

③ 喷油器喷油信号波形各线段的含义

A线：喷油器关闭时的系统电压信号，通常为12V。

B线：电子控制装置（ECU）给出喷油信号，喷油器控制回路搭铁、开始喷油的时刻。此时，功率晶体管完全导通，电压迅速下降接近0V。B线应光滑平顺，无毛刺。否则，说明功率晶体管性能不良。

C线：喷油器喷油。此时，喷油器驱动电路处于饱和导通阶段，由于喷油器控制回路搭铁，波形电压接近0V，喷油器电磁线圈电流由零迅速上升至最大（4A），产生最大磁力使喷油器针阀迅速全开喷油。对于电压驱动式喷油器［图3-37（a）］，该波形对应的时间为喷油时间，当燃油控制系统能正确控制混合气浓度时，喷油时间将根据发动机的工况和氧传感器的输出电压发生变化，通常情况下，急速下的喷油时间为1～6ms，启动时或最大负荷时的喷油时间一般为6～35ms。对于电流驱动式喷油器［图3-37（b）］，该波形对应的时间为基本喷油时间，大约为0.8～1.1ms。在实际波形中，由于电流增强时喷油器电磁线圈所产生的感应电压的影响，C线向右逐渐向上弯曲也属正常现象。若C线波形异常，则多为喷油器驱动电路搭铁不良引起。

D线：喷油信号终止时刻。此时，喷油器控制电路断开，喷油结束，喷油器线圈因电流突变而产生感应脉冲电压。其电压尖峰高度与喷油器线圈匝数、喷油器电流强度有关。线圈匝数越多，电流变化越大，则尖峰电压越高；反之，则尖峰电压越小。通常，D处的峰值电压不低于35V。装有齐纳二极管保护线路的喷油器，尖峰的顶部应以方形截止；否则，说明其峰值电压未达到齐纳二极管的击穿电压，其原因可能是喷油器的电磁线圈不良。对于电压驱动式喷油器，从喷油开始信号B到喷油截止信号D所对应的时间即为总喷油时间。

E线：基本喷油时间结束线，同时也是电流限制起始线。此时，ECU启动电流限制，减少驱动电路电流。喷油器控制回路的电流强度由最大（4A）立即转换到一个带限流电阻的电路，使电流强度降低到一较低值（1A），但仍维持喷油器针阀开启，以便转入加浓补偿量喷油。由于电流强度骤减，导致喷油器电磁线圈感应出较高的电压脉冲。其电压脉冲峰值通常与喷油器的阻抗成正比，约为35V。

F线：补偿加浓时期。该时期长短由ECU根据各种传感器输送的有关转速、负荷、进气温度、进气歧管压力的信息确定，一般约为1.2~2.5ms。此时，喷油器处于电流限制模式状态，其功率晶体管在不停地截止与导通，使通过喷油器电磁线圈的电流强度约为1A，喷油器针阀处于开启状态，以使喷油器进行加浓补偿喷油。曲线中的电压与电源电压接近。若波形发生畸变，则表明喷油器功率晶体管工作不良。

G线：补偿加浓喷油信号截止时刻，喷油器驱动电路断开。由于电流强度突变，而在喷油器线圈中产生30V左右的自感电压脉冲。对电流驱动式喷油器，从喷油开始信号B至喷油截止信号G所对应的时间就是总喷油时间。

H线：喷油器针阀关闭，电压从峰值逐渐衰减到电源电压。

④ 喷油信号波形诊断　发动机综合性能分析仪在显示喷油信号波形的同时，可以将喷油脉宽用数字显示。喷油脉宽指喷油信号开始至喷油信号截止所经历的时间，该时间由ECU根据各种传感器输送的有关发动机的空气流量/进气歧管压力、转速、节气门开度、进气温度、冷却液温度等信号计算确定。喷油脉宽越宽，喷油量越大。当检测得到的喷油脉宽与标准不同时，则表明喷射系统存在故障。通过改变发动机的工作状况、工作条件可以观测喷油信号波形的变化，从而诊断电控燃油喷射系统的故障。检测方法如下。

a. 检测时，首先按照使用说明书的要求把专用示波器或发动机综合性能分析仪的检测线通过专用插头与喷油器的插接器相连，将变速杆置于空挡或P挡，再启动发动机，使发动机运转至正常工作温度。

b. 在急速、高速及加速时观察喷油信号波形，在正常情况下，喷油脉宽应随转速提高和节气门开度加大而相应增长。否则，可能是喷油器、燃油喷射控制系统及氧传感器存在故障。

c. 在高速稳定运转时，通过改变混合气浓度来观察喷油信号波形。当遮盖发动机滤清器或从进气管中加入丙烷使混合气变浓时，若喷油脉宽变窄，以试图对浓混合气进行修正，则系统正常；当拔下发动机某一真空软管使混合气变稀时，若喷油脉宽延长，以试图对稀混合气进行补偿，则系统正常。若混合气浓度变化时，喷油脉宽没变化，则可能是喷油器、燃油喷射控制系统及氧传感器存在故障。

d. 使发动机在2500r/min的转速下稳定运转，若可以观察到许多被测波形上的喷油时间在稍宽与稍窄之间来回变换，变换时间范围为0.25~0.5ms，则说明燃油控制系统能使混合气在正常浓、稀之间转换，喷油器工作正常。若喷油脉宽毫无变化，则可能是喷油器、燃油喷射控制系统及氧传感器存在故障。

由此可见，观察并分析喷油波形，不仅可以观测出喷油器的技术状况，而且可以分析、判断出燃油供给系统工作是否正常。

发动机在急速工况下检测喷油信号时，由于总喷油脉宽变化很小，因此不易准确判断ECU的加浓补偿功能。因此，在底盘测功机上模拟运行工况来检测喷油信号，可以有效地对ECU的喷油补偿功能进行全面检测，有利于正确判断电子控制喷油系统的控制作用。

3.5 柴油机燃油供给系统检测

柴油的自燃点比汽油约低 200℃，可以在压缩行程末期喷入气缸自行着火燃烧。因此，柴油机供油系并无电量可采集。这是柴油机检测的难点之一。发动机综合检测仪在检测柴油机的供油系时，首先要将非电量的供油压力转变成电量，在不解体检测作业中，只能用外卡式油压传感器，如图 3-38 所示。它以一定的预紧力卡夹在喷油泵与喷嘴之间的高压油管上，油管在高压油脉冲的作用下产生微小膨胀，挤压电荷，经发动机综合检测仪中的电荷放大器放大后供系统分析。

高压柴油在喷油泵出口到喷油嘴的油管沿程以波动方式传播，即在同一瞬间喷油泵端的压力和喷油端的压力是不同的。图 3-39 为实测到的喷油泵出口压力波和喷油嘴端压力波。当喷油泵柱塞上升开始关闭进油孔时，高压油管的压力上升，当超过剩余压力 p_r 时，燃油即进入高压油管，当油压继续上升达喷油嘴的针阀开启压力 p_0 时针阀开启，开始向燃烧室喷油。所以喷油嘴实际喷油开始点落后于喷油泵的供油开始点，这一段时间差称喷油延迟。由于延迟必将导致实际喷油提前角较几何供油提前角要小，提高针阀开启压力 p_0 和增加油管总容积都使这一延迟加长，为使各缸供油提前角均衡，各缸高压油管都是等长度的。针阀打开的瞬时因容积的增大和部分油进入气缸，喷油嘴端的压力微降。但因柱塞的继续上升，喷油泵端的压力继续上升直到喷油泵回油孔打开，泵端压力迅速下降。但喷油嘴端的压力因高压油管的弹性收缩使压力下降缓慢，该压力一直下降到低于喷油嘴针阀的落座压力 p_s 时，喷油才告终止，这是正常压力波。当油管中的压力波激起针阀的振动或压力波在高压油管两端的反射波过大时会引起不规则喷射或两次喷射等不正常现象。

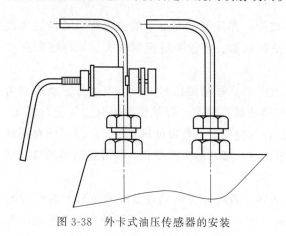

图 3-38　外卡式油压传感器的安装

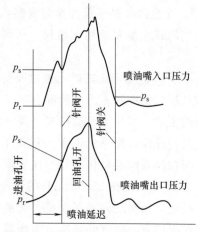

图 3-39　喷油泵端和喷油嘴端的压力波

3.5.1 喷油压力检测

在测试前，把发动机综合测试仪的喷油压力拾取及接地线夹在柴油机的某一缸高压油管上，启动发动机。

在"柴油机"菜单下用鼠标点击"喷油压力"，进入柴油机喷油压力测试界面。界面说明及操作如下。

① 在喷油压力测试界面点击"选择缸号"图标，依据压力传感器所夹持的油管选定"第几缸"。

② 点击"测试"图标，系统即自动测定发动机的喷油波形及转速并显示。

③ 点击"保存数据"图标，可将检测有效结果进行保存。

④ 点击"保存波形"目标，可将波形保存于指定目录。

3.5.2 喷油提前角测定

(1) 上止点（TDC）传感器

上止点的确定对分析喷油压力波形至关重要，因此，必须正确安装 TDC 传感器，以供检测仪测取发动机的上止点信号。

TDC 传感器有两种结构形式，即磁电式和光学式两种。因光学式精度高，在整个转速范围内分辨率均匀，且安装方便，因此近年来为厂家首选形式，以下以光学 TDC 传感器为例简述其安装法。首先将反光片（10~15mm 宽）贴于飞轮或带轮上（视被检汽车结构而定），有的车型其带轮与扭转减震器为一体，即必须贴于扭转减震器外壳上，注意反光片贴于上止点记号之后方（以旋转方向为前），反光片前缘对准 TDC 记号，如图 3-40 所示，以专用夹持器将光学传感器安置于发动机相应位置，并使其光束对准反光片，光束距离不要超过 50cm。为使上止点信号的提取不受发动机震动的影响，TDC 传感器不能安装在汽车底盘或车身上。

(2) 喷油提前角测定

待外卡式油压传感器和 TDC 传感器安装就位后，并使柴油机暖机达到正常温度，即可进行喷油提前角测试。为减少测试的随机误差，提高检测精度，检测仪都设计有多个循环测试结果取平均值的功能。因此，试验前须设定平均循环数。图 3-41 为仪器测得喷油提前角随转速变化的曲线。如果不安装 TDC 传感器，也可用频闪灯测定喷油提前角，方法同前述频闪灯测量油机点火提前角。

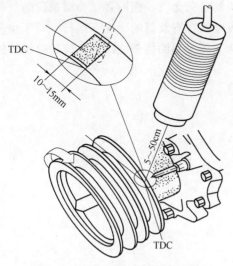

图 3-40 光学 TDC 传感器的安装

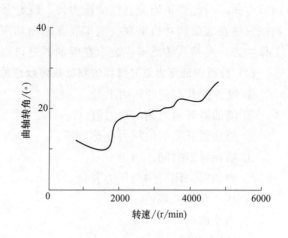

图 3-41 喷油提前角随转速变化的曲线

3.5.3 供油压力波

如果测试系统连接上多通道外卡式传感器，则可以采集到多缸柴油机的各缸供油压力波形,并像汽油机点火波形一样组合成平列波、并列波和重叠波形,如图3-42~图3-44所示。但因传感器压电特性和高压油管弹性的差异以及夹持式传感器安装过程的随机误差,使各缸供油压力信号的采集差别比各缸点火信号采集差别要大,从而导致根据这些图形分析各缸供油一致性的推理可信度下降。

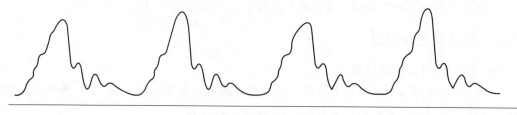

图 3-42 四缸供油压力平列波

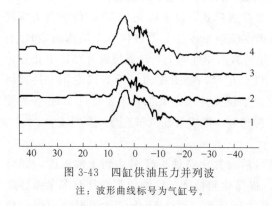

图 3-43 四缸供油压力并列波
注：波形曲线标号为气缸号。

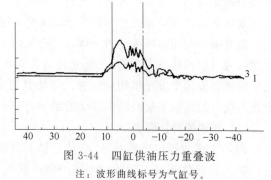

图 3-44 四缸供油压力重叠波
注：波形曲线标号为气缸号。

3.5.4 故障喷油压力波的加载分析

喷油压力波与点火波形不同,后者几乎与发动机的负荷无关,而前者正是柴油机的负荷调节方式,因此要正确分析供油压力波,就必须使发动机在有载荷的工况下运行。对于整车调试只能在底盘测功机上吸收汽车底盘输出功率。为了使采集的信号能准确地反映喷油器的工作状态,夹持式传感器应装卡在喷油器进口端。

(1) 分析供油压力波时推荐的判断故障状态的特征
① 喷油器开启前的压力上升。
② 喷油器开启时刻与压力值。
③ 喷油器开启后的压力变化特征。
④ 喷油延迟时间。
⑤ 喷油器关闭时刻与压力变化。
⑥ 压力反射波幅值。
⑦ 两次喷射。

(2) 波形分析
① 喷油器积炭,图3-45的虚线为故障波,实线为正常波,相比之下故障波因喷油器积炭而减小了通道截面积,使喷油器开启后的压力上升出现尖峰,喷油持续时间加长。
② 喷油器针阀开启状态下卡死,故障曲线上无开启和关闭信号,如图3-46所示,压力建立不起来,这是喷油器最大也是最易于检测的故障。

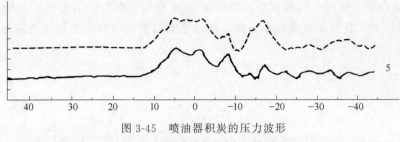

图 3-45 喷油器积炭的压力波形

注：波形曲线标号为气缸号。

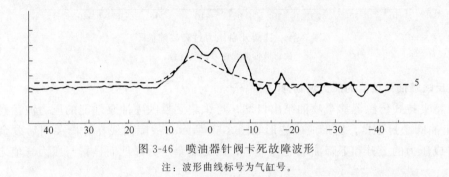

图 3-46 喷油器针阀卡死故障波形

注：波形曲线标号为气缸号。

③ 喷油器滴漏，所形成的波形如图 3-47 所示，曲线压力上升平缓，喷油延迟期缩短，无明显的喷油器针阀关闭时刻，钩状的光滑曲线是典型的滴漏现象所造成的。

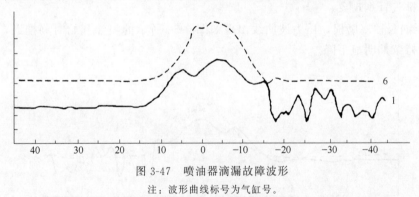

图 3-47 喷油器滴漏故障波形

注：波形曲线标号为气缸号。

④ 喷油压力过低，所形成的波形如图 3-48 所示，喷油压力在针阀开启和关闭时都较低，且喷油持续时间过长，这时须调整针阀压力。

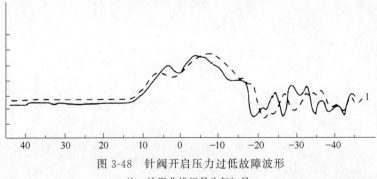

图 3-48 针阀开启压力过低故障波形

注：波形曲线标号为气缸号。

⑤ 针阀开启压力过高，所形成的波形如图 3-49 所示，剩余压力过高，开始喷油时刻推迟，反射波幅加大，其结果是喷油率下降，喷油压力峰值的增高可能损坏喷油泵。

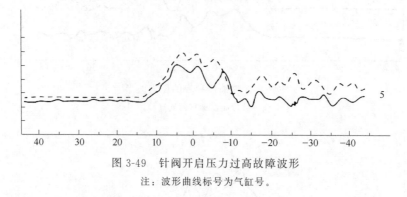

图 3-49　针阀开启压力过高故障波形
注：波形曲线标号为气缸号。

(3) 反映喷油泵性能的压力波信息

如果将夹持式传感器移至喷油泵出口端，可采集到反映喷油泵性能的压力波信息。

① 出油阀密封不良，所形成的波形如图 3-50 所示，故障曲线在针阀关闭后剩余压力下降，并造成压力的上升和下降曲线变化平坦，因为剩余压力降低而显得与压力峰值之间的差值变大。

② 出油阀磨损，造成高压管路内剩余压力上升，如图 3-51 所示，喷油持续时间加长，同时出现两次喷射（注意反射压力波幅已达到喷油压力幅值，促使喷油器针阀两次开启），这时常伴有排气冒烟现象。

③ 高压油泵柱塞磨损，压力波曲线出现如图 3-52 所示的喷油开始时刻推迟，喷油压力峰值和喷油持续期明显下降。

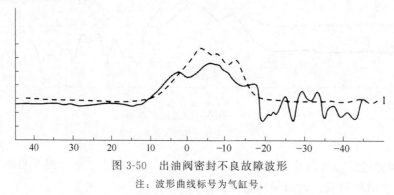

图 3-50　出油阀密封不良故障波形
注：波形曲线标号为气缸号。

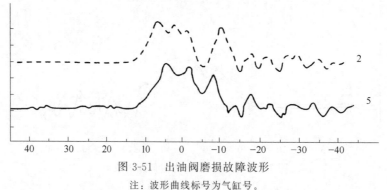

图 3-51　出油阀磨损故障波形
注：波形曲线标号为气缸号。

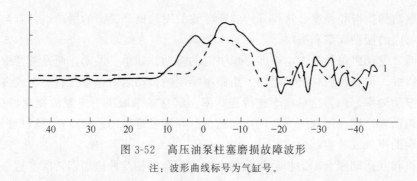

图 3-52 高压油泵柱塞磨损故障波形

注：波形曲线标号为气缸号。

3.6 发动机异响诊断

发动机运转过程中，不可避免地会产生噪声，但发动机技术状况不良时会产生与发动机正常运转时发出的噪声有所不同的异响声响。例如，发动机主要部件的配合副磨损后间隙增大，会在运转中产生冲击和振动，发出金属敲击声；发动机爆燃产生的冲击波撞击气缸壁和活塞连杆组，也会发出类似金属敲击的异响；发动机气门及风扇等处，因气流振动可产生空气动力异响；在发电机、启动机和电磁元件内，因磁场交替变化，会引起某些部件产生振动而发出电磁异响。由于只有在主要部件的配合副磨损后间隙增大或有故障时，异响才会产生，因此若能将其正确判别出来也就能反映相关部件的技术状况。另外，某些不正常的响声往往是发动机发生破坏故障的前兆；而且，发动机易于产生异响的各配合副，如气缸活塞、曲柄连杆配合副等，在不解体条件下用其他方法很难直接诊断，所以发动机异响诊断就更引起人们的重视。深入研究发动机的各种异响，揭示异响与发动机技术状况的内在关系，开发适用于在汽车使用条件下诊断发动机异响的仪器，是汽车检测诊断技术的重要内容。

3.6.1 发动机异响的性质

发动机运转时的声音不是单纯的一种声，而是一组复杂噪声。依照噪声的来源可分为机械噪声、燃烧噪声、空气动力噪声和电磁噪声。发动机种类、转速和负荷不同时，占主导地位的噪声成分也不同。无负荷时，汽油机的主要噪声是机械噪声，而柴油机由于燃烧过程工作粗暴，主要噪声是燃烧噪声。各种噪声尽管来源不同，却都混杂在一起。发动机技术状况不正常时，所发出的异常声响与各种噪声叠加在一起，形成了连续声谱。

发动机工作过程是周期性循环的，因此发动机工作时发出的各种噪声和异响也是周期性重复出现的。

发动机工作时发出的各种噪声、异响在向外传播过程中，若遇到缸体、气缸盖、气门室盖、油底壳的阻挡，不可避免地会转化为这些部件外表面的振动。由于各种噪声混杂在一起，由此引起的表面振动也是交织在一起的。

3.6.2 发动机异响的特征

要分辨发动机工作时发出的声响是正常声响还是异常噪声，以及区分各类异响，确定发出异响的部位，需要对异响的特征进行研究。

(1) 振动频率和振幅

振动物体发出的声音以波的形式向外传播，因此有波动频率和波动幅度两个要素，分别决定于声波振动的快慢和强度。这样，声波所导致的发动机外表面的振动也具有与声波的频率和振幅相对应的振动频率和振幅。

研究表明，发动机每种敲击响声即声源引起的振动并非单一振动，而是常常由一组频率不同的振动组成。但每种声响所引起的一组频率不同的振动之中也常含有一个或多个区别于其他声响的振动频率，称为信息频率或特征频率。信息频率取决于声源的物理特征。因此，对同类发动机而言，同一声源所导致的振动的信息频率是近似的。所以，可以根据信息频率判断发出异响的声源或异响部位。

当发动机相互运动配合副磨损后间隙增大时，配合副相互冲撞加剧，所产生声响的声强或声压增大，由之引起的发动机表面振动的振幅也增大。因此，振幅的大小可反映配合副的技术状况好坏。

(2) 相位

发动机各缸按一定次序周期性工作，各缸燃烧后所产生的最高压力也以该次序产生。因此，尽管各缸同类部件发出异响的特征频率相同或类似，但出现的相位不同，各缸异响信号间也存在时间上的差异。同样，同一缸不同部位所产生的异响也存在相位上的差异，即出现于不同曲轴转角处。例如，气门响则是与进、排气时刻相对应的。虽然许多部位发出的异响出现在做功行程，如活塞敲缸、活塞销响、连杆轴承响、曲轴轴承响，但由于作用力传递过程的时间差异，不同部位的异响也存在相位上的差异，即异响发生时刻所对应的曲轴转角不同。

3.6.3 影响发动机异响诊断的因素

(1) 转速

发动机异响与转速有极大关系，如活塞敲缸、曲轴轴承响在比怠速稍高的转速下明显；某发动机在转速为1000r/min时，气门响、活塞销响较明显；而连杆轴承响在转速突变的情况下更突出。异响诊断应在异响最明显的转速下进行，并尽量在低转速下进行，以减轻不必要的噪声和损耗。

(2) 温度

热胀系数较大的配合副所发出的异响与温度的关系很大。如活塞敲缸声在发动机冷启动时较为明显，而发动机工作温度升高后，敲缸声减弱或消失。所以，诊断活塞敲缸声时，应在冷车下进行。热胀系数小的配合副所发出的异响则与温度关系不大。发动机温度也是燃烧异响的影响因素之一。汽油发动机过热时往往产生点火敲击声（爆燃或表面点火）；柴油发动机温度过低时，往往产生点火敲击声（工作粗暴）。

(3) 负荷

许多异响与发动机的负荷有关，如曲轴轴承响、连杆轴承响、活塞敲缸响等均随负荷增大而增强。但有的异响与负荷的关系不明显，如气门响、凸轮轴轴承响和正时齿轮响。在诊断汽车发动机异响时，常在变速箱挂空挡或P挡、发动机以规定转速运行的条件下进行。

(4) 诊断部位

发动机发生异响的部位由发动机的结构确定，但异响的能量随离开声源的距离越远越弱，即声波的声强或声波在发动机外表面所引起的振动的振幅，随诊断点距声源的远近而变化。因此，为了准确测得异响信号或获得足够强的异响信号，异响诊断点应距声源越近越好。此外，测量点变化后测得的振动信号的强弱变化，也有助于判断异响产生的部位。常见发动机异响的诊断点位置见图3-53。

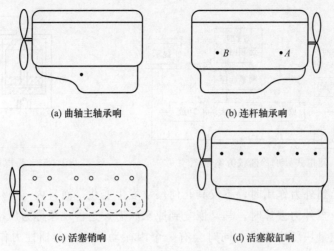

图 3-53 常见发动机异响的诊断点位置

(a) 曲轴主轴承响　(b) 连杆轴承响　(c) 活塞销响　(d) 活塞敲缸响

(5) 润滑条件

此外，由于润滑油膜具有吸声作用，因而异响部位的润滑条件对所发出异响的强弱有很大影响。不论何种机械异响，当润滑条件不良时，一般都表现得较为明显。

东风 EQ6100 型发动机主要异响诊断的特征频率、转速、温度及诊断位置见表 3-4。

表 3-4　东风 EQ6100 型发动机主要异响诊断方法

异响种类	特征频率/Hz	转速/(r/min)	温度	诊断位置	辅助判断
曲轴主轴承响	400	650	热车	缸体右侧下部、缸体主油道对应各轴瓦处[图 3-53(a)]	直接测量
连杆轴承响	400 或 800	800	热车冷车	缸体右侧排气管中心根底处[图 3-53(b)]	断火对比或轻度急踩加速踏板
活塞销响	1200	1200	热车	缸体左侧偏高固定螺栓处[图 3-53(c)]	断火对比
活塞敲缸响	1200	900	冷车	缸体左侧火花塞孔下部相应缸体处[图 3-53(d)]	冷热车对比
气门响	2800	1200	热车	气门盖顶部对应位置	直接测量

3.6.4　发动机异响诊断仪的基本原理

发动机异响诊断仪的基本工作原理建立在以上关于异响特征研究的基础上。异响诊断常用仪器有两种类型：便携式异响诊断仪和带相位选择的示波器显示异响诊断仪。许多发动机综合性能分析仪具有发动机异响诊断的功能。

(1) 便携式异响诊断仪

便携式异响诊断仪由传感器、前置放大器、双 T 型选频网络、功率放大器和显示仪表五部分组成，其方案框图见图 3-54。

异响诊断仪的传感器通常采用压电加速度计，其结构见图 3-55。传感器由两片压电材料（如石英晶体或锆钛酸铅压电陶瓷）组成。压电材料上置一铜制质量块，并用片簧对质量块预加负荷。整个组件装于金属壳内，壳体和中心引出端为两输出端。

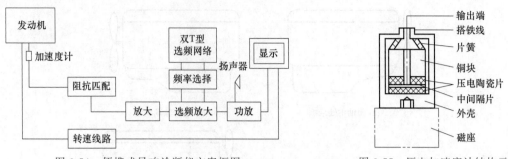

图 3-54　便携式异响诊断仪方案框图　　　　图 3-55　压电加速度计结构示意

当压电材料受到外力作用时,不仅其几何尺寸发生变化,而且内部极化,表面上有电荷出现,形成电场;当外力去掉时,其又恢复到原来状态,这种现象称为压电效应。当加速度计受到振动时,质量块随之振动,同时会有一个因振动而产生的惯性力作用于压电材料片上,其惯性力 F（N）的大小与振动加速度 a（m/s^2）和质量块的质量 m（kg）有关,即

$$F = ma \tag{3-8}$$

作用于压电材料片上的惯性力使其表面产生电荷,所积聚的电荷量与惯性力成正比,即

$$q = DF \tag{3-9}$$

式中　q——电荷量,C;

　　　F——惯性力,N;

　　　D——压电常数,C/N。

因此

$$q = Dma \tag{3-10}$$

传感器结构一定时,D 和 m 均为常数,因此电荷量 q 与振动加速度 a 成正比。显然,对于振动加速度来说,其大小、方向是周期性变化的,因此电荷量 q 也是周期性变化的。这样,带电表面与壳体间就会出现周期性变化的电压,其变化频率取决于振动频率;振幅越大,振动加速度越大,压电材料表面产生的电荷量越大,输出电压越高。因此,输出电压信号的变化频率可表示振动频率,而电压高低反映振动幅度。若振动由异响引起,则电压值就可反映异响的强弱。

压电加速度计常制成两种类型:一是具有磁座,可将其吸附在发动机壳体上;二是制成手握式,通过与加速度计相连的探棒接触检测部位并传递振动。

为了诊断异响,必须把异响振动所产生的电压信号从各种不同噪声振动所产生的信号中分离出来。为此,压电加速度计输出的信号经屏蔽导线连接到有高输入阻抗的前置放大器输入端,再经差动放大器后输入双 T 型选频网络。该网络实质上是一组具有不同中心频率的选频放大器,而且中心频率可用琴键开关变换,对应于经试验研究确定的发动机各主要异响的特征频率。选频放大器的功能是放大电压信号中与中心频率相一致的部分,削弱或滤去与中心频率不一致的成分。经过选频放大,异响特征频率电压信号强度加强,再经功率放大输给扬声器或耳机,同时由电压表指示电压信号峰值,电压表又用作转速表。

(2) 示波器显示异响诊断仪

图 3-56 是带相位选择的示波器显示异响诊断仪方案框图,其异响振动信号获取和处理的基本原理与上述类似。其特点是,可以在一定时刻通过相位选择允许信号通过诊断装置,该时刻对应于故障机件出现异响振动的时刻,即把异响振动与曲轴转角联系起来;同时,异

响振动波形可在示波器上显示出来。

由于某缸配合机件的敲击振动总在该缸点火后发生，在某一时刻结束。因此，对于汽油机而言，可用转速传感器从1缸点火高压线上获得点火脉冲信号，用点火脉冲信号触发示波器的扫描装置。在开始点火的时刻，使经选频后的异响振动电压信号导通，且导通的相位和导通的时刻可以均匀调节。这样，相位选择装置使根据时间及相位上的差异分辨异响得以实现。通过选频的振动信号输送到示波器垂直偏转放大器的输入端，同时来自1缸高压线的点火脉冲信号触发相位选择器，以控制示波器的扫描装置，从而在示波器屏幕上显示出经过相、频选择的振动波形，可用于直接观察振动波形的振幅、相位和延续时间。

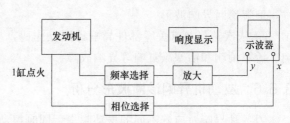

图3-56 带相位选择的示波器显示异响诊断仪方案框图

国产QFC-1型、QFC-4型、QFC-5型、WFJ-1型和EA2000型等发动机综合性能分析仪，均带有示波器，具有显示发动机异响振动波形的功能。

3.6.5 发动机异响诊断方法

(1) 便携式异响诊断仪使用方法

利用便携式异响诊断仪诊断发动机异响的步骤和方法如下。

① 从发动机走热过程开始，即把压电加速度计放在发动机缸盖上部气缸中心线位置（或用探棒顶在该位置），在怠速下用直放电路（不接通选频网络）诊断有无金属敲击异常声响。

② 左右移动加速度计，观察仪表指示值有无明显增大的异常部位。

③ 在异常部位上，依次按下特征频率选择开关，观察在何种异响的特征频率下，仪表指示值显著增大。若诊断部位与中心频率对应的异响部位相对应，则可初步判断该异响由该特征频率所对应的部件引起。如果仪表读数较大，但诊断部位与中心频率所对应的异响部位不符，可上下移动加速度计，直至二者相符。

④ 在异响最为明显的转速、温度测试条件下，及在最有利的诊断位置上，仪表读数超过正常统计数据的位置即为异响振动声源。

(2) 异响振动波形诊断方法

利用带相位选择的示波器或具有异响诊断功能的发动机综合性能分析仪，可通过异响振动波形对发动机异响进行诊断。在诊断异响振动波形前，应首先阅读所使用仪器的使用说明书，按说明书的要求进行操作。当使用发动机综合性能分析仪诊断异响振动波形时，其基本诊断步骤和方法如下。

① 按仪器使用说明书的要求进行操作，安装转速传感器，并使仪器进入异响诊断状态。

② 根据所诊断异响的零部件，选择操作码，其实质就是选取故障部件振动的中心频率。

③ 将振动传感器触在所诊断零部件异响最明显的振动部位，见图3-53。如活塞敲缸响应触在气缸上部的两侧，主轴承响应触在油底壳中上部位置，连杆轴承响应触在发动机侧面靠近连杆轴承处，活塞销响应触在缸盖正对活塞处，气门响应触在进、排气门附近等。

④ 使发动机在响声最为明显的转速下运转，微抖加速踏板，观察示波器，若有明显的瞬间波形或波形幅度明显增大，说明存在相应的异响故障。诊断时可视需要配合以听诊、单

缸断火、双缸同时断火等方法。此时应重新选择操作码，并相应改变振动传感器的诊断部位，重新诊断异响波形。

⑤ 依次选择各有关零部件异响诊断操作码，按上述步骤诊断曲轴主轴承响、连杆轴承响、活塞销响和活塞敲缸响等异响故障。

3.6.6　发动机异响诊断波形分析

因各种异响对应着不同的振动频率，同时振动中的振幅大小、变化过程存在差异，因此显示在示波器上的振动波形对应的凸轮轴转角和形状就会有所不同。

一般而言，在点火提前角正常的情况下，活塞销响的异响故障波形出现在整个波形的前部（或中部），活塞敲缸异响故障波形出现在整个波形的中部（或前部），连杆轴承响出现在中后部，曲轴轴承响出现在波形最后部。因各种异响对应着不同振动频率，同时振动中的振幅大小变化过程存在差异，因此显示在示波器上的振动波形所对应的凸轮轴转角和形状有所不同。图 3-57 为活塞销响、活塞敲缸、连杆轴承响和曲轴主轴承响的故障波形。

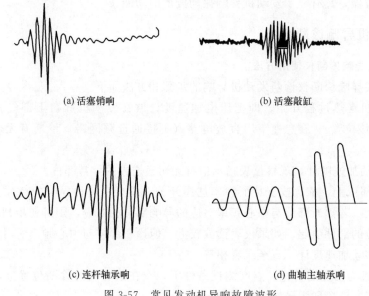

图 3-57　常见发动机异响故障波形

发动机异响是较复杂的物理现象，尽管已经开发出了较为先进的诊断仪器，但要准确地进行异响诊断，还需要在实践中不断观察、总结和比较各种异响振动波形，以积累丰富的异响诊断经验。

以上仅介绍了用异响示波器对发动机 4 种常见异响的诊断，实际上在对发动机各机构及底盘传动系各总成有关异响的频率、相位及波形进行深入研究的基础上，则发动机的其他异响，如气门响、凸轮轴轴承响、正时齿轮响、发电机响和点火敲击响（柴油机着火敲击响）等，以及底盘传动系统各总成的异响，如主传动齿轮异响、变速器齿轮异响等，均可以通过异响示波器进行诊断。

3.6.7　配气相位的动态检测

发动机进、排气门关闭时，气门与气门座碰撞，不可避免地发出机械声响，引起相应的机械振动。因此，异响检测的基本原理，亦可应用于发动机配气相位的动态检测。

(1) 配气相位

发动机进、排气门开启和关闭的时刻，相对于活塞上、下止点的曲轴转角称为配气相位。为使新鲜空气进气充足，废气排除干净，进、排气门都要相对于活塞到达上止点或下止点早开、迟闭，以充分利用气流的惯性，尽可能延长进、排气时间。图 3-58 为东风 EQ1090E 型汽车发动机配气相位图。其进气门在排气行程尚未结束，活塞到达上止点前 20° 打开；在压缩行程开始后 56° 曲轴转角关闭；排气门在做功行程下止点前 38.5° 打开，在排气行程上止点后 20.5° 关闭。

(2) 配气相位动态检测的基本原理

进、排气门关闭时，与气门座碰撞也会发出声响，使机体产生相应振动。若采用压电加速度计检测出进、排气门关闭时产生的落座波形，同时用缸压传感器检测出活塞到达上止点的时刻，即可在发动机运转的状态下，动态检测发动机的配气相位。

发动机各缸处于压缩行程上止点时，各缸的进、排气门均处在关闭的状态，因此相应缸进、排气门关闭时所产生的振动波形不会出现在该缸的并列波形上。对于六缸发动机而言，当 1 缸活塞到达压缩行程上止点（压缩压力最大）的前后，正好对应于 5 缸进气门和 6 缸排气门关闭，见图 3-59。

因此，在按照点火顺序排列的并列波形上，1 缸波形上的振动波反映 5 缸进气门和 6 缸排气门关闭相对于上止点的位置（凸轮轴转角）。

在六缸并列波上，各缸气门落座振动波形出现的位置见图 3-60。以东风 EQ1090E 型汽车发动机为例，

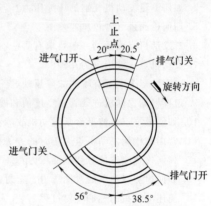

图 3-58 东风 EQ1090E 型汽车发动机配气相位图

当 1 缸活塞处于压缩行程上止点时，1 缸进气门已在此前 124°（180°−56°）曲轴转角处关闭。对于六缸发动机，4 缸活塞到达上止点比 1 缸活塞到达上止点提前 120° 曲轴转角。因此，1 缸进气门关闭时正处于 4 压缩行程上止点前 4° 曲轴转角，表现在并列波形上，则 1 缸进气门落座振动波形处于 4 缸波形上止点前 2° 凸轮轴转角。同理，1 缸排气门已于 1 缸活塞到达上止点 239.5° 时关闭，此时处于 6 缸活塞到达上止

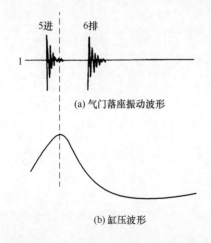

图 3-59 1 缸缸压波形和气门落座波形

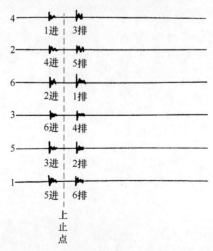

图 3-60 各缸气门落座振动波形及位置

点后 20.5°曲轴转角。所以，1 缸排气门落座振动波形出现于 6 缸波形上止点后 10.25°凸轮轴转角。确定了 1 缸进、排气门落座振动波形出现的位置后，按发动机各缸工作顺序，不难确定其余气缸进、排气门落座振动波形出现的位置。

进、排气门落座振动波形的位置表示了进、排气门关闭时，相对于上止点的凸轮轴转角。把该值与标准值比较，可判断进、排气门关闭时刻是否正确。但利用此方法还不能检测进、排气门的开启时刻，因此不能全面评价发动机的配气相位。

复习与思考题

1. 发动机稳态测功和动态测功各有何优缺点？
2. 何谓发动机的瞬时功率？何谓发动机的平均功率？
3. 发动机气缸效率如何检测？
4. 如何测量发动机气缸的压缩压力？怎样分析其检测结果？
5. 如何检测进气管负压？
6. 对发动机点火系的一般要求有哪些？
7. 发动机点火波形分为几种？
8. 点火波形上主要有哪些故障反映区？各区主要说明什么问题？
9. 怎样根据发动机进气管真空度值和波形来诊断发动机故障？
10. 如何根据点火波形诊断发动机故障？
11. 常用的检测发动机点火正时的方法有哪些？
12. 如何检测喷油信号和燃油压力？
13. 如何检测汽油泵的泵油压力、密封性和泵油量？
14. 简述柴油机的燃油喷射过程。
15. 如何检测喷油压力波形？用压力波形检测喷油系统故障的基本原理是什么？
16. 发动机异响有哪些特征？如何利用这些特征检测发动机异响？
17. 简述异响诊断仪传感器的基本原理。
18. 简述发动机配气相位动态检测的基本原理。

第4章 底盘检测技术

4.1 转向盘自由行程和转向力检测

转向盘性能好坏直接影响汽车的行车安全,其技术状况常用转向盘自由行程、转向角和转向力作为诊断参数进行检测诊断。

4.1.1 转向盘自由行程及其检测

① 转向盘自由行程 转向盘自由行程指汽车转向轮位于直线行驶状态时,转向盘可自由转动的转角。当转向盘自由行程过大时,说明从转向盘至转向轮运动传递链中的若干配合副因磨损过度而出现松旷现象。因此,转向盘自由行程为一综合诊断参数。

根据 GB 7258—2017《机动车运行安全技术条件》的规定,机动车转向盘的最大自由转动量不允许大于表 4-1 所列的限值。

表 4-1 机动车转向盘的最大自由转动量

车辆类型	设计车速不低于 100km/h 的机动车	三轮汽车	其他机动车
转向盘最大自由转角	15°	35°	25°

② 转向盘自由行程的检测 简易转向盘自由行程检测仪由刻度盘和指针两部分组成。刻度盘通过磁座吸附在仪表盘或转向柱管上,指针固定于转向盘外缘,亦可相反。检测转向盘自由行程时,汽车处于直线行驶位置,把转向盘转至空行程极端位置后,调整指针使之指向刻度盘零度。而后把转向盘转至另一侧极限位置,其自由行程即为指针所指刻度。

转向盘自由行程也可用转向参数测量仪(图 4-1)或转向测力仪检测。

4.1.2 转向盘转向力及其检测

(1) 转向盘转向力

操作稳定性优良的汽车,应有适度的转向轻便型。转向沉重,则易使驾驶人疲劳或转向不正确、不及时而影响行车安全;太轻,则驾驶人路感太弱,方向飘移而不利于安全

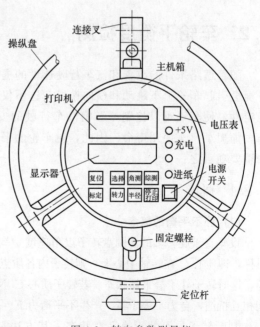

图 4-1 转向参数测量仪

行车。

转向轻便性可用转向角和转向力作为参数诊断。可在动态或静态情况下，用转向参数测量仪或转向力测试仪等仪器，测得转向力和对应转角的大小。

检测转向轻便性时，一般可采用路试检测法和原地检测法两种方法测试转动转向盘的操作力。根据 GB 7258—2017《机动车运行安全技术条件》的规定，机动车在平坦、硬实、干燥和清洁的水泥或沥青道路上行驶，施加于转向盘外缘的最大切向力应小于等于 245N。根据 GB 18565—2016《道路运输车辆综合性能要求和检验方法》，原地检测转向轻便性时，汽车转向轮置于转角盘上，转动转向盘使转向轮达到原厂规定的最大转角，在全过程中用转向力测试仪测得的转动转向盘的操作力不得大于 120N。

(2) 转向力检测仪器和工作原理

图 4-1 所示为国产 ZC-2 型转向参数测量仪，该仪器由操纵盘、主机箱、连接叉和定位杆四部分组成，具有测试转向盘自由行程、转向角和转向力的功能。操纵盘实际上是一个附加转向盘，用螺栓固定于三爪底板上，底板与连接叉间装有力矩传感器，以测出转向时的操纵力矩；连接叉通过装在其上的长度可伸缩的活动卡爪与被测转向盘连接；主机箱固定在底板中央，内装力矩传感器、接口板、微机板、转角编码器、打印机、和电池等；从底板下伸出的定位杆，通过磁座附在驾驶室内仪表板上，其内端与装在主机箱下部的光电装置连接。使用时，把转向参数测量仪对准被测转向盘中心，调整好三只伸缩爪的长度，使之与转向盘牢固连接后，转动操纵盘的转向力通过底板、力矩传感器、连接叉传递到被测转向盘上，使转向轮偏转实现汽车转向。此时，力矩传感器把转向力矩转变成电信号，定位杆内端所连接的光电装置将转向角的变化转化为电信号。传感信号输送至主机箱后，由装在其内的微机自动完成数据采集、转角编码、运算、分析、存储、显示并打印出所测结果。

转向盘转向力的大小受多种综合因素的影响。如果行驶系统技术状况良好，车轮定位、轮胎气压正常，而转向盘转向力过大，则说明转向系统存在故障。其故障可能是转向系统各部件装配过紧、配合间隙过小、调整不当、润滑不良、传动杆件变形等。

4.2 车轮平衡度检测

随着道路条件的改善和汽车行驶速度的提高，车轮平衡问题日益为人们所重视。车轮不平衡会引起车轮上下跳动和横向振摆，这不仅影响了汽车的行驶平顺性、乘坐舒适性和操纵稳定性，使车辆难以控制，影响汽车行驶的安全，还因加剧了轮胎及有关机件的磨损和冲击，缩短了汽车使用寿命。因此，对车轮的平衡度进行检测和校正，已成为汽车维修作业中的重要项目之一。

4.2.1 概述

(1) 静不平衡的概念

设垂直于旋转轴的薄圆盘转子以角速度 ω 匀速转动。若转子的质量分布对转轴中心 O 均匀对称，即质心 C 在转轴中心上，则转子内各质点产生的离心力 $F_i = m_i r_i \omega^2$ 相互抵消，合力等于零，这时转子处于静平衡状态。若转子质心 C 不在转轴中心上，则转子内各质点产生的离心力不能相互抵消，合力不等于零，产生不平衡力 $F = m_0 e \omega^2$，这时转子处于静不平衡状态。

判断转子是否处于静平衡状态，其方法是：在转子任意处作一标记，转子进行多次转动，当自然停转后所作标记的位置各不一样，则转子处于静止平衡状态，如进行上述试验，则每次试验标记都会停在同一相位，则转子处于静不平衡状态，不平衡点就在竖直向下的作用半径上，如图 4-2 (a) 所示。

消除转子不平衡的操作，称为不平衡的校正。显然，只需在 OC 反方向距轴心 O 为 r 加一个平衡质量块 m，如图 4-2 (b) 所示，使其产生的离心力 $F' = mr\omega^2$ 和不平衡力 F 大小相等，方向相反，则转子平衡。即

$$mr\omega^2 = m_0 e\omega^2 \tag{4-1}$$

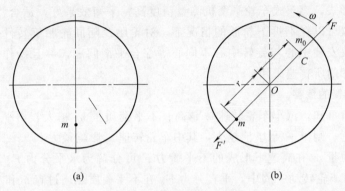

图 4-2 车轮静平衡示意图

(2) 动不平衡的概念

上述薄圆盘转子的平衡分析并未考虑转子轴线方向的质量分布。如果考虑转子轴向质量分布（即圆柱转子），如图 4-3 (a) 所示，在旋转轴线的径向相反位置上，各有一作用不平衡点 m_1 和 m_2，满足静平衡条件 $m_1 r_1 \omega^2 = m_2 r_2 \omega^2$，但由于 m_1 和 m_2 处于不同一平面内，产生的离心力 $F_1 = m_1 r_1 \omega^2$ 和 $F_2 = m_2 r_2 \omega^2$ 形成力矩 $M = F_1 l$，这时，转子处于动不平衡状态。

如果圆柱转子的两端面上配置质量块 m_1' 和 m_2'，当转子匀速旋转时，产生的离心力 F_1' 和 F_2'，满足条件

$$\begin{cases} \sum F = 0, & F_1 + F_1' = F_2 + F_2' \\ \sum M(F) = 0, & F_1 l = F_1' l' \end{cases}$$

即

$$\begin{cases} m_1 r_1 + m_1' r_1' = m_2 r_2 + m_2' r_2' \\ m_1 r_1 l = m_1' r_1' l' \end{cases} \tag{4-2}$$

则圆柱转子处于动平衡中，如图 4-3 (b) 所示。配置平衡块所在的垂直于转子轴线的两个平面，称为校正平面。

(3) 车轮平衡的校正

根据转子的平衡条件：因质量分布不均引起的不平衡力之和为零，不平衡力产生的力矩之和亦为零。车轮平衡的校正分为静平衡和动平衡。静平衡指不考虑不平衡质量在车轮宽度上的分布，忽略不平衡质量在轮宽上形成的力矩，只在车轮单侧

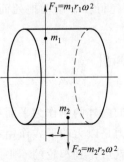
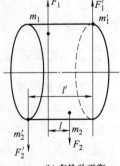

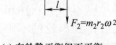

图 4-3 车轮动平衡示意图

进行校正，只能作力平衡，不能作力矩平衡。而将车轮视为一个有一定宽度的回旋体，在车轮左右两侧都进行的校正，对力和力矩均作平衡，称为动平衡。

车轮平衡机是通过测量车轮不平衡的大小及其相位（即位置），在轮辋上加装平衡块实现车轮平衡的校正。车轮平衡机按测量方式可分为离车式和就车式两类。使用离车式车轮平衡机时，是把车轮从车上拆下安装到车轮平衡机的转轴上检测其平衡状况的。就车式车轮平衡机，又称免拆式车轮平衡机，使用时无需从车上拆下车轮，就车即可测得车轮的平衡状况。

比较这两种形式，离车式车轮平衡机测量精度高，平衡效果好，适合汽车修理厂使用。就车式车轮平衡仪可以在不拆下轮胎的情况下，对轮胎及随同轮胎旋转件一起进行平衡测试，因而能够解决安装中心与旋转中心不同心等综合平衡问题，并且操作方便、测试速度快，为汽车检测部门所普遍采用。

(4) 车轮不平衡的危害

通过以上分析可知，汽车车轮转速 ω 越高、不平衡质量 m 越大、不平衡点离车轮旋转中心的距离 r 越远，则不平衡力 F 越大，其中车轮转速 ω 影响最大。

车轮不平衡质量 m 在高速下形成的不平衡力 F 可分解为水平分力 F_x 和垂直分力 F_y，如图 4-4 所示。在车轮转动一周中，垂直分力 F_y 在不平衡质点通过点 a 和 b 时达到最大值，使车轮上下跳动。这不仅影响乘坐舒适性，增加司机的疲劳程度，而且会加剧轮胎的噪声和不均匀磨损。水平分力 F_x 在不平衡质点通过点 c 和 d 时达到最大值，使车轮前后窜动，形成绕主销来回摆动的力矩，造成前轮摆振，严重时驾驶员无法控制行驶方向，影响汽车的操纵稳定性。同时使整车燃油经济性变坏，并对整车相关零件造成损坏。

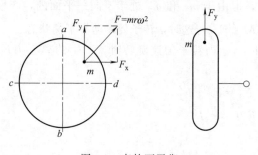

图 4-4 车轮不平衡

引起车轮不平衡的主要原因如下。

① 因轮毂、轮辋定位不准，使安装中心与旋转中心难以重合。

② 轮辋和轮胎等因质量分布不均或几何形状失准而先天形成的重心偏移。

③ 车轮碰撞造成变形引起重心位移。

④ 轮胎翻新中因定位精度不高而造成新胎冠厚度不均。

⑤ 维修过程的拆装破坏了原有的整体综合重心。

⑥ 车轮定位不当，高速行驶中制动抱死而引起的纵向和横向滑移，均会造成局部的不均匀磨损，使重心改变。

4.2.2 离车式车轮平衡机

(1) 测量原理

离车式平衡机将车轮的内外两侧作为平面进行校正，属于双面式测定的车轮动平衡机。车轮不平衡所产生的离心力是以力的形式作用在支承装置上的，只要测出支承装置上所受的力或因此而产生的振动，就可得到车轮的不平衡量。离车式车轮平衡机检测原理如图 4-5 所示。图中 m_1、m_2 为车轮不平衡质量，F_1、F_2 为对应的离心力，左右支承处的传感器测得的支承反力为 N_1 和 N_2。不平衡力和支承反力的力平衡和力矩平衡方程为

$$\begin{cases} N_2 - N_1 - F_1 - F_2 = 0 \\ F_1(a+c) + F_2(a+b+c) - N_2 c = 0 \end{cases}$$

求解上式得 F_1 和 F_2 为

$$\begin{cases} F_1 = N_2(a+b)/b - N_1(a+b+c)/b \\ F_2 = N_1(a+c)/b - N_2 a/b \end{cases} \quad (4\text{-}3)$$

可以看出，平衡点的质量仅与轴承处的反力 N_1、N_2 及参数 b、a、d、c 有关，c 为常数，将 a、b、d 通过测量输入计算电路，可计算出离心力 F_1、F_2，再根据 $F = mr\omega^2$，确定两个校正面上的车轮不平衡质量 m_1、m_2。

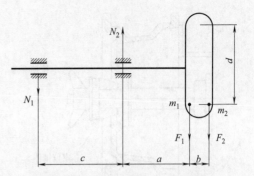

图 4-5 离车式车轮平衡机检测原理
a—轮辋边缘至左支承的距离；b—轮辋宽度；
c—左右支承间的距离；d—轮辋直径

(2) 离车式车轮平衡机的结构

离车式车轮平衡机一般由驱动系统、测量系统、附加装置和平衡块等组成，如图 4-6 所示。

图 4-6 离车式车轮平衡机
1—控制与显示面板；2—平衡块槽；
3—标尺；4—主轴；5—车轮防护罩

① 驱动系统 驱动系统一般由交流电动机、传动装置、主轴与支承装置、制动装置等组成，驱动系统均装在机箱内。由交流电动机和传动装置驱动主轴旋转。制动装置可使车轮停转。

② 测量系统 测量系统由测振传感器、信号处理电路、控制与显示面板等组成，测振传感器采用应变片或压电式力传感器，置于转轴由两个滚动轴承支承。信号处理电路实现信号的运算、分析、判断。控制与显示面板用于设定参数的输入、显示出不平衡量及相位。

③ 附加装置 附加装置包括车轮防护罩、车轮定位锥体和专用卡尺。

车轮防护罩可防止车轮旋转时，其上的平衡块或花纹内夹杂物飞出伤人。

通过车轮定位锥体和快锁螺母在主轴的外端固装被测车轮，如图 4-7 所示。为确保不同规格的车轮中心与主轴的中心严格重合，车轮平衡机配有几个不同规格的定位锥体。

专用卡尺如图 4-8 所示，用于测量轮辋宽度和轮辋直径，标尺上一般都同时标有英制和公制两种刻度，以适应不同计量制式。

④ 平衡块 平衡块又称配重，通常有卡夹式和粘贴式两种类型。卡夹式配重如图 4-9（a）所示，适用于轮辋有卷边的车轮。粘贴式配重如图 4-9（b）所示，适用于无卷边可夹的铝镁合金轮辋，其外弯面有不干胶，粘贴于轮辋内表面。

平衡块有两种计量单位。一种以克（g）为计量单位，分 14 挡。其中最小为 5g，最大为 80g，配重的最小间隔为 5g。另一种系列以盎司（oz）为基础单位，分为 9 挡。其中，最小为 0.5oz（14.2g），最大为 6oz（170.1g）。

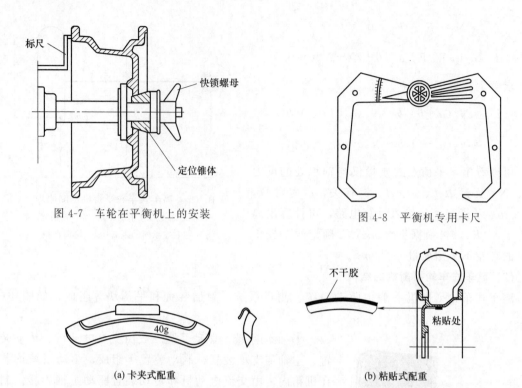

图 4-7　车轮在平衡机上的安装　　　　图 4-8　平衡机专用卡尺

图 4-9　平衡块

(3) 离车式车轮平衡机的使用方法

不同厂家和型号的平衡机其操作方法有所不同，下面以元征 KWA-402 离车式车轮动平衡机为例介绍离车式车轮动平衡机的使用方法，该平衡机的操作面板如图 4-10 所示。

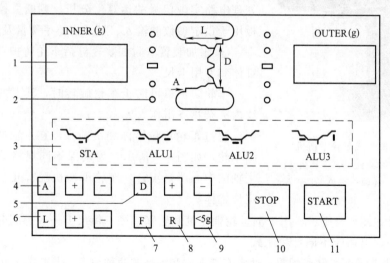

图 4-10　元征 KWA-402 离车式车轮动平衡机操作面板

1—显示屏；2—平衡位指示灯；3—功能指示；4—轮机距离输入键；5—轮辋宽度输入键；6—轮辋直径输入键；7—功能转化键；8—复位及调校键；9—精确显示键；10—紧急停机按钮；11—启动键

① 操作前的准备

a. 检查轮毂和轮胎是否发生较大变形，如有应及时更换。

b. 清除被测车轮上的杂物和旧平衡块。检查轮胎气压，视必要充至规定值。

c. 根据轮辋中心孔的大小选择定位锥体，仔细地装上车轮，用快锁螺母锁紧。

② 平衡操作

a. 打开电源开关，控制面板上的内侧显示屏显示"080"，随后分别改变为"A""8.0"。自检完毕默认"动平衡"测量选项。

b. 选择功能。按［F］键，可选择自己所需要的平衡模式。

STA 灯亮时，适合于摩托车轮胎或轮辋两侧均不能放平衡块的车轮，即静平衡。

ALU1 灯亮时，适合于平衡块可粘贴于轮辋肩部的合金圈车轮。

ALU2 灯亮时，适合于平衡块可粘贴在合金车辆隐蔽外侧的合金圈车轮。

ALU3 灯亮时，轮辋内侧可粘贴平衡块，外侧可用卡夹式平衡块。

当四组指示灯都熄灭时，为标准平衡模式，每次开机时，电脑自动设置为该状态。

c. 车轮数据的输入。将标尺拉至轮辋安装平衡块的位置，读出标尺上的数据，然后按动面板上 A 旁边的［+］和［-］按钮，［+］表示增加，［-］表示减少，直至显示器显示值跟测量值一致，此时左侧显示器显示"A"。用专用卡尺量出轮辋对边宽度和轮辋直径，同样方法输入 L 和 D 值数据。

d. 放下车轮防护罩，按下启动键，车轮旋转，平衡测试开始，微机自动采集数据。7s 后，机器自动停止。

为了操作方便，本机器还可通过放下轮罩，就直接开始测量（无须按启动键）。同时按住［STOP］键和［R］键持续 3s，即可实现此功能。如果需将此功能复原，可按同样的方法进行转换。

e. 显示不平衡量，机器停止后，显示器显示的数值为轮胎的不平衡值（平衡机默认单位为克）。

如客户需用盎司作单位，可同时按住［STOP］键和 A 数据的［+］和［-］约 3s 就可实现将克转换为盎司，以同样的方法实现将盎司转换为克。

f. 抬起车轮防护罩，用手转动车轮，面板上定位灯不停地闪动。当其中一组指示灯全亮时，表示轮辋最高点位置为不平衡点，其中左侧定位灯对应内侧不平衡点，右侧定位灯对应外侧不平衡点。在轮辋不平衡点处装上显示器测得数值的相应平衡块。

g. 重复之前操作步骤，直至左右两侧的显示器均显示为"00"。

h. 从平衡旋转轴上卸下车轮，操作程序结束。

4.2.3 就车式车轮动平衡机

就车式平衡机仅选用车轮轮辋单面作为校正平面进行车轮平衡，不考虑不平衡质量在轮宽上的分布，所以就车式车轮平衡机只对不平衡力进行平衡，不对不平衡力矩进行平衡。

不同结构的就车式车轮平衡机其测量原理和检测方法有所不同，这里以美国比线（Beeline）就车式车轮平衡机为代表，介绍此类车轮平衡机的测量原理和检测方法。

(1) 测量原理

如图 4-11 所示，支起被测车轮的车桥，摩擦盘被驱动电机带动旋转，并压于被测车轮上，依靠摩擦力带动被测车轮以角速度 ω 高速旋转。传感器传感磁头吸附在车桥下，设车轮不平衡点质量为 m，到转轴中心的距离为 r，不平衡点引起的不平衡力为 $F_m = mr\omega^2$。在 t 时刻，其竖直方向的分力为 $F_y = mr\omega^2 \sin\omega t$，该分力产生的上下振动通过车桥、传感磁头传给传感器。当车轮不平衡点转到最下方位置时，F_y 竖直向下并达到最大值，由传感器转换成的电信号控制频闪灯发光，以指示不平衡点的位置。同时，传感器转换的电量与不平衡点质量成正比，并用数字显示不平衡量的大小。

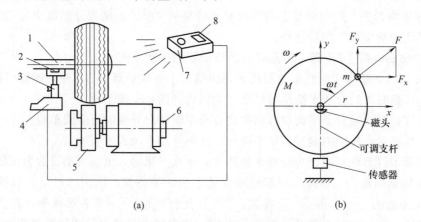

图 4-11　就车式车轮平衡机的组成和检测原理
1—车桥；2—传感磁头；3—可调支杆；4—底座；5—摩擦轮；6—电动机；7—频闪灯；8—数字显示屏

检测前，在被测车胎任意位置用白色粉笔等明显物品做上反光标记。然后启动电机，驱动摩擦盘带动车轮旋转开始检测。观察频闪灯照射下轮胎反光标记的位置，读取不平衡量数值。切断电源，待车轮停止转动后，用手转动车轮使其上的标记仍处在上述观察位置上，此时车轮不平衡点就在最下方位置，其反方向位置即轮辋的最上方即为加装平衡块的位置。

(2) 组成与结构

就车式车轮动平衡机一般由驱动装置、传感装置、指示与控制装置三部分组成。驱动装置由电动机、摩擦轮等组成，能带动支离地面的车轮转动。传感装置由传感磁头、可调支杆、底座和传感器等组成。它能将车轮不平衡量产生的振动变成电信号，送至指示与控制装置。指示与控制装置由频闪灯、数字显示屏等组成。频闪灯用来指示车轮不平衡点位置，数字显示屏用来指示车轮的不平衡量，一般有两个挡位。第一挡往往用于初查时的指示，第二挡往往用于装上平衡块后复查时指示。转速设定有三个挡位（如标有 Lo-C-Hi），应根据不同车型轮胎的大小进行选择。除测量装置外，车轮动平衡机的其余装置都装在小车上，可方便地移动。

(3) 使用方法

① 用单臂千斤顶将车由前桥中心位置顶起，离地 15cm 左右。不要将车用千斤顶由两侧顶起。如此会影响检测器的敏感度。清除被测车轮上的泥土、石子和旧平衡块。检查轮胎气压，视必要充至规定值。检查轮毂轴承是否松旷，视必要调整至规定松紧度。

② 用三角垫木塞紧对面车轮和后轴车轮，将平衡机传感磁头吸附在车桥下，并尽量靠近被测轮，调节可调支杆高度并锁紧。将频闪灯面向要检测的轮胎放好。

③ 在轮胎外侧面任意位置上用白粉笔或白胶布做上记号。

④ 检查各连接线并放好位置，以免车轮转动时发生危险。

⑤ 打开车轮带动电机开关，将摩擦轮与轮胎胎面完全接触并加压力，使轮胎转动，直到与摩擦轮同速，移开电机。频闪灯随着车轮转速的提高而加快闪光的速度，在车轮转到预期设定的速度时，轮胎上的标记会停留在一定位置上不变。此时应记下显示的数值和标记

位置。

⑥ 踩汽车制动器使车轮停止转动。

⑦ 用手转动车轮，使其上的标记仍处在上述观察位置上，此时轮辋的最上部加装相应重量的平衡块。当平衡块超过 50g 时，最好分两半，分别加装在车轮的内外侧。

⑧ 重新驱动车轮进行复查测试，指示装置用二挡显示。若车轮平衡度不符合要求，应调整平衡块质量和位置，直至符合平衡要求。

以上是对从动轮的平衡测试，在对驱动轮进行平衡时，对面车轮不必用三角垫木塞紧。用发动机、传动系驱动车轮，加速至 $50\sim70km/h$ 的某一转速下稳定运转。测试结束后，用汽车制动器使车轮停转。

(4) 车轮动平衡机使用注意事项

① 由于车轮并非等力矩的圆，而且装平衡块的位置可能不准确，一般需 $2\sim3$ 次平衡操作。

② 使用粘接式平衡块时，粘接处应保持干燥和无油脂，且粘接平衡块只能粘在离心力会增强其压紧力的面上，不能粘在胎侧面。

③ 离车式车轮动平衡机的主轴固定装置和就车式车轮动平衡机的支架上都装入精密的位移传感器和易碎裂的压电晶体传感器，因此严禁冲击和敲打主轴或传感器支架。在检修车轮动平衡机时，传感器的固定螺栓不得松动。因为这一螺栓不是一般的紧固件，需要由它向传感晶体提供必要的预紧力。当这一预紧力发生变化时，将完全失准。

④ 车轮动平衡机的机械系统和电子计算机电路，都是针对正常车轮使用条件下平衡失准或轻微受损但仍能使用的车轮而设计的，对因交通事故而严重变形的轮辋或胎面大面积剥离的车轮是不能上机进行平衡检测的。一方面不平衡量过大的车轮旋转时的离心力可能损伤车轮动平衡机的传感系统，另一方面超值的不平衡力可能溢出电算范围而使仪器自动拒绝工作。

4.2.4 检测标准

许多车轮动平衡检测设备当校准至不平衡量 $<5g$ 时，指示装置显示 "0" 或 "OK" 时为止，虽然这种平衡结果最为理想，但完全做到较难。根据实际测试使用情况并参照国外有关标准及资料，一般的检测评定方法是：小型车不平衡质量 $\leqslant10g$，中型车不平衡质量 $\leqslant20g$ 为合格，且车轮每侧轮辋边缘所加平衡块以不超过 3 块为宜。这样评定，既能达到车轮平衡性的要求，又能满足经济性的要求。

4.3 悬架装置检测

悬架装置是汽车底盘的一个重要装置，通常由弹性元件、导向装置和减振器三部分组成。其主要功能是缓和并迅速衰减车身与车桥之间因路面不平引起的冲击和振动，保证汽车具有良好的行驶平顺性、操纵稳定性和行驶安全性。

汽车悬架装置最易发生故障的部件是减振器。减振器对汽车行驶平顺性和操纵稳定性的影响很大。当悬架装置减振器工作不正常时，出现汽车行驶中跳跃严重，车轮轮胎有 30% 的路程附着力减少，汽车转向盘发飘，弯道行驶时车身晃动加剧，制动时易发生跑偏或侧滑，轮胎磨损异常，乘坐舒适性降低，有关元件磨损速度加快等不良后果。

随着道路条件的改善，尤其是高速公路的发展，汽车的行驶车速大大提高，在高速行驶状态下，汽车的操纵稳定性和安全性尤为重要。而汽车的操纵稳定性和安全性，都与悬架装置有着直接的关系。所以，检测悬架装置的工作性能是十分重要的。

4.3.1 悬架性能的检测方法

汽车悬架性能的检测方法，有人工外观检查、按压车体法和试验台检测法三种类型。

(1) 人工外观检查

通过人工外观检视的方法，主要从外部检查悬架装置的弹簧是否裂纹，弹簧和导向装置的连接螺栓是否松动，减振器是否漏油、缺油和损坏等项目。

(2) 按压车体法

该方法是传统的悬架减振器检查方法。用力压下车身，然后突然松开，观察车体上下运动，如果汽车有2～3次跳跃，说明减振器性能良好，如果车体上下振动不能很快停止，应更换减振器。该方法也可以采用试验台动力按压车体，试验台如图4-12所示。

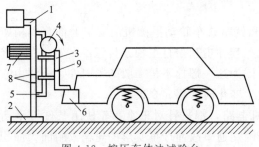

图4-12 按压车体法试验台
1—支架；2—凸轮；3—推杆；4,8—光脉冲测量装置；
5—汽车保险杠；6—水平导轨；7—垂直导轨；9—电动机

显然，上述两种方法主要是靠检查人员的经验定性分析，因此主观影响大、结果准确度差，现正逐渐被淘汰。

(3) 试验台检测法

在20世纪80年代，国际上出现了对在用车悬架实现快速、不解体检测的汽车悬架检测台。由于悬架中除减振器外的其他零件大多不易损坏，且能够通过人工外观检查法进行检查，而减振器易于损坏，很多故障用人工外观检查法难以作出准确判断。因此，可用检测台对减振器阻尼能力进行快速检测，故汽车悬架检测台又称为汽车悬架减振器检测台。

根据激振方式不同，悬架装置检测台可分为制动式、跌落式和谐振式三种类型。

① 制动式　平板式制动检验台，利用汽车在测试平板上紧急制动过程，在测定汽车制动性能的同时，测定汽车的悬架性能。

汽车在紧急制动时，由于惯性和悬架的挠性作用，车身重心继续前移并通过悬架对车轮扳动作用，使前轮负荷增加，后轮负荷减小。随后车身重心后移，扳动车轮使前轮负荷减小，后轮负荷增加，从而引起前后车身纵向俯仰振动，直到最后被悬架阻尼逐步衰减、吸收，车身振动消失。平板式制动检验台通过"制动、轴重、悬架"测试平板的压力传感器测量被测车轮作用于测试平板上的垂直力，对垂直力随时间的变化曲线进行处理和分析，获知汽车车身的振动情况，从而判断被测车轮悬架的技术状况。

平板式制动检验台采用指标"悬架效率"评价车身振动被悬架阻尼衰减、吸收的程度，即汽车悬架的减振性能。悬架效率定义式为

$$\eta = 1 - \Delta G_1 / \Delta G_2 \tag{4-4}$$

式中　ΔG_1——被测车轮对测试平板垂直力的最大值G_{max}与静态车轮垂直载荷G_0之差。

ΔG_2——被测车轮对测试平板垂直力的最小值G_{min}与静态车轮垂直载荷G_0之差。

由于汽车每次在平板上制动时的初速度和制动减速度很难凭驾驶员的人工操作而达到一

致,每次制动引起的车身振动不一样,因此,制动式检验台测量结果的重复性不好,且各类被动式悬架只能对某些激励引起的车身振动有较好的减振效果,对其他激励引起的车身振动则难以发挥良好的减振效果,故每次测出的悬架效率值就有差异。

② 跌落式　图 4-13 是一种跌落式悬架检测台,在测试开始时,先通过气缸或液压缸等机构将汽车升起一定高度,然后突然将支承机构松开,汽车作自由落体,撞击地面,产生自由振动。用测量装置测量车体振幅或者用压力传感器测量车轮对台面的冲击压力,对振幅或压力分析处理后,评价汽车悬架减振器的减振性能。

跌落式悬架检测台在评价减振器作用效果方面与按压车体法相同。

跌落式悬架检测台结构简单、操作方便。但整车升起方式需要较大的提升力,且冲击波形不易控制,故该方式不常采用。另外,此方式也是以整根车轴给出评价结果,不能对单个减振器的性能进行评价。

③ 谐振式　图 4-14 是谐振式悬架检测台,它是由电动机驱动一个偏心轮,使与之相连接的检测台面产生正弦规律的运动,并对停驻在测试台面上的车轮产生垂直方向的激振。待电动机转速稳定后,关掉电动机电源,这时由惯性飞轮释放出先前电机转动时储存的能量,进行快速正弦扫频激振。利用传感器测量车轮对测试台面的作用力(或测试台面的位移)的波形变化曲线。由于电机的频率比车轮固有频率高,惯性飞轮逐渐降速的整个过程中,总可以扫到车轮固有振动频率(即车轮共振频率)处,利用变化曲线的最大峰值处,车轮对测试台面的作用力(或测试台面的位移),再根据相关标准对悬架和减振器的减振效果作出评价。

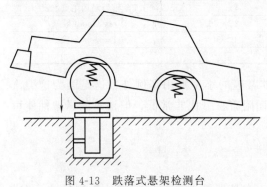

图 4-13　跌落式悬架检测台

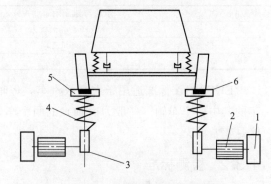

图 4-14　谐振式悬架检测台
1—惯性飞轮;2—电动机;3—偏心轮;
4—激振弹簧;5—台面;6—传感器

谐振式悬架检测台结构简单、操作方便,能分别对左、右两个减振器进行检测,并作出评价。左、右振动台分别对汽车的同一车轴的左右两车轮进行测试,各振动台面分别由一个电动机和偏心轮带动进行激振。由于谐振式悬架检测的测试精度较其他三种要高,所以,国内外大多采用对汽车悬架性能进行检测。

根据偏心轮和测试台面的连接形式不同,谐振式悬架检测台分为偏心轮直接驱动式[见图 4-15(a)]和偏心轮弹簧式[见图 4-15(b)]两种形式。与偏心轮直接驱动式相比,偏心轮弹簧式对检测台刚度要求较低,电动机功率小,因此设备费用低,并且轮胎气压对测试结果影响小,但测试结果的评价方法较为复杂。

对于偏心轮直接驱动式谐振式悬架检测台,可利用 EUSAMA 标准推荐的"最小附着百分比"来评价悬架减振器的性能。EUSAMA(European association of Shock Absorher

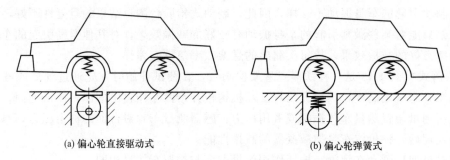

图 4-15 谐振式悬架检测台分类

Manufacturers)是欧洲减振器制造协会的缩写。

"最小附着百分比"又称为"吸收率",其定义为被检汽车共振时最小动态车轮垂直载荷 G_{min} 与静态车轮垂直载荷 G_0 的百分比,即

$$A_{min}=G_{min}/G_0 \qquad (4-5)$$

最小附着百分比 A_{min} 直接反映了车轮与路面的最差的附着情况,该值越大,则轮胎与路面的附着情况越好,进而行驶安全性越好。在确认悬架其他零部件正常工作的情况下,可对悬架起决定性作用的元件——减振器的减振效能作出评价。EUSAMA 推荐的评价标准,如表 4-2 所列。

表 4-2 EUSAMA 推荐的评价标准

$A_{min}/\%$	车轮与地面附着状况	$A_{min}/\%$	车轮与地面附着状况
60~100	Very Good(优)	20~30	Very Good(很差)
45~60	Good(良)	0~30	Danger(危险)
30~45	Poor(差)		

EUSAMA 标准适用于大多数汽车,但轴重非常轻的小型乘用车例外。这是因为这类汽车的其中一个车轴(一般为后轴)的两个车轮地面附着百分比非常低,但该车的悬架性能可能是正常的。

4.3.2 检测标准

由于悬架性能检测方法的不同,各种形式的汽车悬架检测台均有相应的检测标准。《道路运输运车辆综合性能要求和检测方法》(GB 18565—2016)规定:

① 用偏心轮直接驱动谐振式悬架检验台检测时,被检汽车的车轮在受外界激励振动下测得的吸收率不得小于40%,同轴左右轮吸收率之差不得大于15%;

② 用平板式制动台检测时,被检汽车制动时测得的悬架效率应不大于45%,同轴左右轮悬架效率之差不得大于20%;

③ 用偏心轮直接驱动谐振式悬架检验台检测时,被检汽车的车轮在受外界激励振动下测得的吸收率(即最小附着百分比)不得小于40%,同轴左右轮吸收率之差不得大于15%。

4.4 车轮定位检测

汽车车轮定位主要是转向轮定位,即前轮定位,其作用是使汽车保持稳定的直线行驶和转向轻便,并减少汽车在行驶中轮胎异常磨损。随着前轮驱动、四轮独立悬架、承载式车身

结构出现，产生后轮定位问题，其作用是使前后轮胎的行驶轨迹重合，减少高速时轮胎的横向侧滑和轮胎的磨损。现代汽车的车轮定位检测均为四轮定位。

车轮定位检测分为静态检测和动态检测。静态检测目前主要是四轮定位就是使用四轮定位仪，检测出汽车在静止状态下的各轮倾角和束值是否符合原厂标准，如不符合可做随机调整。动态检测是通过车轮侧滑检验台检测侧滑量的大小，综合评价车轮定位的准确性，具体情况见 4.5 节。

汽车一般在下列情况下要进行车轮定位：
① 直线行驶时需紧握方向盘，否则汽车会跑偏。
② 前轮或后轮出现单侧磨损或快速磨损。
③ 转向时方向盘太重、太轻以及快速行驶时方向盘发抖。
④ 当车辆发生碰撞事故维修后。
⑤ 更换轮胎、悬架、转向及有关配件后。
⑥ 新车行驶 3000km 以及每行驶 10000km 后。

4.4.1 车轮定位参数

车轮主要定位参数是主销后倾角、主销内倾角、车轮外倾角、前轮前束角（或值）、后轮外倾角、后轮前束角（或值）。目前常见的四轮定位仪，除了能够检测车轮主要定位参数，还可以检测其他一些定位参数，如推力角、退缩角、轴距差、轮距差、最大转向角和转向前展角等。

(1) 主要定位参数

① 主销后倾角　从汽车的侧面看，转向轴中心线与垂直线所成的夹角称为主销后倾角，通常用 γ 表示［见图 4-16（a）］。规定主销后倾为正，主销前倾为负。

作用：当汽车行驶中，转向轮偶然受外力作用而稍有偏转时，主销后倾将产生车轮转向反方向的力矩使车轮自动回正，可保证汽车直线行驶的稳定性。

当主销后倾角过大时，造成转向沉重。当主销后倾角过小时，转向后缺乏方向盘自动回正能力，引起前轮摆振，转向盘摇摆不定，驾驶员失去路感，车速高时发飘。当左右车轮主销后倾角不相等时，车辆会朝着主销后倾角小的一侧跑偏。

② 主销内倾角　从汽车的前面看，转向轴中心线与垂直线所成的夹角称为主销内倾角，通常用 β 表示［见图 4-16（b）］。规定主销内倾为正，主销外倾为负。

作用：使转向轻便，使前轮转向后回正力矩。

主销内倾角过大时，转向时使轮胎磨损加剧。

主销后倾和主销内倾都有使汽车转向自动回正的作用，但主销后倾的回正作用随车速增大而增大，高速时起主导作用。主销内倾的回正作用与车速无关，低速起主要作用。

③ 车轮外倾角　从汽车前方看轮胎中心线与垂直线所成的角度称为外倾角，通常用 α 表示［见图 4-16（b）］。规定车轮外倾为正，车轮内倾为负。

作用：防止车辆满载时，悬架变形造成车轮内倾，避免轮胎偏磨损和减轻轮毂轴承的负荷。同时，可减少前轮纵向旋转平面接地点至主销中心线延长线与地面交点的距离，从而使转向轻便。

车轮外倾角太大时，轮胎外侧出现单边磨损；悬架系统零件磨损加剧；车辆会朝着外倾角较大的一侧跑偏。

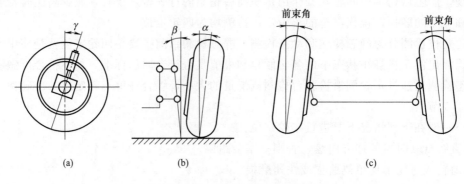

图 4-16 车轮主要定位参数

负外倾角太大时，轮胎内侧单边出现磨损；悬架系统零件磨损加剧；车辆会朝着负外倾角较小的一侧跑偏。

④ 前束角　从汽车的正上方向下看，轮胎中心线与汽车纵向几何中心线之间的夹角称为前束角。规定两轮前边缘距离大于后边缘距离为正，反之为负。负前束也叫前张角。总前束等于两个车轮的前束角之和，即两个轮胎中心线的夹角。

作用：消除车轮外倾造成的不良后果，减轻轮毂外轴承的压力和轮胎的磨损。

前束角太大时，轮胎外侧羽毛状磨损，羽片状磨损的尖部指向汽车纵向轴线，当用手从内侧向外侧抚摸，胎纹外缘有锐利的刺手感觉；转向不稳定，车轮发抖。

负前束角太大时，轮胎内侧羽毛状磨损，羽片状磨损的尖部背离汽车纵向轴线，当用手从外侧向内侧抚摸，胎纹外缘有锐利的刺手感觉；转向不稳定，车轮发抖。

(2) 其他定位参数

① 推力角　由于车辆长期使用或发生碰撞事故造成车身、悬架变形，引起前桥轴线和后桥轴线不平行，汽车后轮行进方向（即推力线，也称推进线）与汽车纵向几何中心线形成一个夹角，这个夹角称为推力角（也称推进角）。汽车纵向几何中心线是指通过汽车前桥和后桥中心线的直线。推力角的正负号规定：推力线左偏时推力角为正，反之为负。

后轴安装偏斜［见图 4-17（a）］、左右后轮前束角不等［见图 4-17（b）］都会产生推力角。推力线一般是指汽车后轮总前束夹角的平分线。根据定义，推力角在数值上等于后轮左右两轮前束之差的一半。

推力角不是设计参数，而是一种故障状态参数。汽车行驶时，推力角会使后轮沿推力线给汽车一个纵向的偏转力矩，造成轮胎异常磨损、车辆跑偏，严重时将发生后轴侧滑甩尾等危险情况。

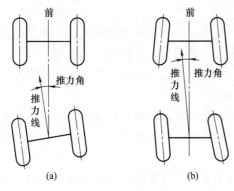

图 4-17　推力角

② 轴距差　两前轮中心的连线与两后轮中心的连线之间的夹角称为汽车的轴距差［见图 4-18（a）］。规定当右侧车轮的距离比左侧车轮的距离大时，轴距差为正，反之为负。

轴距差一般是由于车身撞击而形成，达到一定程度车辆将出现跑偏，跑偏方向朝向轴距较小的一侧。

③ 轮距差　左侧前后两轮中心的连线与右侧前后两轮中心的连线之间的夹角称为汽车的轮距差［图 4-18（a）］。规定后轮宽度大于前轮宽度时，轮距差为正，反之为负。因为在汽车的技术参数中，前后轮距已经知道，轮距差也可以转换成长度值表示。

④ 退缩角　退缩角分前退缩角和后退缩角。两前轮中心连线与推力线的垂线之间的夹角称为前退缩角。两后轮中心连线的垂线与推力线之间的夹角称为后退缩角［见图 4-18（b）］。规定右轮在左轮后面时退缩角为正，反之为负。

⑤ 转向前展角　车轮在转弯时两前轮的转角之差称为转向前展角（也称转向角、转向前张角）。通常将转向 20°的转向前展角作为测量值［见图 4-18（c）］。

转向前展角的作用：为了在转弯时使能汽车以后轴延伸线的瞬时中心为圆心顺利转弯，避免侧滑引起的轮胎过度磨损。

汽车使用时，由于前轮的碰撞冲击、经常采用紧急制动等原因引起转向梯形的变形，使转向前展角超过标准值。此时，车辆在转弯时轮胎会发出尖锐噪声，造成汽车在转向行驶过程中前轮异常磨损、操纵性变差。一般来说，转向前展角是不可调整的，只能通过更换零件改正缺陷。

⑥ 包容角　从汽车的前面看，主销轴线与车轮轮胎中心线之间的夹角，称为包容角。在数值上等于主销内倾角和车轮外倾角之和。

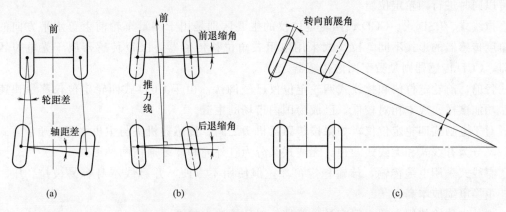

图 4-18　退缩角、轴距差、轮距差和转向前展角

(3) 定位基准线的选择

根据前束角的定义，前轮前束的调整就是以汽车几何中心线为基准，将两个前轮的轮胎中心线与汽车几何中心线之间的夹角调整至规定值。长期以来一直采用这种方法进行定位。但是当推力线与几何中心线不重合，即存在推力角时，这种调整方法会造成前轮前束调整不当。

现代四轮定位方法是：先测量推力角，确定推力线与几何中心线相对位置，然后调整后轮前束使推力线与几何中心线重合。前轮前束的调整用重合的推力线和几何中心线为参考基准。

(4) 定位参数的关联性

由于车体底盘的结构，所有四轮定位角度都在通过底盘的机械结构相关联，改变其中一个角度，其他的角度也会相应改变，在四轮定位、底盘维修时应特别加以注意。举例如下。

① 改变车轮外倾角可同时改变主销内倾角。不同的悬挂结构有不同的外倾角调整方法。

如果向左右移动上支架点或移动下支架点，则不但车轮外倾角改变，其主销内倾角也跟着变。因此即使车轮外倾角被调整标准了，但由于主销内倾角的变化，使行车不平顺。

② 改变前束角会变动车轮外倾角。改变前束角时车轮绕主销转动，由于主销后倾角的影响，使车轮外倾角发生变动。

③ 改变后轮前束会影响前轮单轮的前束。现代四轮定位是采用后轮推力线定位方法确定前轮前束的。如果后轮前束改变，推力线会发生变动，前轮总前束虽不会因此而改变，但两个单轮前束会发生变动。

4.4.2 四轮定位仪的分类

车轮定位仪种类较多，按出现的先后情况看，车轮定位仪有气泡水准式、光学投影式、拉线式、3D影像式等形式。

早期的定位仪为前轮定位仪，即只对转向轮定位参数进行测量，如气泡水准式定位仪、光学投影式定位仪，它们属于普通的机械或光学仪表，测量精度低。

现代的车轮定位仪均为电脑式四轮定位仪，如拉丝式、PSD式、CCD式、3D影像式等，它们均应用计算机技术和精密传感技术，由装在车轮上的传感器将车轮定位角的几何关系转化成电信号接入微机进行处理、分析和判断，然后由显示器显示和打印机打印输出，并且可以同时进行四轮定位。

拉线式、PSD式、CCD式四轮定位仪的主要区别是用于测量车轮前束等水平方向的定位角度传感器的形式不同。拉线式采用电阻式角位移传感器，PSD传感器属于光电位置传感器，CCD传感器则是数字图像传感器。

目前，前轮定位仪和拉线式四轮定位仪已经淘汰。由于CCD式四轮定位仪测量快速精确、功能多样、成本相对较低，已成为国内市场的主流。

对于电脑式四轮定位仪，如果按传感器机头之间、传感器机头与主机之间的通信方式不同，又分为有线式和无线式两种。无线式又分为红外光和蓝牙通信两种形式。

有线式采用电缆传输，传输稳定可靠，但使用不方便，并且线本身容易被拉、压、折断，更换电缆成本高。

红外光传输使用方便，但容易受遮挡，对环境要求较高。

蓝牙通信是一种开放的低成本、短距离的无线连接技术。它具有宽大的通道快速传输大量的数据流，完善的通信协议，使用方便，寿命长，通信稳定可靠。蓝牙设备间的有效通信距离为10～100m。蓝牙无线部分十分小巧，重量轻，可穿墙通信，只是在穿越障碍时，会损失功率，使通信距离缩短。

4.4.3 四轮定位仪的结构和检测原理

(1) 四轮定位仪的结构

电脑式四轮定位仪主要由主机、传感器机头、通信系统、轮辋卡夹、转盘和附件等组成。图4-19是四轮定位仪的整机图。

① 定位仪主机　定位仪主机是使用者的一个控制操作中心平台，由机柜、计算机、主机接口和打印机组成。计算机内有四轮定位专用软件，计算机硬盘中存有各种车型定位参数的数据库和操作帮助系统等。定位仪主机可以完成数据计算、结果显示、打印输出等功能。

② 传感器机头　传感器机头是四轮定位仪的核心部件。四轮定位仪共有四个传感器机

头,上面标有在车轮上的安装位置,各自不能互换。如果更换任一传感器机头则需要对所有传感器机头重新进行标定。传感器机头是精密器件,使用时要轻拿轻放,切勿撞击或滑落。

传感器机头内主要有控制板、信号光源、位置传感器、倾角传感器、通信装置、电源等。

③ 通信系统　四轮定位仪通过电缆或信号发生器及信号接收器实现传感器机头之间、传感器机头与主机之间的数据传递,最早人们采用电缆来传输,而后用红外光,最新采用的是蓝牙通信技术。

④ 轮辋卡夹　四轮定位仪有四个轮辋卡夹,轮辋卡夹将传感器机头安装在汽车轮辋上。有三爪夹具和四爪夹具两种形式。一般多用四爪夹具,四爪夹具采用四点定位,误差点取值多,中心对正较好,精度较高。

图 4-19　四轮定位仪

四爪夹具的结构如图 4-20(a)所示,通过转动调节手柄调整轮爪的间距以适应不同型号汽车轮辋的连接,其轴销用于安装传感器机头。轮爪具有多种形式,可根据需要进行选择。轮辋卡夹的装配正确与否与测试结果有很大的关系。在装配轮辋卡夹时,应使轮爪避开轮辋上的平衡块,同时务必使四个轮爪与轮辋接触均匀,并可通过绑带进行固定。三爪夹具具有自定心作用,在轮辋上的安装情况如图 4-20(b)所示。

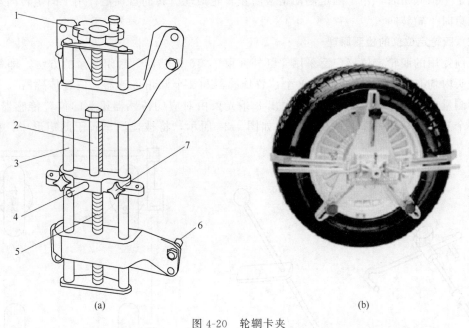

图 4-20　轮辋卡夹

1—调节手柄;2—传感器锁紧螺栓;3—光杆;4—传感器安装轴销;5—丝杆;6—轮爪;7—锁紧螺钉

⑤ 转盘　转盘由固定盘、活动盘、扇形刻度尺、游标指针、锁止销和滚珠等组成,如图 4-21 所示。活动盘上装有指针,以指示车轮转过的角度。检测中应将锁止销取下,而检测前后可用锁止销将活动盘锁止,以便前轮上下转盘。

转盘的固定盘和活动盘之间装有滚珠（或滚柱）及保持架，保证汽车前轮在置于转盘上转向时，既能灵活偏转，又横向和纵向位移。车轮绕主销转动时的运动轨迹如图 4-22 所示。当车轮绕转向中心 O 回转 $20°$ 时，车轮接地中心 C 点将以 OC 为半径画圆弧移至 C' 点。因此，当车轮转动时，既有转角变化，又有位置变化（车轮接触点 C 横向移动距离 CD 和纵向移动距离 DC'）。

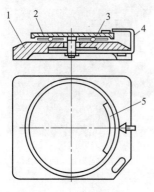

图 4-21 转盘的结构

1—固定盘；2—活动盘；3—滚珠；4—指针；5—刻度尺

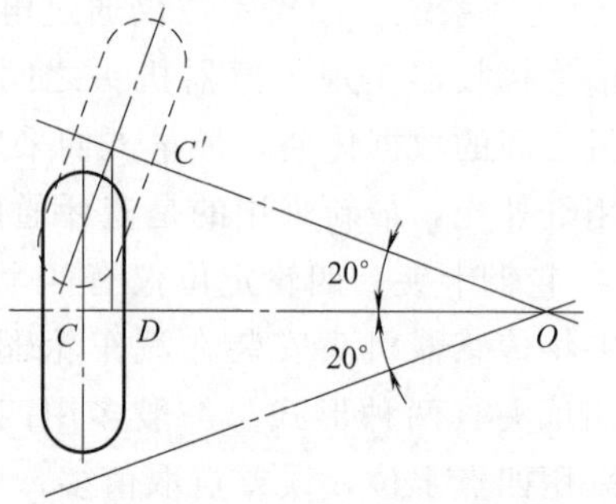

图 4-22 车轮绕主销转动时的运动轨迹

在主销倾角的检测中，转盘便于静止汽车前轮转向，并转至规定的角度。并且可以测试两前轮的最大转向角（即左、右转向极限角）。

⑥ 附件 附件包括制动踏板固定杆、转向盘锁定杆等，如图 4-23 所示。制动踏板固定杆在测定主销倾角时，用于固定制动踏板防止车轮滚动。转向盘锁定杆用于固定转向盘防止在测前束时车轮转向。

(2) 四轮定位仪的检测原理

目前使用的四轮定位仪广泛采用 "红外 8 束" "16 传感器" 封闭测量的方法，即每个传感器机头内均有 2 个红外发射管、2 个位置传感器和 2 个倾角传感器。位置传感器采用红外线光学测量系统，8 个红外发射管共发出 8 条光束由对应的传感器机头的位置传感器接收，形成一个测量场，即一个封闭的矩形，如图 4-24 所示，将被检汽车置于此矩形中，根据 8

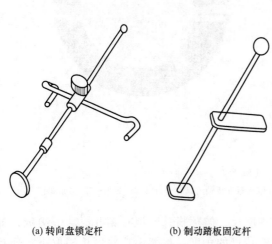

(a) 转向盘锁定杆　　(b) 制动踏板固定杆

图 4-23 转向盘锁定杆和制动踏板固定杆

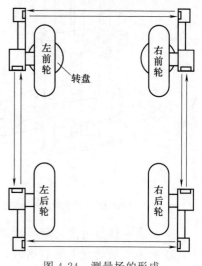

图 4-24 测量场的形成

个光点的位置,可测量水平方向的定位角度,如前束角、推力角、轴距差、轮距差等。倾角型的定位角度,如车轮外倾角、主销后倾角和主销内倾角的测量则由倾角传感器完成。

传感器机头各传感器的位置如图 4-25 所示。大箱体内的位置传感器用于测量水平纵向的定位角,如前束角、推力角、轮距差等,又称前束传感器;小箱体内的位置传感器用于测量水平横向定位角,如轴距差等,又称横角传感器。两个倾角传感器互成 90°放置,其中,外倾角传感器能直接测量车轮中性面的倾角,用于车轮外倾角和主销后倾角的测量。主销内倾角传感器则通过测量车轮平面绕转向节轴线的相对转角,计算出主销内倾角的大小。

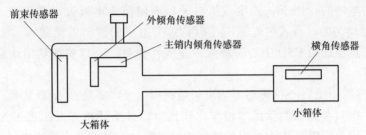

图 4-25 四轮定位仪各传感器的位置

在红外通信式四轮定位仪中,红外光既是测量光源,又是通信系统的信号光源,其理论测量精度可以达到 0.01°甚至更高。因为任何物体或发光体都可以散发红外光,故去除外界红外光干扰和测量光的互相干扰是红外式四轮定位仪设计的重点和难点。

PSD 和 CCD 四轮定位仪主要区别在于位置传感器的形式不同,其他大致相同。

CCD(charge coupled device)即电荷耦合器件,是一种大规模集成电路光电器件,由 MOS(metal-oxide semiconductor,金属氧化物半导体)光敏元和移位寄存器两部分组成,电荷耦合器件是在半导体硅片上制作成百上万光敏元,一个光敏元又称一个像素,按线阵或面阵有规则地排列在硅平面上。四轮定位仪多采用单行、线阵型 CCD。信号点光源经过光学镜片转变成长条光,投影到 CCD 光敏元上,入射光的位置对应的光敏元成像点就产生与照在它们上面的光生电荷(光生电子-空穴对),产生的光电电荷很快耦合到移位寄存器,然后在时钟脉冲控制下依次有规律地串行输出,脉冲输出顺序反映成像点的位置,继而计算出入射光的角度。如图 4-26 所示,由于传感器机头 2 偏离零线某一角度 α,传感器机头 1 红外发射管在传感器机头 2 中的 CCD 传感器成像点,如成像点到零点的距离为 x,聚焦镜片的焦距为 f,则传感器机头 2 的偏角 α 为

$$\alpha = a \arctan \frac{x}{f} \tag{4-6}$$

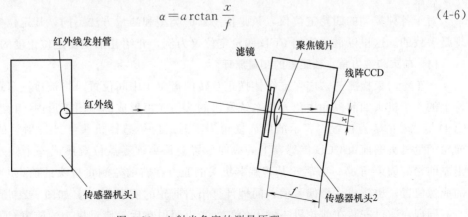

图 4-26 入射光角度的测量原理

现代工艺可将CCD光敏元微小到$14\mu m$，理论上，光学分辨率为$0.015°\sim 0.025°$，测量精度多在$0.05°$左右。

CCD器件输出的是数字信号，它具有线性度好、温度稳定性好、通过特殊滤波算法可以区分各种干扰光等优点，是目前国外品牌广泛采用的光传感器件。

PSD（position sensitive detectors）即光电位置传感器，是由P、I、N三层半导体组成的非分隔型光电器件，如图4-27所示，P层为感光面，两边各有一个信号输出电极；底层N引出一个公共电极，用来加反偏电压。当入射光照射到光敏面上某点时，在平行于半导体结平面的横向电场的作用下，光生载流电子形成向两端电极流动的电流I_1和I_2。如果PSD的面电阻是均匀的，当入射光强不变时，单个电极的输出电流随入射光点位置变化而变化，并且与光点位置距PSD中心的距离x呈线性关系。PSD就是利用此原理来测量前束角度的。

与CCD传感器相比，PSD传感器输出的是模拟信号，需经过A/D转换而存在很大程度的失真。另外，PSD传感器测量范围相对比较狭窄，且受环境光及温度的影响较大，精度和稳定性较差。因此，PSD作为光电传感器的过渡产品，目前已经被CCD传感器替代。

四轮定位仪的倾角传感器种类较多，有摆锤式、液体可变电容式、可变磁阻式及硅集成电路等形式，但均以重力方向作为参考基准，测出传感器机头外壳随着车轮偏转的角度α。图4-28是摆锤式倾角传感器倾角的测量原理。

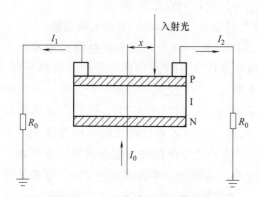

图4-27 PSD传感器的测量原理

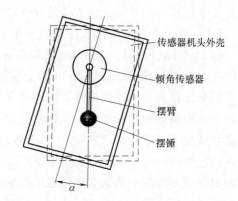

图4-28 摆锤式倾角传感器倾角的测量原理

4.4.4 四轮定位参数的测量原理

对于各种类型的四轮定位仪，只是传感器的类型和测量方法不同，其定位参数的测量原理是一致的。这里以最主流的CCD四轮定位仪为例，介绍几个主要定位角度的测量原理。

(1) 前束和推力角、轴距差的测量原理

在车轮前束检测前，应保证车体摆正且转向盘位于中间位置。将被检汽车置于安装在车轮上的4个机头的前束和横角光学系统发出的8条光束形成的封闭矩形内，传感器机头上的CCD传感器的零点位置，表示前束或横角为零时对应传感器机头红外发射管的光点，在左前轮测量机头的前束CCD传感器上的成像位置会偏离；零点位置形成一个偏差值，可计算出左前轮的前束角α_1；右后轮其传感器机头的光点在右前轮测量机头的前束CCD传感器上的成像位置，也形成一个偏差值，同理计算出右前轮的前束角α_2，如图4-29所示。

同理，通过安装在前轮机头发出的红外光束照射在后轮测量机头的前束CCD传感器上，

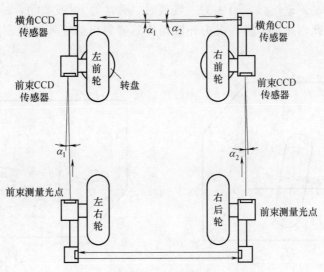

图 4-29 前束的测量

可测试出后轮前束角的大小和方向，而左右后轮前束角的差值即反映了推力角的大小和方向。

横角 CCD 传感器用于测量水平横向定位角度。如果同轴左、右轮测量机头的横角 CCD 传感器测量的角度 α' 与用前束 CCD 传感器测得的前束角 α 不相等，如图 4-30 所示，说明左右两车轮不同轴，即车轮发生了错位。则同轴左右轮的轴距差 θ 为

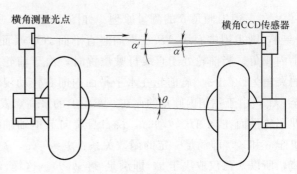

图 4-30 轴距差的测量

$$\theta = \alpha' - \alpha \tag{4-7}$$

(2) 车轮外倾角的测量原理

车轮外倾角是转向盘位于中间位置的车轮倾角，可由传感器机头内的外倾角度传感器直接测出。

(3) 主销后倾角和主销内倾角的测量原理

主销后倾角 γ 和主销内倾角 β 不能由车轮的静止状态直接测出，只能采用几何关系上间接测量。

① 主销后倾角 γ 的测量原理 如图 4-31（a）所示，由于转向节轴线是车轮的旋转轴线，与车轮中性面垂直，当前轮存在外倾角 α 时，转向节轴线并不与地面平行。当车轮处于直线行驶位置时，转向节轴线与水平平面的倾角亦为 α。

在图 4-31（b）的空间坐标系中，以左前轮为例，AB 代表主销中心线，假设主销内倾角 $\beta=0$，则 AB 位于汽车纵向竖直平面 yOz 内，主销后倾角为 γ，AC 为转向节轴线，前轮外倾角为 α。当车轮处于直线行驶位置时，AC 在横向竖直平面 xOz 内，对水平平面的倾角为 α。将前轮绕 AB 轴在向左或向右各转规定角度 ϕ，转向节轴线由 AC 转至 AC' 或 AC''，C'、C'' 分别是 AC'、AC'' 与 OC 同一水平面的交点。由于主销后倾角 γ 的存在，$|AC'|<|AC|<|AC''|$。AC' 和 AC'' 对水平面的倾角分别是 α' 和 α''。则 $\alpha'>\alpha>\alpha''$，且满足一定的

函数关系：$\gamma = f(\alpha', \alpha'', \phi)$，当 ϕ 为一定值时（通常为 10°或 20°），α' 和 α'' 决定于主销后倾角 γ 的大小。因此，通过传感器机头外倾角传感器测出前轮外倾角 α' 和 α''，可测得主销后倾角。

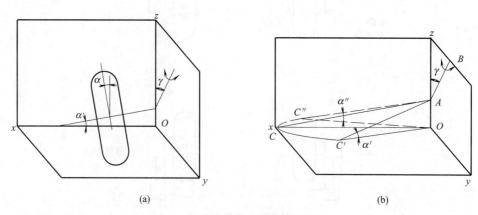

图 4-31　主销后倾角的测量原理

② 主销内倾角 β 的测量原理　如图 4-32（a）所示，仍以左前轮为例。假设主销后倾角 $\gamma = 0$，则主销中心线 AB 在横向竖直平面 xOz 平面内，主销中心线 AB 与 Oz 的夹角 β 为主销内倾角。当前轮处于直线行驶位置时，由于前轮外倾角为 α 存在，转向节轴线 OC 与 Oz 的夹角为 $90°+\alpha$。若前轮在水平平面内向右转动规定角度 ϕ 后，转向节枢轴 OC 绕 AB 轴转至 OC'，由于主销内倾的存在，车轮上的最高点发生变化 D 点变成 M 点［见图 4-32（b）］，即车轮平面在绕 AB 转动时，绕自身转向节枢轴轴线的相对转动，其转角为 θ。此时，θ 取决于 α 和 ϕ，即满足一定的函数关系：$\beta = \phi(\alpha, \phi, \theta)$。由于车轮外倾角 α 已测出，ϕ 为定值，所以 θ 角仅取决于 β，即满足 $\beta = \phi(\theta)$。这样，通过传感器机头内倾角传感器测出 θ 角，即可反映主销内倾角度值。

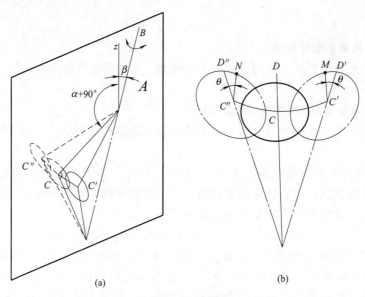

图 4-32　主销内倾角的测量原理图

测量时，一般也是将前轮向左转 ϕ 角，则转向节枢轴 AC 转至 AC''，再将前轮向右转

2ϕ 角,转向节枢轴转至 OC',车轮平面绕转向节轴线则转过了 2θ 角。这一测量方法使测量灵敏度和读数精度提高,而且消除了主销后倾角 γ 对测量值的影响。

(4) 转向 20°时前张角的测量原理

为了检测汽车转向梯形臂与各连杆是否发生变形,在四轮定位仪中均设置转向 20°前张角。测量方法如下:右前轮向右转 20°读取左前轮下的转盘上的刻度值 X,则 $20°-X$ 即为所要检测的转向 20°时前张角。一般汽车在出厂时都已给出 $20°-X$ 的合格范围,将测量值与出厂标准进行比较即可判别车轮的转向梯形臂与各连杆是否发生了变形。如果超出标准值或左右转向前张角不一致,则说明该车的转向梯形臂和各连杆发生了变形,需要进行校正、调整或更换梯形臂和各连杆。

(5) 轮辋偏摆补偿原理

由于汽车使用过程中造成的轮辋钢圈变形,造成轮辋转动过程中,轮辋端面左右偏摆。另外,夹具精度的限制也不可能使三爪支承点组成的平面与车轮轴心线绝对垂直。此两项误差引起的"摆差",造成轮辋卡夹轴销与车轮旋转平面不垂直而形成一定的夹角,且该角随夹具安装在轮辋上的不同位置而随机变化。由于外倾角和前束角本身为微小值(分别为 $1°\sim2°$ 和 $5'\sim40'$),当轮辋偏摆严重时,会影响车轮定位数据的准确性,甚至得出错误的测试结果。所以在测量车轮定位参数前,应对轮辋偏摆进行补偿。

以前右轮为例(图 4-33),当传感器机头与夹具装在具有外倾角 α 的汽车转向轮上后,由于摆差的影响,车轮中性面 AB 与传感器机头的侧平面 CD 不平行,向外倾斜 δ 角,待倾角传感器的摆锤回位到铅垂位置后,传感器输出为 $\alpha'_{0°}$ 时,则

$$\alpha'_{0°} = \alpha + \delta \tag{4-8}$$

由于 δ 角是未知量,并随夹具在轮辋上的安装位置随机变化,因此无法测得外倾角 α。解决办法是:将传感器机头与夹具中心枢轴的螺母松开,将夹具随车轮一起绕车轮枢轴转动 180°,再将传感器机头与夹具旋紧(测量单元保持纵向水平),倾角传感器测量值为 $\alpha'_{180°}$,则

$$\alpha'_{180°} = \alpha - \delta \tag{4-9}$$

由式(4-6)、式(4-7)可知车轮外倾角 α 为车轮在 0°和 180°两位置测量值的算术平均值,即

$$\alpha = (\alpha'_{0°} + \alpha'_{180°})/2 \tag{4-10}$$

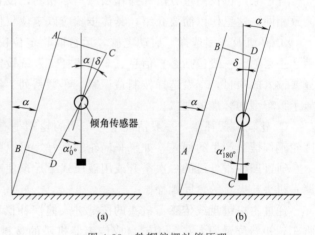

图 4-33 轮辋偏摆补偿原理

同理,车轮在上述 0°位置时,车轮向左右方向上偏斜 ε 角,CCD 前束传感器测得角为 $\phi'_{0°} = \phi + \varepsilon$。将车轮绕枢轴转 180°,前束传感器测量值为 $\phi'_{180°} = \phi + \varepsilon$,则前束角为

$$\phi = (\phi'_{0°} + \phi'_{180°})/2 \tag{4-11}$$

可见,轮辋偏摆补偿是通过将车轮举起,测量初始位置 0°和旋转车轮 180°两点位置外倾角和前束角的变化,从而计算出它们的真实值。这种补偿取点的方式称为两点 180°补偿方式,也有的定位仪采用四点 90°补偿方式,即选取 0°、90°180°和 270°四个位置进行测量。

4.4.5 四轮定位仪的使用

(1) 症状询问和车况检查

仔细倾听并记录司机对车辆不适症状的描述，如转向沉重、跑偏和磨胎问题等。引起这些症状的原因除了四轮定位问题还有很多，四轮定位应放在消除其他因素之后进行，否则检测数据不准确，四轮定位没有效果。通常需进行以下检查。

① 检查轮辋和轮胎情况，包括胎压是否符合要求，前后轮两边花纹是否相同，轮胎磨损是否一致，轮辋变形情况等。轮胎变形或严重磨损应更换再做四轮定位。

② 检查转向系情况，包括转向器、传动机构是否有间隙等。

③ 检查悬挂部件，包括减振器是否失效，减振是否折断或变形等。

④ 检查车轮动平衡，排除车轮动不平衡后再进行四轮定位检测。

(2) 检测前的准备工作

① 根据汽车的轴距和轮距确定转盘和后滑板（四轮定位举升机附近或四轮定位仪选配件）的位置，保证转盘和后滑板在同一水平面，避免倾角测量产生误差。

② 检查转盘的销止销是否销好，将被测车辆开上举升机。车辆停稳后，轮胎应在转盘和后滑板的中心。车辆熄火后，拉上驻车制动器手柄。

③ 按四轮定位仪的使用要求安装夹具和传感器机头，然后挂上安全钩，检查卡具是否安装牢固。将四个传感器按照对应车轮的位置安装到卡具上，拔掉转盘和后滑板上的固定销。使传感器上的水平气泡处在中央的位置，保证传感器机头处于水平位置。

(3) 四轮定位仪基本操作流程

各厂家定位仪测量方法和操作步骤不尽相同，没有一个统一的模式，但基本操作流程则大致相同，这里作以简要介绍，具体步骤应以定位仪使用说明书为准。

① 开机及车型选择　启动电脑，运行四轮定位仪专用软件，显示器屏幕出现系统主界面和主菜单。一般包括客户信息、车型选择、系统设定和帮助等项目。客户信息可以任意选择要输入的项目，车型选择按制造厂家、车型系列、年代、类型的层次进行操作，选定后可显示该车型的标准数据。

② 轮辋偏摆补偿　一般情况下，车辆的轮辋是有变形的，这时应进行偏摆补偿，减少因轮辋偏摆而产生的误差。如果车辆轮辋良好，可以跳过补偿程序直接进行测量调整。

通过四柱举升机的二次举升或用液压式千斤顶使车轮离开地面，松开驻车制动器。松开测量机头与夹具的紧固螺栓。

通过主机键盘或传感器机头的按键进入偏摆补偿程序后，根据界面上的提示进行操作，将车轮初始位置记为0°，用键盘或传感器机头的按键进行确认，再转动车轮旋转180°（两点180°补偿取点方式），再确认第二点，最后回到初始位置。然后按照同样的操作补偿好其他的传感器。在偏摆补偿过程中请注意保持各传感器的水平，保持光路良好。

偏摆补偿后，拉紧驻车制动器，用制动踏板固定杆固定制动踏板，防止车辆落下后滑动。慢慢放下车辆，用力压几次车身前部和后部，使汽车车轮处于自由状态。

③ 定位检测　进入定位检测程序后，屏幕上会出现方向盘对中提示图案。先使方向盘对中，此时进行前轮前束、后轮前束的测量，同时测出车轮外倾角。

然后，按照提示用转向盘转动前轮向右转10°或20°转角，用键盘或传感器机头的按键进行确认，再向左转动前轮10°或20°转角，并进行确认，最后回到对中位置，即初始位置。

用键盘或传感器机头的按键进行确认。系统通过测量转向时左右两个 10°或 20°转角位置的目标值,测出主销内倾角、主销后倾角。注意在转向时,车轮的转动将影响以上测量结果,必须锁好制动踏板固定杆。在以上过程中,禁止调整已经设定好的传感器水平位置,且转角盘归 0°,传感器水平泡应处于中心位置。

测量结束后,屏幕自动显示出所有的测量数据。如果测量出的数据中,可调数据有超出允许范围的,则可进入到定位调整的步骤。

④ 定位调整 做定位调整前,先打正方向盘并将方向盘锁止,再升起举升机到合适调整的高度,将举升机锁止在水平安全位置。以保证后轴调整时的中心对称面的准确测量,并防止前轮调整时方向偏转,影响测量结果。将四个传感器调整为水平状态,再操作定位仪进入定位调整操作。

车辆调整的顺序规则是:先调后轮,再调前轮。调后轮时,先调外倾角,再调前束角;调前轮时,先调主销后倾角,再调外倾角,最后调前束角(此时方向盘应对正锁止)。

有的定位仪调整程序会先显示车辆后轴参数的测量值,如果车辆后轴参数是可调的,则可进行调整。后轴定位参数调整完后,可进入前轴调整步骤。前轴外倾角的调整按照车辆底盘的结构可分为两种,一种是需要举升前轴使前轴车轮悬空才能调整外倾角,以消除因加载到减振器的重量变化带来的车轮外倾角变化,如普通桑塔纳和桑塔纳 2000、3000;另一种是不需要举升前轴就可调整外倾角,调整好之后,结束定位调整过程。

⑤ 调整后复检 将举升机降回到调整前测量时的高度,将举升机锁止在水平安全位置,进行调整后复检。

4.4.6　3D 图像式四轮定位仪简介

3D 图像式四轮定位仪即三维成像四轮定位仪,它应用高精密度三维成像技术和计算机图像处理技术实现非接触测量,是目前最先进的四轮定位系统。

3D 图像式四轮定位仪将多个高分辨率的图像传感器安装在定位仪主机上,而装夹在车轮上的测量机头仅是一个反光板,其上有若干个规定大小的反光斑。图像传感器由一个半导体激光发射器和一个 CCD 摄像机组成,如图 4-34 所示。CCD 摄像机又是由成像物镜和面阵 CCD 组成。半导体激光发射器发出的光经柱面镜单方向拉伸形成一个光平面打在装夹在车轮上的反光板上,反光板的图像成像在 CCD 摄像机的像平面上。经过图像采集卡采集,送入计算机形成数字图像。

3D 图像式四轮定位仪具有以下的主要特征。

① 普通的定位仪的测量机头精密而又复杂,使用中如有磕碰,轻者会降低精度,重者会导致损坏。3D 图像式四轮定位仪机头是用有机玻璃制成,没有任何传感器和电路,不会因精密电子元件损坏而重新校准,并且机头和定位仪主机间无电缆连接。

② 由于是测量车轮的转动轴线,所以轮辋的好坏和机头的安装是否准确都不影响测量精度。不需要进行测量机头的水平调整和轮辋偏摆补偿。

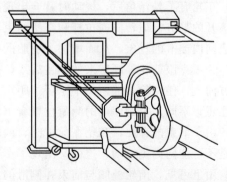

图 4-34　3D 图像式四轮定位仪

③ 检测速度较快，工作效率高。

3D图像式四轮定位仪是通过前后移动汽车，传感器机头随车轮转动，然后用CCD图像传感器拍摄装在车轮的机头（即多点反光板）随车轮滚动和转向的空间运动图像（见图4-35），由计算机三维图像处理技术对空间运动图像进行处理和坐标变换，通过比较传感器机头的起始位置和终点位置图像，计算出每个车轮的转动轴线，直接计算出车轮前束角、车轮外倾角。通过左右转动转向盘，系统比较两个不同的位置，测量车轮转动轴线，直接计算主销内倾角和主销后倾角。

在定位操作时，将汽车开上举升器，前轮停在转盘上。然后操作人员将测量机头安装在车轮上。两个专门设计的高分辨率摄像头安装在定位仪主机两侧，对准车身两侧车轮上的测量机头，确定测量机头的三维空间位置。操作人员按提示安装制动踏板固定器，然后须将汽车向后推动一定距离，显示器屏幕上显示"停止"，再将汽车向前推回转盘上原来位置即可。通过这样简单的位置移动，直接测量出前束角和外倾角。然后通过左右转动转向盘，直接测出主销后倾角和主销内倾角。通过上述操作，整个汽车的定位状态的所有测量数据汇总显示在显示器屏幕上，并可通过打印机打印出来。

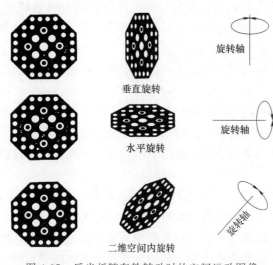

图 4-35 反光板随车轮转动时的空间运动图像

4.5 汽车车轮侧滑量的检测

前轮侧滑对汽车的操纵稳定性影响较大。侧滑量太大会引起很多不良后果，包括汽车行驶方向不稳、转向沉重、增加轮胎磨损、加大燃油消耗，甚至会导致交通事故。所以在对汽车的定期检验中，侧滑检测是必不可少的检验项目之一。

4.5.1 侧滑检测原理及检测标准规定

(1) 前轮外倾和前束对侧滑的影响

车轮有了外倾角后，滚动时就会出现类似于圆锥的滚动，产生两个车轮企图向各自的外侧滚开的趋势。但转向横拉杆和车桥约束车轮不可能向外滚开，于是车轮将在地面上出现边滚边向内侧滑的现象，从而增加了轮胎的磨损。

为了克服前轮外倾带来的不良后果，人为地将两轮中心平面设计成相互不平行。在沿前进方向上，使两轮前端距离小于后端距离。如图4-36所示，B与A之差就称为前束。不过应注意，不同厂家对前束的测量位置有不同的规定，如图中的说明。

由于前束的存在，车轮在前进时，两车轮力图向内侧滚动。同样由于机械上的约束，车轮是不可能向内侧滚动，这就又出现了车轮边滚动边向外侧滑的现象。

由上可见，前轮外倾与前束在侧滑的方向上是相反的。若前束调整得合适，可以完全抵消前轮外倾引起的侧滑作用，使总的侧滑量为零。

由于前轮侧滑是受前轮外倾与前轮前束共同作用的影响,为此在测量时,可以让汽车驶过只能横向移动的滑板,观察前轮外倾和前束对滑板的横向推动作用。会很自然地想到让两个前轮分别通过各自的滑板。其实,理论分析证明,设置左、右双滑板让两车轮同时驶过,或只设置一块滑板,让其中一个车轮通过这块滑板(另一个车轮就在地面上走过),均可以。这也就产生了两种侧滑试验台——双滑板试验台和单滑板试验台。

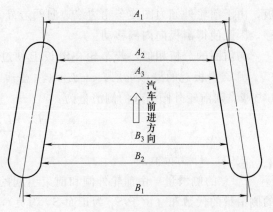

图 4-36 车轮前束

B_1-A_1——在两胎面中心线间测量;
B_2-A_2——在两轮胎内侧突出点间测量;
B_3-A_3——在两轮辋内侧的外缘间测量

(2) 双滑板侧滑试验台的测量原理

为了分析方便,首先分别分析前束和前轮外倾对侧滑的影响,再看二者共同作用的综合效果。

① 由前束引起的侧滑作用 如图 4-37 所示,让带有前束的前轮驶过只能横向移动的滑板。由于前束的作用,两个车轮都是一边滚动、一边向外侧推动滑板。滑板被横向推动的距离决定于前束的大小和车轮在滑板上走过的距离。如果车轮在滑板上滚过一段距离 D 之后,两块滑板外侧之间的距离由 L_1 变为 L_2,那么滑板总的滑移量是 L_2-L_1,其中 $L_2>L_1$。平均每个车轮的侧向滑移量就是 $(L_2-L_1)/2$。

需要注意,此时滑移量的出现是左右两个车轮共同作用的结果。不论两轮的偏斜情况是否对称,都不会影响以上的分析。

由于滑移量的大小与车轮驶过的距离有关,所以使用每驶过单位距离引起的单轮横向滑移量作为检测滑移量的指标,称为侧滑量,那么由前束引起的侧滑量为:

$$S_1=\frac{(L_2-L_1)}{2D} \text{ (mm/m)} \tag{4-12}$$

式中,S_1 为每前进 1m 时横向滑移的距离,mm。

② 由前轮外倾引起的侧滑作用 如图 4-38 所示,如果让仅有前轮外倾的车轮驶过滑

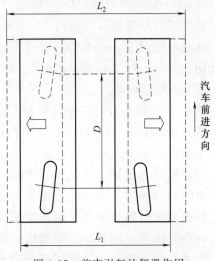

图 4-37 前束引起的侧滑作用

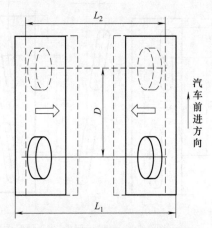

图 4-38 前轮外倾引起的侧滑作用

板，由于前轮外倾力图使车轮边滚边向两边分开的倾向受到约束，前轮只能边滚边向内侧滑移，因此使得滑板向内侧移动。

与前面的分析相似，若车轮在滑板上驶过距离为 D，滑板外侧间的距离由 L_1 缩短为 L_2，那么滑板总的滑移量是 L_2-L_1（注意其中 $L_2<L_1$）。平均单边的滑移量仍是 $(L_2-L_1)/2$。则前轮外倾引起的侧滑量为：

$$S_2 = \frac{L_2-L_1}{2D} \text{ (mm/m)} \tag{4-13}$$

式中，S_2 为负值。

③ 总的侧滑量 由前轮外倾和前束引起的侧滑作用相反，总的侧滑量为两因素所引起的侧滑量的代数和（由于 S_1 为正而 S_2 为负），即

$$S = S_1 + S_2 = \frac{d}{D} \text{ (mm/m)} \tag{4-14}$$

式中　d——滑板单边滑移量，mm；
　　　D——滑板沿前进方向的宽度，m。

注意：
① 侧滑量规定为每个轮侧滑量的平均值，侧滑现象是左右两个车轮共同造成的。
② 侧滑量的符号规定为：滑板向内滑为负，表示前轮外倾的影响较大；滑板向外滑时为正，表示前束的影响较大。

(3) 单滑板侧滑试验台

单滑板试验台只设置一块滑板，就是说检测时仅有一侧车轮从滑板上驶过，另一侧车轮则从地面上驶过。

下面用图 4-39 说明单滑板侧滑试验台的测量原理。如果汽车左前轮从滑板上驶过，则右前轮从地面上驶过，反之亦然。由于两轮在试验中所处的地位不同，分两种极端情况进行分析。并且为了简单起见，先假定侧滑仅由前束引起。

① 左轮正直，右轮有偏斜 如图 4-39（a）所示，假设左轮与汽车纵向平面完全平行，右轮调前束时有偏斜。这是一种不对称的前束。因右轮行驶时有向内侧滚动的趋势，而左轮走在滑板上可以滑动，所以对右轮的内滚趋势不形成约束（在此忽略一些次要因素，例如汽车行驶的惯性以及滑板相对底座的摩擦力等），这样，右侧车轮的侧向推力推动左侧车轮带着滑板向左移动一段距离 c。事实上，在这种情况下，汽车的行驶方向也会向左偏斜。可以认为，此时滑板的滑移是右轮造成的。

② 右轮正直，左轮有偏斜 这种情况如图 4-39（b）所示。由于右轮完全正直，又走在地面上，它与地面之间的附着力远远大于试验台滑板与底座间的摩擦力。那么左轮走在滑板上向内侧滚动的趋势便受到约束而无法向内侧滚动，所以左轮只能边走边带着滑板向左侧滑动，滑板便会形成滑

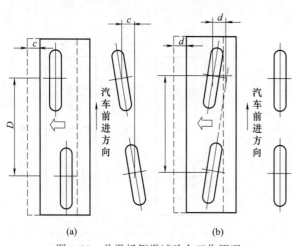

图 4-39　单滑板侧滑试验台工作原理

移量 d。毫无疑问，这种情况下汽车会按照直线行驶。滑板的滑移是由左侧车轮造成的，道理和前面分析前束作用时是一样的。

③ 总的效果 在左、右车轮都有偏斜（不论偏斜是由前轮外倾还是前束引起的）的一般情况下，滑板的总滑移量应是左右两轮共同作用的结果。所以具体侧滑量的计算方法与双滑板时类似，即有

$$S = \frac{c+d}{2D} \text{ (mm/m)} \tag{4-15}$$

理论分析可以证明，不管这种偏斜是由前轮前束还是造成外倾的，也不管左、右两侧的车轮偏斜情况是否对称，所测量的总滑移量都是左右两轮共同作用的结果。所以单滑板与双滑板的测量效果是一样的。具体侧滑量的计算方法与双滑板时也是类似的。

(4) 实际侧滑试验台的规格和量程

侧滑试验台的滑板宽度（沿前进方向）有 0.5m、0.8m 和 1m 三种。在计算侧滑量时需考虑滑板的宽度。例如某车经过侧滑试验台时，若滑板单边滑移量是 1mm，滑板宽度如果为 1m，那么侧滑量为 1m/km；而如果滑板宽度为 0.5m，那么侧滑量则应是 2m/km。

侧滑试验台的量程，一般为 $-10.0 \sim 10.0$m/km。其中向外滑为正，用符号"IN"表示；向内滑为负，用"OUT"表示。侧滑试验台的测量精度一般为：当侧滑量在 ± 10m/km 范围内时，示值允许误差为 ± 0.2m/km，显示仪表的最小分度单位一般是 0.1m/km。

指针式仪表常将量程分为三段：$0 \sim \pm 3$m/km 为绿区，表示"良好"；$\pm 3 \sim \pm 5$m/km 为黄区，表示"尚可"；$\pm 5 \sim \pm 10$m/km 为红区，表示"差"。当侧滑量超过 ± 5m/km 时，指示系统常会亮出红灯或鸣响蜂鸣器，以提示检测人员侧滑量已经超标。

滑板的承载能力一般有 3000kg 和 10000kg 两种。前者用于测量小车，后者用于测量大车，这是使用中要加以注意的。

(5) 有关侧滑的检测标准规定

国家标准规定，机动车转向轮的横向侧滑量，使用侧滑试验台（包括双板和单板试验台）检测时，应在 ± 5m/km 之间。

4.5.2 侧滑试验台的结构及工作原理

下面重点介绍双滑板式侧滑试验台结构原理（见图 4-40）及使用方法，该种试验台目前应用较多。

侧滑试验台主要包括机械装置和测量装置两大部分。机械装置主要有滑板、联动机构以及滚轮、弹簧等，测量装置主要有传感器、信号放大处理电路以及指示仪表等。侧滑试验台种类较多，不过其机械装置大同小异，主要差别在于测量装置部分。

图 4-40 双滑板式侧滑试验台

(1) 机械装置

机械装置的结构原理见图 4-41。左、右滑板分别支承在各自 4 个滚轮上，每块滑板通过与其连接的导向轴承（图中未画出）在导轨内滚动，滑板可以沿左右方向滑动而其纵向的运动受到了限制。中间的连杆机构连接左右滑板，保证两块滑板作同时向内或同时向外的

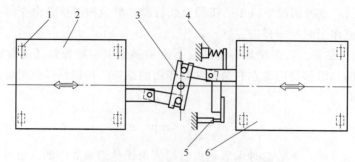

图 4-41 双滑板式侧滑试验台结构示意
1—滚轮；2,6—板；3—连杆机构；4—复位弹簧；5—位移传感器

运动。滑板的位移量通过位移测量装置（位移传感器）转换成电信号，经放大处理后送到指示仪表。

复位弹簧可以起到自动复位的作用，以使滑板在不受力时能够保持中间位置（零位）。

(2) 测量装置

目前常用的测量装置主要有电位计式、自整角机式和差动变压器式。

① 电位计式测量装置　以电位计作为位移传感器的测量装置如图 4-42 所示。可以看出，当滑板位移时能变为电位计触点在电阻线圈上的移动，致使电路阻值发生变化，进而使电路电压发生变化。把这一变化传输给指示装置（电压表），就可将滑动板位移量的大小和方向指示出来。

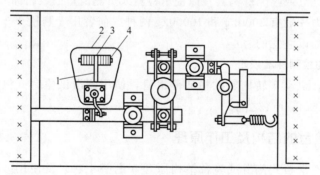

图 4-42 侧滑试验台电位计式测量装置
1—滑动片；2—电位计；3—触点；4—线圈

② 自整角机式测量装置　自整角机是一种控制电机。它由发送机和接收机组成，每个电机都有 A、B、C 三相定子绕组和一个转子励磁绕组。两个电机的三相定子绕组对应连接，两个转子励磁绕组 F_1 和 F_2 同时接到交流电源，如图 4-43 所示。

当转动发送机转子转动一个角度，则两台电机定子感应电动势失去平衡，因电磁感应关系使接收机的转子也偏转同一个角度。这就实现了两台电机之间没有机械连接却可以按同一个角度偏转的效果。

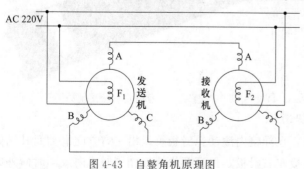

图 4-43 自整角机原理图

在实际应用中（见图 4-44），首先将侧滑试验台滑板的横向移动通过杠杆机构传递给齿条 10、齿轮 11，把直线运动变为旋转运动，再将这种旋转运动传递给自整角机的发送机 7，而接收机 9 装在指示仪表内，用来驱动仪表指针 8 转动。从而仪表指针的偏转角度与侧滑板的位移量完全成正比。

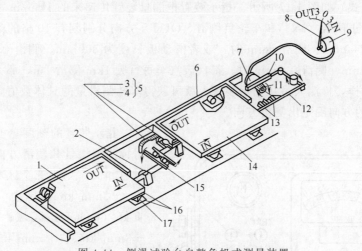

图 4-44　侧滑试验台自整角机式测量装置
1—左滑动板；2—导向滚轮；3—回位弹簧；4—摆臂；5—回位装置；6—框架；7—产生电信号的自整角机；8—指针；9—接受电信号的自整角机；10—齿条；11—齿轮；12—连杆；13—限位开关；14—右滑动板；15—双销叉式曲柄；16—轨道；17—滚轮

③ 差动变压器式测量装置　差动变压器的工作原理如图 4-45 所示。

差动变压器有一个可以随着滑板一起移动的铁芯，该铁芯插在初级和次级线圈中间，进行轴向移动。初级线圈通有交流电，在两段次级线圈中均有感应交流电压信号产生。如果铁芯处于中间位置，则两段次级线圈产生大小相等的感应电动势，经整流及差动电路信号处理后输出信号为零。若铁芯向某一方向偏移，那么两段次级线圈感应电动势不再相等，经电路处理后便会输出一个直流差动信号，该信号的极性与铁芯移动方向有关、大小与偏移量有关。那么在指示仪表中既可以指示侧滑数值大小，还可以指示数值的正负，也就是滑板移动的方向。

以差动变压器为位移传感器的测量装置如图 4-46 所示。当滑动板位移时，通过触头带

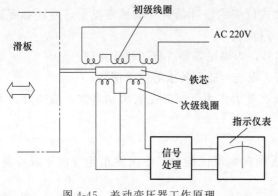

图 4-45　差动变压器工作原理

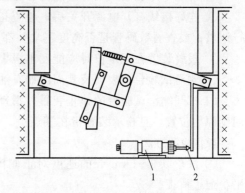

图 4-46　侧滑试验台差动变压器式测量装置
1—差动变压器；2—触头

动差动变压器线圈内的铁芯移动，使电路电压发生变化。将这一变化传输给指示装置（电压表），就可将滑动板位移量的大小和方向指示出来。

(3) 指示装置

指示装置分为机械式和电气式两种形式，可以用指针式或者数码管式进行指示。电气式指示装置（指针式）如图4-47所示。指示装置把测量装置传递来的1km/m滑板侧滑量定为一格刻度。车轮正侧滑（IN）和车轮负侧滑（OUT）方向分别刻有10格的刻度。因此，当滑动板长度为1000mm、侧滑1mm时，或者滑动板长度为800mm、侧滑0.8mm，或者滑动板长度为500mm、侧滑0.5mm时，都代表汽车每行驶1km侧滑1m，那么指示装置均指为1格刻度。这样，检测人员从指示装置上就可获得车轮侧滑量的具体数值，并根据指针偏向IN或OUT的方向确定出侧滑方向。

指示装置的刻度盘上除用数字和符号标明侧滑量和侧滑方向外，有的还用颜色和文字划为三个区域。即，侧滑量0～±3mm/km范围内为绿色，表示为良好（GOOD）区域；侧滑量－5～－3mm/km，3～5mm/km为黄色，表示为可用区域；侧滑量在±5mm/km以外区域为红色，表示为不良（BAD）区域。

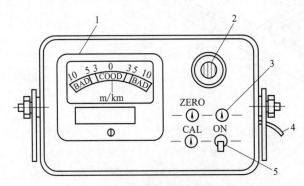

图4-47 侧滑试验台指针式指示装置
1—指针式表头；2—报警用蜂鸣器或信号灯；
3—电源指示灯；4—导线；5—电源开关

(4) 报警装置

在检测车轮侧滑量时，为便于快速表示检测结果是否合格，当车轮侧滑量超过规定值（正或负方向5格刻度）后，侧滑试验台测量装置的限位开关控制蜂鸣器或信号灯报警，因而无须再读取指示仪表上的具体数值，为检测工作节约了时间。

4.5.3 侧滑试验台使用方法

(1) 检测前的准备工作

① 轮胎气压应符合汽车制造厂的规定。

② 清理干净轮胎上粘有的油污、泥土、水或花纹沟槽内嵌有的石子。

③ 连好接线打开电源开关后，检查指针式仪表的指针是否在机械零点上，并视必要进行调整；或查看数码管是否亮度正常并都在零位上。

④ 报警装置在规定值时应能发出报警信号，否则视需要进行调整或修理。

⑤ 侧滑试验台上表面及其周围如有油污、泥土、砂石及水等应予清除。

⑥ 打开侧滑试验台的锁止装置，滑动板在外力作用下应能左右滑动自如，撤掉外力后回到原始位置，且指示装置指在零点。

(2) 检测方法

① 汽车以3～5km/h的速度对正侧滑板驶向侧滑试验台，使被测车轮（前轮或后轮）平稳通过滑板。

② 当被测车轮完全通过滑板后，从指示装置上观察侧滑方向并读取、打印最大侧滑量。

③ 检测结束后，切断电源并锁止滑动板。

(3) 使用注意事项

① 不允许超过试验台允许轴荷的车辆通过侧滑试验台。
② 车辆在侧滑试验台上检测时禁止转向或制动。
③ 保持侧滑试验台内、外及周围环境清洁。
④ 其他注意事项见侧滑试验台使用说明书。

4.5.4 检测后轴技术状况

对于后轮没有车轮定位的汽车，可用侧滑试验台按下列方法检测后轴是否弯曲变形和轮毂轴承是否松旷。

① 使汽车后轮从侧滑试验台滑动板上前进和后退驶过，如两次侧滑量读数均为零，表明后轴无任何弯曲变形。

② 若两次侧滑量读数不为零，且前进和后退驶过滑板后，侧滑量读数相等而侧滑方向相反，表明后轴在水平平面内发生弯曲。

　a. 后轴端部在水平平面内向前弯曲时，应会出现前进时滑板向外滑动，后退时又向内滑动的情况。

　b. 后轴端部在水平平面内向后弯曲时，应会出现前进时滑板向内滑动，后退时又向外滑动的情况。

③ 如两次侧滑量读数不为零，且前进和后退驶过滑板后，侧滑量读数相等而侧滑方向相同，表明后轴在垂直平面内发生弯曲。

　a. 后轴端部在垂直平面内向上弯曲，应会出现滑板向外滑动的情况。

　b. 后轴端部在垂直平面内向下弯曲，应会出现滑板向内滑动的情况。

④ 如果轮毂轴承松旷，则应后轮多次驶过侧滑试验台滑板，每次读数不相等。

对于后轮有定位的汽车，也可以用上述方法检测后轴是否变形和轮毂轴承是否松旷，但要在检测结果中减去定位值，剩余值即为后轴弯曲变形造成的。

4.6 传动系游动角度检测

传动系的游动角度，是离合器、变速器、万向传动装置和驱动桥的游动角度之和。它在汽车使用中随着行驶路程增加将逐步增大，因此，传动系游动角度能表征整个传动系的调整和磨损状况。

4.6.1 传动系游动角度增大的现象和原因

(1) 现象

汽车起步或车速突然改变时，传动系发出"吭"的一声；汽车静止，发动机熄火，将变速器挂在某一挡上，抬起离合器踏板，松开驻车制动器，在车下用手轻轻反复转动传动轴时，感到松旷量很大。这就是传动系游动角度增大的表现。

(2) 原因

① 离合器从动盘与变速器第一轴花键配合松旷。
② 变速器中各对传动齿轮的啮合间隙太大或滑动齿轮与花键配合松旷。
③ 万向传动装置的万向节松旷或伸缩节花键配合松旷。

④ 驱动桥内各对齿轮的啮合间隙太大、轴承松旷或半轴齿轮与半轴花键配合松旷。

4.6.2 传动系游动角度检测方法

传动系游动角度的检测，可采用游动角度检测仪进行。游动角度检测仪有指针式和数字式两种。

(1) 指针式游动角度检测仪及检测方法

指针式游动角度检测仪，由指针、刻度盘、测量扳手等组成。在进行测量中，指针固定在驱动桥主动轴上，刻度盘固定在主减速器壳上，如图4-48（a）所示。测量扳手一端带有U形卡嘴，以便卡在十字万向节上。为了适应多种车型，卡嘴上带有可更换的钳口。另一端有指针和刻度盘，可指示转动扳手的转矩值，如图4-48（b）所示。

检测传动系游动角度时，将测量扳手卡在万向节上，用不小于30N·m的转矩转动，使之从一个极端位置转动到另一个极端位置，刻度盘上指针转过的角度即为所测游动角度值。

检测方法以后桥驱动、驻车制动器安装在变速器后端的汽车为例，对传动系游动角度进行以下介绍。

① 检测驱动桥的游动角度。变速器挂空挡，驻车制动器松开，驱动轮制动，将测量扳手卡在驱动桥主动轴万向节的从动叉上，按规定要求扭转从动叉即可测得驱动桥的游动角度。

② 检测万向传动装置的游动角度。移动测量扳手卡在变速器后端万向节的主动叉上，按规定

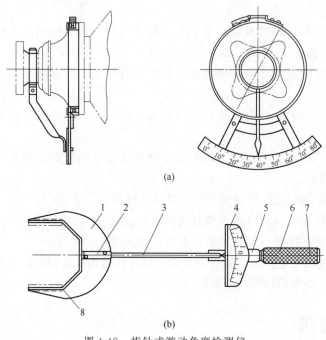

图4-48 指针式游动角度检测仪
1—卡嘴；2—指针座；3—指针；4—刻度盘；5—手柄；
6—手柄套筒；7—定位销；8—可换钳口

要求扭转。此时获得的游动角度减去驱动桥的游动角度，即为万向传动装置的游动角度。

③ 检测离合器和变速器的游动角度。放松制动器，离合器处于接合状态，视必要可支起驱动桥。测量扳手仍卡在变速器后端万向节的主动叉上，依次挂入各挡即可获得不同挡位下从离合器到变速器的游动角度。

对上述三段游动角度求和，即可获得传动系的游动角度。

(2) 数字式游动角度检测仪及检测方法

① 仪器工作原理　数字式游动角度检测仪采用数字集成电路。由传感器送来的振荡信号经计数门进入主计数器，在集成的计数基础上累计脉冲数。计数结束后，将主计数器的结果送入寄存器，并由液晶数码管将结果显示出来。使用中，将游动范围内两个极端位置的倾角读出，其差值即为传动系游动角度。

② 仪器结构　数字式游动角度检测仪，由倾角传感器和测量仪两部分组成，二者以电

缆相连。其检测范围为0°～30°，一般采用直流12V电源供电。

a. 倾角传感器。其作用是将传感器外壳随传动轴游动之倾斜角转换为相应频率的电振荡。传感器外壳是一个长方形的壳体，其上部开有V形缺口，并配有带卡扣的尼龙带，因而可方便地固定在传动轴上。传感器外壳内的装置如图4-49所示。图中弧形线圈固定在外壳中的夹板上，弧形铁氧体磁棒通过摆杆和心轴支承在夹板的两轴承上，因此可绕心轴轴线摆动。在重力作用下，摆杆与重力方向始终保持某一夹角α_0。当传感器外壳倾斜角度不同时，弧形线圈内弧形磁棒的长度亦随之不同，产生的电感量亦不同，因而也就改变了电路的振荡频率。传感器外壳内装有变压器油，用来增强摆动阻力，可使传感器内可动部分摆动后，能迅速处于平衡状态，保证测量值的准确度。

b. 测量仪。测量仪实际上是一台专用的数字式频率计，它采用与传感器特性相应的门时和初始置数的措施，能直接显示传感器的倾角。

③ 仪器使用方法　首先将测量仪接好电源，用电缆把测量仪和传感器连接好，先按仪器使用说明书的要求对仪器进行自校，再将转换开关扳到"测量"位置上，就可进行实测了。在汽车传动系统中，最便于固定倾角传感器的部位是传动轴。因此，在整个检测过程中，该传感器一直固定在传动轴上。

仍以后桥驱动、驻车制动器安装在变速器后端的汽车为例，介绍各部位游动角度的测量方法。

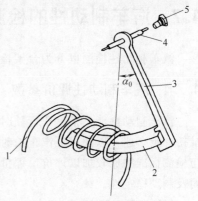

图4-49　倾角传感器结构示意图
1—弧形线圈；2—弧形铁氧体磁棒；
3—摆杆；4—心轴；5—轴承

a. 万向传动装置的游动角度。把传动轴置于驱动桥游动范围的中间位置或将驱动桥支起，拉紧驻车制动器。左、右旋转传动轴至极端位置，测量仪便直接显示出固定在传动轴上的传感器的倾斜角度。将两个极端位置的倾斜角度记下，其差值即为万向传动装置的游动角度。此角度不包括传动轴与驱动桥之间的万向节的游动角度。

b. 离合器与变速器各挡位的游动角度。放松驻车制动器，变速器挂入选定挡位，离合器处于接合状态，传动轴置于驱动桥游动范围中间位置或将驱动桥支起。左、右旋转传动轴至极端位置，测量仪便显示出传感器的倾斜角度。求出两极端位置倾斜角度的差值，便可得到一游动角度值。该游动角度减去已测得的万向传动装置的游动角度，即为离合器与变速器在该挡位下的游动角度。按同样方法，依次挂入各挡位，便可测得离合器与变速器各挡位下的游动角度。

c. 驱动桥的游动角度。变速器置空挡位置，松开驻车制动器，踩下制动踏板将驱动轮制动。左、右旋转传动轴至极端位置，即可测得驱动桥的游动角度。该角度包括传动轴与驱动桥之间万向节的游动角度。对于多桥驱动的汽车，当需要检测每一段的游动角度时，传感器应分别固定在变速器与分动器之间的传动轴、前桥传动轴、中桥传动轴和后桥传动轴上。

在测量仪上读取数值时应注意，其显示的角度值在0°～30°内有效。出现大于30°的情况，可将固定在传动轴上的传感器适当转过一定角度。若其中一极限位置为零度，另一极限位置超过30°，说明该段游动角度已大于30°，超出了仪器的测量范围。

4.6.3 诊断参数标准

目前,我国尚无游动角度的诊断参数标准,根据国外资料介绍,中型载货汽车传动系游动角度及各分段游动角度应不大于表 4-3 所列数据,仅供诊断时参考。

表 4-3 游动角度参考数据

部 位	游动角度	部 位	游动角度
离合器与变速器	≤5°～15°	驱动桥	≤55°～65°
万向传动装置	≤5°～6°	传动系	≤65°～86°

4.7 汽车制动性的检测

汽车制动性检测也分为台架检测和路试检测。

4.7.1 汽车制动性评价参数

汽车制动性能是指汽车行驶时,能在短距离内停车且维持行驶方向的稳定和下长坡时有维持一定车速,以及保证汽车长时间停驻坡道的能力。制动性能的好坏,可通过其评价参数与检测标准的比较加以评价。评价参数主要有汽车制动力、制动距离、制动减速度、制动时间及制动稳定性。

(1) 汽车制动力

汽车制动力是指驾驶员控制汽车制动后,车轮制动器起作用,由地面所提供给车轮与汽车行驶方向相反的切向作用力。汽车车速在制动力作用下迅速降低以至停车。汽车制动力是评价汽车制动性能的最本质因素,因为它是从汽车制动过程的实质出发的。汽车制动力越大,则汽车的制动减速度就越大,汽车的制动性能就越好。汽车制动力的大小取决于两方面因素,一是取决于制动器制动力,而制动器制动力与汽车制动系统的结构、技术状况有关;二是与地面附着力的有关,而地面附着力取决于轮胎与路面的附着条件。

(2) 制动距离

制动距离是指汽车在规定的道路条件、规定的初始车速下紧急制动时,从脚接触制动踏板起至汽车停住时止汽车驶过的距离。它包括制动系统反应时间、制动力增长时间和最大制动力持续制动时间所行驶的距离。

在检测条件一定时,制动器结构形式、技术状况的综合性能的好坏可反映在制动距离的长短上面。当制动器作用时间和制动初始车速一定时制动力越大,其制动减速度则越大,而制动距离便越短,制动效果就越好,制动器的技术状况越好。制动距离与行车安全有着直接关系,因此它是汽车制动性能最直观的评价参数。

(3) 制动减速度

制动减速度是指汽车制动时,汽车速度下降的快慢程度。对同一辆车来说,汽车制动力越大,则制动减速度越大,那么制动距离越短,制动效果越好,所以可以看出汽车减速度和制动力有等效的意义。因此常用制动减速度作为汽车制动性能的评价参数。在一次制动过程中制动减速度是变化的,制动过程中,制动减速度由小变大,待到所有车轮制动抱死滑动时,能够达到最大减速度 $j_{max} = g\phi$ (g 为自由加速度,ϕ 为地面附着系数)。我国规定,采用充分发出的平均减速度 $FMDD$ 作为汽车制动性能的评价参数。$FMDD$ 的数值在制动过

程较稳定，可以真实反映制动系统的状况。FMDD 的表达式为

$$FMDD = \frac{v_b^2 - v_e^2}{25.92(S_e - S_b)} \tag{4-16}$$

式中　$FMDD$——充分发出的平均减速度，m/s^2；

　　　v_b——车辆的速度，为 $0.8v_0$，km/h；

　　　v_e——车辆的速度，为 $0.8v_0$，km/h；

　　　v_0——制动初速度，km/h；

　　　S_b——在速度 v_0 至 v_b 时车辆驶过的距离，m；

　　　S_e——在速度 v_0 至 v_e 时车辆驶过的距离，m。

(4) 制动时间

制动过程所经历的时间即为制动时间，如图 4-50 所示。t_1 为驾驶员反应时间，从接收到制动的信号起至踩上制动踏板止，一般为 $0.3 \sim 1.0s$；t_2' 为制动器起作用时间或滞后时间，它是制动系消除传动间隙反应时间，t_2' 与制动力增长所需时间 t_2'' 之和 t_2 的长短取决于驾驶员踩踏板的速度、制动系的结构形式及技术状况，一般为 $0.2 \sim 0.7s$；t_3 为持续制动时间，至汽车停车结束，当车轮抱死拖滑时，t_3 的长短只取决于初始车速和路面附着系数；t_4 为制动释放时间，一般为 $0.2 \sim 0.8s$。

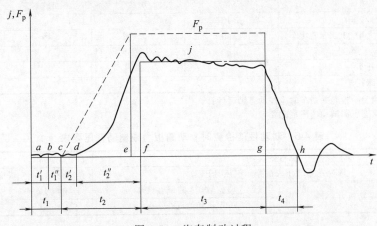

图 4-50　汽车制动过程

制动时间 t_2 和 t_3 具有间接评价汽车制动性能的能力，汽车在同等情况下制动时间越短，制动性能就越好。但一般情况下制动时间不单独作为评价参数。我国安全法规中将制动协调时间作为辅助性评价参数。制动协调时间是指在紧急制动时，从制动踏板开始动作至车辆减速度（或制动力）达到标准规定的充分发出的平均减速度（或标准中规定的制动力）75% 时所需的时间。显然，制动协调时间是制动器作用时间 t_2 的主要部分。

(5) 制动稳定性

制动稳定性是指汽车在制动过程中维持直线行驶的能力或按预定弯道行驶的能力。制动稳定性差的汽车，汽车路试时会产生制动跑偏，偏离规定宽度通道。所以在我国安全法规中，路试检测时，制动稳定性的评价参数是试车道的宽度。制动过程中，如果汽车左右车轮制动力不等，或左右车轮制动器制动力增长快慢不一致，容易造成汽车制动跑偏，影响汽车制动稳定性。所以在我国安全法规中，台架检测时，制动稳定性的评价参数是同轴左右车轮制动力之差。

4.7.2 汽车制动性能的检测标准

汽车行驶是否安全与汽车的制动性能紧密相关，因而制动性能的检测标准应根据国家的有关法规制订。现行汽车制动性能的检测标准按国家标准《机动车运行安全技术条件》（GB 7258—2017）中的相关规定执行。可以用台架试验法或路试法检测汽车制动性能，只要检测指标符合检测标准，则认为汽车制动性能合格。

4.7.2.1 台架试验法检测标准

台架试验法检测制动性能的方法有制动力法、制动距离法和制动减速度法，但常用的是制动力法。制动力法的检测标准如下。

(1) 行车制动检测标准

① 制动力。汽车、汽车列车在制动检验台上测出的制动力应符合表 4-4 的要求。对空载检验制动力有质疑时，可用表 4-4 规定的满载检验制动力要求进行检验。摩托车及轻便摩托车的前、后轴制动力应符合表 4-4 的要求，测试时只允许乘坐一名驾驶员。制动力检测时，其制动踏板力或制动气压应符合 4-5 的要求。

表 4-4 台架试验法检验制动力要求

机动车类型	制动力总和与整车质量的百分比/%		轴制动力与轴荷的百分比[①]/%	
	空载	满载	前轴	后轴
三轮汽车	≥45	—	≥60[②]	—
乘用车、总质量不大于3500kg的货车	≥60	≥50	≥60[②]	≥20[②]
其他汽车、汽车列车	≥60	≥50	≥60[②]	—
摩托车	—	—	≥60	≥55
轻便摩托车	—	—	≥60	≥50

①用平板制动检验台检验乘用车时应按动态轴荷计算。
②空载和满载状态下测试均应满足此要求。

表 4-5 制动性能检测时制动踏板力或制动气压要求

检测参数		空载	满载
气压制动系气压表的指示气压/kPa		≤600	≤额定工作气压
液压制动系踏板力/N	座位数≤9 的载客汽车	≤400	≤500
	其他汽车	≤450	≤700

② 制动力平衡。在制动力增长全过程中同时测得的左右轮制动力差的最大值，与全过程中测得的该轴左右轮最大制动力中大者之比，对前轴不应大于 20%，对后轴（及其他轴）在轴制动力不小于该轴轴荷的 60% 时不应大于 24%；当后轴（及其他轴）制动力小于该轴轴荷的 60% 时，在制动力增长全过程中同时测得的左右轮制动力差的最大值不应大于该轴轴荷的 8%。

③ 汽车的制动协调时间，对液压制动的汽车不应大于 0.35s，对气压制动的汽车不应大于 0.60s；汽车列车和铰接客车、铰接式无轨电车的制动协调时间不应大于 0.80s。

④ 制动释放时间。汽车制动完全释放时间（从松开制动踏板到制动消除所需要的时间）不应大于 0.80s。

(2) 驻车制动检测标准

当采用制动检验台检验汽车和正三轮摩托车驻车制动装置的制动力时，机动车空载，乘坐一名驾驶员，使用驻车制动装置，驻车制动力的总和不应小于该车在测试状态下整车质量的 20%（对总质量为整备质量 1.2 倍以下的机动车为不小于 15%）。

4.7.2.2 路试检测标准

机动车行车制动性能和应急制动性能检验应在平坦、硬实、清洁、干燥且轮胎与地面间的附着系数不小于0.7的水泥或沥青路面上进行。检验时发动机应脱开。

(1) 行车制动路试检测标准

路试检测行车制动性能的方法有制动距离法和制动减速度法。其各自的检测标准如下。

① 制动距离法检测标准

a. 制动距离。机动车在规定的初速度下的制动距离和制动稳定性要求应符合表4-6的规定。对空载检验的制动距离有质疑时，可用表4-6规定的满载检验制动距离要求进行。

b. 制动稳定性。制动稳定性要求制动过程中机动车的任何部位（不计入车宽的部位除外）不允许超出表4-6规定宽度的试验通道的边缘线。

表4-6 制动距离和制动稳定性要求

机动车类型	制动初速度/(km/h)	满载检验制动距离要求/m	空载检验制动距离要求/m	试验通道宽度/m
三轮汽车	20	≤5.0		2.5
乘用车	50	≤20.0	≤19.0	2.5
总质量不大于3500kg的低速货车	30	≤9.0	≤8.0	2.5
其他总质量不大于3500kg的汽车	50	≤22.0	≤21.0	2.5
其他汽车、汽车列车	30	≤10.0	≤9.0	3.0
两轮摩托车	30	≤7.0		—
边三轮摩托车	30	≤8.0		2.5
正三轮摩托车	30	≤7.5		2.3
轻便摩托车	20	≤4.0		—
轮式拖拉机运输机组	20	≤6.5	≤6.0	3.0
手扶变型运输机	20	≤6.5		2.3

c. 应急制动距离。汽车（三轮汽车除外）在空载和满载状态下，按表4-7所列初速度进行应急制动性能检验，应急制动性能应符合表4-7的要求。

表4-7 应急制动性能要求

机动车类型	制动初速度/(km/h)	制动距离/m	充分发出的平均减速度/(m/s²)	允许操纵力(不应大于)/N 手操纵	允许操纵力(不应大于)/N 脚操纵
乘用车	50	≤38.0	≥2.9	400	500
客车	30	≤18.0	≥2.5	600	700
其他汽车(三轮汽车除外)	30	≤20.0	≥2.2	600	700

② 制动减速度法检测标准

a. 制动减速度。汽车、汽车列车在规定的初速度下急踩制动时充分发出的平均减速度及制动稳定性要求应符合表4-8的规定。对空载检验的充分发出的平均减速度有质疑时，可用表4-8规定的满载检验充分发出的平均减速度进行。检测时，其制动踏板力或制动气压应符合表4-5的要求。

b. 制动协调时间。制动协调时间对液压制动的汽车不应大于0.35s，对气压制动的汽车不应大于0.60s，对汽车列车、铰接客车和铰接式无轨电车不应大于0.80s。

c. 制动稳定性。检测时，车辆任何部位不得超出试车道宽度，应符合表4-8的要求。

d. 急制动减速度。在行车制动系统一处管路失效下的制动减速度，汽车（三轮汽车除外）在空载和满载状态下，按表4-7所列初速度进行应急制动性能检验，应急制动性能应符合表4-7的要求。

表4-8 制动减速度和制动稳定性要求

机动车类型	制动初速度/(km/h)	满载检验充分发出的平均减速度/(m/s²)	空载检验充分发出的平均减速度/(m/s²)	试验通道宽度/m
三轮汽车	20	≥3.8		2.5
乘用车	50	≥5.9	≥6.2	2.5
总质量不大于3500kg的低速货车	30	≥5.2	≥5.6	2.5
其他总质量不大于3500kg的汽车	50	≥5.4	≥5.8	2.5
其他汽车、汽车列车	30	≥5.0	≥5.4	3.0

(2) 驻车制动路试检测标准

在空载状态下，驻车制动装置应能保证机动车在坡度为20%（对总质量为整备质量的1.2倍以下的机动车为15%）、轮胎与路面间的附着系数不小于0.7的坡道上正、反两个方向保持固定不动，其时间不应少于5min。对于允许挂接挂车的汽车，其驻车制动装置必须能使汽车列车在满载状态下时能停在坡度为12%的坡道（坡道上轮胎与路面间的附着系数不应小于0.7）上。检验时操纵力应符合表4-9的要求。注意：在规定的测试状态下，机动车使用驻车制动装置能停在坡度值更大且附着力符合要求的试验坡道上时，应视为达到了驻车制动性能检验规定的要求。

在汽车制动性能检测中，其检测指标只要符合制动方法、制动距离法和制动减速度法其中之一的标准要求，即可判为合格。

表4-9 驻车制动性能检测时操纵力要求

车辆类型	手操纵时操纵力/N	脚操纵时操纵力/N
乘用车	≤400	≤500
其他汽车	≤600	≤700

4.7.3 汽车制动性的台试检测

所谓台试检测就是利用汽车制动试验台检测汽车制动性。汽车制动试验台有不同分类方法，根据测试原理的不同可分为反力式和惯性式两类，根据试验台支承车轮方式可分为滚筒式和平板式。现在单轴反力式滚筒制动试验台是国内使用最多的。

4.7.3.1 用反力式滚筒制动试验台检测制动性

常用的反力式滚筒制动试验台检测的是车轮的制动力，是一种低速静态测力式的试验台。

(1) 反力式滚筒制动试验台结构

图4-51所示为单轴反力式滚筒制动试验台。它主要由驱动装置、滚筒装置、测量装置、举升装置、指示与控制装置等组成。

① 驱动装置。该装置由电动机、减速器和链传动组成。电动机发出的动力，经减速器降速后传给主动滚筒使其转动。主动滚筒则借助于链传动使从动滚筒一起旋转。减速器壳体为浮动支承，可以绕主动滚筒轴线摆动。

② 滚筒装置。该装置由两对滚筒构成，它们左、右独立设置。每对滚筒又分为主动滚筒和从动滚筒。被测车轮置于主动滚筒和从动滚筒之间，滚筒用于模拟运动路面，可以起到支承被检车轮并在制动时承受和传递制动力的作用。

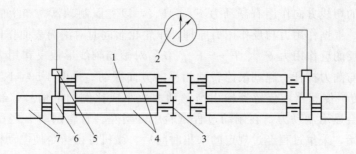

图 4-51 单轴反力式滚筒制动试验台示意图
1—举升装置；2—指示装置；3—链传动；4—滚筒装置；5—测量装置；6—减速器；7—电动机

③ 测量装置。该装置由测力杠杆和传感器组成，测力杠杆一端与减速器浮动壳体连接，另一端与传感器相连。而传感器则装于试验台支架上，常见的传感器形式有应变测力式、自整角电动机式、电位计式和差动变压器式。当被测车轮制动时，车轮施加给主动滚筒的作用力，经减速器浮动壳体带动测力杠杆绕主动滚筒轴线摆动，并作用于传感器上，测力杠杆传来的力或位移由传感器转换为电信号后，送入指示与控制装置。

④ 举升装置。该装置组成部分有举升器、举升平板和控制开关等。举升器主要有三种形式：液压式，气压式和电动式。该装置目的是便于汽车平稳地出入制动试验台。

⑤ 指示与控制装置。目前制动试验台控制装置都采用电子式。为提高自动化与智能化程度，有的控制装置中配置微机。指示装置有数字显示和指针式两种，带微机的控制装置多配置数字式显示器。

带微机的指示与控制装置主要组成：微机、放大器、模数转换器（A/D）、数模转换器（D/A）、继电器、数字显示器和打印机等，如图 4-52 所示。键盘和制动踏板开关发出指令，微机则完成下列工作：控制举升装置的升降；滚筒电动机的转动与停止；测力传感器信号的采集与处理；并对检测结果进行评判。指示装置则可根据检测项目要求将汽车制动性能指标的各种检测数据、整车制动性能技术状况的评判结果显示出来。

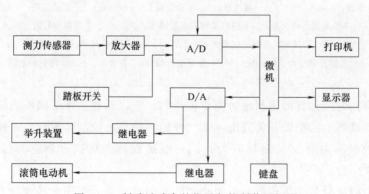

图 4-52 制动试验台的指示与控制装置框图

(2) 反力式滚筒制动试验台的检测原理

检测时，将被测汽车的被测车轮驶上制动试验台，置于主、从动滚筒之间，降下举升器，车轮支撑于滚筒之上。启动电动机，电动机则通过减速器及链传动驱动滚筒从而带动车轮低速旋转。当驾驶员踩下制动踏板，在制动器内产生摩擦力矩 M_μ，在此力矩作用下［见图 4-53（a）］，车轮开始减速旋转。此时电动机驱动滚筒，滚筒与车轮间的相对滑动使滚筒对车轮轮胎周缘的切线方向作用有制动力 F_{x1}、F_{x2}，以克服制动器内产生的摩擦力矩，维持车轮继续旋转。根据作用力与反作用力原理，车轮轮胎同时对滚筒表面作用着与制动力数值相等而方向相反的反作用力 F'_{x1}、F'_{x2}。F'_{x1}、F'_{x2} 对滚筒轴线形成反作用力矩，结果使浮动的减速器壳体与测力杠杆一起朝滚筒转动相反的方向摆动［见图4-53（b）］，而测力杠杆另一端将力 F_1 传给传感器，传感器输出与制动力大小成比例的电信号，经放大变换处理后，指示装置便会显示制动力。在制动过程试验中，当左、右轮制动力之和大于某一数值时，采集数据开始，采集过程经过规定的采集时间后，微机发出指令使电动机停转。规定的采集时间很短（如3s）后，以防止轮胎剥伤。有的制动试验台上有第三滚筒的，此时由第三滚筒的转速信号控制电动机的停转，制动时，根据第三滚筒转速信号，计算车轮与滚筒之间的滑移率，当滑移率达到某一规定值（如20%）时，微机发出指令使电动机停转。制动试验结束后，升起举升器，车辆驶出制动试验台。

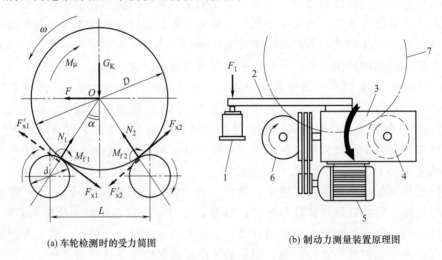

图 4-53 制动力检测原理图

1—传感器；2—测力杠杆；3—减速器；4—主动滚筒；5—电动机；6—从动滚筒；7—车轮；
G_K—车轮所受的载荷；F—车轴对车轮的水平推力；N_1，N_2—滚筒对车轮的支反力；
F_{x1}，F_{x2}—滚筒对车轮的制动力；F'_{x1}，F'_{x2}—车轮对滚筒的切向反作用力；
M_μ—制动器摩擦力矩；M_{f1}，M_{f2}—滚动阻力矩；α—安置角；L—滚筒的中心距

检测制动协调时间是与检测制动力同步进行的，它以驾驶员踩下踏板的瞬间作为计时起点，套装在制动踏板上的踏板开关发出一个"开始"信号，控制装置开始时间计数，制动力达到标准规定的制动力的75%时计时为止。一般试验台微机执行相应的程序来控制计时终点。

车轮阻滞力的测量是在汽车的驻车制动和驻车制动装置处于完全释放状态、变速器挂入空挡位置的情况下进行。此时，通过制动试验台测出的电动机通过减速器、链传动及滚筒来带动车轮维持稳定转动所需的力，即为车轮的阻滞力，该力可通过指示装置读取。

由于制动力的大小不但与制动器制动力矩有关，而且受到车轮与滚筒之间附着状况的影响，车轮与滚筒之间附着状况又进而受到轴重的影响，故对汽车制动性能的评判与轴重有关，是以轴制动力占轴重的百分比评判，因此检测时轴重计是必须配备的，有些制动试验台自身配备有内藏式轴重测量装置。

(3) 反力式滚筒制动试验台检测特点

① 测试条件稳定，不受外界条件的限制，重复性较好，检测时间短、经济、安全。

② 因为其可以定量地测得各车轮的制动力大小、左右轮制动力差值、制动协调时间、车轮阻滞力，所以能全面评价汽车的制动性，为制动系的故障诊断、维修和调整提供可靠依据。

③ 不能反映制动防抱死系统（ABS）的性能。制动检测时的车速较低（一般不超过 5km/h），与实际 ABS 制动状况相差甚远，现代 ABS 均在 10~20km/h 以上起作用，因而无法对具有制动防抱死系统汽车的制动性能进行准确测试。

④ 因为制动检测时汽车没有平移运动，也就没有因平移惯性作用而引起的轴荷前移作用，这种情况下，如果车辆处于空载检测，那么前轴车轮容易抱死，前轴制动器能够提供的最大制动力难以检测到，从而使检测到的整车制动力不够，易引起误判。汽车的无平移情况下的检测也无法反映汽车诸如转向机构、悬架结构对制动性能的影响。

⑤ 试验台制动时的最大测试能力，受检测因素的影响较大。根据图 4-53（a）的受力图可列平衡方程如下：

$$N_1(\sin\alpha + \varphi\cos\alpha) - N_2(\sin\alpha - \varphi\cos\alpha) = F \tag{4-17}$$

$$N_1(\cos\alpha - \varphi\sin\alpha) + N_2(\cos\alpha + \varphi\sin\alpha) = G_K \tag{4-18}$$

$$N_1 = \frac{F(\cos\alpha + \varphi\sin\alpha) - G_K(\varphi\cos\alpha - \sin\alpha)}{(1+\varphi^2)\sin 2\alpha} \tag{4-19}$$

$$N_2 = \frac{G_K(\varphi\cos\alpha + \sin\alpha) - F(\cos\alpha - \varphi\sin\alpha)}{(1+\varphi^2)\sin 2\alpha} \tag{4-20}$$

式中　φ——滚筒与车轮表面的附着系数；

　　　α——安置角，$\alpha = \arcsin\left(\dfrac{L}{D+d}\right)$。

当车轮制动时，试验台能检测出的制动力极限值为：

$$F_{x\max} = \varphi(N_1 + N_2) = \varphi\frac{G_K + \varphi F}{(1+\varphi^2)\cos\alpha} \tag{4-21}$$

由上式知：试验台能检测出的制动力极限值受安置角 α、附着系数 φ、水平推力 F（与非测试车轮制动力有关）等三方面因素的影响。当 α、φ、F 增加时，制动力的最大测试能力增加；而当车轮直径减小（α 值减小），附着系数减小，非测试车轮制动力过小时，则被测车轮容易抱死，其大制动力难以测出，从而导致整车制动力过小，易引起误判。

(4) 提高反力式滚筒制动试验台能检测出的制动力极限值的措施

提高能检测出的制动力极限值的实质就是增加轮胎与滚筒的附着力，避免制动时车轮抱死。因此常用的措施如下。

① 在车辆上增加足够的附加质量，或施加相当于附加质量的作用力，而在评价制动性时这些均不计入轴重。

② 非测试车轮加三角垫块或采取牵引方法阻止车辆移动，因这样可增加水平推力 F。

③ 保持轮胎及滚筒表面清洁、干燥，以增大附着系数。

4.7.3.2　用平板试验台检测制动性

平板试验台是一种低速动态式制动试验台，是利用汽车平移惯性进行检测的试验台，它检测的是各车轮的制动力。

(1) 平板式制动试验台结构

平板式制动试验台主要由测试平板、控制和显示装置、辅助装置等组成，如图 4-54 所示。

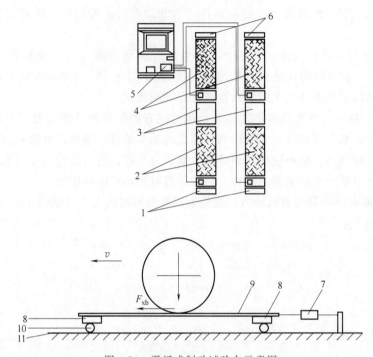

图 4-54 平板式制动试验台示意图

1—前引板；2—前测试平板；3—过渡板；4—后测试平板；5—控制和显示装置；6—后引板；
7—拉力传感器；8—压力传感器；9—面板；10—钢球；11—底板

① 测试平板。共有四块相互独立的测试平板，这样在一次制动试验中 4 个车轮的制动力及轮重可同时检测。测试平板组成有面板、底板、钢球和力传感器等。底板固定在水平地面上作为底座，面板通过压力传感器和钢球支承在底板上，拉力传感器在纵向将平板与底板相连，而检测纵向拉力。

② 控制和显示装置。控制与显示装置是一个以微机为核心的数据采集、分析、处理和显示系统。微机对传感器输出信号进行高速采样，然后处理、计算，按要求显示出各轮制动力、轴制动力、左右轮制动力差、全车制动力、制动协调时间、制动释放时间等测试数据，进而判定制动性是否合格，同时还能给被检车驾驶员提供操作指令。

③ 辅助装置。辅助装置包括前、后引板和中间过渡板，目的是方便汽车平稳地上下制动试验台。

(2) 平板式制动试验台检测原理

平板式制动试验台是借助汽车在测试平板上的实际紧急制动过程来测定汽车前、后轮制动力的。检测时，汽车以 5~10km/h 速度驶上平板，变速器挂入空挡并紧急制动，车轮在惯性力作用下，对测试平板作用一大小与车轮制动力相等、方向与汽车行驶方向相同的作用力 F_{xb}，该作用力传给纵向拉力传感器，传感器则将其转换成电信号输入放大器，同时压力传感器将各轮重也转换成电信号输入放大器，然后通过控制装置处理并由显示装置显示检测结果。

(3) 平板式制动试验台检测特点

① 汽车在平板试验台上的制动过程与汽车在道路上的制动过程较为接近，能更好反映车辆的实际制动性能。

② 平板式试验台不需模拟汽车转动惯量，结构简单，较容易与轮重仪、侧滑仪组合在一起，使车辆测试方便且效率高。

③ 平板式制动试验台的缺点是：测试重复性差、占地面积大、需要助跑车道，不利于流水作业等，所以目前国内尚未广泛采用。

4.7.3.3 用惯性式滚筒制动试验台检测制动性

惯性式滚筒制动试验台是利用其旋转飞轮的动能模拟车辆在道路上行驶的动能，使车辆在试验台上能模拟在道路上制动时的工况来检测制动性能。惯性式滚筒制动试验台检测参数是制动距离、制动减速度和制动时间。

惯性式制动试验台的滚筒相当于一个移动的路面，试验台上的各对滚筒分别带有飞轮，飞轮具有与受检汽车的惯性质量相应的转动惯量。检测时，滚筒与车轮先在某一转速旋转，然后切断驱动滚筒旋转的动力并迅速踩下制动踏板，车轮对滚筒表面产生切向阻力，欲使之停下来，而飞轮系统的惯性作用使滚筒继续旋转一段时间方能完全停下，滚筒在踩下制动踏板到完全停转之间所转动的圈数与滚筒周长之积相当于车轮的制动距离，在国家标准规定的检测车速下，该制动距离的大小可以充分反映被测车轮制动器和整个制动系的技术状况。而滚筒的制动初速度、制动减速度及滚筒依靠惯性旋转的圈数均可通过测量系统测得。

惯性式滚筒制动试验台可分为单轴式和双轴式，单轴式一次只能检测一个车轴，而双轴式可同时检测两个轴数。双轴惯性式滚筒制动试验台的结构简图如图 4-55 所示，该试验台可以同时测试双轴车辆所有车轮的制动性能，它的前、后滚筒组之间的距离可根据车辆的轴距进行调节。调节液压缸 17，使滚筒组在导轨上移动，两轴间距离随之改变，距离调节合适后用液压缸 18 进行夹紧定位。前后左右各滚筒及飞轮通过连接部件相连。在后滚筒组后面的第三滚筒 19 是为防止汽车制动时车轮向后窜出而设置的。

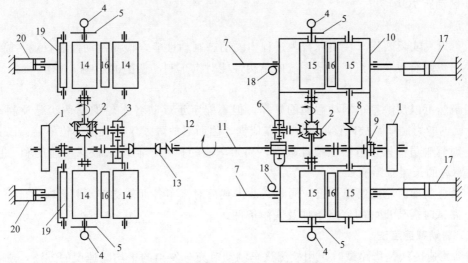

图 4-55 双轴惯性式滚筒制动试验台

1—飞轮；2—传动器；3,6—变速器；4—测速发电机；5,9—光电传感器；7—可移导轨；8,12—电磁离合器；10—移动架；11—传动轴；13—万向联轴器；14—后滚筒；15—前滚筒；16—举升托板；17—移动架驱动液压缸；18—夹紧液压缸；19—第三滚筒；20—第三滚筒调节液压缸

试验检测时,被测汽车的驱动轮驱动后滚筒组旋转,同时左右主动滚筒通过半轴、传动器2、变速器3、万向联轴器13、电磁离合器12、传动轴11、变速器6、传动器2带动前滚筒组及汽车从动轮一起旋转,同时与汽车惯性相匹配的等效惯性飞轮1也一起旋转。当汽车达到规定的试验车速时,将变速器挂入空挡,断开各滚筒间的电磁离合器8、12,将汽车进行制动。制动后滚筒及试验台飞轮依靠惯性继续转动,装在滚筒端部的传感器5感应滚筒依靠惯性滚动的圈数,并将其转变为电信号送入计数器记录。此圈数即可转换为车轮制动距离并显示出来。

利用惯性式滚筒制动试验台检测制动性能优点是:可以在任意车速下进行,其试验情况接近汽车行驶的实际情况,因此检测结果与实际工况较为接近。缺点是:这种试验台要求旋转部分的转动惯量大,结构较复杂,占地面积大;且不同车型需要不同惯量飞轮,故不适应多车型检测,因此在实际检测中还未得到广泛的应用。

4.7.4 汽车制动性的路试检测

路试检测方法有制动距离法和制动减速度法,它们利用必要的仪器,通过道路试验进行汽车制动性的检测

(1) 制动距离法

制动距离法是指路试时检测汽车的制动距离及制动稳定性,需要的检测设备有速度计、第五轮仪等。

① 检测方法 路试检测制动距离时,路面应平坦(坡度不应超过1%)、干燥和清洁,轮胎与路面之间附着系数应不小于0.7,在试验路面上画出国家标准制动稳定性所要求宽度的试车道边线。检测前,将踏板套套在制动踏板上,提供制动开始信号,在汽车侧面或后面适当位置装上五轮仪。检测时,让检测汽车沿着试车道的中线行驶,待车速高于规定的初速度后,将变速器挂入空挡,汽车开始滑行减速,当滑行减速到规定的初速度时,急踩制动踏板,使汽车停车,利用五轮仪打印出汽车的制动距离。检测完制动距离,还要检查汽车制动的稳定性,观察制动时汽车是否超出试车道边线。

② 制动距离法特点

优点:

a. 可以真实反映汽车在实际行驶过程中的动态制动性能,检测制动性能直观、简便;

b. 可以综合反映出汽车其他系统的结构性能对汽车制动性能的影响。

缺点:

a. 虽然可以反映整车制动性能的好坏,但不能定量反映各车轮的制动状况及制动力分配,也就不能为制动系故障诊断提供可靠依据,因而对故障发生的具体部位不易诊断;

b. 对驾驶员的操作方法依赖性较高,初始车速的控制、制动踏板踩下速度和力度等都对制动距离的长短有影响;

c. 紧急制动时轮胎磨损严重,同时其冲击载荷对汽车各部件均有不利影响;

d. 路试时需要良好的道路条件及气候条件。

(2) 制动减速度法

制动减速度法是指路试时,用检测汽车制动时充分发出的平均减速度的方法,或者用制动减速度仪检测制动减速度的方法进行检测,同时检测制动协调时间和汽车制动稳定性。

① 检测充分发出的平均减速度方法 试验条件与制动距离法相同,它是利用规定仪器测出汽车充分发出的平均减速度计算公式中的相关参数,然后通过其公式计算确定 FMDD

的。路试的同时还应测出制动协调时间和检查汽车制动时的稳定性。

② 制动减速度法特点

a. 检测仪器结构简单，使用方便。

b. 根据制动协调时间的长短可以判断制动系的调整情况。

c. 制动减速度是一个整车性能参数，不能反映各车轮的制动性能状况。

d. 制动减速度的大小受路面附着系数的影响较大。

(3) 制动减速度仪检测制动减速度的方法

制动减速度仪以检测制动减速度和制动时间为主。制动减速度仪由仪器和传感器两部分组成。传感器有滑块式和摆锤式两种。常见的滑块式传感器结构见图 4-56。它由弹簧滑块机构和光电转换机构组成。汽车检测时，传感器部分放置在驾驶室或车厢地板上，正面朝上，其前端对准汽车前进方向，并紧靠固定部位。汽车制动时，在惯性力的作用下滑块克服弹簧的拉力产生位移。位移量与汽车减速度成正比。为尽量减少弹簧与滑块组合产生的简谐振动，有阻尼杆产生适当阻尼。光电转换机构由发光二极管、光敏晶体管和动光栅组成，将滑块移动量变成电脉冲信号送入仪表。仪表部分接到脚踏开关信号后，对传感器送来的信号进行整形、放大、分析、处理，最后显示制动减速度和制动时间。

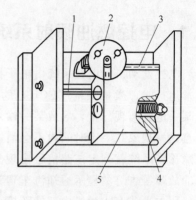

图 4-56 滑块传感器
1—阻尼杆；2—光电转换机构；3—齿条；4—弹簧；5—滑块机构

复习与思考题

1. 什么是静不平衡？什么是动不平衡？
2. 简述车轮不平衡产生的原因及平衡原理。
3. 简述离车式车轮平衡机的构造和测量原理。
4. 简述就车式车轮平衡机的构造和测量原理。
5. 悬架性能有哪些检测方法？
6. 简述悬架性能的检测性能。
7. 车轮定位参数有哪些？各起什么作用？
8. 简述四轮定位仪的结构组成。各部分的作用是什么？
9. 为什么要进行轮辋偏摆补偿？
10. 简述 CCD 四轮定位仪的测量步骤。
11. 3D 图像式四轮定位仪有何特点？
12. 为什么要检测汽车前轮侧滑量？
13. 试述双滑板侧滑试验台的测量原理。
14. 侧滑试验台机械装置主要包括哪些部件？
15. 侧滑试验台测量装置主要有哪些？测量原理各是怎么样的？
16. 传动系的游动角度检测方法是什么？
17. 汽车制动性评价参数主要有哪些？
18. 汽车制动试验台有哪些类型？各可以检测哪些参数？试述检测原理。
19. 简述反力式滚筒制动试验台的工作原理。
20. 简述惯性式制动试验台和平板式制动试验台的工作原理。简述其优缺点。

第5章

电控系统检测技术

5.1 电控燃油喷射系统检测诊断的程序和方法

电控发动机的电控系统由电子控制器ECU、传感器和执行器三部分组成。电控发动机正常运行时，微机系统（ECU）的输入信号、输出信号的电压值是在规定范围内变化的。当某一电路出现异常，导致某一输入、输出信号超出规定范围或送入微机不能识别的信号，并且这一现象在一定时间内不会消失，微机便判断为这一部分出现故障。此时微机ECU的故障诊断系统就判定该路信号出现故障，ECU便采取三项措施：一是通过驾驶室内仪表板上的故障警告灯的显示通知汽车驾驶员，告知发动机电控系统出现了故障；二是将故障信息以代码的形式存入微机内部的随机存储器RAM中，以利检修人员调出故障代码实现快速诊断；三是立即启用应急备用系统，对喷油、点火等，按预先编好的程序和设置的参数进行简单控制，以便汽车带故障运行使驾驶员将车开到汽车修理厂进行维修。这就是微机故障自诊断的基本原理。

微机故障自诊断系统是针对微机系统中的传感器、微机系统本身和执行器而进行运作的。某一传感器电路产生故障后，其信号就不能作为汽车的控制参数。为了维持发动机的工作，微机便从其程序存储器（只读存储器ROM或PROM）中调出某一固定数值，作为汽车的应急参数，保证汽车可以继续工作。当微机本身出现故障时，微机便自动启动备用控制回路对汽车进行简单控制，使汽车可以开到附近的修理机构进行维修。当微机检测到某一执行器出现故障时，为了安全起见，会采取一些安全措施，这种功能叫做故障保险。

5.1.1 电控发动机检修注意事项

(1) 一般注意事项

① 电控燃油喷射系统（EFI）结构复杂，技术含量较高，检修时不可大意，在未掌握结构、工作原理和检修方法之前，千万不要盲目拆卸，以免引起新的故障。

② 电控单元ECU（内部置有微机）一般不易损坏，坏了也不易维修，所以不要随意打开ECU盒盖。

③ EFI系统对高电压很敏感，所以不论发动机是否工作，只要点火开关接通，就不要断开任何12V的电器工作装置，否则会因断开而使有关线圈产生很高的自感电动势，造成ECU内置微机和传感器等严重受损。此时不能断开的部件或部位主要是：蓄电池任一电极接头、各种电磁阀、怠速控制阀、喷油器、点火装置的导线、微机的程控只读存储器（ROM）、ECU的任何导线、鼓风电动机导线连接器和空调离合器导线等。因此，在拆卸EFI系统各电线接头及线束连接器时，首先要关闭点火开关，并拆下蓄电池负极接线柱上的

搭铁线。拆下搭铁线后，微机存储器中的诊断代码被清除。因此，如有必要应在拆下搭铁线之前读取诊断代码。

④ 除非有特殊说明，不要使用指针式欧姆表检测 ECU 和传感器，更不能使用测试灯测试 ECU 和任何与 ECU 相连的电气设备。为防止 ECU、传感器等受损，应使用高阻抗数字式测试仪表进行测试。

⑤ 在车身上使用电焊时，应断开汽车电源。在靠近微机、传感器等处施焊时，更应采取一些必要的防护措施。

⑥ 安装蓄电池时，注意正、负极不能接反。

⑦ 清洗发动机或雨天检修时，注意电子线路不可溅水。

⑧ 对于带有安全气囊 SRS 的汽车，不论是驾驶员安全气囊、前座乘员安全气囊，还是左右侧安全气囊，如果没有正确、全面的维修资料，就不要去检修它。如果不按正确顺序操作，可能会使 SRS 系统意外打开，造成事故。带有安全气囊的丰田系列汽车，要求检修工作必须在点火开关转到"LOCK"位置和负极端子电缆从蓄电池上拆下 20s 以后或更长一些时间才可开始。

⑨ 用其他车辆蓄电池跨接启动本车或用本车蓄电池跨接启动其他车辆时，必须先断开点火开关才能安装或拆卸跨接电缆线。

⑩ 当检修人员进出车厢时，人体的静电放电可能达到 10000V 左右的高电压。因此，在检修 ECU 控制的数字式仪表或安装、拆卸只读存储器 ROM 时，检修人员一定要采取搭铁（接触车身）措施。一般做法是检修人员身上带有搭铁金属带，将其一头缠在手腕上，另一头夹在车身上。否则，静电会损害 ECU 电路。

⑪ 如果发动机在缺火情况下工作，排气系统的三元催化转换器可能过热。为此，要特别注意检查蓄电池接头和高压线插接处的连接是否正确可靠。

⑫ 不能将无线电扬声器等强磁物体靠近 ECU，以防损坏微机的电路或器件。因此，在汽车上安装大功率移动无线电系统要慎重。

(2) 进气系统检修时的注意事项

进气系统的密封性在检修中要特别引起重视。这是因为，ECU 主要根据发动机的进气量和转速确定喷油器的喷油量。当进气系统的密封性欠佳时，既影响了发动机的进气量，又影响了发动机的转速，二者都影响了喷油器的喷油量。所以，经常检查进气系统各连接件的密封性十分重要。所以应注意以下几点。

① 进气软管不能有破裂，安装各种卡箍要紧固可靠。如果传感器与进气歧管之间漏气，则会影响空气流量计或进气压力传感器的信号，使发动机怠速不稳、易熄火、动力性和加速性能变差。

② 发动机上的真空管不能破裂、扭结、插错。插错真空管会造成发动机怠速不稳，或造成发动机在运转时无规律地出现工作不良。

(3) 燃油系统检修时的注意事项

① 要注意电控发动机使用的汽油品质，一定要使用清洁的汽油，并且不使用含铅汽油。

② 检修燃油系统时，应拆下蓄电池搭铁线，以防损害元器件。

③ 拆卸油管前，应首先释放燃油系统内的油压，以防止高压燃油喷洒出来引起事故。在拆卸前应首先拔去燃油泵继电器或熔断器，再启动发动机，直至发动机自动停止运转。

④ 在拆卸汽油管接头时，为防止汽油流失，应在管接头下方放置容器，并注意防火。

⑤ 安装油管螺母或安装油管接头时，应注意以下三点。

a. 对于连接螺栓型，一定要换用新垫片，并先用手拧上连接螺栓，再施加规定转矩（29N·m）上紧。

b. 对于连接螺母型，先用少量机油涂抹油管表面，并用手拧上油管螺母，再施加规定转矩（30N·m）上紧。

c. 高压油管的接头与螺母或接头螺栓连接时应使用新垫片（垫片为一次性使用物品）。

⑥ 有些电动汽油泵的控制开关受点火开关和空气流量计油泵开关的双重控制，打开点火开关后，如果空气流量计内没有空气流动，即发动机曲轴未转动时，电动汽油泵并不工作。这一点要特别注意，不要认为是故障。有些电动汽油泵（如大宇系列）打开点火开关，电动汽油泵工作 2s，以提高汽油压力，便于启动。

⑦ 拆装喷油器时要小心仔细，不可损坏，不要重复使用 O 形密封圈。新换的 O 形密封圈，可先用锭子油或汽油润滑一下，但千万不能涂抹发动机机油、齿轮油、制动液。安装 O 形密封圈时要放正，注意不要损伤其表面。

⑧ 对燃油系统检修后，不能立即启动发动机，应仔细检查整个系统密封情况，不得有任何渗漏，检查方法（以丰田系列汽车为例）如下。

a. 连接蓄电池搭铁线，打开点火开关，但不要启动发动机。

b. 使用跨接线，接通检查连接器+B 和 FP 端子。

c. 电动汽油泵工作。当夹住电动汽油泵回油软管时，燃油油管内的汽油压力将达到最大值（392kPa），在此情况下检查整个燃油系统，不得有任何渗漏。

(4) 电控系统检修时的注意事项

① 在拆卸或安装电控系统的各类传感器、信号开关及连接器前，应首先将点火开关关闭。不允许在发动机运转或在接通点火开关的情况下，随意断开蓄电池和电控电路中的任何一根连线。

② 拆卸和安装发动机 ECU 的连接器前，应首先将点火开关关闭，然后拆下蓄电池负极上的搭铁线。这是因为，有的发动机的 ECU 上只有从点火开关来的火线，而有的发动机的 ECU 上不仅有从点火开关来的火线，还有从蓄电池来的火线。注意：带有安全气囊的汽车，应在拆下搭铁线 2~3min 后，再进行诊断和检修工作。

③ 特别注意：安装蓄电池时，正、负极不可接反。在车身上实施电弧焊作业时，应先断开蓄电池的负极线，防止感应脉冲电压损坏电子元件。

④ ECU 不能靠近强磁场。

⑤ 不能用启动电源帮助启动，因为那样会造成启动瞬间输出大电流，会损坏发动机 ECU 与其他部件上的电子元器件。用其他蓄电池辅助启动时，应先将点火开关关闭后才能跨接。

⑥ 不可用水冲洗发动机。

⑦ 在检测传感器的输出信号和测试发动机控制系统的信号时，不可使用一般灯泡作测试灯，更不允许采用低压电路测试。常用搭铁试火的方法来测试电源电路是否断路。

⑧ 万用表有指针型和液晶显示两种，检测控制系统电阻必须使用内阻为 10MΩ 以上的液晶显示数字式万用表。

⑨ 安装发动机的 ECU 时，应注意防止高压静电的产生。人体产生的静电电压较高，可能会损坏发动机的 ECU。

⑩ 元件损坏时应随总成一起更换。

⑪ 电控系统的故障一般较少，常见故障往往是接触不良造成的，所以要注意保持各连接件、接插件和接头的清洁和可靠。

⑫ 对于一些插接件，打开卡锁和拉出接头时应将力用在接头上，而不能用在导线上。插接时应将接头全部插入，并将卡锁锁好。

⑬ 用万用表检查线路时，如果遇到防水型接头，要仔细取出防水橡胶套后再进行检测，并应将万用表的测针插进线束端的接头里。检测后应重新安装好防水橡胶套。

5.1.2 电控发动机的自诊断系统

电控燃油喷射系统 EFI 设有随车故障诊断系统（简称为故障诊断系统或故障自诊断系统）。故障诊断系统是由电子控制器 ECU 控制的，能时刻监测电控系统各器件工作情况并将发现的故障以代码的形式存入微机存储器内的一种自诊断系统，具有故障诊断和处理功能。

5.1.2.1 传感器故障的自诊断与运行

由于传感器本身就产生电信号，因此微机对传感器的故障自诊断不需要专门的线路，而只需要在软件中编制传感器输入信号识别程序，即可实现对传感器的故障自诊断。

图 5-1 所示为发动机冷却液温度传感器的故障自诊断原理。

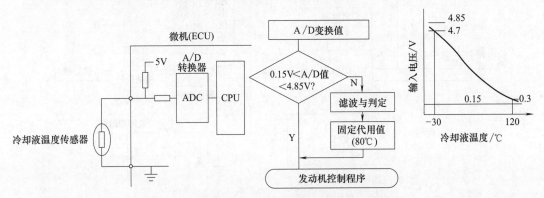

图 5-1 发动机冷却液温度传感器的故障自诊断原理

冷却液温度传感器的正常输入信号电压变化范围为 0.3~4.7V，对应的发动机冷却液温度为 -30~120℃。微机检测到的信号电压超出此范围时，传感器监测软件（故障诊断程序）判定发动机冷却液温度传感器或其电路存在故障。微机将此故障情况以代码（此代码为设计时已经约定好的代表水温传感器信号异常故障的数字码）的形式存入随机存储器 RAM 中，同时通过点亮故障指示灯（仪表板上的发动机故障指示灯"CHECK ENGINE"），通知驾驶员和维修人员：发动机冷却液温度传感器信号不正常。当传感器发生故障时，微机仍按通常的方式继续控制汽车的运行，就可能使其他部件也出现问题。如水温传感器信号电路发生断路或短路，或水温传感器本身有损坏故障时，微机检测到的水温低于 -30℃ 或高于 120℃，如果此时仍按例行方式控制发动机运行，将会引起混合气空燃比太浓或太稀，结果导致发动机失速或运行粗暴。

为了避免这种情况的发生，在微机故障自诊断系统中设有安全保险功能电路。该功能主要是依靠微机内的软件来完成的，当电路诊断出某传感器发生故障时，它依靠微机存储器内的数据，使微机控制系统继续工作或者停机。如在汽车运行中，微机判断出发动机冷却液温度传感器电路出现故障时，便会采用预先设置在存储器中的代用值（通常为 80℃）来代替水温信号。这样可以确保汽车继续运行，保证车辆的正常行驶。

只有当不正常信号持续一段时间后，微机才能以稳定的形式储存故障码；如果是偶尔出现一次，微机故障诊断程序将把它归为偶发性故障；当发动机启动 50 次后故障不再出现，该偶发性故障码会自动消除。

需要注意的是，当微机检测到故障时，不仅只与传感器本身有关，还可能与出现故障的整个电路有关。因此，在根据发动机故障自诊断系统的故障码检查故障时，除了检查相应的传感器之外，还要检查线束、插接件及传感器与微机之间的有关电路。

5.1.2.2 微机系统故障的自诊断与备用回路

当微机本身出现故障时，微机故障自诊断系统也能显示其故障，并记录下故障码，自动调用备用回路完成控制任务，进入简易控制运行状态，用固定的控制信号使车辆继续行驶。采用备用系统工作时，微机控制将故障指示灯点亮。

图 5-2 所示为备用回路系统原理框图。

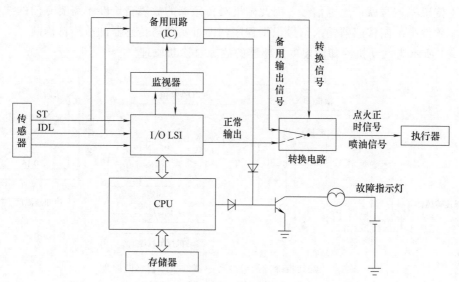

图 5-2 备用回路系统原理框图

微机工作是否正常是由监视器进行监视的，监视器是安装有独立于微机系统之外的计数器。微机正常运行时，由微机的运行程序对计数器定时进行清零处理，这样监视器中计数器的数值永远不会出现计数满而溢出的现象；当微机系统出现故障时，便不能对这个计数器进行定时清零，致使计数器出现溢出现象。计数器溢出时，其输出端的电平由低电平变为高电平，直接触发备用回路。系统根据计数器溢出判定微机发生故障，显示其故障并存储故障码。

ECU 只读存储器 ROM 中的基本设置可对汽车进行简单的控制，基本设置固定值的大小取决于车型。表 5-1 列出的是日产公司 ECCS 系统的后备基本设置参数。

5.1.2.3 执行器故障的自诊断与故障保险

汽车电子控制系统中，执行器是决定发动机运行和汽车行驶安全的主要部件。当执行器发生故障时，往往会对汽车的行驶安全造成一定的影响。微机对于执行器故障的处理方法通

表 5-1 日产公司 ECCS 系统的后备基本设置参数

控制项目	启动	怠速	一般工况
喷油持续时间/ms	12.0	2.3	4.1
喷油频率	每转一次		
点火提前角/(°)	10	10	10
闭合时间/ms	5.12		

常是:当确认为执行器故障时,由微机根据故障的严重程度采取相应的安全措施。为了保证这些安全措施的实施,在微机中又专门设计了故障保险系统。

在微机控制系统工作时,要想对各执行器的工作情况进行诊断,一般需要增设专用故障诊断电路,即微机向执行器发出一个控制信号,执行器要有一条专用电路来向微机反馈其控制信号的执行情况。

图 5-3 是点火器的故障诊断电路,该系统中的点火监控信号 IG_f 就是用来判定点火系统工作是否正常的监视信号。在点火系统工作正常的情况下,当微机对点火器进行控制时,点火器每进行一次点火,便由点火器内的点火监视回路将点火执行情况以电信号的形式反馈给微机。当点火线路或点火器出现故障时,微机发出点火命令后,便得不到反馈的点火监控信号 IG_f。此时,微机故障自诊断系统即判定点火系统的有关部位有故障,然后显示故障,存储故障码。微机故障自诊断系统在给出点火系统故障信号的同时,启用故障保险系统,立即切断燃油喷射系统电源,使喷油器停止喷油。

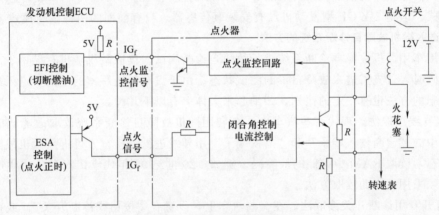

图 5-3 点火器的故障诊断电路

5.1.2.4 车用微机内存故障自诊断代码的读取及清除

当汽车电控系统出现故障时,微机故障自诊断系统便通过仪表板上的故障指示灯(发动机电控系统的故障指示灯为"CHECK ENGINE"灯)来提示驾驶员。至于故障的类型和故障部位,则需通过启动微机故障自诊断系统,读取故障码后,再由故障码表查找出该故障码所代表的故障。读取故障码的方法有利用故障诊断仪法和人工读码法。

(1) 车用微机故障自诊断模式的类型

在现代的汽车车用微机故障自诊断系统中,对于电控系统故障的诊断,主要采用如下两种不同的诊断模式。

① 静态诊断模式。即在点火开关打开,发动机处于静止状态下进行检测诊断的一种测试模式,简称 KOEO(Key ON Engine OFF)模式。该种测试模式用于静态下提取存储在存储器中的诊断代码,一般是存储的一些永久性故障(如断路、短路等故障)或存储的一些

间歇性故障（如接触不良等故障）。

在进行这种模式的诊断时，只需打开点火开关，而不需启动发动机，主要是在发动机静态时，将车用微机中所存储的故障码读取出来，利用微机内已存有的汽车电控系统的故障码进行诊断。

② 动态诊断模式。主要是在发动机运行状态下，利用微机故障自诊断系统测取故障码或进行混合气成分的监测。

动态诊断模式检测在静态状态下难以检测到的故障（一般系指一些难以存储的间歇性故障和偶发性故障），在静态测试模式功能中增加了动态测试模式功能。即在点火开关打开，发动机处于运转状态（包括汽车路试）下进行检测诊断的一种测试模式，简称 KOER（Key ON Engine Run）模式。该种测试模式用于提取动态（可以进行故障征兆模拟试验）下存储在存储器中的诊断代码或进行混合气成分的检测与分析。动态下存储的诊断代码，除了一些永久性故障外，一般是一些偶发性故障和通常情况下难以记录到的间歇性故障。

动态测试模式与静态测试模式相比，往往要再现故障出现的条件和时机，不仅可以提取到静态测试模式能提取到的一切诊断代码，而且可以提取到静态测试模式提取不到的诊断代码，因此具有较高的测试灵敏度。

有些汽车，如丰田系列汽车，也将静态称为正常状态，将动态称为试验状态。

丰田车系发动机故障诊断模式有四种：正常诊断模式（发动机故障码读取）、试验诊断模式（开关信号故障码读取）、空燃比（A/F）修正模式（混合比浓稀）和氧传感器输出信号检测模式。但是 2JZ-GE 型发动机没有安装氧传感器，只有前面两种诊断模式。

(2) 进入微机故障自诊断系统的方法

在利用车用微机故障自诊断系统进行故障自诊断测试，读取微机随机存储器 RAM 中存储的故障码时，首先需进入故障自诊断测试状态。由于汽车制造厂家的不同，进入故障自诊断测试状态的方法也有一定的区别，归纳起来大体上有以下几种。

① 接导线读取法。现代有些汽车中，在利用微机故障自诊断系统读取故障码时，需要将诊断盒中的"诊断输入端子"和"搭铁端子"用导线进行跨接，方可进入微机故障自诊断的测试状态，读取 RAM 中存储的故障码。例如，20 世纪 90 年代丰田汽车公司生产的电控汽车就必须采用这样的读取方法。

② 打开专用诊断开关读取法。在一些汽车上，设置有"按钮式诊断开关"，或在微机控制装置上设置有"旋钮式诊断模式选择开关"。按压或旋转这些专用诊断开关，即可进入故障自诊断的测试状态，进行故障码的读取。例如，日产汽车等多采用这种读取方法。

③ 打开兼顾诊断开关功能的共用开关读取法。在一些汽车电控系统中，空调控制面板上的相关控制开关可兼作故障诊断开关。一般是将空调控制面板上的"WARM（加温）"和"OFF（关机）"两个按键同时按下一段时间，即可使故障自诊断系统进入故障自诊断状态，读取微机随机存储器中存储的故障码。例如，林肯、凯迪拉克轿车等均采用这种读取方法。

④ 利用点火开关的约定操作程序读取法。美国克莱斯勒汽车公司生产的轿车的电子控制系统就采用这种方法，即在规定时间内，将点火开关进行一次"ON→OFF→ON→OFF→ON"循环，便可使微机进入故障自诊断系统。

⑤ 利用加速踏板的约定操作程序读取法。如宝马 3 系列、5 系列、7 系列、8 系列和 M5 系列车型装备的 DME3.1 发动机电控系统均采用这种方法，即在规定时间内，将加速踏板连续踩下 5 次，就可使微机故障自诊断系统进入故障自诊断状态。

⑥ 利用专用电脑检测仪读取法。各种汽车的电控系统均配备有专用的电脑故障诊断仪，即解码器。将该仪器与汽车电控系统故障检测插头（或插座）相连，便可直接进入故障自诊断的测试状态，进行故障码的读取。除此之外，还可以用读码器、扫描仪、电控专用检测仪或发动机综合性能检测仪等仪器进入，用仪器显示诊断代码。

目前，像丰田、日产、三菱、马自达、福特、通用（凯迪拉克除外）、宝马、菲亚特、标致等汽车，是通过跨接线的方法进入，由发动机报警灯显示诊断代码的；奔驰、奥迪、沃尔沃等汽车也是通过跨接线的方法进入，由 LED 显示诊断代码；凯迪拉克和林肯·大陆等汽车是通过同时按下空调控制面板上的"OFF"和"WARM"键的方法进入的；而克莱斯勒公司的电控汽车是通过点火开关 ON→OFF→ON→OFF→ON 循环一次的方法进入的。绝大多数汽车都可通过解码器等专用或通用的上述仪器进入故障诊断系统并解读诊断代码。

(3) 车用微机故障自诊断系统故障码的显示方法

归纳起来，一般常见的故障码显示方法有以下几种。

① 利用仪表板上故障指示灯的闪烁规律显示故障码。大部分现代汽车采用这种方法进行显示。当系统进入故障自诊断测试状态读取故障码时，微机故障自诊断系统便控制仪表板上的故障指示灯以闪烁的次数和点亮时间的长短来表示故障码。这种显示方式有一位数码、二位数码、四位数码和五位数码四种方式。

利用故障指示灯显示二位数故障码的方式是应用最广的一种，如丰田、通用、克莱斯勒等汽车公司生产的汽车大都采用此种显示方式。

不同的微机故障自诊断系统，两位数故障码显示的方法略有不同，一般有以下三种表示方法。

a. 仪表板上的故障指示灯以点亮时间较长的闪烁信号，显示一个故障码的十位数码，其闪烁的次数代表故障码的十位数码；故障指示灯将关闭一小会儿，然后再以点亮时间较短的闪烁信号，接着显示该故障码的个位数码，其闪烁的次数代表故障码的个位数码；一个故障码的两位数码全部显示完毕后，仪表板上的故障指示灯关闭较长一段时间，再进行下一个故障码的显示。图 5-4（a）所示为以这种显示方式显示的故障码"23"和"12"。

b. 故障指示灯的点亮时间不变，由灯的关闭时间长短来区分一个故障码的个位与十位以及不同的故障码。位与位之间有一个较短的关闭时间，码与码之间有一个较长的关闭时间，如图 5-4（b）所示。

c. 故障指示灯的点亮时间不变，在故障码的位与位之间关闭一小会儿，在码与码之间点亮略长一段时间，如图 5-4（c）所示。

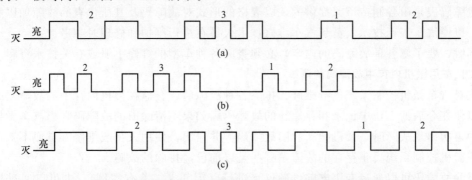

图 5-4　用故障灯显示故障码"23"和"12"的三种方法

② 利用发光二极管（LED）显示故障码。在有些汽车的微机故障自诊断系统中，故障码可由一个或多个发光二极管进行显示，这些发光二极管通常安装在微机控制装置上。采用不同数量的发光二极管时，其显示方法和意义也不相同。

利用两个发光二极管显示故障码时，两个发光二极管选用不同的颜色，红色发光二极管的闪烁次数为故障码的十位数码，绿色发光二极管的闪烁次数为故障码的个位数码，如图5-5所示。

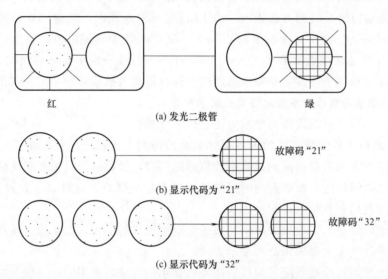

图 5-5　采用两个发光二极管显示故障代码图例

③ 利用车上的数字式仪表显示故障码。在许多高级轿车上，已采用较先进的数字方式显示故障码的方法。进行读取故障码操作时，微机内存中的故障码将以数字的形式显示在组合仪表显示器的某一部位（一般是显示在数字式显示屏上）。

④ 利用专用仪器显示故障码。现在的一些汽车上配有专门的故障码诊断接口，将专用的故障诊断仪与接口连接后，便可直接在诊断仪上显示或打印故障码。有的故障诊断仪还可直接显示故障的区域、检查的方法、检测的标准数据等。

（4）故障码的内容与故障码表

故障码对于不同的车型、不同的出厂年代和制造厂家有不同的含义，它由程序设计人员在进行微机控制单元的程序设计时预先约定。当微机的控制程序不变时，其故障码也不会改变。

故障码表是由各制造厂家提供的，以表格的形式对故障码及其所代表的故障加以解释和描述，以便汽车工程技术人员和汽车维修技术人员在进行维护和修理时参考。

同时，要了解各种故障码的内容，必须查阅各种车型的维修手册或有关技术资料。

（5）车用微机内存中故障码的清除

在对汽车微机控制系统进行维修、排除各种故障后，存储在微机内存中的故障码必须清除，以便在今后的工作中记录和存储新的故障码。如果不清除旧的故障码，当汽车微机控制系统中再次出现故障时，微机把新、旧故障码一并输出，使用人员或维修人员便不知道哪些是汽车微机控制系统真正存在的故障，哪些是以前已经排除的故障。

清除故障码可以通过专用电脑诊断仪来进行（第 5.1.3 节有实例），也可以通过切断汽车电子控制单元（主要指微机部分）的电源来实现。具体做法是：把微机控制系统的熔断器拔掉约 10s 或更长时间即可，有时也可以直接把蓄电池负极搭铁线拆下约 10s 或更长时间。但是在有些车型上，其他电子装置（如电子石英钟和音响等装置）也可能需要电源维持的信号，如果断开蓄电池负极搭铁线，可能会造成这部分的有用信息丢失。因此，在清除故障码时，最好按照维修手册中所指示的方法进行。

正常状态（静态）下检测诊断故障的程序和方法见 5.1.3 节。

5.1.3 故障码的读取方法

正常行驶的汽车，当驾驶室内组合仪表板上的发动机报警灯点亮，提醒驾驶员，ECU 检测到电控系统出现的故障。此种情况下，驾驶员应将车开入汽修厂进行检修。

检修人员在倾听用户意见和对发动机进行外观检查后，使用故障诊断系统检测诊断故障。检修人员可就车读取诊断代码或通过解码器等专用检测仪显示诊断代码，然后在汽车维修手册或解码器等专用检测仪中查阅该诊断代码的全部含义，并按指示的程序和方法，对有关电路进行检查和测量，直至分析诊断出故障的部位和原因，并将其排除。

用故障诊断系统检测诊断故障的具体程序和方法，以丰田凌志 LEXUS LS400 型汽车为例介绍如下。

丰田汽车检测诊断故障的测试模式，是将前述的静态称为正常状态，将前述的动态称为试验状态。

按规定的方法进入故障诊断系统后，只要检测到故障，两种状态都能点亮"CHECK"发动机报警灯，都能读取诊断代码，故障排除后发动机报警灯都能熄灭，但诊断代码都仍然存储在 ECU 的存储器中，都要通过一定的方法才能清除存储的诊断代码。需要注意的是，使用试验状态之前，应先记录并清除已存储的诊断代码。

(1) 正常状态（静态）下检测诊断故障的程序和方法

① 检查 "CHECK" 发动机报警灯是否正常

a. 将点火开关转到 ON，发动机不启动，"CHECK" 发动机报警灯应点亮。如果不亮，说明灯有问题，应检查组合仪表。

b. 启动发动机，"CHECK" 发动机报警灯应先点亮然后熄灭。如果灯继续点亮，说明故障诊断系统已检测出故障或灯本身不正常。

② 调出诊断代码

a. 将点火开关转到 ON。

b. 用专用维修工具 SST（跨接线）将故障诊断通信连接器 TDCL 或检查连接器的端子 TE1 与 E1 连接，如图 5-6 所示。

c. 从 "CHECK" 发动机报警灯的闪烁中就车读取诊断代码。正常代码、诊断代码 12 和诊断代码 31 的闪烁形式如图 5-7 所示。当显示两个或更多的诊断代码时，从较小代码开始显示，然后依次逐渐增大代码数。

d. 读取诊断代码，按汽车维修手册的指示，仔细检查电路故障。

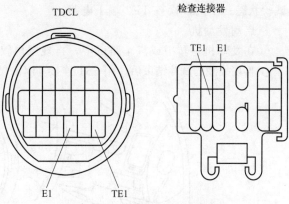

图 5-6 TDCL 与检查连接器

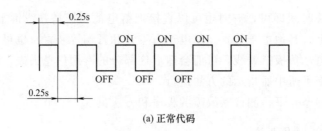

(a) 正常代码

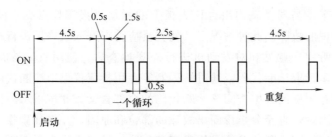

(b) 诊断代码12和诊断代码31

图 5-7　正常代码和诊断代码举例

e. 完成诊断检查后，脱开 TE1 和 E1 端子，关闭点火开关。

(2) **试验状态（动态）下检测诊断故障的程序和方法**

① 初始状态

a. 蓄电池电压为 11V 或更高。

b. 节气门全关（节气门位置传感器 IDL 触点闭合）。

c. 变速器置空挡位置。

d. 空调器关闭。

② 将点火开关转到 OFF。

③ 用 SST 连接 TDCL 或检查连接器 TE2 和 E1 端子，如图 5-8 所示，以启动试验状态。

④ 将点火开关转到 ON，检查 "CHECK" 发动机报警灯是否闪烁。闪烁，可确认已进入试验状态；不闪，检查 TE2 端子电路。

⑤ 启动发动机。

⑥ 在发动机运转中或汽车路试中，再现用户叙述的故障现象。

⑦ 再现故障的试验结束后，用 SST 连接 TDCL 或检查连接器的端子 TE1 和 E1，见图 5-8。

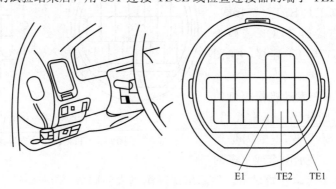

图 5-8　TDCL 的端子

⑧ 从组合仪表上"CHECK"发动机报警灯的闪烁中就车读取诊断代码。

⑨ 完成检查后,脱开 TE1、TE2 和 E1 端子,关闭点火开关。

丰田凌志 LEXUS LS400 型汽车发动机的诊断代码见表 5-2。从"CHECK"发动机报警灯的闪烁中就车读取诊断代码后,应到诊断代码表中查取该诊断代码的全部情况,可得到故障所在的系统和要诊断的主要内容等信息,然后按该车型维修手册指示的诊断流程图和电路检查顺序,对电路进行检查。

表 5-2 丰田凌志发动机诊断代码

代码	"CHECK"发动机报警灯闪烁次数	系统	"CHECK"发动机报警灯①		诊断	储存情况②
			正常状态	试验状态		
—	⨅⨅⨅⨅⨅⨅	正常	—	—	在未发现其他代码时出现本图形	—
12	⨅⨅⨅	转速信号	ON	N.A.	在运转发动机后 2s 以内,"NE"或"G1"和"G2"信号不送至 ECU	○
13	⨅⨅⨅⨅	转速信号	ON	N.A.	发动机转速高于 1000r/min 时,NE 信号不送至 ECU 当 G1 或 G2 信号与 NE 信号的相位偏移超过标准值时 在 G1 和 G2 信号脉冲之间的时间间隔内,12 个 NE 信号脉冲不输入到 ECU	○
14	⨅⨅⨅⨅⨅	1 号点火信号	ON	N.A.	"IGF1"信号连续 8~11 次不送至 ECU	○
15	⨅⨅⨅⨅⨅⨅	2 号点火信号	ON	N.A.	"IGF2"信号连续 8~11 次不送至 ECU	○
16	⨅⨅⨅⨅⨅⨅⨅	ECT 控制信号	ON	N.A.	ECT 控制程序出错	×
17	⨅⨅⨅⨅⨅⨅⨅⨅	1 号凸轮轴位置传感器信号	N.A.	OFF	G1 信号不送至 ECU	×
18	⨅⨅⨅⨅⨅⨅⨅⨅⨅	2 号凸轮轴位置传感器信号	N.A.	OFF	G2 信号不送至 ECU	×
21④	⨅⨅⨅	主氧传感器信号(左列)	OFF	ON	在空燃比反馈修正期间,主氧传感器的输出电压在高空燃比侧和低空燃比侧,在一段时间内持续不超过设定值(OXL1)	○
					氧传感器加热体电路(HT1)开路或短路	
22	⨅⨅⨅⨅	水温传感器信号	ON	ON	水温传感器电路(THW)开路或短路	○
24	⨅⨅⨅⨅⨅	进气温度传感器信号	OFF	ON	进气温度传感器电路(THA)开路或短路	○
25④	⨅⨅⨅⨅⨅⨅	空燃比过高	OFF	ON	在空燃比反馈修正期间,主氧传感器的输出电压在某一设定的或更长时间内保持在高空燃比侧	○
26④	⨅⨅⨅⨅⨅⨅⨅	空燃比过低				

代码	"CHECK"发动机报警灯闪烁次数	系统	"CHECK"发动机报警灯① 正常状态	"CHECK"发动机报警灯① 试验状态	诊断	储存情况②
27④	⨆⨆⨆⨆⨆⨆⨆	副氧传感器信号(左列)	OFF	ON	副氧传感器电路(OXL2)开路或短路	○
28④	⨆⨆⨆⨆⨆	主氧传感器信号(右列)	OFF	ON	在空燃比反馈修正期间,主氧传感器的输出电压在高空燃比侧和低空燃比侧,在一段时间内持续不超过设定值(OXR1)	○
					氧传感器加热体电路(HT2)开路或短路	
29④	⨆⨆⨆⨆⨆⨆⨆⨆⨆	副氧传感器信号(右列)	OFF	ON	副氧传感器电路(OXR2)开路或短路	○
31	⨆⨆⨆	空气流量计信号	ON	N.A.	当发动机转速高于预定转速时,"KS"信号不送至ECU	○
35	⨆⨆⨆⨆⨆	HAC传感器信号	ON / OFF③	ON	HAC传感器电路开路或短路	○
41	⨆⨆⨆⨆	节气门位置传感器信号	OFF	ON	节气门位置传感器信号电路(VTA1)开路或短路 IDL1触点接通,VTA1信号输出超过1.45V	○
43	⨆⨆⨆⨆	启动器信号	N.A.	OFF	"STA"信号不送至ECU	×
47⑤	⨆⨆⨆⨆⨆⨆⨆	副节气门位置传感器信号	OFF	ON	副节气门位置传感器信号(VTA2)电路开路或短路 IDL2触点接通,VTA2信号输出超过1.45V	○
52	⨆⨆⨆⨆⨆	1号爆燃传感器信号	ON	N.A.	1号爆燃传感器信号电路(KNK1)开路或短路	○
53	⨆⨆⨆⨆⨆	爆燃控制信号	ON	N.A.	爆燃控制程序出错	×
55	⨆⨆⨆⨆⨆	2号爆燃传感器信号	ON	N.A.	2号爆燃传感器信号电路(KNK2)开路或短路	○
51	⨆⨆⨆⨆⨆	开关状态信号	N.A.	OFF	在诊断检查试验状态期间,"LDL1"信号、"NSW"信号、"A/C"信号均不送至ECU	×

① 在诊断状态栏中,ON表示进行诊断并检测出故障时"CHECK"发动机报警灯会点亮;OFF表示即使在诊断中检测出故障,报警灯也不亮;N.A.表示不进行该项诊断。

② 在储存情况栏中,标记○表示储存在ECU存储器中的故障代码是曾经出现过的故障;标记×表示即使出现故障,代码也不储存在ECU存储器中。因此,故障代码的报警灯显示只限于那些时间,即诊断结果按照试验状态顺序的正常结果输出。

③ 仅在海湾合作委员会成员国和一般国家汽车上,在正常状态下,当出现代码为35的故障时,"CHECK"发动机报警灯不会点亮。

④ 代码21,25,26,27,28和29仅用于欧洲和澳大利亚汽车。

⑤ 代码47仅用于装有TRC(牵引控制)系统的汽车,这一系统仅供欧洲用户选用。

当读取的诊断代码为12、17、18时,通过查诊断代码表得知,它们分别属于转速信号、1号凸轮轴位置传感器信号和2号凸轮轴位置传感器信号的故障,都需要诊断为什么"信号不送至ECU"的故障,因此需要检查这三种信号的电路。

查维修手册电路说明可知,发动机转速传感器(NE信号)和凸轮轴位置传感器(G1和G2信号),各由一块信号板和一只感应线圈组成。如果只显示诊断代码17,则要检查1

号凸轮轴位置传感器电路；如果只显示诊断代码18，则要检查2号凸轮轴位置传感器电路；如果只显示诊断代码12，则要检查发动机转速传感器、1号和2号凸轮轴位置传感器电路；如果诊断代码12、17、18按顺序全部显示，则要首先检查与诊断代码12有关的电路。诊断代码12的诊断流程如图5-9所示。对于图中的每一步，都要对电子元器件和电路进行深入检查和测量，才能将故障诊断出来。当进行图中第1步"检查发动机转速传感器、1号和2号凸轮轴位置传感器"时，应脱开发动机转速传感器的连接器、1号和2号凸轮轴位置传感器的连接器，用欧姆表检测电阻。它们三者的正常电阻值均应为950～1250Ω。

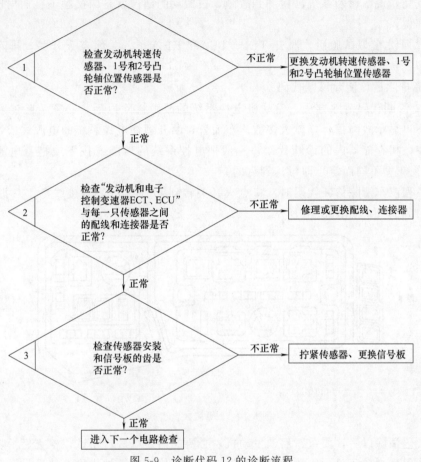

图 5-9　诊断代码 12 的诊断流程

在故障诊断中，有时在正常状态下可读取到13、22、24、41、47（查诊断代码表知，诊断代码13系转速信号电路，诊断代码22系水温传感器信号电路，诊断代码24系进气温度传感器信号电路，诊断代码41系节气门位置传感器信号电路，诊断代码47系副节气门位置传感器信号电路）几个诊断代码，但经查相应的电路并未显示不正常现象，此时应进行瞬时电路检查。通过瞬时电路检查，可查出因接触不良而出现瞬时断路或短路的部位。如前所述，试验状态对不正常现象的检测能力比正常状态强，因而可在试验状态下采用故障征兆模拟方法，人为地使故障在瞬态下明显再现，将接触不良的部位检测诊断出来。

(3) 试验状态下故障诊断实例

以丰田凌志 LEXUS LX400 型汽车为例，在试验状态下采用故障征兆模拟方法，进行瞬时电路检查的程序和方法如下。

① 记录并清除已存储的诊断代码（清除方法见下述内容）。

② 设定试验状态

a. 将点火开关转到 OFF，用 SST 连接 TDCL 或检查连接器 TE2 和 E1 端子，如图 5-8 所示，启动试验状态。

b. 将点火开关转到 ON，启动发动机，"CHECK"发动机报警灯应熄灭。

c. 进行征兆模拟试验。在发动机运转中，采用振动法（轻拍、推、拉等），再现诊断代码所指电路的配线、连接器或端子的工作环境。在征兆模拟试验中，如果"CHECK"发动机报警灯点亮，说明诊断系统已检测到故障，被振动的部位就是因接触不良而出现瞬时断路或短路的部位。

d. 完成征兆模拟试验后，脱开 TE1、TE2 和 E1 端子，关闭点火开关，排除瞬时断路或短路故障。

e. 故障排除后，清除诊断代码。

③ 故障诊断代码清除方法。发动机电控系统的故障排除以后，必须清除诊断代码，显示装置才不再显示故障信号。就大多数汽车而言，断开通往电控系统的电源线或熔断器即可清除存储在微机存储器内的诊断代码。一般把电控系统的熔断器拔下或把蓄电池负极拆下 10～30s（视车型不同而定）即可达到目的。

丰田系列汽车清除诊断代码时，将点火开关转到 OFF，从 2 号接线盒 J/B 拆下 EFI 熔丝 20A 达 10s 即可，如图 5-10 所示。

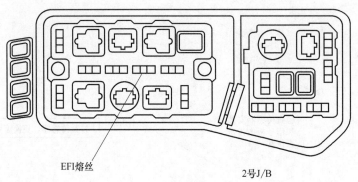

图 5-10　2 号接线盒 J/B

诊断代码清除以后，要重新启动发动机，必要的话还应进行路试，检查显示装置是否还显示诊断代码。如果还显示原故障诊断代码，说明原故障并未被排除；如果显示新的故障诊断代码，说明还有新的故障需要排除。因此，还须进一步诊断发现故障，并再一次清除诊断代码和再一次显示诊断代码，直至显示正常代码为止。

需要指出的是，使用拆卸蓄电池负极清除诊断代码的方法，也会将时钟和音响等存储一起清除掉。因此，最好按汽车维修手册指示的方法进行，不可随意拆卸蓄电池负极。如果非要拆卸蓄电池负极清除诊断代码，事先要读取并记录已存储的诊断代码。

(4) 用解码器等专用检测仪显示诊断代码

前述的读取诊断代码的方法，是从汽车组合仪表上发动机报警灯的闪烁中就车读取诊断代码的深入检测，然后诊断出故障的原因和部位，从而将故障排除。这一过程对于检修人员来说，比较费时费力，影响检测诊断效率。目前国内外发展起来的一些电控系统专用检测仪，包括解码器、示波器、扫描仪、专用诊断仪和发动机综合性能分析仪等，都具有读码、解码、清码等功能,甚至还有对检修的指导功能。因此应充分利用这些检测设备,快速、准确地完成检修任务。

5.1.4 电控燃油喷射发动机故障诊断的基本流程

5.1.4.1 电控燃油喷射发动机故障诊断的基本流程

装有电控燃油喷射发动机的汽车,其驾驶室内组合仪表板上设有发动机报警灯,用于故障报警和显示诊断代码。驾驶员在使用汽车时,发动机启动过程中,组合仪表板上的故障报警灯会亮,发动机启动后(转速高于500r/min),正常情况下该灯应该在完成自动检测后熄灭,说明发动机无故障。如果该灯继续点亮,或在驾车行驶过程中,故障报警灯点亮,说明ECU检测到电控系统出现故障。

当汽车的电控燃油喷射系统出现故障后,驾驶员应将车开入汽修厂进行检修。汽车的电控燃油喷射发动机故障诊断的基本流程如图5-11所示。该车的发动机故障诊断的步骤如下。

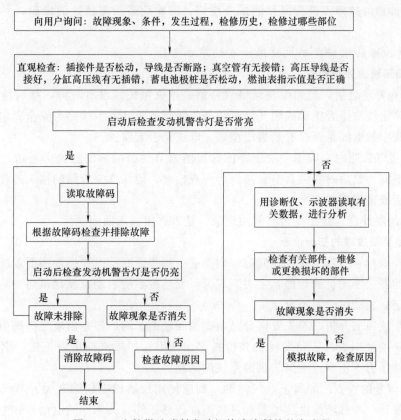

图5-11 电控燃油喷射发动机故障诊断的基本流程

① 填写用户调查表。为了迅速地查找出故障发生点,首先要询问用户,了解故障出现时的情况、自然条件、故障的发生过程以及检修历史等。然后详细填写维修车辆登记表,此表与诊断测试结果一起作为查找故障点的依据,同时也可作为检修后验收、结账的参考依据。

② 初步检查外观。电控燃油喷射系统的故障大多数是小故障,如线路短路、断路或人为的装错,以及一些传感器、执行器的规定值的失调。

检查时应注意,所有的进气胶管均不能有破裂。检查各种卡箍的紧固程度是否适度,各种真空管是否有破裂、扭结及插错。插错真空管会造成发动机怠速不稳,甚至使发动无规律地出现工作不良。

喷油器应安装正确且密封圈完好。密封圈安装不当或密封不良会导致漏油，甚至造成严重事故；其下部密封不良会导致漏气，使发动机的真空度下降且运行不良，还会使进气压力传感器的信号增加、喷油量增加，从而致使混合气变浓等。

③ 故障再现。在填写维修车辆登记表后，按照车主所叙述的故障现象，在车速、负荷、道路条件达到产生故障的条件下驾驶汽车，尽量使故障现象再度出现。从故障表现的形式上，结合外观仔细检查结果，对该车故障有一个初步的诊断。

④ 启动发动机故障自诊断系统，读取故障码，并结合该车故障诊断的有关资料查找故障的根源。

a. 读取故障码。查阅该车的故障码表，掌握故障码的确切含义，确定故障的产生部位。

b. 如果无故障码输出（显示正常码）或没有故障码含义注释表，那么可根据故障现象，读取数据流，分析故障原因，确定故障部位。

⑤ 对已确诊的故障点进行调整测试及维修，排除故障后需清除故障码，并试车验证故障是否排除。

5.1.4.2 电控燃油喷射发动机故障诊断的基本方法

(1) 电喷系统的外观检查

① 在检查外观之前，先确保发动机（特别是点火系统）没有故障，然后检查全部电线束的接头，确定接头是否松动或脱开；电线是否断裂或脱开；引线是否完全固定在接头外壳中；引线接头中的电线是否存有断裂或擦破；电线是否有腐蚀。

② 检查进气管路时，应用一块干净的抹布堵塞节气门端部的怠速旁通道，以便倾听是否存有真空泄漏。然后对有关真空管路进行外观检查，确保真空管路的接头连接可靠，管路无折断、压折或破裂现象。

③ 检查油路外观。确定是否有漏油现象，是否有扭折弯曲问题。

(2) 电喷系统故障的初步诊断

在进行外观检查后若没有发现问题，则要进行初步诊断。电控燃油喷射系统发动机出现的问题与化油器式发动机的相似，主要表现为：发动机不能启动；发动机启动后熄火；发动机怠速不稳；发动机动力不足。

对于每个故障的分析，首先要区分是由燃油问题引起的，还是由电气问题引起的。可在油路中安装一个油压表，转动发动机并检查汽油压力，如果汽油压力正常，则属于电气问题；如果汽油压力不正常，则属于供油系统的问题。

① 电气信号的检查。如属于电气问题，则应使用仪器检查启动开关、节气门位置传感器、空气流量计、冷却液温度传感器和进气温度传感器等有关部件的电信号和电控单元。

一般情况下，电控单元很少有故障。当需要检查电控单元本身时，一般用一个新的电控单元来代替被怀疑有问题的电控单元，启动发动机后，如果能顺利启动则说明原来的电控单元有问题。

② 供油部件的检查。如果属于供油问题，则应使用汽油喷射检测仪来检查以下有关供油部件。

a. 检查油压调节器和汽油泵。将油压调节器上的回油胶管夹紧并驱动汽油泵，若油压高于 317kPa，则说明汽油泵没有问题，而油压调节器损坏；若油压低于 317kPa，则需要检查电动汽油泵。

b. 检查喷油器。燃油系统受到污染后，可能造成喷油器堵塞而使混合气过稀，导致怠速不稳定，也可能造成喷油器针阀与阀座闭合不严而连续供油，导致发动机的各种转速都不稳定。

c. 诊断喷油器的关闭情况。先在供油系统中安装一个压力表，测量油路的保持压力。如果油压迅速下降，则在没有外漏的情况下，可能是油压调节器或喷油器泄漏。此时需夹紧回油管，再增加油压，如果压力能保持住，则说明油压调节器泄漏；如果压力再次下降则说明喷油器闭合不严。为此要取下每个气缸的火花塞，看点火端是否有汽油，以确定哪一个喷油器关闭不严。

d. 诊断喷油器的堵塞情况。首先采用逐缸断油法找出故障部位，然后按下述顺序进行检查：喷油器线路是否有故障，供油管路是否堵塞，喷油器进油口是否堵塞。

5.1.5 用传统方法检查诊断故障的程序和方法

从以上介绍的检测诊断的程序和方法中可以看出，电控汽油喷射发动机装备的故障诊断系统，利用诊断代码检测诊断故障，具有故障部位明确、针对性强、能实现快速诊断等优点，给越来越复杂的电控系统的故障诊断带来了方便。因此，电控燃油喷射系统 EFI 发现故障时，只要显示诊断代码，就应该首先按故障诊断系统检测诊断故障的程序和方法进行快速诊断。但是，故障诊断系统检测并存储故障的能力是有限的，不可能把所有故障（特别是机、液、气方面的故障）都包括在其内。对于那些没有包括在故障诊断系统之内的故障和虽包括在故障诊断系统之内但诊断代码不显示正常代码而故障又确确实实存在的情况下，则无法再使用故障诊断系统检测诊断故障，而采取传统的方法，即在问询汽车用户有关问题后，采用外观检查、基本检查、进入故障征兆一览表、进入疑难故障诊断表和采用故障征兆模拟试验、对比试验等传统方法，把故障诊断出来并排除掉。

(1) 倾听用户意见

首先向汽车用户了解故障的现象、出现的时机和条件、故障发生前的预兆、是突变还是渐多情况，并问询该车在此之前是否找其他厂家检修过以及检修的具体内容和结果等问题。总之，主要注意倾听汽车用户对故障的陈述、意见和要求，以作为诊断的参考性依据之一。

(2) 进行外观检查

外观检查也称为目视检查，目的在于发现并消除从发动机外部能看得见的故障和存在的问题，主要是检查发动机管、线、接插件的连接状况和老化、变质、烧蚀等情况。必要时可驾车路试，以体验汽车带故障运行的实际状况。

(3) 进行基本检查

主要是对蓄电池电压、曲轴转动情况、发动机启动情况、怠速运转情况、空气滤清器堵塞情况、进气管与气缸密封性、点火正时、燃油压力、高压线跳火和火花塞技术状况等进行的检查，从而发现故障。

(4) 使用故障征兆一览表

电控汽油喷射发动机的常见故障，有不能启动、启动困难、怠速运转不好、驾驶性能不良、发动机失速等故障。当发动机出现故障时，如果故障诊断系统不显示诊断代码或显示正常代码，外观检查和基本检查中也未发现问题，而故障又确实存在，就应查阅该车型维修手册故障征兆一览表，并按表中给定的诊断次序（1、2、3…）诊断并排除故障。汽车维修手册中一般都列有故障征兆一览表，表中列出了故障征兆、怀疑部位和诊断次序。丰田系列汽车发动机的故障征兆一览表如表 5-3 所示，使用该表诊断故障前应首先进行基本检查。从表

表 5-3 丰田系列汽车

征兆	怀疑部位	转速信号电路※(1号)	点火信号电路(跳火试验)	主氧传感器※①空燃比过高·过低	水温传感器电路	进气温度传感器电路①	副氧传感器电路	空气流量计电路	节气门位置传感器电路※	启动器信号电路※	爆燃传感器电路	空挡启动开关电路※	ECU电源电路	备用电源电路	喷油器电路※	冷启动喷油器电路	ISC阀电路※	燃油系统电路※
不能启动	发动机转不动												3					
	启动器转不动发动机																	
	无初始燃烧	9	2										1		6	8		3
	燃烧不完全		7		9			6							10	11	3	2
启动困难	发动机盘转缓慢																	
	常温启动困难			10	3	13									11	12	4	6
	冷态启动困难				1	8	2								10	7	5	9
	热态启动困难				1	8									10	7	4	9
急速运转不好	一挡急速不正确				4	5											6	
	发动机急速转速太高				4	5		10				9	8				6	
	发动机急速转速太低				1					3					6		2	5
	急速运转不柔和			6	10	3		14			13				15	16	8	9
	缺火		4		7			10							12	13	8	9
驾驶性能不良	开始加速时出现减速现象/加速性差	13	11	9	10			8	7						16	17		12
	回火				4	5		7	6						9			8
	消声器放炮(后燃)		8	2	4	6		5							11	12	7	1
	发动机喘振	13	9	3	4			7							14	15	8	
	爆燃										2				4			
发动机失速	发动机启动后不久就失速			5	6			8							9	7		3
	在踩下加速器踏板后							1	3									
	在松开加速踏板后								3							1		
	在 A/C 工作时															1		
	从 N 挡位换到 D 挡位时											1				2		
	旋转转向机构时																	
	启动或停机时																	
其他故障	燃油经济性差			18	6	7	19	8					17		13	15	16	12
	发动机过热																	
	发动机过冷																	
	机油耗过高																	
	机油压力太高																	
	机油压力太低																	
	启动器运转不停																	
	蓄电池经常放电																	

① 仅欧洲和澳大利亚规格汽车。
② 仅适用于海湾合作委员会成员国和一般国家规格汽车。
③ 仅指带 TRC 汽车。
④ 仅指带防盗系统。

发动机故障征兆一览表

燃油压力控制VSV电路	EGR系统电路①	可变电阻器电阻②	A/C信号电路(压缩机电路)	燃油质量	漏燃油	漏冷却液	漏机油	漏真空	启动器继电器	空挡启动开关	启动器	火花塞	点火线圈/分电器	加速器踏板拉杆	冷却风扇系统	减速缓冲器	PS急速提升装置	压缩	即使松开后制动器仍然咬死	副节气门阀故障③	ECT故障	防盗和门销控制ECU④	发动机机械和其他故障	发动机和ECT ECU
									1	4	2											5		
											1												2	
												5	4				7						10	11
								1				5	4					8					12	13
		2									1													3
	5		2					1				8	7				9						14	15
	6		4					3				12	11											13
5	6		3					2				12	11											13
															1	2	3							7
		7													1	2	3							11
	4																							7
	4	5		2				1				12	11				7						17	18
3		2						1				5	6					11					14	15
5	6		4					1				15	14	2						3	19	18	20	21
2	3							1															10	11
		3										10	9										13	14
5	6		2					1				11	10					13					16	17
5		1						1				3											6	17
	4		2					1																10
	2																							4
	2																							4
		2																						3
																								3
																	1							
																					1			
		2	1									9	10	4	5			11		3		20	21	22
				1											2									3
															1									2
							1																	2
							1																	1
									1	2														
																								1

中第一个故障"发动机转不动"的诊断中可以看出，第 1 步应先检查"启动器继电器"，第 2 步检查"启动器"，第 3 步检查"ECU 电源电路"，第 4 步检查"空挡启动开关"，第 5 步检查"防盗和门锁控制 ECU"。只要按其诊断次序到指定的部位去检查，故障总能诊断出并排除之，因而使用故障征兆一览表诊断常见故障是十分有效和实用的。

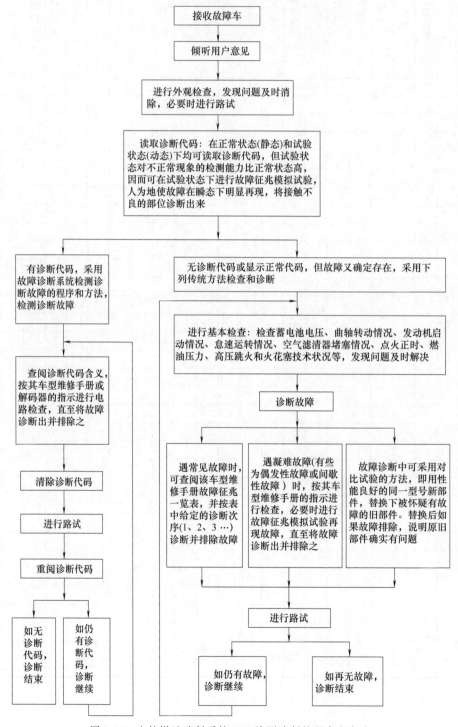

图 5-12　电控燃油喷射系统 EFI 检测诊断的程序和方法

(5) 疑难故障诊断与故障征兆模拟试验

经过以上检查、测试后，一般情况下故障就被诊断出来了。但是，有些故障的征兆不明显，而故障又确确实实存在，这就成为故障诊断中最难以处理的情况，称之为疑难故障（有些属于偶发性故障或间歇性故障）诊断。对于疑难故障，诊断时可查阅汽车维修手册中的疑难故障诊断表，根据其上的检查要点和顺序进行。必要时可进行故障征兆模拟试验，再现故障出现的环境和条件，进行全面分析、判断，总能把故障诊断出来。故障征兆模拟试验，也适用于用故障诊断系统检测诊断故障的程序和方法（在试验状态下）。

进行故障征兆模拟试验以前，最好能把可能发生故障的线路、连接器、传感器、执行器或相关部件的范围缩小，以缩短试验和诊断的时间。

在汽车静止发动机运转的情况下，进行发动机故障征兆模拟试验，主要有以下四种模拟试验方法。

① 振动法：模拟汽车行驶时的振动，以利于使易松动部位故障再现。

② 加热法：模拟发动机工作时某一部位的温度，以利故障再现。

③ 淋水法：模拟雨、雪、雾的高湿度环境，以利故障再现。

④ 电负荷满载法：模拟汽车使用全部用电负载时的工作情况，以利故障在用电满负荷或超负荷情况下再现。

必要时可进行路试。

(6) 进行对比试验

对比试验是用性能良好的同一型号、规格的新元器件，替换下被怀疑有故障的旧元器件的一种试验。替换后如果故障排除，说明原旧元器件确实有问题。

综上所述，电控燃油喷射系统 EFI 检测诊断的程序和方法如图 5-12 框图所示。

5.1.6 电控燃油喷射发动机常见故障的诊断

发动机正常运行的必要条件是有足够的点火高压与能量、适当的混合气空燃比、正确的点火时刻、正常的气缸压缩压力。若其中有一个条件不能满足，发动机将运行不良。在发动机故障的诊断过程中，故障原因与故障现象不可能完全有对应关系，一个故障现象可能对应几个故障原因，也可能一辆汽车同时存在多个故障，表现为一个故障现象。就故障而言，有综合性故障、间歇性故障、单一性故障等。因此，排除故障要遵守故障诊断注意事项，从故障诊断的基本步骤入手，分析故障现象并判断故障的根本原因。下面介绍电控燃油喷射系统的几种常见故障的诊断方法。

(1) 冷车启动困难

所谓冷车启动困难，是指发动机在冷却液温度低于发动机工作温度下启动时，需要启动若干次才能启动，或者根本不能启动。而发动机在正常工作温度下，即热启动时，一次就能启动发动机。冷车启动困难的根本原因是混合气过稀。而造成混合气过稀的因素有：冷启动喷油器不喷油，水温传感器有故障，进气温度传感器有故障，喷油器雾化不良，进气管积炭，点火能量不足，火花塞有故障，怠速控制阀有故障等，这些故障往往与启动系统的电路连接状况有关。其故障诊断流程见图 5-13。

(2) 热车启动困难

热车启动困难是指发动机冷车启动正常，但当运转的发动机熄灭后，再次启动困难，甚至不能启动。热车启动困难的根本原因是混合气过浓。这是由于水温传感器有故障、进气温

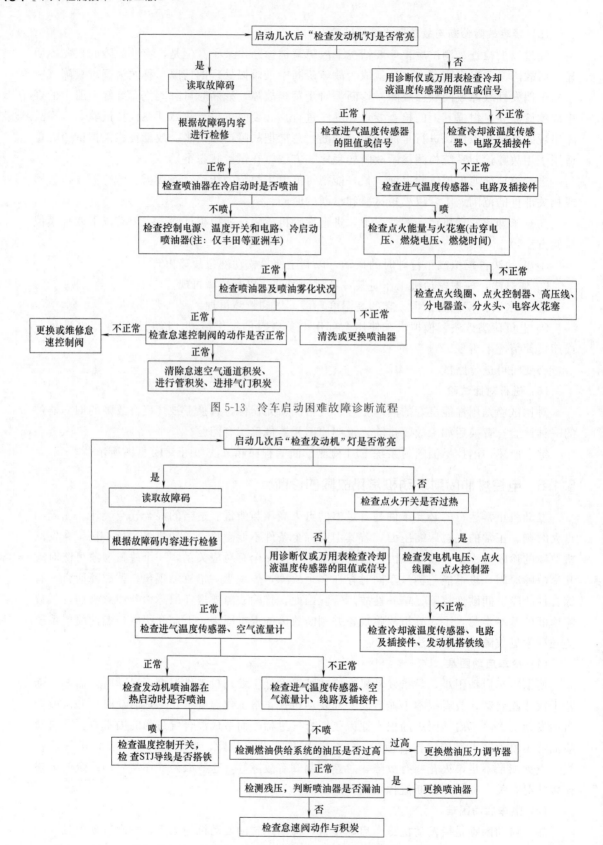

图 5-13 冷车启动困难故障诊断流程

图 5-14 热车启动困难故障诊断流程

度传感器有故障、多个喷油器漏油或严重雾化不良、冷起动喷油器有故障、怠速间有故障、油压过高、点火能量不足等原因引起的。其故障诊断流程如图 5-14 所示。

(3) 怠速转速过低

在发动机怠速时接通空调开关或接通动力转向开关,或将换挡手柄从 P 挡 (或 N 挡) 挂入 D 挡,在正常情况下,怠速会自然提高。如果发动机怠速调整 (匹配) 得太低,或者在上述开关接通的情况下,怠速下降,将会造成怠速不稳甚至熄火,这说明发动机的怠速控制系统有故障,故障现象为发动机怠速转速过低。发动机怠速转速与其温度、负荷有关。发动机怠速过低的原因有:怠速控制阀有故障,怠速空气通道被堵塞,节气门位置传感器信号不正确,空气流量计或进气压力传感器信号不良,氧传感器信号有错误,油压过低,喷油器有故障,点火正时不正确,发动机真空管错插,点火系统有故障,开关信号不良,废气再循环阀及 ECU 有故障或发动机机械部分有故障等。其诊断流程如图 5-15 所示。

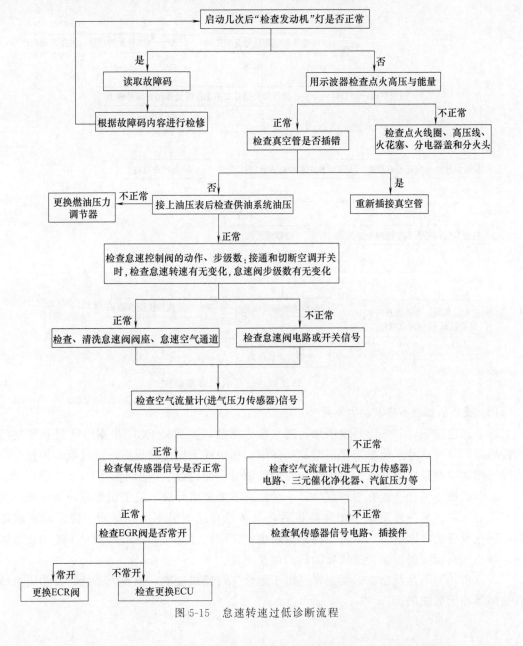

图 5-15 怠速转速过低诊断流程

(4) 怠速转速过高

发动机的怠速转速过高，将超过发动机怠速运转的技术要求。发动机怠速过高主要是怠速时吸入发动机的空气质量过多或发动机控制信号错误。造成怠速转速过高的因素有进气温度传感器、水温传感器、节气门位置传感器、空气流量计（或进气压力传感器）有故障，开关信号错误，怠速控制阀有故障，节气门体有故障，喷油器有故障，真空漏气，发动机控制单元有故障或匹配设定有问题等。其故障诊断流程如图5-16所示。

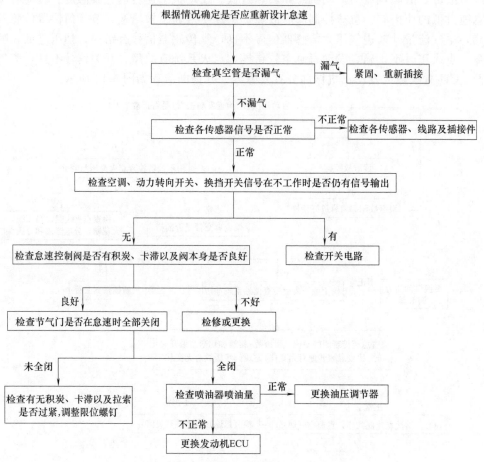

图 5-16　怠速转速过高故障诊断流程

(5) 发动机加速不良及动力不足

踩下加速踏板，节气门开度增加，进气量也增加，发动机 ECU 根据进气量和节气门位置传感器信号和信号变化率，修正增加喷油量。如果踩下加速踏板后，进气量增加较少，那么修正增加喷油量也随之减少，或喷油器的喷油量增加迟缓、增加量较少，加速也迟缓。

发动机加速不良一般有两种现象：一种是踩下加速踏板后，发动机加速时间变长，汽车加速能力下降；另一种是踩下加速踏板后，发动机转速不但不上升反而下降。踩下加速踏板，进气量应该急剧增加，但由于传感器输出错误的信号，喷油器的喷油量不增加或增加量少，或点火高压变弱，也会造成发动机的加速不良。

发动机动力不足及加速迟缓通常是由于混合气过稀或过浓，或点火系统、发动机机械域有故障等原因造成的。

造成上述故障的具体因素有：燃油系统油压过高或过低，喷油器喷油不良，传感器信号错误，点火高压低、能量小，点火正时不正确，气缸压缩压力低，排气管被堵塞等。发动机加速不良及动力不足的故障诊断流程如图 5-17 所示。

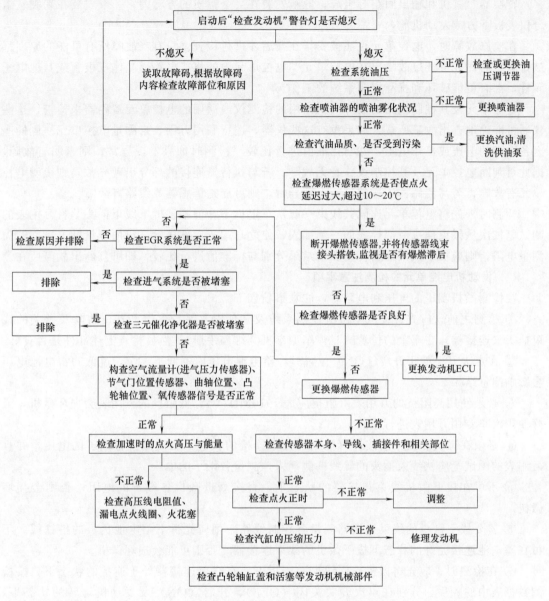

图 5-17　发动机加速不良及动力不足的故障诊断流程

5.2　电控燃油喷射系统基本电子器件的检测方法

电控燃油喷射系统 EFI、传感器和执行器的技术状况，多表现在断路、短路、接触不良和元器件损坏上，可以通过万用表检测其电压、电阻和通过示波器观测其信号电压波形等方法，找出故障的原因和部位。

5.2.1 发动机电控单元 ECU 的检测

电子控制器（电控单元）ECU 是电控系统的核心，主要由输入回路、A/D（模拟/数字）转换器、微机和输出回路等组成，屏蔽安装在一个铝质的方盒内，一般安装在驾驶室组合仪表板下方或发动机舱内。

在检修故障时，电控单元往往被安排在最后才进行检查。只有当故障所有可能的原因都被排除之后，才可怀疑故障出在电控单元。电控单元内的集成电路、晶体三极管或其他电子元件，都有可能破坏和扰乱控制系统的工作。

电控单元及其控制线路的故障可用专用的检测仪或通用的电控单元解码器来检查，这些仪器可准确地查出故障所在。如果没有这些仪器，还可利用万用表来测量电控单元一侧插座上各引脚的电压或工作电阻，并与标准值进行比较。检测时如果发现异常，则表明有故障，据此可判断电控单元及其控制线路有无故障。若与执行器连接的部分出现异常，则表明电控单元有故障；若与传感器连接的部分出现异常，则可能是传感器或线路有故障。

检测时，先将电控单元连同其线束一起从车上拆下，但不要拆下线束插头。将万用表的测试笔依次从线束插头后部导线的一侧插入，使之与端子后部接触，以便测量其电压。若需测量电阻，则应拆下线束插头。将测量结果分别与标准值进行比较，即可判断出故障所在。

(1) 发动机电控单元的检测注意事项

在检测微机端子的电压和电阻时，注意事项如下。

① 检测之前，应先查找汽车微机控制系统及其他电气系统各熔断器、熔丝及有关的线束插头（连接器）在车上的位置（具体车型参见其维修手册），然后检查上述部件是否良好。

② 在点火开关处于开启（ON）位置时，蓄电池电压应不低于 11V，过低的蓄电池电压会影响测量结果。

③ 必须使用高阻抗的万用表（阻抗应大于 $10M\Omega/V$），低阻抗的万用表会损坏微机，最好使用汽车专用万用表进行检测。

④ 必须在微机和线束连接器（插头）处于连接的状态下测量微机各端子的电压，并且万用表的测试笔应从线束插头的导线一侧插入，测量各端子的电压。

⑤ 不可在拔下微机线束连接器的状态下，直接测量微机各端子的电阻，否则会损坏微机。

⑥ 若要拔下微机的线束连接器测量各控制线路，则应先拆下蓄电池负极的搭铁线。不可在蓄电池连接完好的状态下拔下微机的线束连接器，否则可能会损坏微机。

⑦ 在检测时，应先将微机连同线束一同拆下，在线束连接器处于连接的状态下，按检测数据表中的顺序，分别在点火开关关闭（OFF）、开启（ON）及发动机运转的状态下，测量微机各端子与搭铁端子之间的电压。也可以拔下微机线束连接器，测量各控制线路的电阻，从而确定控制线路是否正常。

⑧ 微机对电压、静电非常敏感，若有不慎就会损坏微机中的芯片。在车上进行电焊之前，需戴好防静电器，拔下微机上的连接器后再进行电焊；给蓄电池进行专门充电时，要将电池从车上拆卸下，或摘下蓄电池电缆后再进行充电；在对汽车进行烤漆作业时，应将电子控制装置从车上拆下，因为一般情况下，ECU 要求受热不超过 90℃。另外，不要让油污沾染电控单元，否则会使线束插头的端子接触不良。

若通过检查确认微机有故障，也不可轻易废弃微机，应通过总成互换的方法确认是否真的是微机损坏。微机损坏后，多数情况下是能够维修的。因为微机的损坏多数是由于检测或使用不当而引起二极管、三极管、电容、电阻的损坏，这些元件是通用标准件，市场上均可买到，只要熟悉电子电路维修技术就可以进行更换。但微机中的专用集成电路损坏则无法修理。

（2）发动机电控单元的电压测量

点火开关置 ON，蓄电池电压不低于 11V，用电压表测量 ECU 导线连接器在接插状态下每个接头的电压。丰田凌志 LEXUS LS400 型汽车 1UZ-FE 型发动机 ECU 导线连接器各端子的标准电压值见表 5-4，丰田皇冠 3.0 型汽车 2JZ-GE 型发动机 ECU 导线连接器各端子的标准电压值见表 5-5。

（3）发动机电控单元的电阻测量

① 欧姆表测针应从导线一侧插进线路端的接头，因此应小心拆卸 ECU 线路接头。
② 测量线路接头每个端子间的电阻值。

丰田凌志 LEXUS LS4OO 型汽车 1UZ-FE 型发动机 ECU 导线连接器各端子的标准电阻值见表 5-6，丰田皇冠 3.0 型汽车 2JZ-GE 型发动机 ECU 导线连接器各端子的标准电阻值见表 5-7。

表 5-4　IUZ-FE 型发动机 ECU 导线连接器各端子的标准电压值

序号	端子	检测条件		标准电压/V
1	BATT-E1			10～14
2	IGSW-E1	点火开关置 ON		
3	+B(+B1)-E1			
4	IDL-E2	点火开关置 ON	节气门开	4～6
5	VC-E2			4～6
6	VTA-E2		节气门全关	0.1～1.0
			节气门全开	3～5
7	KS-车身接地		点火开关置 ON	4～6
			盘转或运转	2～4
8	VC-车身接地	点火开关置 ON		4～6
9	THA-E2	点火开关置 ON	进气温度 20℃	1～3
10	THW-E2		冷却水温度 80℃	0.1～1.0
11	10#-E1 20#-E1 30#-E2 40#-E2	点火开关置 ON		10～14
12	STA-E1	发动机运转		6～14
13	ISC1 ISC4 　-E1 ISC4 ISC4	点火开关置 ON		9～14
14	IGT-E1	急速		0.7～1.0
15	W-E1	发动机无故障(发动机故障指示灯熄灭)运转		8～14
16	A/C-E1	空调开关位于 ON		0～2
17	TE1-E1	点火开关置 ON	检查连接器的端子 TE1 与 E1 不连接	4～6
			检查连接器的端子 TE1 与 E1 连接	0～1
18	NSW-E1	点火开关置 ON	换至 P 挡或 N 挡	0～1
			除 P 或 N 挡外任一挡	10～14

表 5-5 2JZ-GE 型发动机 ECU 导线连接器各端子的标准电压值

序号	端子			检 测 条 件		标准电压/V
1	BATT-E1 IGSW-E1 M-REL-E1 +B-E1 +B1-E1			点火开关 ON		9～14
2	IDL-E2 VC-E2 VTA-E2			点火开关 ON	节气门开	9～14
						4.0～5.5
					节气门全关	0.3～0.8
					节气门开	3.2～4.9
3	PIM-E2					3.3～3.9
	VC-E2					4.0～5.5
4	10# 20# 30#	—	E01 E02	点火开关 ON		9～14
5	THA-E2			点火开关 ON	进气温度 20℃	0.5～3.4
6	THW-E2				冷却水温度 80℃	0.2～1.0
7	STA-E1			启动		6～14
8	IGT-E1			启动或急速		脉冲发生
9	ISC1 ISC2 ISC3 ISC4	-E1		点火开关 ON		9～14
10	W-E1			发动机运转正常,发动机故障报警灯熄灭		9～14
11	ELS-E1			尾灯和雾灯都接通		9～14
				尾灯和雾灯都关闭		3 或更小
12	STP-E1			踩下制动踏板,使刹车灯接通		9～14
				刹车灯关闭		3 或更小
13	ACIS-E1					9～14
14	OD1 -E1 OD2			点火开关 ON		1.5 或更小
15	IGF-E1					
16	KS-E1					
17	G1 -G⊖ G2			急速		脉冲发生
18	NE-G⊖					
19	KNK1 -E1 KNK2					
20	D1-E1					
21	FPC-E1			启动发动机,加速到 6000r/min		4.5～5.5
22	VF-E1			暖机后发动机转速保持在 2500r/min,180s 后回到急速		1.8～3.2
23	NSW-E			变速杆置于 P 或 N 挡		3 或更小
						9～14
24	SP1 -E1 SP2⊕			变速杆置于 P 或 N 挡以外的任何一个挡位		4 或更小
25	TE1 -E1 TE2			点火开关 ON	检查连接器的 TE1-E1 不连接	9～14
					检查连接器的 TE1-E1 连接	1 或更小
26	A/C -E1 ACMG				空调打开	9～14
					空调关闭	1.5 或更小

表 5-6　1UZ-FE 型发动机 ECU 导线连接器各端子的标准电阻值

序号	端子	检测条件	标准电阻/Ω
1	-10# +B(+B1)-20# -30# -40#		0.05～1.78
2	+B(+B1)-PR		30～50
3	+B(+B1)-EGR		30～50
4	+B(+B1)-HT1 +B(+B1)-HT2		5.1～6.3
5	-ISC1 -ISC2 +B(+B1)-ISC3 -ISC4		10～30
6	+B(+B1)-BK		∞
7	IDL1-E2	节气门开	∞
		节气门全关	0～2300
8	THW-E2	水温 80℃	200～400
9	THA-E2	进气温度 20℃	200～300
10	VTA1-E2	节气门全开	2800～8000
		节气门全关	200～800

表 5-7　2JZ-GE 型发动机 ECU 导线连接器各端子的标准电阻值

序号	端子	检测条件	标准电阻/Ω
1	ZDL-E2	节气门开	∞
		节气门全关	≤500
2	VTA-E2	节气门全开	2400～11200
		节气门全关	340～6300
3	VC-E2		3100～7200
4	THA-E2	进气温度 20℃	2000～3000
5	THW-E2	水温 80℃	200～400
6	G1 -G⊖ G2	冷机	125～190
7	NE-G⊖	冷机	155～240
8	ISC1 ISC2+B - ISC3+B1 ISC4		10～30
9	10#+B 20#- 30#+B1		13.2～14.2
10	+B ACIS- +B1		38.5～44.5

5.2.2 电控发动机基本传感器的检测

汽车汽油发动机需要的最基本的传感器有空气流量传感器、进气温度传感器、曲轴位置传感器、凸轮轴位置传感器、氧传感器、水温传感器、爆震传感器、节气门位置传感器。汽车汽油发动机基本的执行器有点火线圈、喷油器、碳罐电磁阀、节气门电机或怠速控制阀。所有的汽车汽油发动机都具有这些基本的传感器和执行器。

5.2.2.1 叶片式空气流量计的检测方法

空气流量计安装在空气滤清器与节气门之间,用于测量进入气缸的空气流量,并将空气流量变成电信号传输给电控单元 ECU。常用的空气流量计有叶片式、热线式、热膜式和卡门旋涡式四种类型。现仅以丰田子弹头 2JZ-FE 型发动机叶片式空气流量计为例,介绍对空气流量计进行电压、电阻测量的方法,其测量图如图 5-18 所示。

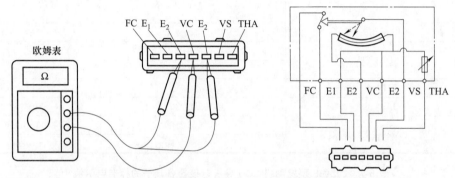

图 5-18 2JZ-FE 型发动机叶片式空气流量计测量图

(1) 开路检查方法

① 断开 (OFF) 点火开关,拔开叶片式空气流量传感器的配线连接器,从车上拆下传感器。

② 检查 FC 与 E_1 两端子之间的电阻:当叶片完全关闭时,FC 与 E_1 之间应断开;拨动叶片(计量板打开),FC 与 E_1 之间应导通 (ON),否则说明油泵开关已损坏。

③ 检查 VC 与 E_2 之间的电阻:计量板在任何位置时,VC 与 E_2 两端子间的电阻均应为 $200 \sim 400\Omega$。

④ 检查 VS 与 E_2 两端子之间的电阻:当计量板完全关闭时,VS 与 E_2 两端子间电阻应为 $200 \sim 600\Omega$;计量板由完全关闭位置逐渐打开到完全开启位置时,VS 与 E_2 两端子间的电阻应在 $200 \sim 1200\Omega$ 之间连续变动。

如果检查结果与上述规律不符,就可说明空气流量计有故障,应进行修理或重换新的翼板式空气流量传感器总成。

⑤ 检查 THA 与 E_2 两端子间在不同温度时的电阻值(其方法与冷却液温度传感器的检查方法一样),如果检测结果与标准不符,就说明空气流量计中的进气温度传感器有问题。

(2) 在路检测方法

① 接通点火开关,用万用表检查 ECU 的连接器引脚 +B 与车身接地(搭铁)间是否有电压。如果没有电压,则应检查 ECU 电源电路是否断路,必要时应修理或更换 ECU。

② 用万用表测量传感器各相关端子之间的电压,其测量值应符合如表 5-8 所示的正常值。

表 5-8 叶片式空气流量计在路检测电压

相关端子	检测条件	计量板的位置	电压值/V
VC 与 E_2	接通点火开关	计量板在任何位置	4～6
VS 与 E_2	接通点火开关	计量板在完全关闭位置	3.7～4.3
		计量板在完全打开位置	0.2～0.5
		计量板从完全关闭逐渐到完全打开位置	连续变动
	3000r/min	—	0.3～1.0
	急速运转	—	2.3～2.8

(3) 波形观测法

利用示波器可以观测到空气流量计输出信号电压（或频率）的变化情况。需要注意的是，叶片式空气流量计输出的信号电压有两种形式：一种形式是输出的信号电压随发动机进气量的增大而增高，多安装在欧洲、亚洲车型上；另一种形式是输出的信号电压随发动机进气量的增大而降低，多安装在丰田车系上，如上述丰田子弹头 2JZ-FE 发动机的叶片式空气流量计就是如此。

把示波器的 COM 测针连接到空气流量计的搭铁线上，把 CHI 测针连接到空气流量计的信号输出线（通往 ECU）上，关闭发动机所有附件，启动发动机，即可观测到空气流量计输出信号电压（或频率）的变化情况。一般情况下，空气流量计输出信号电压的变化范围，在急速下是 1.0V 左右，节气门全开时最大幅值可达 4.0～4.5V。

从波形图上可以看出，随着进气量增加，叶片式空气流量计和热线式空气流量计输出信号电压是逐渐增加的，卡门旋涡式空气流量计输出信号频率也是增加的。如果发动机在加、减速时信号电压或信号频率无变化或变化微小，说明空气流量计或其相关电路有故障。

如果检测结果与上述规定不符，则应更换空气流量计。

5.2.2.2 卡门涡旋式空气流量计的检测方法

使用反光镜检测方法的卡门涡旋式空气流量计电路的连接方法如图 5-19（a）所示，其连接器端子的排列情况如图 5-19（b）所示。

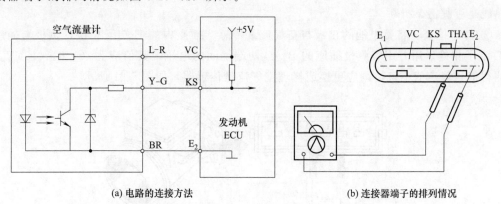

(a) 电路的连接方法　　　　　　　　　　　(b) 连接器端子的排列情况

图 5-19　使用反光镜检测方法的卡门涡旋式空气流量计

(1) 开路加温检测方法

断开点火开关，拔开空气流量传感器的配线连接器后，从车上拆下空气流量传感器。一边用电吹风和制冷剂改变空气流量计上进气温度传感器的温度，一边用万用表电阻挡测量不同温度下进气温度传感器上 THA 与 E2 两端子间的电阻值，如果测得的阻值与规定值不符，就说明进气温度传感器有故障,应进行修理或更换新件。

(2) 在线检测方法

① 接通点火开关,用万用表测量 ECU 配线连接器上 VC、E_2 两端子间的电压,其值应为 4～6V。

② 启动发动机使其运转(或怠速运转),用万用表的电压挡测量 ECU 配线连接器上 KS、E_2 两端子间的电压,其值应为 2～4V。KS 信号为空气流量传感器传送给 ECU 的脉冲信号,测量时该电压既不是 0V,也不是 5V,进气量越大,该电压越高。

③ 如果测得 ECU 配线连接器上 KS 与 E_2 两端子间的电压正常,则可进一步利用 ECU 的故障自诊断功能进行自诊断。如果自诊断显示有相应的故障码,且发动机偶尔会启动性能不良、怠速不稳、甚至熄火停转,则说明空气流量传感器的控制电路有问题。

5.2.2.3 热线式空气流量传感器的检测方法

热线式空气流量传感器的连接器有 5 端子和 6 端子两种类型。图 5-20 为日产尼桑 VG30E 型发动机热线式空气流量传感器的连接电路。

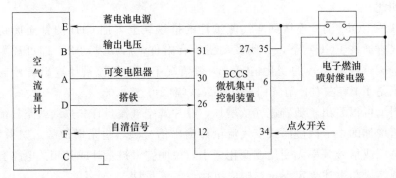

图 5-20 日产尼桑 VG30E 型发动机热线式空气流量传感器的连接电路

(1) 开路检查方法

① 外观检查。拆下空气流量计后,应检查其护网有无堵塞或破裂,并从进口处查看铝丝热线是否脏污、折断。

② 静态检查。将蓄电池的正极与空气流量传感器插座内的 E 端子相接,负极与插座内的 D 端子相连,用万用表测量插座的 B、D 两端子间的电压,其值应为 (1.6±0.5)V。如果测得值与规定值不符,则应更换或修理空气流量传感器,如图 5-21 所示。

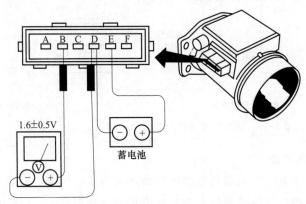

图 5-21 静态检查热线式空气流量传感器

③ 动态检查。保持上述接线状态不变，用电风扇向空气流量传感器的进口处吹入空气的同时，用电压表测量 B、D 端子间的电压，其值应为 2～4V。如果测得值与规定值不符，则应换装新的空气流量传感器，如图 5-22 所示。

(2) 在路检测方法

① 接通点火开关，不启动发动机，测量图 5-21 内 E 与 D 之间的电压，其值应为 12V 左右。

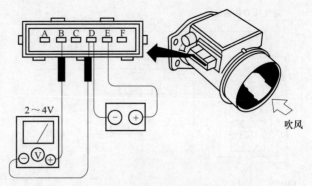

图 5-22　动态检查热线式空气流量传感器

② 如果测量 E 与 D 间无电压，再测量 E 与 C 之间的电压，其值若为 12V，则说明 D 端搭铁不良，应检查 D 与 ECCS 之间的导线或 ECCS 的搭铁线是否良好。

③ 测量 B 与 D 之间的电压，其值应为 (1.6±0.5)V。启动发动机，B、D 之间的电压应在 2～4V 之间变化。

④ 检查自清洁电路，可采用直观检查法和万用表测量法。

a. 直观检查法：拆下空气滤清器和空气流量传感器进口处的管道，启动发动机至 2500r/min 以上的转速，然后使发动机怠速运转一段时间后，关断点火开关，查看流量计内的铅丝热线是否在熄灭 5s 内被加热至发出红光，并持续 1s 的时间。

b. 万用表测量法：启动发动机至 2500r/min 以上的转速，发动机水温上升到 60℃以上，用万用表 10V DC 挡，将其两表笔接在插座的 F 与 D 端子之间。关闭点火开关，电表上的示值电压应回零并在 5s 后又跳跃上升，1s 后再回到零。如检测或直观检查结果与上述要求不符，且进一步检查微电脑与空气流量传感器连接导线均无问题的话，可试换一只新的空气流量传感器试试。

5.2.2.4　热膜式空气流量传感器的检测方法

热膜式空气流量传感器结构如图 5-23 所示。其结构和工作原理与热线式空气流量传感器基本相同，只是把发热体由热线改为热膜。热膜是把发热金属铂固定在树脂薄膜上构成的。这种结构可使发热体不直接承受空气流动所产生的作用力，增加了发热体的强度，提高了空气流量传感器的可靠性。与热线式空气流量传感器相比，热膜电阻的阻值较大，所以消耗电流较小。其检测方法和热线式的检测方法相同。

5.2.2.5　进气压力传感器的检测

进气（歧管）压力传感器安装在进气歧管内，用于测量进入气缸的空气压力，并将空气压力变成电信号传输给电子控制器 ECU。

进气（歧管）压力传感器（绝对压力传感器）与 ECU 的连接电路如图 5-24 所示。

丰田汽车压力传感器的检测方法如下。

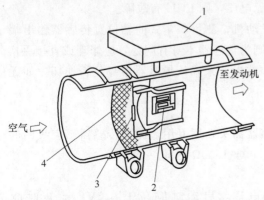

图 5-23　热膜式空气流量传感器结构

1—控制电路；2—热膜；3—进气温度传感器；

4—金属网

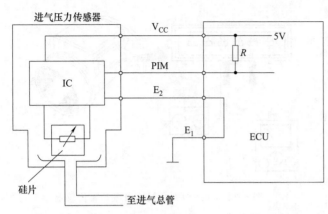

图 5-24 进气（歧管）压力传感器与 ECU 的连接电路

接通点火开关，端子 V_{cc} 和 E_2 之间的电压应当是 4.5~5.5V。端子 PIM 与 E_2 之间的信号电压约为 1.5V 左右，随着节气门开度的增加，信号电压也应上升。

将万用表、手动真空泵与传感器相连。传感器进气管通向真空泵，万用表用于测量电压。接通点火开关，用真空泵对传感器施以 13.3~66.7kPa 的负压，端子 PIM 与 E_2 之间的电压应符合表 5-9 的要求。

表 5-9 不同真空度下的标准进气压力传感器信号

真空度(负压)/kPa	13.3	26.7	40.0	53.5	66.7
信号电压/V	0.3~0.5	0.7~0.9	1.1~1.3	1.5~1.7	1.9~2.1

5.2.2.6 发动机曲轴位置传感器和凸轮轴位置传感器的检测

曲轴位置传感器安装在曲轴上、凸轮轴上、分电器内或飞轮壳上，用于检测曲轴转角位置，并转变成电信号传输给电子控制器 ECU，是检测发动机转速、控制点火时刻和喷油时刻等不可缺少的信号源。凸轮轴位置传感器安装在凸轮轴的前部、后部或分电器内，用于检测凸轮轴的位置信号，并输入控制单元 ECU，以便控制单元 ECU 识别 1 缸压缩上止点，从而进行顺序喷油控制、点火时刻控制和爆震选择控制。凸轮轴与曲轴位置传感器的结构原理完全相同，检测方式也相同。由于它们的作用不尽相同，一般来说，有了曲轴位置传感器还应装有凸轮轴位置传感器；相反有了凸轮轴位置传感器可以不装曲轴位置传感器。曲轴和凸轮轴位置传感器有霍尔式、磁电式和光电式三种。

(1) 霍尔式曲轴位置传感器的检测方法

① 拔下传感器插头，打开点火开关，检查插头上电源端子与搭铁之间的电压，正常值应为 5V 或 12 V（根据车型不同而不一样）。若无电压，则应检查霍尔式曲轴位置传感器到 ECU 之间的线路及 ECU 相应端子上的电压，ECU 相应端子上如有电压，则为传感器至 ECU 之间的线路断路；如果 ECU 相应端子上无电压，则 ECU 有故障。

② 将拔下的传感器插头重新插好，启动发动机，测量霍尔式曲轴位置传感器输出端子的信号电压，正常值约为 3~5V。若无电压，则为传感器本身有问题，应修理或直接更换。

③ 也可通过检查传感器信号输出端电压的波形，来确认传感器本身是否损坏。如无信号或波形异常，均说明传感器有问题。

(2) 磁电式曲轴位置传感器的检测方法

① 开路检测法 关闭点火开关，拔下传感器插头，用万用表测量传感器感应线圈的电阻值，测量值应符合原厂规定。其阻值一般在 300~1500Ω 之间。

② 在路检测

a. 用万用表 AC 电压挡测量其输出的电压：启动时应高于 0.1V；运转时应为 0.4~0.8V。

b. 用频率表测量其工作频率。

c. 用示波器检测其输出信号的波形。

d. 在传感器上能检测到电压信号，而在 ECU 连接器上检测不到信号，则应检测传感器至 ECU 之间的导线及插头。

(3) 光电式曲轴位置传感器的检测方法

① 拔下传感器插头，打开点火开关，检查插头上的电源端子与搭铁端子之间的电压，正常值应为 5V 或 12V（根据车型不同而不一样）。若无电压，则应检查传感器至 ECU 的导线和 ECU 相应端子上的电压。若 ECU 端子上有电压，则为 ECU 至传感器之间的导线断路；否则为 ECU 故障。

② 插回传感器插头，启动发动机，使其转速保持在 2500r/min 左右，测量传感器输出端子上的电压，正常值一般为 2~3V，如电压不对，则为光电式曲轴位置传感器损坏。

③ 用示波器检测传感器有关信号的波形来判断其是否有故障。

以丰田皇冠 3.0 型汽车 2JZ-GE 型发动机曲轴位置传感器为例，介绍电阻测量和间隙检查方法，其电路图如图 5-25 所示。

a. 电阻测量。脱开曲轴位置传感器的导线连接器，用欧姆表测量曲轴位置传感器端子间的电阻值。电阻值应符合表 5-10 中给定值。如果不符合要求，应更换曲轴位置传感器。

b. 间隙检查。检查传感线圈凸出部分与信号转子之间的空气间隙，如图 5-26 所示。其间隙应为 0.2～0.4mm。如果不符合要求，应更换分电器壳体。

c. 波形观测。

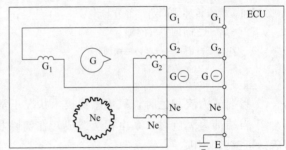

图 5-25　2JZ-GE 型发动机曲轴位置传感器电路图

表 5-10　曲轴位置传感器端子间的电阻值

端　子	检　测　条　件	电阻值/Ω
G_1-$G\ominus$	冷态	125~200
	热态	160~235
G_4-$G\ominus$	冷态	125~200
	热态	160~235
Ne-$G\ominus$	冷态	155~250
	热态	190~290

5.2.2.7　氧传感器的检测

氧传感器安装在发动机排气管内，能检测出排气中的氧气含量，并转变成电信号传输给电子控制器 ECU，以便把混合气的空燃比控制在理论空燃比（14.7∶1）附近很窄范围内，使三元催化转换器达到最佳净化效果，形成 EFI 系统闭环控制。

氧感器有氧化锆氧传感器和二氧化钛氧传感器两种类型。根据它们是否需要加热，又有加热型和非加热型之分。

氧传感器的电路图如图 5-27 所示。

由于氧化锆氧传感器上的电动势非常小，因此必须用高阻的数字式万用表、专用仪器或示波器才可测量，该传感器的检查步骤如下：

(1) 外观检查

从排气管上拆下氧传感器，观察端部的颜色，可以判断其技术状况的变化及变化的原因，方法如下。

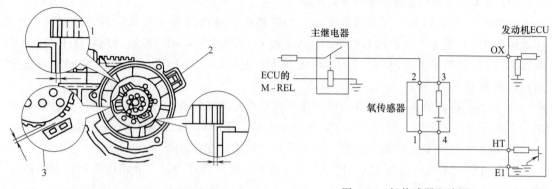

图 5-26　检查传感线圈凸出部分与信号
转子之间的空气间隙
1—G1 传感线圈；2—G2 传感线圈；
3—Ne 传感线圈

图 5-27　氧传感器电路图

① 当端部为淡灰色时，氧传感器技术状况正常。

② 当端部为黑色时，系由积炭造成，在清除积炭并排除气缸上机油和混合气过浓等原因后，可继续使用。

③ 当端部为棕色时，系由铅污染（铅"中毒"）造成，应更换氧传感器并应避免使用含铅汽油。

④ 当端部为白色时，系由硅（维修中使用硅密封胶或燃油、润滑油中的硅化合物燃烧后生成的二氧化硅）污染造成，应更换氧传感器并应避免使用硅密封胶。

处在排气气流中的氧传感器，如果在使用中被积炭、铅、硅等污染而无法与氧气接触，将使其逐渐失效。

(2) 电阻测量

脱开氧传感器的导线连接器，用欧姆表测量氧传感器的端子 1 与 2 之间的电阻值。该电阻值一般在暖机后约为 300kΩ，在常温下应为无穷大，具体数据应查阅汽车维修手册。如果电阻值不符合要求，应更换氧传感器。

(3) 电压测量

氧传感器的输出电压测量，按下列方法进行。

① 装回氧传感器的导线连接器。

② 启动发动机在 2500r/min 下运转 2～3min，则使氧传感器达到工作温度。氧传感器端部温度只有达到 300℃以上时才能输出电压信号，在 800℃左右时对混合气的变化反应最快。

③ 保持发动机在 2500r/min 下稳定运转，用电压表测量氧传感器端子 3 与 4 的输出电压，电压值应为 0.45V 左右。如果在改变节气门开度过程中输出电压无变化（氧传感器输出电压的变化范围为 0.1～0.9V），表明氧传感器工作不良。氧传感器输出电压随可燃混合气混合比变化的关系如图 5-28 所示，用示波器可观测到这一波形。

④ 试验中如果拔掉一根发动机真空管使混合气变稀，氧传感器输出电压应降低至 0.3～0.1V；如果堵住空气滤清器的进气口使混合气变浓，氧传感器输出电压应增大至 0.8～0.9V。若输出电压不能随之快速变化或输出电压变化在 10s 内小于 8 次（电压表指针在 10s 内的波动次数）时，表明氧传感器有故障，必须更换。图 5-29 所示为氧传感器不良时的波形之一。

⑤ 如果电压表读数持续偏高，可能系混合气浓或氧传感器被积炭、铅或硅污染造成；如果电压表读数持续偏低，可能系混合气稀、氧传感器故障或氧传感器与电子控制器 ECU 之间导线电阻过大等原因造成；如果电压表读数持续为一个中间值，可能系 ECU 回路不通或氧传感器损坏造成。

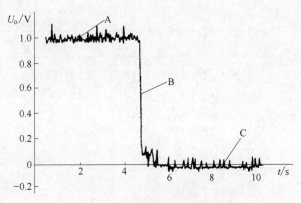

图 5-28　氧传感器标准信号电压波形
A—最高信号电压（1.1V）；B—信号的响应时间（40ms）；
C—最低信号电压（0V）

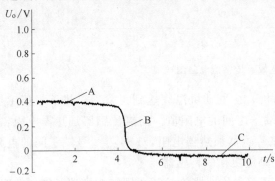

图 5-29　氧传感器不良时的波形之一
A—最高信号电压（427mV）；B—信号的响应时间（237ms）；
C—最低信号电压（-130mV）

(4) 波形观测

利用示波器可以观测到氧传感器输出信号电压的变化情况。如上所述，在发动机正常工作温度下，氧传感器输出电压随可燃混合气混合比变化的范围为 0.1～0.9V。当输出电压大于 0.45V 时表示混合气变浓，小于 0.45V 时表示混合气变稀。电子控制器 ECU 根据氧传感器输出电压的变化，及时加浓或稀释混合气，所以总能把混合气的空燃比控制在理论空燃比（14.7∶1）附近很窄范围内。因此氧传感器输出电压必须快速地反映混合气混合比的变化，才能满足燃油闭环控制系统的要求。由于氧传感器工作在排气气流这种十分恶劣的环境中，因而使用寿命逐渐衰减，对混合气混合比的反应时间逐渐变长，输出的信号电压逐渐变低。氧传感器在临近失效时，输出的信号电压将不再变化或根本不输出信号电压，此时故障诊断系统产生一个诊断代码。

(5) 宽域氧传感器的检测

以上海大众宝来轿车为例，介绍宽域氧传感器的检查过程，电路图如图 5-30 所示。

宽域氧传感器的基本检测方法有三种，一是观察氧传感器外观颜色；二是检测氧传感器加热电阻；三是检测氧传感器输出信号电压。

① 外观颜色检查　通过观察传感器顶部的颜色，可以判断故障的原因。氧传感器顶部的正常颜色为淡灰色，如果发现氧传感器顶部颜色发生变化，则预示着氧传感器存在故障或故障隐患。氧传感器顶部呈黑色，是由于积炭污染造成的，可拆下氧传感器后清除积炭。氧传感器顶部呈红棕色，说明氧传感器受铅污染。

② 氧传感器加热器电阻检测

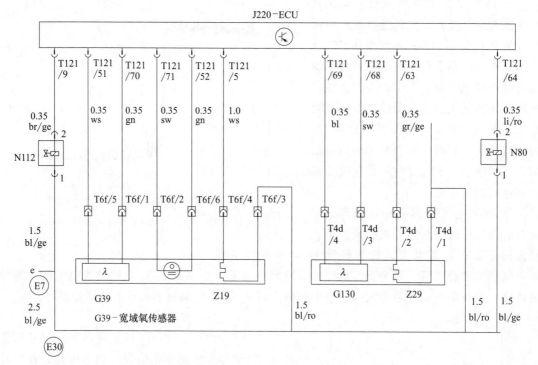

图 5-30 宝来宽域氧传感器电路图

a. 氧传感器加热器电阻检测。启动发动机，待发动机温度达到正常后，拔下氧传感器插接器，用万用表电阻挡检测传感器加热器端子之间的电阻值。前氧传感器加热器电阻：3号与4号端子间的电阻应为 2.5～10Ω。后氧传感器加热器电阻：1号与2号端子间的电阻应为 6.4～47.5Ω。如果检测不符合规定值，则应更换氧传感器。

b. 单元泵电阻检测。用万用表电阻挡检测前氧传感器单元泵2号与6号端子间的电阻，电阻值应为 77.5Ω。

③ 检测氧传感器输出信号电压

a. 检测二氧化锆参考电池输出电压。用万用表直流电压挡检测1号与5号端子间的电压，电压值应保持在 0.4～0.5V 附近。

b. 检测宽域氧传感器输出电压。宽域氧传感器输出电压不能用万用表直接测量，而应通过专用解码器读取数据流。发动机控制单元将宽域氧传感器的电流信号转化为电压值显示出来，其规定电压值为 1.0～2.0V，发动机运转时宽域氧传感器的输出电压应在 1.0～2.0V 之间波动。电压值大于 1.5V 时表示混合气过稀；电压值小于 1.5V 时，说明混合气过浓。当电压值为 0V、1.5V、4.9V 的恒定值时，说明氧传感器本身或其线路有故障，应做进一步的检测以排除故障。

从 20 世纪 80 年代开始，有些车型分别在三元催化转换器前、后各装一个氧传感器。电子控制器 ECU 根据前氧传感器输出的信号电压控制混合气混合比，根据后氧传感器输出的信号电压监控三元催化转换器的工作状态，并进一步提高对空燃比的控制精度。

技术状况良好的氧传感器输出的电信号，通过 ECU 的作用，可使混合气的混合比总是符合要求的，因而三元催化转换器也总是处于效率最佳的排气净化状态。所以，氧传感器的检测结果已成为一项重要的综合性评价参数。

5.2.2.8 冷却液温度传感器的检测

冷却液温度传感器通常安装在节温器附近，可检测发动机冷却液的温度，并转变成电信号传输给电子控制器 ECU。冷却液温度传感器由金属外壳和对温度变化非常敏感的负温度系数热敏电阻构成。热敏电阻的阻值随冷却液温度升高而降低，随冷却液温度降低而升高。可以看出，冷却液温度传感器的结构和输出特性与进气温度传感器完全相同。

(1) 开路检测方法

开路检测的步骤如下。

① 断开（OFF）点火开关，拔开冷却液温度传感器的线束连接器，从发动机上拆下传感器。

② 用万用表的电阻挡测量冷却液温度传感器上 THW、E_2 两个端子与传感器外壳之间的电阻，其电阻值均应为无穷大。

③ 将冷却液温度传感器放在盛有水的烧杯内，如图 5-31 所示，用电热器加热烧杯中的水。在不同温度下，用万用表的电阻挡测量传感器两端子间的电阻，其阻值随温度变化的规律，应符合该车型相应温度下的电阻值。

(2) 在线检测方法

在线检测的步骤如下。

① 打开点火开关（ON 挡），接上专用诊断电脑读取故障码，然后可以通过诊断电脑进入发动机控制单元读取冷却液温度传感器的数据流；启动发动机观察温度是否会随着发动机的工作而升高。

② 拔下传感器插头，打开点火开关，测量插头上 THW 与 E_2 端子之间的电压，正常值应为 5V。若无电压，则应检查 ECU 连接器上 THW 与 E_1 端子之间

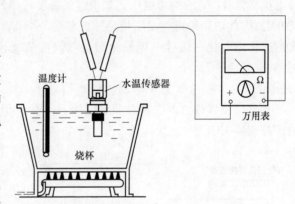

图 5-31 冷却液温度传感器检测示意图

的电压，若为 5V，则 ECU 与传感器之间的线路接触不良；若无 5V 电压，则 ECU 有故障。

③ 重新插回插头，启动发动机，测量传感器上 THW 与 E_2 端子之间在不同温度下的电压，正常值应在 4～0.5V 之间变化，温度越低时电压则越高，温度越高时电压则越低。

5.2.2.9 进气温度传感器

进气温度传感器通常安装在空气流量计空气测量部位附近，可检测发动机的进气温度，并转变成电信号传输给电子控制器 ECU。进气温度传感器由外壳和对温度变化非常敏感的负温度系数热敏电阻构成。热敏电阻的阻值随进气温度升高而降低，随进气温度降低而升高。

(1) 电阻测量

脱开进气温度传感器的导线连接器，用欧姆表测量其接头间的电阻值，如图 5-32（a）所示，其电阻值应符合图 5-32（b）所示图形。如果不符合要求，应更换进气温度传感器。

(2) 波形观测

利用示波器可以观测到进气温度传感器输出信号电压的变化情况。如果怀疑发动机故障系进气温度传感器输出信号不准确造成的，就应该从发动机未工作之前的冷态（点火开关置 ON，不启动发动机）开始检测。一般情况下，进气温度传感器输出信号电压的变化范围，

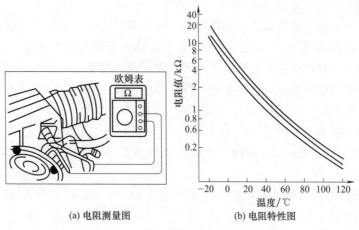

图 5-32 进气温度传感器电阻测量

从冷态的略小于 5V 到正常工作的 1～2V。如果进气温度传感器电路中出现开路,则输出信号电压将保持 5V 的参考电压;如果进气温度传感器电路中出现短路,则输出信号电压将保持 0V。因此,如果进气温度传感器波形是一个 0V 或 5V 的直流信号,或者波形不随进气温度的变化而变化(信号电压幅值与进气温度成反比),则应检查进气温度传感器及其相关电路。

5.2.2.10 节气门位置传感器的检测

节气门位置传感器安装在节气门体上,用于检测节气门的开度,并转变成电信号传输给电子控制器 ECU。

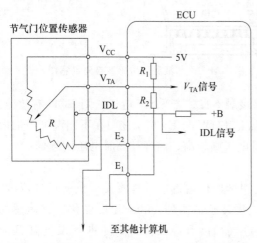

图 5-33 节气门位置传感器与 ECU 的连接方式

(1) 线性输出型节气门位置传感器的检测方法
线性输出型节气门位置传感器与 ECU 的连接方式如图 5-33 所示。其中 V_{CC} 端子为电源端;V_{TA} 为节气门开度电压信号输出接头;IDL 为急速触点信号接头;E_2 为接地端。

线性输出型节气门位置传感器的检测方法如下。

① 开路检测方法。拔下传感器的连接线束插座,用万用表分别测量线束插件与传感器相连的各端子之间的电阻,应符合表 5-11 所示的电阻值(车型不同可能有一些差异,但变化规律是相同的)。如果电阻值相差较大,则可能是节气门传感器已损坏。

② 在线检测方法。将上述节气门位置传感器插件重新插好,打开点火开关,用万用表测量线束插件各端子之间的电压,应符合表 5-12 所列的值。如电压值相差较多,则应检查线路、节气门位置传感器及 ECU。

(2) 开关量输出型节气门位置传感器的检测方法
开关量输出型节气门位置传感器的结构简单,只需测量急速触点和功率触点的通断情况即可判定其好坏。

表 5-11　线性输出型节气门位置传感器开路参考电阻值

节气门开度	端子 V_{TA} 与 E_2 之间	端子 IDL 与 E_2 之间	端子 V_{CC} 与 E_2 之间
全关闭	$0.2 \sim 0.8\Omega$	0Ω	固定值
全打开	$2.8 \sim 8k\Omega$	无穷大	固定值
从全关闭到全打开	阻值逐渐增大	无穷大	固定值

表 5-12　线性输出型节气门位置传感器正常工作参考电压值

节气门开度	端子 V_{TA} 与 E_2 之间	端子 IDL 与 E_2 之间	端子 V_{CC} 与 E_2 之间
全关闭	0.7V	0V	5V
全打开	$3.5 \sim 5$V	$4 \sim 6$V	5V
从全关闭到全打开	电压逐渐增大	$4 \sim 6$V	5V

怠速触点在节气门全闭时应闭合，且当节气门略打开一点时即断开。功率触点在节气门开度小于 50°时应断开，而当节气门开度超过 50°时应闭合。

(3) 霍尔式节气门位置传感器检测

这里以三菱轿车霍尔式节气门位置传感器为例介绍检测方法，其电路见图 5-34。

① 电压测量

a. 测量输入电压。关闭点火开关，断开节气门位置传感器插头，打开点火开关，用万用表的电压挡测量线束侧 5 号端子，检查是否有 5V 电压输入。如果没有，应检查传感器 5 号端子与 ECU C-113 中的 106 号端子是否导通，如果不导通，检查线路线束，如果导通，说明 ECU 没有 5V 电压输出，应更换 ECU。

b. 测量输出电压。由于在使用万用表检测输出电压时，需要配备专用线束三通接头，或刺破信号线，因此，三菱公司推荐使用其专用解码器 MUT-Ⅲ，通过读取数据流从而进行输出电压的检测。

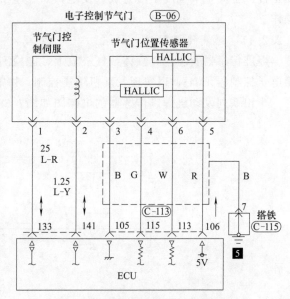

图 5-34　三菱轿车霍尔式节气门位置传感器与 ECU 的连接线路

将点火开关置于"ON"位置，应用 MUT-Ⅲ，断开进气软管，用手慢慢打开节气门，从数据流读出 14 项节气门位置传感器（副）和 79 项节气门位置传感器（主）的电压数值，看电压数值是否可以随节气门的打开而同步变大，如果变化不同步或中间有断点，则节气门位置传感器线路或本体有故障。有关节气门位置传感器的数据流见表 5-13。

c. 测量搭铁。关闭点火开关，断开节气门位置传感器插头，打开点火开关，用万用表的电压挡测量线束侧 3 号端子与蓄电池负极是否导通。正常情况下，应该导通，如果不导通，应检查线路、接头、ECU。

② 电控节气门系统的初始化　在更换新的节气门体后，或由于节气门阀片区有油污被清洁后，都要进行节气门的学习，进行初始化，方法如下。

a. 启动发动机，进行暖机，使发动机冷却液温度达到 80℃以上。若发动机冷却液温度就在 80℃以上，则不必进行暖机。

表 5-13　有关节气门位置传感器的数据流

8A	节气门位置传感器(主)	点火开关"ON",用手指完全封闭节气门	0~12%
		点火开关"ON",用手指完全打开节气门	75%~100%
9A	节气门位置传感器(主)中间开度学习值	点火开关"ON",无论节气门是打开还是关闭	0.8V~1.8V
79	节气门位置传感器(主)	点火开关"ON",用手指完全封闭节气门	0.3V~0.7V
		点火开关"ON",用手指完全打开节气门	≥4.0V
14	节气门位置传感器(副)	点火开关"ON",用手指完全封闭节气门	2.2~2.8V
		点火开关"ON",用手指完全打开节气门	≥4.0V

b. 将点火开关置于"ON"位置。

c. 把点火开关旋回至"LOCK"位置,停止发动机运转。

d. 在"LOCK"位置停止 10s,然后再次启动发动机,使发动机怠速运转。

e. 10min 后,在变速杆处于 N 挡且灯光及散热器冷却风扇等电器附件全关条件下,检查发动机怠速是否正常。如怠速正常,说明节气门自学习后节气门位置适当,怠速节气门开度正常。至此,节气门学习完成。反之,如怠速不正常,节气门需按上述过程重新进行学习操作。

5.2.2.11　爆震传感器

爆震传感器安装在气缸体或气缸盖上,能检测到发动机爆震界限,并转变成电信号传输给电子控制器 ECU,以实现发动机爆震控制。爆震传感器有磁致伸缩式和压电式两种类型。

丰田系列发动机爆震传感器的电路图如图 5-35 所示。

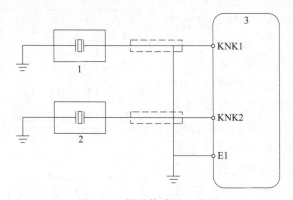

图 5-35　爆震传感器电路图
1—1 号爆震传感器；2—2 号爆震传感器；3—发动机 ECU

(1) 电阻测量

脱开爆震传感器导线连接器,用欧姆表测量接线端子与外壳间的电阻值。如果电阻值为 0Ω,表明已经导通,应更换爆震传感器。

(2) 波形观测

点火开关置 ON,不启动发动机,用扳手敲击发动机缸体或缸盖,从示波器上可以看到爆震传感器输出的类似正弦波的交流电压信号。敲击愈重,随着发动机转速、负荷的增加,示波器显示波形的振幅和频率也增加。当爆震传感器检测到一个短暂的爆震信号时,示波器显示的波形如图 5-36 所示；当检测到连续不断的爆震信号时,显示的波形如图 5-37 所示。如果观测中不显示波形,或波形振幅和波形频率不随爆震加大而增加,应检查爆震传感器及相关电路。

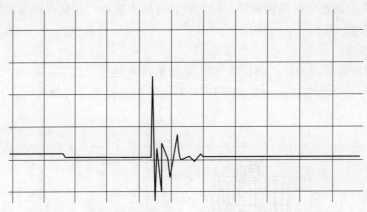

图 5-36　爆震传感器检测到一个短暂的爆震信号时的波形

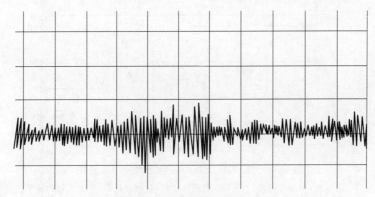

图 5-37　爆震传感器检测到连续不断的爆震信号时显示的波形

应当指出的是，爆震传感器的可靠性和耐久性都比较强，除非机械损坏，一般不会失效。

5.2.3　电控发动机基本执行器的检测

5.2.3.1　电动燃油泵的检测

电控燃油喷射系统 EFI 使用的电动燃油泵安装在燃油箱内或燃油箱外，能把燃油从燃油箱中吸出，加压后输往喷油器。电动燃油泵按结构不同可分为滚柱式、旋涡式和次摆线式三种形式。一般常用的电动燃油泵，在外加电压为 12V，排出油压为 250kPa 情况下，排出流量为 100L/h，消耗电流在 5A 以下。其中，排出流量随电压的变化而变化。

以丰田凌志 LEXUS LS400 型汽车 1UZ-FE 型发动机和皇冠 3.0 型汽车 2JZ-GE 型发动机的电动燃油泵为例。该两种发动机的共同特点是，除了装备发动机电子控制器 ECU 外，还专门设置了电动燃油泵电子控制器 ECU。这种电动燃油泵电子控制器 ECU 对泵油量的控制，是通过控制电动燃油泵不同的电源电压，进而控制电动燃油泵的转速来达到控制泵油量的。

皇冠 3.0 型汽车 2JZ-GE 型发动机电动燃油泵电路图如图 5-38 所示。

(1) 工作情况检查

① 用跨接线连接检查连接器的 +B 和 FP 端子。

② 点火开关置 ON，但不启动发动机。

③ 用手捏住电动燃油泵进油软管，应能感到有压力脉动，并且听到汽油的回流声。
④ 点火开关置 OFF。
⑤ 取下跨接线。

经检查，如果软管无油压，再检查 EFI 主继电器易熔丝、EFI 熔断器、EFI 主继电器、电动燃油泵 ECU、电动燃油泵、发动机 ECU 和各线束连接器等有无问题。

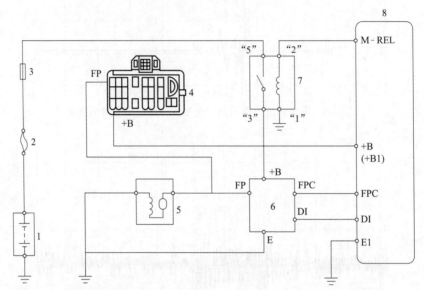

图 5-38　2JZ-GE 型发动机电动燃油泵电路图
1—蓄电池；2—易熔丝；3—EFI 熔断器；4—检查连接器；5—电动燃油泵；
6—电动燃油泵 ECU；7—EFI 主继电器；8—发动机 ECU

(2) 燃油压力检查
① 蓄电池电压应不低于 11V。
② 拆下蓄电池负极接头。
③ 拆下输油管与总输油管的连接螺栓，安装燃油压力表，螺栓扭矩为 42N·m。
④ 用跨接线连接检查连接器的 +B 和 FP 端子。
⑤ 安装蓄电池的负极接头。
⑥ 点火开关置 ON。
⑦ 读取燃油压力值。其标准油压应为 265～304kPa。如果油压过高，应更换汽油压力调节器；如果油压过低，可检查各部件、软管及接头有无渗漏现象及检查电动燃油泵、燃油滤清器、燃油压力调节器等有无问题。
⑧ 点火开关置 OFF，拆下跨接线。
⑨ 启动发动机运转，读取燃油压力值。急速时标准燃油压力应为 196～235kPa。拆下燃油压力调节器上的真空软管，塞住管口。此种情况下，急速时标准燃油压力应为 265～304kPa。若压力不符合要求，则应检查真空软管和燃油压力调节器。
⑩ 发动机熄火，检查燃油压力表的剩余压力 5min 内应不低于 147kPa。否则，应检查电动燃油泵、燃油压力调节器和喷油器。
⑪ 点火开关置 OFF，拆下蓄电池负极接头，再拆下燃油压力表，用两个新密封垫圈和接头螺栓，把输油管安装在总输油管上。

⑫ 装蓄电池负极接头。

(3) 电动燃油泵 ECU 的检查

① 拆下蓄电池负极接头，脱开电动燃油泵 ECU 的导线连接器。

② 用欧姆表检测电动燃油泵上 E 和 D_1 端子的 ECU 导线连接器接地电阻，如图 5-39 所示。检查接地电阻时应该导通。如果不导通，应检查导线线路。

③ 安装蓄电池负极接头，连接电动燃油泵 ECU 导线连接器，用电压表测量各种测量条件下电动燃油泵 ECU 导线连接器上＋B、FP、FPC 各端子的接地电压。电压值应符合表 5-14 中的给定值。如果不符合要求，应检查导线线路或更换电动燃油泵 ECU。

④ 电动燃油泵车下检查。

a. 脱开电动燃油泵导线连接器把电动燃油泵从车上拆下。

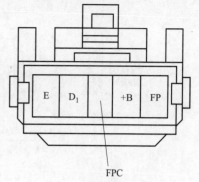

图 5-39 电动燃油泵 ECU 导线连接器

b. 用欧姆表测量电动燃油泵两个接线端子之间的电阻（即泵内电机线圈的电阻）。其电阻值在 20℃时应为 $0.2\sim0.3\Omega$。如果不符合要求，应更换电动燃油泵。

表 5-14 电动燃油泵 ECU 各端子的电压值

检查项目	连接端子	测量条件	标准电压/V
是否导通	E-接地		导通
是否导通	D1-接地		导通
电压	FP-接地	突然加速	12～14
		怠速	8～10
电压	＋B-接地	点火开关置 ON	9～14
电压	FPC-接地	突然加速到 6000r/min 或更高	4～6
		怠速	2.5

c. 将电动燃油泵与蓄电池连接（注意极性），并远离蓄电池。为防止烧坏电机线圈，每次接通时间不超过 10s。若泵内电机不转动，则应更换有关组件。

⑤ 电动燃油泵密封性检查。电动燃油泵经过维护、修理之后，应进行密封性检查，方法如下。

a. 用跨接线把检查连接器的＋B 与 FP 端子连接起来。

b. 点火开关置 ON，但不启动发动机。

c. 用钳子夹住回油软管，汽油管内的汽油达到最大压力，检查电动燃油泵各部是否有漏油之处。

5.2.3.2 喷油器的检测

电控燃油喷射系统 EFI 使用的喷油器是电磁式的，通过绝缘垫圈安装在进气管、进气歧管或气缸盖上，与进气道（或气缸）相通，与输油管道相连，能根据电控单元 ECU 的喷射控制信号喷射汽油。喷油器喷射的汽油应具有良好的雾化性和一定的喷雾形状，以保证发动机具有良好的动力性、燃油经济性和排放净化性。

喷油器的分类方法比较多，不同的分类方法可以分出不同的类型。最常见的分类方法是把喷油器分为饱和开关型、峰值保持型和 PNP 型三种类型。

喷油器和检查连接器的电路图如图 5-40 所示。

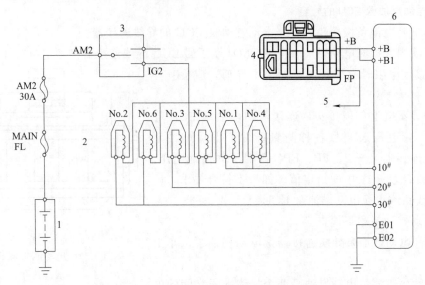

图 5-40 喷油器和检查连接器的电路图
1—蓄电池；2—喷油器；3—点火开关；4—检查连接器；
5—接电动燃油泵；6—发动机 ECU

(1) 工作情况检查

在发动机启动或正常运转时把听诊器按在喷油器上，逐缸听诊喷油器是否有喷油声、喷油频率与发动机转速是否一致等。也可用手捏住喷油器，通过感觉到的振动来判断其是否工作。如果听诊不到声音或感觉不到喷油器是在工作，则应检查导线连接及接头情况、喷油器电磁线圈的电阻和 ECU 发来的喷油控制信号等项目。

(2) 电阻测量

① 脱开喷油器导线接头，用欧姆表测量接头之间的电阻。在 20℃ 时电阻值应为 13.4～14.2Ω。如果电阻值不符合要求，应更换喷油器。

② 测量之后连接好喷油器导线接头。

③ 喷油量测量。用带流量测定功能的专用喷油器清洗器进行测量。标准喷油量为 $(50～70cm^3)/15s$，各喷油器喷油量之差不大于 $9cm^3$，且喷油器不得有滴漏现象。

④ 观测喷油波形。用示波器可以观测到喷油器的喷油波形。

5.2.3.3 冷启动喷油器的检测

冷启动喷油器也是一种电磁式喷油器，安装在进气管中节气门的后部，进行辅助喷射以改善发动机的低温启动性能和加快暖机过程。它与一般喷油器的主要区别，一是仅用于冷启动时，因而要求工作电压较低；二是要求喷雾颗粒化，喷雾锥角较大。

以丰田凌志 LEXUS LS400 型汽车 1UZ-FE 型发动机冷启动喷油器为例，其电路图如图 5-41 所示。

(1) 冷启动喷油器电阻测量

脱开冷启动喷油器的导线连接器，用欧姆表测量冷启动喷油器 "1" 与 "2" 端子间的电阻值。该标准电阻值 20℃ 时应为 2～4Ω。如果不符合要求，应更换冷启动喷油器。更换后连接好导线连接器。

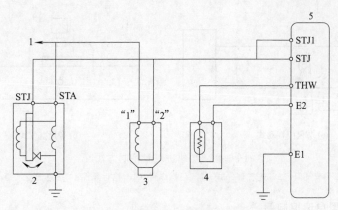

图 5-41 1UZ-FE 型发动机冷启动喷油器电路图
1—启动机继电器；2—温度时间开关；3—冷启动喷油器；4—水温传感器；5—发动机 ECU

(2) 温度时间开关电阻测量

脱开温度时间开关导线连接器，用欧姆表测量温度时间开关各端子间的电阻值，其电阻值应符合表 5-15 的给定值。如果不符合要求，应更换温度时间开关。

表 5-15 温度时间开关各端子间的电阻值

端　　子	标准电阻值/Ω	冷却液温度/℃
STA-STT	25～45	15 以下
	65～85	30 以下
STA-接地	25～85	

5.2.3.4 怠速控制阀的检测

怠速是指节气门关闭，油门踏板完全松开，且发动机对外无功率输出并保持最低转速稳定运转的工况。在汽车使用中，发动机怠速运转的时间约占 30%，怠速转速的高低直接影响燃油消耗和排放污染。怠速控制目的是在保证发动机排放要求且运转稳定的前提下，尽量使发动机的怠速转速保持最低，以降低怠速时的燃油消耗量。怠速控制系统的功能是根据发动机工作温度和负荷，由 ECU 自动控制怠速工况下的空气供给量，维持发动机以稳定怠速运转。

怠速控制系统主要由传感器、ECU 和执行元件（怠速控制阀）三部分组成。

怠速控制阀（ISCV）安装在节气门体上，在电子控制器 ECU 作用下，能自动控制怠速运转时进入发动机的空气量，实现对怠速转速的控制，保证怠速时能够稳定地运转。电子控制器 ECU 通过发动机转速传感器监测怠速转速，并根据自动变速器空挡开关、空调压缩机电磁离合器开关、蓄电池充电指示灯、动力转向压力开关等传输来的信号，不断将实际怠速与预置的目标怠速进行对比，根据对比出的转速差值，指令怠速控制阀调节旁空气通道的空气通过量进行怠速补偿，使怠速转速保持在目标怠速上。

怠速控制的方法及执行元件的类型因车型而异，怠速控制阀大致分为两种：一种为控制节气门全关闭位置的节气门直动式，另一种为控制节气门旁空气通道空气通过量的旁通空气式（如图 5-42 所示）。目前应用较多的是步进电动机控制的旁通空气式怠速控制系统。

按执行元件的类型不同，旁通空气式怠速控制系统又分为步进电机型、旋转电磁阀型、占空比控制电磁阀型、开关型等。

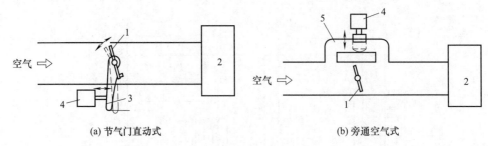

图 5-42 怠速进气量控制方法

1—节气门；2—进气管；3—节气门操纵臂；4—执行元件；5—怠速空气道

(1) 步进电机型怠速控制阀

在检修步进电机型怠速控制阀时，一般需进行以下检查。

① 拆开怠速控制阀线束连接器，将点火开关转至"ON"但不启动发动机，在线束侧分别测量 B_1 和 B_2 端子（如图 5-43 所示）。与搭铁之间的电压，均应为蓄电池电压（9～14V），否则说明怠速控制阀电源电路有故障。

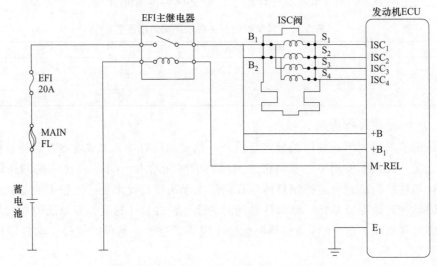

图 5-43 步进电机型怠速控制阀电路

② 发动机启动后再熄火时，2～3s 内在怠速控制阀附近应能听到内部发出的"嗡嗡"响声，否则应进一步检查怠速控制阀、控制电路及 ECU。

③ 电阻测量。拆开怠速控制阀线束连接器，在控制阀侧分别测量端子（图 5-43）B_1 与 S_1、S_3，B_2 与 S_2、S_4 之间的电阻，阻值均应为 10～30Ω，否则应更换怠速控制阀。

④ 开闭情况检查。如图 5-44 所示，拆下怠速控制阀后，将蓄电池正极接至 B_1 和 B_2 端子，负极按顺序依次接通 S_1—S_2—S_3—S_4 端子时，随步进电机的旋转，控制阀应向外伸出；蓄电池负极按相反顺序依次接通 S_4—S_3—S_2—S_1 时，则控制阀应向内缩回。若工作情况不符合上述要求，应更换怠速控制阀。

⑤ 电源电压测量。如果在确认 ISCV 阀单体正常的情况下怠速控制仍有故障，须检查使 ISCV 阀动作的电源电压。具体方法如下。

a. 点火开关置 ON，测量 ISCV 阀的接线端 B_1、B_2 与接地间的电压，电压值应为 12V。

b. 如果电源电压正常，再在发动机停机后的几秒钟内检查 ECU 对 ISCV 阀的控制信号。可用数字万用表脉冲信号（Hz）挡检查 ECU 的 $ISC_1 \sim ISC_4$ 与机壳接地间是否有脉冲信号发生。也可采用示波器观测 ECU 的 ISCV 信号输出是否正常。若输出信号不正常或无信号输出，则检查有关传感器及其连线。如果有关传感器及其连线也无问题，则故障在 ECU 内部。

也可通过波形观测来判断 ISCV 故障。

⑥ 在检修步进电机型怠速控制阀时应注意：

a. 不要用手推或拉控制阀，以免损坏丝杠机构的螺纹。

b. 不要将控制阀浸泡在任何清洗液中，以免损坏步进电机。

c. 安装时，检查密封圈不应有任何损伤，并在密封圈上涂少量润滑油。

步进电机型怠速控制阀，由于是通过控制步进电机的正反旋转方向和旋转量，来带动阀杆和阀芯的往复运动，使旁空气通道的流通截面积发生变化，即怠速进气量发生变化，来达到控制怠速转速目的的。因此，除了应注意检查步进电机型怠速控制阀的电器部分（定子、转子及其电路）外，其机械部分的技术状况也不容忽视。要注意检查阀芯与阀座的密封性，进给丝杠轴向移动的灵活性，有无脏污、堵塞、卡滞现象等。

当发动机出现怠速不稳定时，可能是怠速控制阀技术状况不良造成，但也可能是发动机转速传感器、节气门位置传感器或喷油器等技术状况不良造成的，因此应注意综合检测、分析、判断。

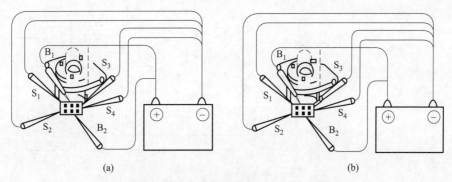

图 5-44 步进电机型怠速控制阀工作情况检查

(2) 旋转电磁阀型怠速控制阀

① 控制阀的结构与工作原理　旋转电磁阀型怠速控制阀如图 5-45 所示。控制阀安装在阀轴的中部，阀轴的一端装有圆柱形永久磁铁，永久磁铁对应的圆周位置上装有位置相对的两个线圈。由 ECU 控制两个线圈的通电或断电，改变两个线圈产生的磁场强度，两线圈产生的磁场与永久磁铁形成的磁场相互作用，即可改变控制阀的位置，从而调节怠速空气口的开度，以实现怠速空气量的控制。

双金属片制成卷簧形，外端用固定销固定在阀体上，内端与阀轴端部的挡块相连接。阀轴上的限位杆穿过挡块的凹槽，使阀轴只能在挡块凹槽限定的范围内摆动。流过阀体水腔的冷却液温度变化时，双金属片变形，带动挡块转动，从而改变阀轴转动的两个极限位置，以控制怠速控制阀的最大开度和最小开度。此装置主要起保护作用，可防止怠速控制系统电路出现故障时，发动机转速过高或过低，只要怠速控制系统工作正常，阀轴上的限位杆不与挡块的凹槽两侧接触。

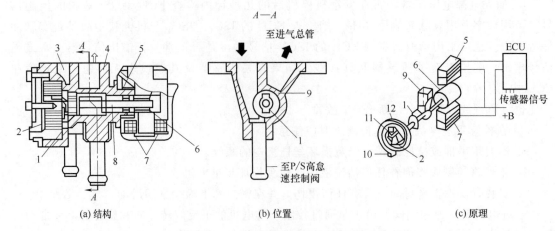

图 5-45 旋转电磁阀型怠速控制阀

1—控制阀；2—双金属片；3—冷却水腔；4—阀体；5,7—线圈；6—永久磁铁；
8—阀轴；9—怠速空气口；10—固定销；11—挡块；12—阀轴限位杆

② 控制阀的检修　旋转电磁阀型怠速控制阀电路（日本丰田 PREVIA 轿车）如图 5-46 所示，在维修时，一般进行如下检查。

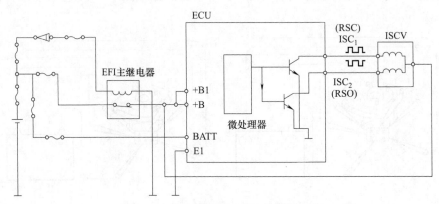

图 5-46 旋转电磁阀型怠速控制阀电路

a. 拆开怠速控制阀线束连接器，将点火开关转至"ON"但不启动发动机，在线束侧测量电源端子（+B）与搭铁之间的电压，应为蓄电池电压（9～14V），否则说明怠速控制阀电源电路有故障。

b. 发动机达到正常工作温度，变速器处于空挡位置时，使发送机维持怠速运转，用专用短接线短接故障诊断座的 TE_1 与 E_1 端子，发动机转速应保持在 1000～1200r/min，5s 后转速下降约 200r/min。若不符合上述要求，应进一步检查检查怠速控制阀电路、ECU 和怠速控制阀。

c. 拆开怠速控制阀上的三端子线束连接器，在控制阀侧分别测量中间端子（+B）与两侧端子（ISC_1 和 ISC_2）之间的电阻，正常值为 18.8～22.8Ω，否则应更换怠速控制阀。

③ 控制阀的控制内容　旋转电磁阀控制旁通空气式怠速控制系统的控制内容主要包括启动控制、暖机控制、怠速稳定控制、怠速预测控制和学习控制，具体内容与步进电机控制旁通空气式怠速控制系统基本相同，在此不再重述。

(3) 占空比控制电磁阀型怠速控制阀

① 控制阀的结构与工作原理 占空比控制电磁阀型怠速控制阀的结构如图 5-47 所示，主要由控制阀、阀杆、线圈和弹簧等组成。控制阀与阀杆制成一体，当线圈通电时，线圈产生的电磁力将阀杆吸起，使控制阀打开。控制阀的开度取决于线圈产生的电磁力大小，与旋转阀型怠速控制阀相同，ECU 也是通过控制输入线圈脉冲信号的占空比来控制磁场的强度，以调节控制阀的开度，从而实现对怠速空气量的控制。

② 控制阀的检修 占空比控制电磁阀型怠速控制阀电路（日本本田轿车）如图 5-48 所示。在使用中，主要应进行以下检查。

a. 拆开怠速控制阀线束连接器，将点火开关转至"ON"但不启动发动机，在线束侧测量电源端子与搭铁之间的电压，应为蓄电池电压，否则说明怠速控制阀电源电路有故障。

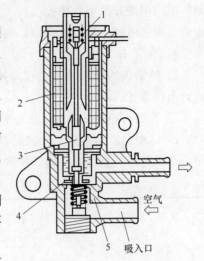

图 5-47 占空比控制电磁阀型怠速控制阀
1,5—弹簧；2—线圈；3—阀杆；4—控制阀

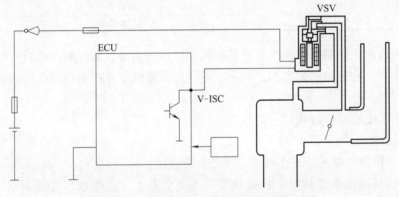

图 5-48 占空比控制电磁阀型怠速控制阀电路

b. 拆开怠速控制阀的两端子线束连接器，在控制阀侧分别测量两端子之间的电阻，正常应为 10~15Ω，否则应更换怠速控制阀。

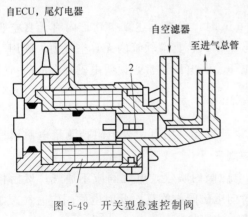

图 5-49 开关型怠速控制阀
1—线圈；2—控制阀

③ 控制阀的控制内容 占空比控制电磁阀型怠速控制系统的控制内容同样也包括启动控制、暖机控制、怠速稳定控制、怠速预测控制和学习控制。但由于占空比控制电磁阀型怠速控制阀控制的旁通空气量少，在采用此种控制阀的怠速控制系统中，仍需要快怠速控制阀辅助控制发动机暖机过程的空气供给量。

(4) 开关型怠速控制阀

① 控制阀的结构与工作原理 开关型怠速控制阀的结构如图 5-49 所示，主要由线圈和控制阀组成。其工作原理与占空比控制型电磁阀类

似。不同的是开关型怠速控制阀工作时，ECU只对阀内线圈通电或断电两种状态进行控制，电磁线圈通电时，控制阀开启，线圈断电则控制阀关闭。开关型怠速控制阀也只有开或关两个位置。

② 控制阀的检修　开关型怠速控制阀的检修与占空比控制电磁阀型怠速控制阀基本相同，不再重述。

③ 控制阀的控制内容　由于开关型怠速控制阀只有开或关两个位置，所以发动机工作时，ECU根据发动机的工作状况对控制线圈只进行通、断电控制，其控制条件如表5-16所示。在满足所列条件之一时，控制阀即开或关。

表5-16　开关型怠速控制阀控制条件

线圈状态	控制线圈状态	控 制 条 件
通电	开启	发动机启动工作时或刚刚启动后
通电	开启	怠速触点闭合，且发动机转速下降到规定转速以下时
通电	开启	怠速触点闭合，且变速挡位从空挡换到其他行驶挡位后的几秒内
通电	开启	打开灯光开关
通电	开启	打开后窗除霜器开关
断电	关闭	发动机启动后，怠速运转超过预定时间
断电	关闭	怠速触点IDL闭合，空调离合器分离，发动机转速超过预定值
断电	关闭	怠速触点IDL闭合，空调离合器分离，变速器从空挡换到其他行驶挡一定时间后
断电	关闭	关闭灯光开关
断电	关闭	关闭后窗除霜开关

此外，与占空比控制电磁阀型怠速控制阀相比，开关型怠速控制阀控制的旁通空气量更少，所以在采用此种控制阀的怠速控制系统中，也需要快怠速控制阀辅助控制发动机暖机过程的空气供给量。

5.2.3.5　碳罐电磁阀的检测

(1) 就车检查

① 将发动机预热至正常工作温度，使之怠速运转。

② 拔下碳罐上的真空软管，检查软管有无真空吸力。若燃油蒸发控制系统工作正常，在发动机怠速运转过程中电磁阀应关闭，真空软管内无真空吸力。如果此时真空软管内有真空吸力，则用万用表电压挡检查电磁阀线束连接器端子上是否有电压。若电磁阀线束连接器端子上有电压，说明ECU有故障；若无电压，则说明电磁阀有故障（卡死在开启位置）。

③ 踩下加速踏板，当发动机转速大于2000r/min时，检查上述真空软管内有无真空吸力。若真空软管内有真空吸力，则说明该系统正常工作；若真空软管内无真空吸力，则用万用表电压挡检查电磁阀线束连接器端子上是否有电压。若电压正常，说明电磁阀有故障；若电压异常，则说明ECU或控制线路有故障。

(2) 离车检查

① 检查电磁阀线圈的电阻值。拔下电磁阀线束连接器，用万用表电阻挡测量电磁阀线圈的电阻值。电阻值应符合规定，否则应更换电磁阀。

② 检查电磁阀的工作。拆下电磁阀，首先向电磁阀内吹气，电磁阀应不通气；然后将蓄电池电压加到电磁阀连接器的两端子上，并同时向电磁阀内吹气，此时电磁阀应通气。如果电磁阀的状态与上述情况不符，则电磁阀有故障，应更换。

5.3 电控自动变速器系统检测诊断故障的程序和方法

自动变速器是一个比较复杂的系统，由液力变矩器、行星齿轮机构、电子控制系统、液压控制系统和换挡执行器等组成。为了确定自动变速器的技术状况，并保证自动变速器处于良好的工作状态，通常要进行自动变速器的性能检测。自动变速器的性能检测分为基础检测、失速试验、挡位试验、液压试验和道路试验等。

电控自动变速器系统结构复杂，包括了机械部分、液压部分和电控部分，而且各厂商的产品也千差万别，一旦出现故障检修难度较大。但是，它们的基本工作原理都是一样的，因此检测诊断的程序和方法也是有规律可循的。电控自动变速器系统检测诊断的程序和方法，一般应遵循以下程序进行诊断。

5.3.1 对自动变速器做初步的信息了解和外观检查

首先向汽车用户了解电控自动变速器系统（以下简称为自动变速器）故障的现象、出现的时机和条件等情况，并问询该车在此之前是否找其他厂家检修过以及检修的具体内容等问题。总之，要注意倾听汽车用户对故障的陈述、意见和要求，以作为诊断的参考性依据之一。

根据自动变速器的故障现象进行外观检查，目的在于发现并消除从自动变速器外部能看得见的故障和存在的问题。主要是检查自动变速器是否存在漏油现象、发动机怠速情况、电控系统接插件是否松动或脱开、节气门拉索和变速杆等的联动装置是否松动或脱开等现象。必要时可驾车路试，以体验汽车的运行状况。

5.3.2 读取自诊断系统的故障码进行故障分析

自动变速器的电控系统设有故障诊断系统。如果电控系统发生了故障，自动变速器电子控制器ECU（有些车型的自动变速器与发动机共用一个ECU）将故障以诊断代码的形式存储在存储器中，汽车行驶中"O/D OFF"指示灯（在组合仪表板上）闪烁，以告知驾驶员自动变速器出现故障。

自动变速器可采用人工经验法和现代仪器设备诊断法进行故障诊断，其机械故障依靠维修经验进行人工检测和分析，但人工经验法对电子控制系统的诊断准确性差、效率低，而现代仪器设备诊断法往往只能对电子控制系统进行检测，因此自动变速器的最佳诊断方法是二者的结合，即现代仪器设备诊断法＋人工经验诊断法。

自动变速器的检测仪器很多，有专用和通用两种形式。专用故障检测仪是汽车制造公司为本公司生产的汽车专门设计和生产的，这种检测仪只用于指定车型，如美国通用公司的Tech2和德国大众公司的VAG1551/1552等。通用型检测仪可以检测不同车型的电脑。如美国Snap-on公司生产的Scanner MT2400、MT2500汽车电脑解码器和美国LAE公司生产的OTL汽车电脑解码器，元征公司生产的431ME汽车故障电脑分析仪，美国TranX2000自动变速器检测仪等。大部分故障检测仪能够读出自动变速器的故障代码。

自动变速器电控系统出现故障后，可利用汽车故障检测仪读取故障代码，也可以进行人工读码。汽车电脑检测仪读码较为简单，只需将通用或专用诊断检测仪与汽车上的专用故障检测连接器相连，按仪器提示操作即可读出故障码。人工读码比较复杂，操作人员必须按规定程序操作，不同的自动变速器其操作方法也不相同。有的汽车既可以利用仪器读码，也可以采用人工读码，如丰田车系；而有的汽车只能利用仪器读码，不能进行人工读码，如大众车系。下面以丰田凌志LS400和大众捷达轿车为例，说明自动变速器故障代码的读取方法。

(1) LS400轿车自动变速器故障代码的人工读取方法

LS400轿车以仪表盘上的"O/D OFF"指示灯作为自动变速器控制系统的故障警示灯。当超速挡开关置于"ON"位时，打开点火开关或汽车行驶中"O/D OFF"指示灯不停地闪烁，说明自动变速器的控制系统有故障。在读取故障代码时，不要将超速挡开关置于"OFF"位，否则汽车行驶中"O/D OFF"指示灯将一直发亮，无法读取故障代码。其读码方法如下。

① 打开点火开关，但不要启动发动机，先检查超速挡开关"O/D OFF"。当超速挡开关"O/D OFF"处于关闭时，"O/D OFF"指示灯应只亮不闪；当超速挡开关"O/D OFF"处于打开时，"O/D OFF"指示灯应熄灭。检测完毕应将该开关置于"ON"位置。"O/D OFF"开关键如图5-50所示。

② 用跨接线连接TDCL或检测专用连接器的端子T_{TT}（故障自诊断触发端）和E_1（搭铁），此时"O/D OFF"指示灯将闪烁。

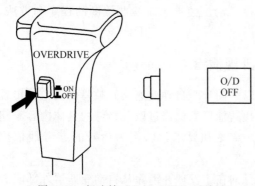

图5-50 超速挡"O/D OFF"开关键

③ 根据自动变速器故障警示灯的闪亮规律读出故障代码。

若自动变速器控制系统工作正常，电控单元内没有故障代码，则故障警示灯以每秒2次的频率连续闪亮；若自动变速器电控单元内存在故障代码，则故障警示灯以每秒1次的频率闪亮，并将两位数故障代码的十位数和个位数先后用故障警示灯的闪亮次数表示出来。当电脑内储存有几个故障代码时，电控单元按故障代码的大小，依次将储存的所有故障代码显示出来，相邻两个故障代码之间的停顿时间为2.5s。当所有故障代码全部显示完毕后，停顿4.5s，再重新开始显示。表5-17为LS400轿车自动变速器的故障代码及含义。

表5-17 LS400轿车自动变速器的故障代码及含义

故障代码	含义	故障代码	含义
42	1号车速(车速表)传感器无信号	63	2号换挡电磁阀不工作
46	4号(油压)电磁阀不工作	64	3号(锁止)电磁阀不工作
61	2号车速传感器无信号	67	O/D直接挡转速传感器无信号
62	1号换挡电磁阀不工作	68	自动跳合开关一直闭合

(2) 大众捷达轿车自动变速器故障代码的仪器读取方法

捷达轿车利用专用故障阅读仪VAG1551/1552读取故障代码，其操作步骤如下：

① 断开点火开关，连接故障阅读仪VAG1551及自诊断连接线。打开点火开关，显示屏显示：

```
Schnelle Datenübertragung
Adreβ wort eingeben XX

快速数据传递
输入地址码    XX
```

② 按下 0 和 2 键（02 为地址码"变速器电子装置"），显示屏显示：

```
Schnelle Datenübertragung   Q
02 Getriebeelektronik
```

```
快速数据传递   Q
02 变速器电子装置
```

③ 按"Q"键继续操作，直至显示屏显示：

```
Schnelle Datenübertragung
Funktion anwählen   XX
```

```
快速数据传递
功能选择   XX
```

④ 按下 0 和 2 键（02 为功能"查询故障存储器"），显示屏显示：

```
Schnelle Datenübertragung   Q
02 Fehlerspeicher abfragen
```

```
快速数据传递   Q
02 查询故障存储器
```

⑤ 按"Q"键确认，显示屏显示：

```
X   Fehler erkannt
X   有故障
```

⑥ 按下"→"键，直至显示最后一个故障码。故障代码在运作方式"快速数据传递"状态时可用 VAG1551 打印机打印出来。

捷达轿车自动变速器的故障代码及故障排除方法见表 5-18。

表 5-18 捷达轿车自动变速器的故障代码及故障排除方法

故障代码	可能的故障原因	排除方法
显示屏显示：无故障	如显示"无故障"，自诊断结束	自诊断"无故障"后，若自动变速器仍有故障必须按故障诊断程序继续查找故障
00258 电磁阀 1—N88	导线断路或对地短路； 电磁阀 1—N88 有故障	进行电气检查，按电路图检查导线和连接器； 读取测量数据块
00260 电磁阀 2—N89	导线断路或对地短路； 电磁阀 2—N89 有故障	进行电气检查，按电路图检查导线和连接器； 读取测量数据块
00262 电磁阀 3—N90	导线断路或对地短路； 电磁阀 3—N90 有故障	进行电气检查，按电路图检查导线和连接器； 读取测量数据块
00264 电磁阀 4—N91	导线断路或对地短路； 电磁阀 4—N91 有故障	进行电气检查，按电路图检查导线和连接器； 读取测量数据块
00266 电磁阀 5—N92	导线断路或对地短路； 电磁阀 5—N92 有故障	进行电气检查，按电路图检查导线和连接器； 读取测量数据块
00268 电磁阀 6—N93	导线断路或对地短路； 电磁阀 6—N93 有故障	进行电气检查，按电路图检查导线和连接器； 读取测量数据块

续表

故障代码	可能的故障原因	排 除 方 法
00270 电磁阀 7—N94	导线断路或对地短路； 电磁阀 7—N94 有故障	进行电气检查，按电路图检查导线和连接器； 读取测量数据块
00281 车速传感器 G68	导线断路； 车速传感器 G68 有故障； 主动齿轮上的脉冲叶轮松动	进行电气检查，按电路图检查导线和连接器； 读取测量数据块； 更换车速传感器 G68； 更换主动齿轮
00293 多功能开关 F125	开关状态不稳定； 导线断路； 多功能开关 F125 有故障	进行电气检查，按电路图检查导线和连接器； 读取测量数据块； 更换多功能开关 F125
00297 转速传感器 G38	导线断路； 转速传感器 G38 有故障	进行电气检查，按电路图检查导线和连接器； 读取测量数据块； 更换转速传感器 G38
00300 油温传感器 G93	无法识别故障类型； 导线断路； 油温传感器 G93 有故障	进行电气检查，按电路图检查导线和连接器； 读取测量数据块； 更换油温传感器 G93
00518 节气门电位计 G69	信号超出允许值； 导线断路或短路； 节气门电位计 G69 有故障	如果还显示了故障 00638，则应先排除该故障； 进行电气检查，按电路图检查导线和连接器； 读取测量数据块； 更换节气门电位计 G69； 对系统进行基本调整
	对于六缸机、柴油机或带有 simos 点火和喷射装置的信号是由发动机控制单元传送给变速器控制单元的，因此，故障原因可能是发动机控制单元或节气门电位计 G69 损坏	检查数据传输线和发动机控制单元； 更换节气门电位计 G69； 对系统进行基本调整
00529 无转速信号	导线断路	按电路图检查导线和连接器； 读取测量数据块； 检查发动机控制单元； 按当时发动机的故障代码进行相应检修
00532 电源电压	蓄电池损坏； 整流器电压过低	检查蓄电池； 读取测量数据块； 检查控制单元 J217 的电压； 进行电气检查
00545 发动机/变速器电气连接	导线断路或短路； 发动机/变速器控制单元未接上	按电路图检查导线和连接器； 读取测量数据块； 检查发动机控制单元； 按当时发动机的故障代码进行相应检修； 对系统进行基本调整
00532 电源电压	蓄电池损坏； 整流器电压过低	检查蓄电池； 读取测量数据块； 检查控制单元 J217 的电压； 进行电气检查
00545 发动机/变速器电气连接	导线断路或短路； 发动机/变速器控制单元未接上	按电路图检查导线和连接器； 读取测量数据块； 检查发动机控制单元； 按当时发动机的故障代码进行相应检修； 对系统进行基本调整
00596 整流器导线	短路； 传输线/阀体和线束间 10 孔连接器损坏； 连接阀体的传输线损坏	按电路图检查导线和连接器； 进行电气检查； 更换传输线

续表

故障代码	可能的故障原因	排除方法
00638 发动机/变速器电气连接2	无信号； 导线断路或短路； 发动机/变速器控制单元未接上	按电路图检查导线和连接器； 读取测量数据块； 检查发动机控制单元，如需要，更换相应单元；对系统进行基本调整
00641 变速器油温度	温度信号过大； 变速器油温过高,自动换入相邻低挡； 汽车拖载过大； 变速器油位不正常,油温传感器损坏	检查油面高度； 读取测量数据块； 检查变速器油温度； 更换传输线
00652 挡位监控不可靠信号	电气/液压故障； 离合器或阀体损坏	读取测量数据块； 在行驶中确定哪一挡有故障
00660 强制降挡开关/节气门电位计	导线断路； 节气门电位计 G69 损坏； 强制降挡开关 F8 损坏	按电路图检查导线和连接器； 按故障代码 00518 进行检修； 读取测量数据块； 进行电气检查； 调整或更换节气门拉线
65535 控制单元 J217	控制单元 J217 损坏	更换控制单元； 对系统进行基本调整

5.3.3 自动变速器的性能检测

自动变速器出现故障后应首先观察故障指示灯的闪烁情况，然后读取故障代码，并按故障代码提示进行检测和维修。若故障指示灯正常或无故障代码，但自动变速器仍然有故障，则应进行性能检测，以确定故障范围，为进一步检修提供依据。自动变速器的性能检测包括基础检测、失速试验、时滞试验、油压试验和道路试验。

5.3.3.1 自动变速器的基础检测

自动变速器的故障多是由于使用、维修不当造成的。因此，应首先对自动变速器进行基本的检测与调整，这样，既可以解决一些因维护不当而引起的故障，又可为进一步进行故障诊断提供有用的信息。

(1) 发动机怠速时的检测

发动机处于怠速，水温达正常后，当自动变速器置于"N"位时，检测发动机的怠速是否在规定的范围内。若怠速过低，当变速器置于"R""D""2"或"1"位时，会使汽车产生震动，影响乘坐的舒适性，严重时会使发动机熄火；若怠速过高，则会产生换挡冲击和爬行现象。

(2) 节气门阀拉线的检测

在自动变速器中，节气门阀拉线连接节气门阀与发动机上的节气门，通过节气门阀的位移量变化，将发动机节气门开度信号转化成节气门的油压信号。节气门阀拉线的检测主要是检查：表征发动机负荷大小的节气门开度是否准确地反映到自动变速器内部的节气门阀处。该拉索过松过紧均不行，必须符合原厂规定。如丰田系列汽车规定，当节气门全开时，拉索标记距拉索罩套口的距离为 0～1mm，如图 5-51 所示。若拉

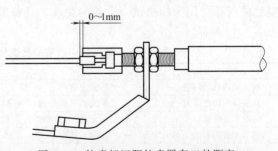

图 5-51 拉索标记距拉索罩套口的距离

索调整过紧，则使加速踏板控制液压过高，引起换挡点升高而造成换挡冲击；若拉索调整过松，则使加速踏板控制液压过低，引起换挡点降低而造成功率消耗。

(3) 挡位检测

挡位检测就是检查自动变速器各个挡位的工作情况是否良好，包括手动选挡、手动换挡和前进换挡等。驾驶员通过操作选挡控制阀实现换挡。若选挡控制阀处有故障，将使自动变速器不能正常工作。具体步骤如下。

① 首先观察选挡机构传动杆件是否变形或有干涉，各连接处是否固定良好等。再将选挡杆分别挂入每一个挡位，靠选挡杆手柄上的感觉来判断选挡机构的工作是否正常。如手柄进入每个挡位时是否灵活自如，进入挡位后手柄位置是否正确等。

② 检测空挡启动开关，查看发动机是否只在变速器选挡杆处于"N"或"P"挡时方可启动，以及倒车灯是否仅在选挡杆处于"R"位时才接通，使倒车灯亮。

③ 检测超速挡控制开关，查看自动变速器超速挡是否正常。

④ 检测强制挡开关，查看传感器电路部分的导线连接是否良好，强制降挡开关的安装及开关接通时的节气门开度是否正常。

⑤ 检测自动变速器内的油面高度是否在规定范围之内。该项检查必须在自动变速器升温后和发动机怠速运转的情况下进行。先将变速杆从 P 挡换至 R、N、D、2、L 上各挡，再从 L 挡换至 2、D、N、R、P 各挡，在每个挡位下都应停留数秒钟，以使各挡位充分排气充油。然后拔出变速器油标尺并擦拭干净，将油标尺重新全部插入套管，再拔出油标尺检查液位。如果液位在油标尺"HOT"上下标记范围之内（如图 5-52 所示）则符合要求；如果液位低于"HOT"下限，则须加油。

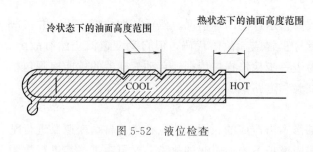

图 5-52 液位检查

自动变速器液位对自动变速器的工作性能影响很大。如果液位低于规定范围，就会出现自动变速器的离合器和制动器打滑，汽车加速性能变差，换挡时冲击过度，行星齿轮和其他旋转零件润滑不足等问题。如果液位高于规定范围，就会出现油液从加油管或通风管溢出，控制阀间体内的排泄孔堵塞，阻碍自动变速器的离合器和制动器平顺脱开，换挡不平稳等问题。

(4) 油质检查

自动变速器油液品质发生变化，如颜色变黑、有焦煳味、黏度变大或变小等，则应更换，否则会影响自动变速器的正常工作。检查时，拔出自动变速器油尺，观察油的颜色，嗅嗅油的气味，用手指捻试一下油的黏度，凭经验做出判断。油液品质变化与可能形成的原因如表 5-19 所示。

表 5-19 油液品质变化与可能形成的原因

油液品质	可能形成的原因
油液清洁且呈红色	品质正常
油液呈深红色或褐色	未及时更换油液长期重载行驶、某部件打滑或损坏等原因造成油液温度太高
油液中有金属颗粒	离合器片、制动器片或单向离合器磨损严重
油尺上黏附有胶质油膏	油温过高
油液有焦煳味	油面过低、油温过高、油液冷却器或管路堵塞

(5) 电控系统元件的检测

检测电控系统线束导线及各接插件是否有短路、断路、搭铁和接触不良等问题，以及各电控元件是否损坏或失效等。电控元件的检测内容和方法根据车型不同而异，这里主要介绍一些通用元件的损坏可能引发的故障和检查方法。

① 检测车速传感器。车速传感器损坏可能使自动变速器只能以一个挡位行驶，不能升挡或不能降挡，严重时出现频繁跳挡。

首先目测传感器有无损伤变形等，然后用万用表测量传感器线圈电阻是否正常。其阻值因车型不同，一般在几百欧姆到几千欧姆之间。

② 检测控制开关。自动变速器的控制开关较多，有超速开关、模式开关、挡位开关、制动开关和强制降挡开关等。一般采用的检测方法是使用万用表测量两端子的通断情况。挡位开关有多组触点，应分别测量。

③ 检测换挡电磁阀。换挡电磁阀有故障会造成不能换挡。检测换挡电磁阀时应检查其线圈是否短路、断路或接触不良。

④ 检测油压控制电磁阀。测量电磁阀两端的电阻值是否在规定范围内。在电磁阀线圈的两端接上可调电源，改变电压，电磁阀阀芯应移动。

⑤ 检测油温传感器。检测油温传感器是否短路或断路，以及传感器的电阻、温度值与标准是否相符。

(6) 检测液压系统

关闭发动机，将变速器选挡杆置于"P"挡，拆下需要测试油压的接点堵头，再接上油压测试管接头，然后接上油压软管及油压表（量程为 0～3MPa）。启动发动机，使变速器处于油压被测状态，检查管接头和油管的连接是否可靠，有无漏油。待变速器的油温达到正常工作温度后，在各种工况下测试并记录油压标定数值，通过比较测量值与标准值的差异，判断系统的工作情况。

5.3.3.2 自动变速器的失速试验

自动变速器失速，是指变矩器涡轮在负荷太大而停止转动时泵轮的转速。该试验通过挂挡和制动使涡轮不转，测试泵轮（即发动机）转速，以便分析故障原因。失速试验是检查发动机、液力变矩器及自动变速器中有关的换挡执行元件的工作是否正常的一种常用方法。

(1) 失速试验的目的

在试验条件下通过测试在 D 挡和 R 挡时的发动机最大转速，检查发动机与自动变速器的综合性能。主要是测试发动机输出功率是否正常，液力变矩器导轮单向离合器是否良好，行星齿轮系统的离合器和制动器是否打滑等项目。

(2) 失速试验的方法

① 使汽车行驶，并使发动机和自动变速器均达到正常工作温度（70～80℃）。

② 检查汽车的行车制动和驻车制动情况，确认行车制动器和驻车制动器性能良好，自动变速器液位正常的情况下，方可进行试验。

③ 检查自动变速器的油面高度，应保证其在正常范围内。

(3) 失速试验步骤

① 将汽车停放在宽阔的水平地面上，用三角木块塞住前后车轮。

② 无发动机转速显示的车辆，应安装发动机转速表。

③ 拉紧驻车制动器，用左脚用力踩住制动踏板。

④ 启动发动机，使发动机在急速下运转。

⑤ 将选挡杆拨入"D"位。

⑥ 在用左脚踩紧制动踏板的同时，用右脚将加速踏板踩到底，当发动机转速上升至稳定值时，读取此时的发动机最高转速值，该转速称为"失速转速"，一般应为 2000r/min 左右（因车型而异，具体数值须查维修手册）。然后立即松开加速踏板。

⑦ 将选挡杆拨入"P"或"N"位，使发动机急速运转 1min 以上，防止自动变速器油因温度过高而变质。

⑧ 按以上方法，将选挡杆拨入"R"位，做同样的试验。

自动变速器的失速试验过程如图 5-53 所示。

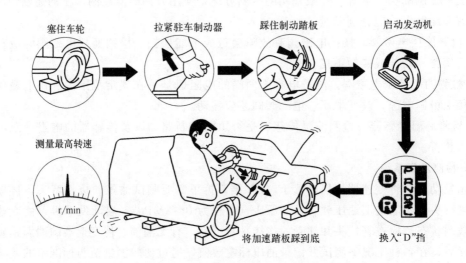

图 5-53 自动变速器的失速试验过程

(4) 试验结果分析

① 如果 D 挡和 R 挡失速相同，且都低于规定值，可能是发动机功率不足或变矩器导轮单向离合器工作不正常造成的。如果失速低于规定转速值 600r/min 以上，则变矩器可能损坏。

② 如果 D 挡失速转速高于规定值，可能是线路油压太低，前进离合器打滑，2 号单向离合器工作不良或 O/D 单向离合器工作不良造成的。

③ 如果 R 挡失速转速高于规定值，可能是线路油压太低，直接离合器打滑，第一挡及倒挡离合器打滑或 O/D 单向离合器工作不良造成的。

在汽车处于前进挡或倒挡时，同时踩住制动踏板和加速踏板，此时发动机处于最大转矩工况，而自动变速器输入轴及输出轴均静止不动，液力变矩器的涡轮也因此静止不动，只有液力变矩器壳及泵轮随发动机一起转动，这种工况属于失速工况，此时的发动机转速称为失速转速。由于在失速工况下，发动机的动力全部消耗在液力变矩器内自动变速器油的摩擦损失上，所以自动变速器油的温度将急剧上升。因此，在失速试验中，将加速踏板从踩下到松开整个过程的时间不得超过 5s，否则会使自动变速器油因温度过高而变质，甚至损坏密封圈等零件。

在一个挡位试验完成之后，不要立即进行下一个挡位的试验，要等油温降下来以后再进行试验。试验结束后不要立即熄火，应将选挡杆拨入空挡或停车挡，让发动机急速运转几分钟，以使自动变速器油的温度恢复正常。如果在试验中发现驱动轮因制动力不足而转动，应立即松开加速踏板，停止试验。

5.3.3.3 自动变速器的时滞试验

在发动机怠速运转时，将选挡杆从空挡拨至前进挡或倒挡后，需要有一个短暂的时间迟滞或延时才能使自动变速器完成挡位的变换（此时汽车会产生一个轻微的振动），这一短暂的时间称为自动变速器换挡的迟滞时间。时滞试验就是测出自动变速器换挡的迟滞时间，根据迟滞时间的长短来判断主油路的油压及换挡执行元件的工作是否正常。

自动变速器时滞试验的步骤如下。

① 行驶汽车，使发动机和自动变速器达到正常工作温度（70～80℃）。

② 将汽车停放在水平路面上，拉紧驻车制动器。

③ 将选挡杆分别置于"N"位和"D"位，检查其怠速。"D"位怠速应略低于"N"位怠速（约低 50r/min），如不正常，应按规定予以调整。

④ 将自动变速器选挡杆从"N"位拨至"D"位，用秒表测量从拨动选挡杆开始到感觉汽车有振动为止所需的时间，该时间称为 N-D 迟滞时间。

⑤ 将选挡杆拨至"N"位，使发动机怠速运转 1min 后，再做一次同样的试验。

⑥ 共做 3 次试验，取平均值作为 N-D 迟滞时间。

⑦ 按上述方法，将选挡杆由"N"位拨至"R"位，测量 N-R 迟滞时间。

自动变速器的时滞试验过程如图 5-54 所示。

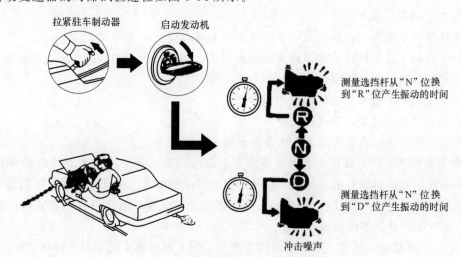

图 5-54　自动变速器的时滞试验过程

大部分自动变速器的 N-D 迟滞时间小于 1.0～1.2s，N-R 迟滞时间小于 1.2～1.5s。若 N-D 迟滞时间过长，说明主油路油压过低，前进离合器磨损过甚或超速行星齿轮机构中的单向离合器工作不良；若 N-R 迟滞时间过长，说明倒挡油路油压过低，倒挡离合器或倒挡制动器磨损过甚，或超速行星齿轮机构中的单向离合器工作不良。

5.3.3.4 自动变速器的油压试验

(1) 试验目的

自动变速器的油压试验目的是测量自动变速器的油路压力，即在自动变速器工作时，测量其控制系统各个油路中的油压，为分析自动变速器的泵、阀的技术状况、密封性能和节气门阀拉索的调整状况提供依据，以便有针对性地进行检修。控制系统的油压正常是自动变速器正常工作的先决条件。如果油压过低，会造成换挡执行元件打滑，加剧其摩擦片的磨损，甚至使换挡执行元件烧毁；如果油压过高，会使自动变速器出现严重的换挡冲击，甚至损坏控制系统。因此，在分解修理自动变速器之前和修复之后，都要对自动变速器做油压试验，以保证自动变速器的修复质量。

(2) 试验准备

进行该项试验时，为保证安全，在测量油路压力时，一定要有两人配合，即一人进行测量，另一人站在车外观察车轮或车轮垫木的情况。

为了液压试验方便，一般在自动变速器壳体的有关位置设有数个测量不同油路液压的测压孔，用于安装液压表，平时用方头螺塞堵住，其具体位置可从该车型维修手册中查到。液压试验前应查到这些测压孔，如果查不到，可采用以下方法找到。

用举升器将汽车升起，发动机怠速运转，分别将各个侧压孔螺塞旋松，观察当变速杆处于不同挡位时是否有压力油液流出，依此判断各油路具体位置。

① 变速杆位于 R、D、2、L 上各挡位时都有压力油流出，为主油路侧压孔。

② 变速杆位于 D、2、L 各挡位时都有压力油流出，为前进挡油路侧压孔。

③ 变速杆位于 R 挡位时有压力油流出，为倒挡油路侧压孔。

④ 变速杆位于 D、2、L 各挡位时，并且在驱动轮转动后才有压力油流出，为调速器油路侧压孔。

(3) 试验程序

① 主油路液压试验

a. 预热自动变速器油，使油温处于正常工作温度，即 70～80℃ 之间。

b. 拆下自动变速器壳体上测试油压的接点堵头，将量程为 2MPa 的油压表连接上。

c. 拉紧驻车制动器，并用垫木将 4 个车轮挡住。

d. 启动发动机并检查怠速转速是否正常。

e. 将制动踏板踩到底，将选挡杆换入 "D" 位。

f. 在发动机怠速运转的情况下，检查并记录主油路压力。

g. 在上述状态下，右脚将加速踏板踩到底，在发动机达到失速转速时读取油液最大压力值，该油液压力值即为失速工况下的前进挡主油路油液压力。注意读取油液压力值后要立即抬起加速踏板。将变速杆分别推入 2、L 挡，重复上述试验，可测得各个前进挡在怠速工况下和失速工况下的主油路油液压力。

h. 在 R 挡重复上述试验，可测得倒挡在怠速工况下和失速工况下的主油路油液压力。

i. 测出的主油路液压值应与规定值对照。如果未达到规定值，应检查节气门阀拉索的调整状况，视需要重新调整并重复做主油路液压试验。

不同车型自动变速器的主油路液压规定值不完全相同，应查阅维修手册。几种常见车型自动变速器主油路液压规定值见表 5-20。

常见车型自动变速器的油压测量孔的位置如图 5-55 和图 5-56 所示。

j. 结果分析。

ⅰ. 凡在任何范围油液压力均高于规定值，可能是节气门阀拉索调整不当、节气门阀失效或调压阀失效等造成的。

ⅱ. 在任何范围油液压力均低于规定值，可能是节气门阀拉索调整不当、节气门阀失效、调压阀失效、液压泵效能不佳或 O/D 直接离合器损坏等造成的。

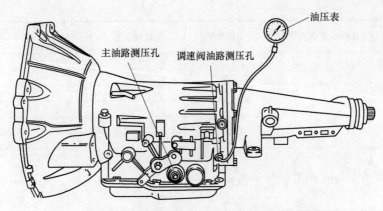

图 5-55　丰田系列后驱动液力自动变速器的油压测量孔

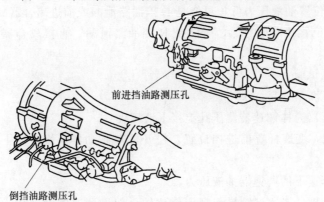

图 5-56　4N71B 自动变速器油压测量孔

表 5-20　常见车型自动变速器主油路液压规定值

车型	自动变速器型号	发动机型号	变速杆位置	主油路液压/kPa	
				怠速工况	失速工况
丰田 HIACE	A45DL	1RZ、2RZ	D	354~402	1030~1196
			R	500~569	1424~1785
		2L、3L	D	344~431	1098~1294
			R	451~657	1471~1863
		2RZ-E	D	441~500	990~1167
			R	667~745	1471~1863
丰田 PREVIA	A46DE	2JZ-FE	D	364~402	1040~1304
			R	500~559	1404~1863
丰田 CROWN	A340E	2JZ-GE	D	364~422	904~1147
			R	500~598	1236~1589
	A42DL	1G-FE	D	354~402	1030~1196
			R	500~569	1424~1785
丰田 CORONA	A240E	4A-FE	D	374~422	904~1050
			R	550~707	1414~1648
	A241E	3S-FE	D	374~422	904~1050
			R	638~795	1560~1893
	A241L	2C	D	374~422	824~971
			R	647~794	1424~1755
丰田 CAMRY	A540E	3VZ-FE	D	354~412	994~1040
			R	574~745	1608~1873

续表

车型	自动变速器型号	发动机型号	变速杆位置	主油路液压/kPa 怠速工况	主油路液压/kPa 失速工况
凌志 LS400	A341E、A342E	1UZ-FE	D	384～441	1206～1363
			R	579～657	1638～1863
尼桑	L4N71B	VG30E、VG30S	D	314～373	1157～1275
			R	549～686	2187～2373
		LD28	D	384～481	1020～1196
			R	726～824	1924～2079
宝马	ZF4HP22/EH	325e、524td、528e 系列	D	588～735	
			R	1078～1274	
		535i、635csi、735i 系列	D	588～735	
			R	1470～1666	

ⅲ. 只在 D 挡位置油液压力低，可能是 D 挡油路泄漏或前进离合器故障等造成的。

ⅳ. 只在 R 挡位置油液压力低，可能是 R 挡油路泄漏、直接离合器故障或倒挡制动器故障等造成的。

② 调速器液压试验

a. 用举升器将汽车升起。

b. 在自动变速器壳体调速器测压孔上接上液压表。

c. 启动发动机，变速杆置前进挡位置，松开驻车制动器，缓慢踩下加速踏板，使驱动轮转动。

d. 读取不同车速下的调速器油液压力。

e. 试验结果分析。将测试结果与规定值比较，如果调速器油液压力太低，可能是主油路压力太低、调速器油路漏油或调速器工作不正常等原因造成的。

5.3.3.5 自动变速器的道路试验

自动变速器的道路试验是分析、诊断自动变速器故障及检验自动变速器修复后工作性能和修理质量的最有效手段之一。道路试验是对汽车自动变速器性能的最终检验，检验内容侧重于检查换挡点的速度及是否有换挡冲击、振动、噪声和打滑等现象。

在进行道路试验之前，应保证汽车发动机、底盘等系统的技术状况良好，自动变速器应已通过了各种检查和试验。让汽车以中低速行驶 5～10min，使发动机和自动变速器都达到正常工作温度（70～80℃之间）。

下面以凌志 LS400 轿车为例，对自动变速器的道路试验加以探讨。

① 升挡过程的检测 将选挡杆拨至前进挡"D"位，踩下加速踏板，使节气门保持在 1/2 开度左右，让汽车起步加速，检查自动变速器的升挡情况。在自动变速器升挡时，发动机会有瞬时的转速下降，同时车身有轻微的晃动感。在正常情况下，汽车起步后随着车速的升高，试车者应能感觉到自动变速器能顺利地由 1 挡升入 2 挡，随后再由 2 挡升入 3 挡，最后升入超速挡。若自动变速器不能升入高位挡（3 挡或超速挡），说明控制系统或换挡执行元件有故障。

② 升挡车速的检测 启动发动机，将选挡杆拨至前进挡"D"位，踩下加速踏板，并使节气门保持在某一固定开度，让汽车起步并加速。当感觉到自动变速器升挡时，记下升挡车速。一般四挡自动变速器在节气门开度保持在 1/2 时，由 1 挡升至 2 挡的升挡车速为 25～35km/h，由 2 挡升至 3 挡的升挡车速为 55～70km/h，由 3 挡升至 4 挡（超速挡）的升挡

车速为 90~120km/h。在不同的节气门开度时，升挡车速亦不同；对不同车型，自动变速器的升挡车速也不相同。因此，只要升挡车速基本保持在上述范围内，而且汽车行驶中加速良好，无明显的换挡冲击，都可以认为其升挡车速基本正常。

若汽车在行驶中加速无力，升挡车速明显低于上述范围，说明升挡车速过低（即过早升挡），一般是因控制系统的故障所致；若汽车行驶中有明显的换挡冲击，升挡车速明显高于上述范围，说明升挡车速过高（即过迟升挡）可能是控制系统的故障所致，也可能是换挡执行元件的故障所致。

在不同节气门开度下的自动变速器的升挡车速，可作为判断换挡车速是否正确的标准。由于降挡时刻在行驶时不易察觉，因此，在道路试验中，一般无法检查自动变速器的降挡车速，只能通过检查升挡车速来判断自动变速器有无故障。

③ 换挡质量的检测　换挡质量的检查内容主要是检查有无换挡冲击。正常的自动变速器只能有不太明显的换挡冲击，特别是电子控制自动变速器的换挡冲击应十分微弱。若换挡冲击太大，说明自动变速器的控制系统或换挡执行元件有故障，其原因可能是油路油压过高或换挡执行元件打滑，应做进一步的检查。

④ 锁止离合器工作情况的检测　判断液力变矩器中锁止离合器的工作是否正常也可以采用道路试验的方法，如图 5-57 所示。试验中，让汽车加速至超速挡，以大于 80km/h 的车速行驶，并让节气门开度保持在低于 1/2 的位置，使变矩器进入锁止状态。此时，快速将加速踏板踩下至 2/3 开度，同时检查发动机转速的变化情况。若各发动机转速没有太大变化，说明锁止离合器处于接合状态；反之，若发动机转速升高很多，则表明锁止离合器没有接合，其原因通常是锁止离合器控制系统有故障。

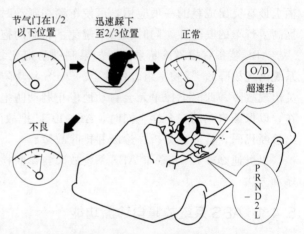

图 5-57　检查锁止离合器工作状况的示意图

⑤ 发动机制动作用的检测　检查自动变速器有无发动机制动作用时，应将选挡杆拨至前进低挡（S、L 或 2、1）位置，在汽车以 2 挡或 1 挡行驶时，突然松开加速踏板，以检查是否有发动机制动作用。若松开加速踏板后车速立即随之下降，说明有发动机制动作用；否则，说明控制系统或相关的离合器、制动器有故障。

⑥ 强制降挡功能的检测　检查自动变速器的强制降挡功能时，应将选挡杆拨至前进挡 "D" 挡，保持节气门开度为 1/3 周左右，在以 2 挡、3 挡或超速挡行驶时，突然将加速踏板完全踩到底，检查自动变速器是否被强制降低一个挡位。在强制降挡时，发动机转速会突然上升至 4000r/min 左右，并随着加速升挡，转速逐渐下降。若踩下加速踏板后没有出现强制降挡，说明强制降挡功能失效。若在强制降挡时发动机转速异常升高达 5000r/min 左右，并在升挡时出现换挡冲击，则说明换挡执行元件打滑，应检修自动变速器。

⑦ "P" 挡制动效果的检测　将汽车停在坡度大于 9°的斜坡上，选挡杆拨入 "P" 挡，松开驻车制动器，检查机械闭锁爪的锁止效果。

5.3.4 自动变速器常见故障简介

自动变速器的常见故障主要为汽车不能行驶、加速无力、换挡冲击过大、不能升挡、无超速挡、无倒挡、挂挡后发动机易熄火、锁止离合器不能锁止及自动变速器油易变质等。导致自动变速器故障的原因很多,情况也比较复杂,可能是调整不当或电控系统故障,也可能是油泵、变速器、控制阀、换挡执行元件等有故障。因此在诊断过程中,应先对电控系统进行检测,然后对有关部位进行相应调整,最后再进行分解检修,切忌盲目拆卸。

5.4 防抱死制动系统检测诊断的程序和方法

制动防抱死系统（Antilock Braking System,简称 ABS）依靠装在各车轮上高灵敏度的车轮转速传感器以及车身上的车速传感器,可以感知制动时车轮每一瞬时的运动状态,并根据其运动状态相应地调节制动器制动力矩的大小,避免出现车轮抱死现象,有效地克服车辆紧急制动时的跑偏、侧滑和甩尾,防止车身失控等情况的发生。ABS 是电子控制技术在车辆上最有突出成就的一项应用,可使车辆在制动时维持方向稳定性和缩短制动距离,有效地提高了行车的安全性。同时,由于避免了轮胎的抱死拖滑而极大地改善轮胎的磨损情况。

ABS 装备有故障诊断系统。如果制动防抱死装置在使用中出现故障（ABS 中任一信号系统出现故障）,驾驶室组合仪表上的 ABS 制动防抱死警告灯就会点亮发出警告,告知驾驶员出现故障。此时电控单元会自动地停止制动防抱死装置的工作,并让常规制动系统继续工作,以保证汽车的安全性。同时,ABS ECU 把故障以代码形式存储起来,以利检修人员读出诊断代码、检测、分析、诊断并排除故障。

以奥迪 200 1.8T 轿车 ABS 系统故障自诊断检测为例介绍防抱死制动系统检测诊断的程序和方法。

5.4.1 ABS 系统故障自诊断功能

奥迪 200 1.8T 轿车 ABS 系统故障自诊断功能可对 ABS 系统的电气及电子元件进行检测,原则上可以区分出 15 种不同的故障。如果在被监测的传感器或执行元件内发生了故障,这些故障均以故障代码的形式储存到 ABS 控制单元 J104 的故障存储器中,用故障检测仪 VAG1551 即可读取故障存储器中的故障信息。

在每次行车前,打开点火开关,系统将进行自检。在自检过程中仪表板上的黄色指示灯 K47 发光。指示灯在大约 2s 后熄灭。在自检过程中可以感觉到继电器的动作、液压泵的启动声以及制动踏板的轻微振动。由于某些故障只能在汽车行驶过程中才被识别,所以自检过程在汽车行驶时也进行。如果在自检过程中发现故障,ABS 将在整个行驶周期内自动关闭,同时并使仪表板上的 ABS 指示灯 K47 点亮,此时汽车制动系统就像普通汽车的制动系统一样工作；如果系统供电出现故障,ABS 系统也将在整个相应的行驶周期内自动关闭,当车载电压大于 10.5V 时,ABS 系统将重新接通工作。ABS 系统自诊断系统将所识别的故障分为"持续性"和"偶发性"故障两种。如果存储的"持续性"故障,在点火开关关闭并再打开后不再出现,则故障将转存为"偶发性"故障。但是,"控制单元 J104 损坏"的故障仅作为"持续性"故障存储。"偶发性"故障如果在特定的几个行驶周期内不再出现便会自动被清除。在显示"偶发性"故障时,在 VAG1551 显示屏的右侧将出现"/SP"符号。

在自诊断进行过程中，无 ABS 调节功能，此时仪表板上的 ABS 指示灯 K47 点亮。ABS 系统故障自诊断只能在汽车处于静止状态并打开点火开关（或发动机运转）时进行。如果车速大于 2.5km/h，则无法进入故障自诊断，如果车速大于 20km/h，自诊断程序将被中断。

奥迪 200 1.8T 轿车 ABS 系统故障自诊断功能不仅可以读取和清除存储器中的故障信息，而且还可以具备提供"控制单元识别"和"读取测量数据块"等附加功能。

5.4.2 ABS 系统检测注意事项及检测条件

(1) 检测注意事项

① 防抱死制动系统是汽车的安全系统，因此在维修 ABS 制动系统之前，必须了解 ABS 系统的结构。

② 在检测 ABS 系统时，必须先查询控制单元 J104 的故障存储器中储存的故障信息。

③ 从 ABS 系统控制单元 J104 上拔下插头时，千万不要开动汽车。只有当点火开关关闭时，才可以拔下或插上防抱死制动系统部件的插头。

④ 只有更换液压泵和电磁阀继电器时，才允许拧开固定螺栓。否则，不许松开液压单元的固定螺栓。

⑤ ABS 系统中的故障是通过警报指示灯 K47 发光显示的，因为某些故障只有在汽车行驶中才能被识别，所以自诊断后要通过试车检查系统的功能。试车时在 30s 时间内以大于 60km/h 的车速行驶，并且进行一次有 ABS 控制的制动。

(2) 检测条件

① 所有轮胎的型号和规格相同，并具有正确的充气压力。

② 制动灯开关和制动灯正常，整个液压系统没有泄漏。

③ 车轮轴承及轴承间隙正常。

④ 转速传感器的安装位置正常。

⑤ 所有熔丝正常，并按电路图的规定接好。

⑥ 液压单元上的液压泵 V39 的接地线正常，控制单元 J104 的插头插接正确。

⑦ 在故障检测仪 VAG1551 工作时，测试盒 VAG1598 不应同 ABS 系统的控制单元 J104 相连。

⑧ 供电电压正常（不低于 10.5V）。

5.4.3 故障检测仪 VAG1551 的连接

① 将诊断仪 VAG1551 同水箱左侧继电器支座上的诊断插座相连（图 5-58），黑色插头同黑色诊断插座相连。如果故障检测仪 VAG1551 的显示屏上无显示，则检查黑色诊断插座的供电电压。显示屏显示：

```
V. A. G. Eigendiagnose                              HELP
    1—Schnelle Datenuebetragung
    2—Blinkcodeausgabe

V. A. G. 自诊断                                      帮助
    1—快速数据传递
    2—闪光代码输出
```

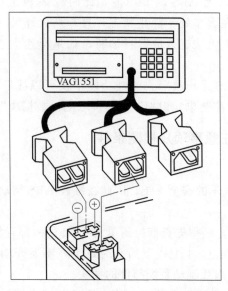

图 5-58 故障诊断仪 VAG1551 的连接

② 白色插头同白色诊断插座相连，蓝色插头不使用，打开点火开关。说明：按下 VAG1551 的 HELP 键，可以打印出附加的操作说明，"→"键用于继续向下进行程序。

③ 按下 PRINT 键打开打印机，键上的指示灯亮。按下工作方式"快速数据传输"的按键 1，显示屏显示：

Schnelle Datenuebertragung	HELP
Adressswort eignenben XX	
快速数据传递	帮助
输入地址指令 XX	

④ 按下键 0 和 3，用 03 输入"制动器电子系统"的地址代码，显示屏显示：

Schnelle Datenuebertragung	HELP
03—Bremsen Elektronik	
快速数据传递	帮助
03—制动器电子系统	

⑤ 按 Q 键确认输入，输入地址代 03 后，显示屏显示：

Schnelle Datenuebertragung	
Tester sendet das Adressswort 03	
快速数据传递	
测试器发出地址指令 03	

5.4.4 读取故障存储器中的故障信息

① 按下"→"键，显示屏显示：

Schnelle Datenuebertragung	HELP
Funktion anwaehlen XX	
快速数据传递	帮助
功能选择 XX	

② 按下键 0 和 2，用 02 选择"读取故障存储器中的故障信息"功能，显示器显示：

Schnelle Datenuebertragung	Q
02—Fehlerspeicher abfragen	
快速数据传递	Q
02—读取故障存储器	

③ 按 Q 键确认输入，显示屏上将显示出所存储的故障的数量，或者显示"无故障被识别"。

X   Fehler erkannt!
识别出 X 个故障

④ 接下"→"键，所存储的故障将顺序显示和打印出来（故障代码见表 5-21 所示）。

⑤ 显示和打印出最后一个故障后，按下"→"键。显示屏显示：

Schnelle Datenuebertragung	HELP
Funktion anwaehlen XX	
快速数据传递	帮助
功能选择 XX	

5.4.5 清除故障存储器中的故障信息和结束输出

说明：故障存储器中的故障信息只能在读取后清除。

① 在上述显示屏显示状态下，接着按下 0 和 5 键，用 05 清除故障存储器中的故障信息。显示屏显示：

Schnelle Datenuebertragung	Q
05—Fehlerspeicher loeschen	
快速数据传递	Q
05—清除故障存储器	

② 按下 Q 键确认输入，显示屏显示：

Schnelle Datenuebertragung
Fehlerspeicher ist geloescht
快速数据传递
故障存储器中的故障信息已被清除

③ 按下→键，显示屏显示：

Schnelle Datenuebertragung	HELP
Funktion anwaehlen XX	
快速数据传递	帮助
功能选择 XX	

④ 按 0 和 6 键，用 06 键结束输出。显示屏显示：

Schnelle Datenuebertragung 06—Ausgabe beenden	Q
快速数据传递 06—结束输出	Q

⑤ 按下 Q 键确认输入，显示屏显示：

Schnelle Datenuebertragung Ausgabe beendet	HELP
快速数据传递 输出已结束	帮助

⑥ 关闭点火开关，拔下接在故障检测仪 VAG1551 上的插头。

⑦ 打开点火开关，仪表板上的 ABS 系统指示灯 K47 点亮，并在短时间内熄灭（约 2s）。进行试车检测，要在 30s 内以大于 60km 中的车速行驶，此时 ABS 系统指示灯 K47 应不亮。

5.4.6 故障代码及含义

表 5-21 是 ABS 系统控制单元 J104 能够识别的所有故障，这些故障可按照故障代码的顺序，在 VAG1551 上显示并打印出来。

表 5-21　奥迪 200 1.8T 轿车 ABS 系统故障代码表

VAG1551 打印机 打印输出的故障代码	可能的故障原因	故障排除措施
00000 无故障被识别	若出现这一显示表明自诊断终止故障存储器内没有存储故障信息 车速低于 6km/h，控制单元 J104 的供电电压低于 10.5V 如果没有故障被识别，但是仍然怀疑有故障，则可能是机械方面出现故障（如电磁阀卡住），此时可通过 ABS 测试仪 VAG1710 进行的电气检测扩大故障查找的范围	检查控制单元 J104 的供电电压
00277 防抱死系统的左前轮进/排液压阀 N137	液压控制单元 N55 和 ABS 控制单元 J104 之间的导线对正极或者地线断路、短路 ABS 进/排液压阀 N137 损坏	按电路图确定并排除所有 ABS 进/排液压阀（N137、N138、N139、N140）的导线断路或短路 检查液压单元；用 ABS 测试仪 VAG1710 进行电气检测
00283 左前轮转速传感器 G47 说明：打开点火开关后，如果各个车轮以大于 6km/h 的速度转动，则可能错误显示偶然故障	在转速传感器 G47 和控制单元 J104 之间的导线内出现对正极或者地线断路、短路 转子受到污染或损坏 车轮轴承间隙过大 转速传感器 G47 安装不正确 转速传感器 G47 损坏	按电路图确定排除导线断路或短路 检查、清洗或更换转子 更换车轮轴承 检查转速传感器的安装位置 检查转速传感器 G47：用 ABS 测试仪 VAG1710 进行电气检测
00284 ABS 的右前轮进/排液压阀 N138	在液压控制单元 N55 和 ABS 控制单元 J104 之间的导线内出现对正极或者地线断路、短路 ABS 进/排液压阀 N138 损坏	按电路图确定并排除所有 ABS 进/排液压阀（N137、N138、N139、N140）的导线断路或短路 检查液压单元；用 ABS 测试仪 VAG1710 进行电气检测
00285 右前轮转速传感器 G45 说明：打开点火开关后，如果各个车轮以大于 6km/h 的速度转动，则可能错误显示偶然故障	在转速传感器 G45 和控制单元 J104 之间的导线内出现对正极或者地线断路、短路 转子受到污染或损坏 车轮轴承间隙过大 转速传感器 G45 安装不正确 转速传感器 G45 损坏	按电路图确定排除导线断路或短路 检查、清洗或更换转子 更换车轮轴承 检查转速传感器的安装位置 检查转速传感器 G45：用 ABS 测试仪 VAG1710 进行电气检测

续表

VAG1551 打印机打印输出的故障代码	可能的故障原因	故障排除措施
00286 ABS 的左后轮进/排液压阀 N139	在液压控制单元 N55 和 ABS 控制单元 J104 之间的导线内出现对正极或者地线的断路、短路 ABS 进/排液压阀 N139 损坏	按电路图确定并排除所有 ABS 进/排液压阀(N137,N138,N139,N140)的导线断路或短路 检查液压单元;用 ABS 测试仪 VAG1710 进行电气检测
00287 右后轮转速传感器 G44 说明:打开点火开关后,如果各个车轮以大于 6km/h 的速度转动,则可能错误显示偶然故障	在转速传感器 G44 和控制单元 J104 之间的导线内出现对正极或者地线断路、短路 转子受到污染或损坏 车轮轴承间隙过大 转速传感器 G44 安装不正确 转速传感器 G44 损坏	按电路图确定排除导线断路或短路 检查、清洗或更换转子 更换车轮轴承 检查转速传感器的安装位置 检查转速传感器 G44;用 ABS 测试仪 VAG1710 进行电气检测
00289 ABS 的右后轮进/排液压阀 N140	在液压控制单元 N55 和 ABS 控制单元 J104 之间的导线内出现对正极或者地线的断路、短路 ABS 进/排液压阀 N140 损坏	按电路图确定并排除所有 ABS 进/排液压阀(N137,N138,N139,N140)的导线断路或短路 检查液压单元;用 ABS 测试仪 VAG1710 进行电气检测
00290 左后轮转速传感器 G46 说明:打开点火开关后,如果各个车轮以大于 6km/h 的速度转动,则可能错误显示偶然故障	在左后轮转速传感器 G46 和 ABS 控制单元 J104 之间的导线内出现对正极或者地线断路、短路 转子受到污染或损坏 车轮轴承间隙过大 左后轮转速传感器 G46 安装不正确 左后轮转速传感器 G46 损坏	按电路图确定并排除导线断路或短路 检查、清洗或更换转子 更换车轮轴承 检查左后轮转速传感器 G46 的安装位置 检查左后轮转速传感器 G46;用 ABS 测试仪 VAG1710 进行电气检测
00301 ABS 液压泵 V39	在通向液压泵 V39 的地线或电源线内有导线断路或过渡电阻过大 在继电器 J105 和 ABS 控制单元 J104 间的导线内出现对正极或地线的断路或短路 ARS 液压泵继电器 J105,液压泵 V39 或液压控制单元 N55 损坏	确定并排除导线断路或过渡电阻过大故障 确定并排除导线断路或短路故障 检查 ABS 液压泵继电器 J105,液压泵 VW9 和液压控制单元 N55 用 ABS 测试仪 VAG1710 进行电气检测
00302 ABS 电磁阀继电器 J106	在通向 ABS 电磁阀继电器 J106 的地线内有导线损坏或过渡电阻过大 在继电器 J106 和 ABS 控制单元 J104 间的导线内出现对正极或地线断路或短路 ABS 电磁阀继电器 J106 或液压控制单元 N55 损坏	检查导线和地线的过渡电阻过大故障 确定并排除导线断路或短路故障 检查继电器 J106 和液压控制单元 N55 用 ABS 测试仪 VAG1710 进行电气检测
00526 制动灯开关 F	在制动灯开关和制动灯灯泡 M9、M10 或 ABS 控制单元 J104 之间的导线内出现对正极断路或短路故障 制动灯灯泡 M9,M10 损坏 制动灯开关损坏	确定并排除导线断路或短路故障 更换制动灯灯泡 检查制动灯开关
00532 供电电压信号过小	通向 ABS 控制单元 J104(触点 1)的电源线有导线断路或过渡电阻过大故障 整车电路内有电压降或电压过高故障 说明: — 一般车内电压重新恢复到正常范围 ABS 系统将重新接通,指示灯熄灭 只有当车速大于 6km/h 出现此故障时,才存储该故障	检查和排除导线断路或过渡电阻过大故障 检查交流发电机和调压器 蓄电池损坏

VAG1551 打印机 打印输出的故障代码	可能的故障原因	故障排除措施
00597 车轮转速脉冲不一致 说明： 打开点火开关后，如果各个车轮以大于 6km/h 的速度转动，则可能错误显示偶然故障	转子受污染或损坏 装入的转子齿数错误 车轮轴承间隙过大 转速传感器 G44、G45、G46 或 G47 安装不正确 转速传感器 G44、G45、G46 或 G47 损坏 汽车上的车轮和轮胎的规格不一致	检查转子 检查车轮轴承间隙 检查转速传感器 用 ABS 测试仪 VAG1710 进行电气检测 检查车轮和轮胎的规格
65535 控制单元 N55 损坏 说明： 如果同时显示"ABS 液压泵 V39"有故障，则先要排除该故障的原因	通向 ABS 控制单元 J104 的地线或电源线有导线断路或过渡电阻过大故障 ABS 控制单元 J104 损坏	检查和排除导线断路或过渡电阻过大的故障 更换 ABS 控制单元 J104 说明：这种情况下故障存储器中故障记录不能被清除。故障存储器内确认的数据有助于查明故障存储器损坏的原因，该功能利于不断改进产品

5.4.7 读取测量数据块

测量数据块由包括 4 个测量值并带有物理单位的一个显示分组和两个测量值，但不带物理单位的显示分组组成。打印机打开时，所显示的数据将打印在纸带上。

先读取故障存储器中的故障信息，并将显示出的所有故障查明和排除。

① 选择工作方式"快速数据传输"，用键 03 输入地址代码"制动器电子系统"，在显示了控制单元代码后，显示屏显示：

Schnelle Datenuebertragung	HELP
Funktion anwaehlen XX	
快速数据传递	帮助
功能选择 XX	

② 按下键 0 和 8，用 08 选择功能"读取测量数据块"，显示屏上显示：

Schnelle Datenuebertragung	Q
08—Messwerteblock lesen	
快速数据传递	Q
08—读取测量数据块	

③ 用 Q 键确认输入，显示屏上显示：

Messwerteblock lesen	HELP
Anzeigegruppennummer eingeben XX	
读取测量数据块	帮助
输入显示组编号 XX	

④ 将 0 键按动两次，用 Q 键确认输入，显示屏上显示：

Messwertblock lesen						
1	2	3	4	5	6	7
读取测量数据块						
1	2	3	4	5	6	7

各显示区显示值的含义如表 5-22 所示。

说明：显示区 1 至 4 显示的是各车轮的速度，单位为 km/h，该显示是控制单元 J104 根据所接收的车轮转速传感器的脉冲计算出的结果。如果汽车在干燥的地面上均匀加速或移动，则在显示数据 1 至 4 之间的允许最大偏差为±1km/h（圆周缺陷）。如果偏差较大，则应检查车轮转速传感器和转子。检查车轮转速传感器时要用手转动车轮，其他车轮要固定住，防止一同转动。如果获得的测量数据表明有故障，则用 ABS 测试仪 VAG1710 进行电气检测。

表 5-22 各显示区显示值的含义

显示区	名 称	检测条件	VAG1551 显示屏的显示
1	左前车轮速度/(km/h)		1(汽车静止时)至 19[①]
2	右前车轮速度/(km/h)		1(汽车静止时)至 19[①]
3	左后车轮速度/(km/h)		1(汽车静止时)至 19[①]
4	右后车轮速度/(km/h)		1(汽车静止时)至 19[①]
5	制动灯开关 F(J104 上的触点 25)	不踩制动踏板 踩下制动踏板	0 1
6	ABS 液压泵 V39 的电压		0 说明：如果显示的是 1(表示不允许液压泵运转)，则用 ABS 测试仪 VAG1710 进行电气检测
7	ARS 电磁阀继电器 J106(J104 上的触点 32)		1 说明：如果显示的是 0(表示不允许继电器 J106 未吸合)，则用 ABS 测试仪 VAG1710 进行电气检测

① 速度超过 19km/h 时，ABS 控制单元 J104 的自诊断将中断。

5.5 OBD-Ⅱ 随车诊断系统

5.5.1 OBD-Ⅱ 随车诊断系统的主要特点

OBD-Ⅱ 随车电脑诊断系统主要有以下特点。

① 统一诊断座。OBD-Ⅱ 诊断座统一为 16 针诊断座，如图 5-59 所示。

② 统一诊断座位置。OBD-Ⅱ 诊断座统一为 16 针诊断座，并统一安装于驾驶室仪表板下方。

③ 各种车辆的故障代码统一，故障代码所代表的意义统一。OBD-Ⅱ 故障由 5 个字组成，如图 5-60 所示。

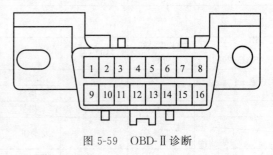

图 5-59 OBD-Ⅱ 诊断

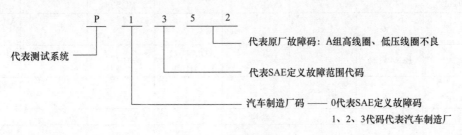

图 5-60 故障码代号

④ 具有数值分析资料传输功能 DLC（DATA LINK CONNECTOR）。OBD-Ⅱ 资料传输线有以下两个标准。

a. ISO-Ⅱ 欧洲统一标准，7#、15# 端子。

b. SAE-Ⅱ美国统一标准（SAE-J1850），利用 2#、10# 端子。

⑤ 具有行车记录器功能，能够记录车辆行驶过程的有关数据资料。

⑥ 解码器具有读码、记录数值、清码功能。

⑦ 具有监控排放控制功能。

⑧ 诊断座各针趋于标准化。从图 5-59 可以看出，BD-Ⅱ 诊断座统一为 16 针（pin），各针的功能见表 5-23。

从表 5-23 中可以看出，在 OBD-Ⅱ诊断座 16 针中，其中 7 个是 OBD-Ⅱ标准定义的，其余 9 个待用，可由汽车生产厂家自行设定。

表 5-23　OBD-Ⅱ诊断座各针功能

针的序号	针的功能	针的序号	针的功能
1	汽车生产厂家自行设定	9	汽车生产厂家自行设定
2	BUS+线，SAEJ1850	10	BUS-线，SAR J1850
3	汽车生产厂家自行设定	11	汽车生产厂家自行设定
4	底盘搭铁	12	汽车生产厂家自行设定
5	信号搭铁	13	汽车生产厂家自行设定
6	汽车生产厂家自行设定	14	汽车生产厂家自行设定
7	K 线，ISO 9141	15	L 线，ISO 9141
8	汽车生产厂家自行设定	16	蓄电池正极

⑨ OBD-Ⅱ诊断座 16 针中，9 个由汽车生产厂家自行设定的端子，不同的汽车制造厂所代表的含义如表 5-24 所示。

表 5-24　采用 OBD-Ⅱ 的主要车系的诊断端子代码表示的含义

端子代号	车　种						
	通用	福特	克莱斯勒	奔驰	沃尔沃	丰田	三菱
1	—	—	—	DM7#/1 HFM15#/1	—	—	触发发动机故障码
2 SAE-J2012	"M"发动机资料	BUS⊕	—	—	—	SDL	—
3	悬架	—	SRS-4#	—	A2# BUS⊖	—	—
4	搭铁	搭铁	搭铁	搭铁	搭铁	搭铁	搭铁
5	搭铁	搭铁	搭铁	搭铁	搭铁	搭铁	搭铁
6	"B"触发	—	发动机 9#	—	—	—	A/T 故障码 9#
7 ISO-9141	—	—	发动机 30# ABS 5#	DM23#/1	A6# BUS⊖	—	发动机资料 92#
8	防盗	—	—	—	—	—	ABS 故障码 22#
9	BCM 资料	—	—	DM6#/1 HFM16#/1	—	—	—
10 SAE-J2012	—	BUS S	—	—	—	—	发动机资料 86#
11	悬架	—	SRS	—	—	—	—
12	—	—	—	—	—	—	SRS 诊断 9#
13	—	触发	—	—	—	—	定速 24#
14	音响空调	—	—	—	—	—	—
15 ISO-9141	—	—	—	—	—	—	—
16	B+	B+	B+	B+	B+	B+	B+

⑩ 表 5-25 为 SAE 定义故障范围代码。

表 5-25 SAE 定义故障范围代码

代码	SAE 定义故障范围	代码	SAE 定义故障范围
1	燃料或空气测定系统不良	5	汽车或怠速控制系统不良
2	燃料或空气测定系统不良	6	电脑或输出控制元件不良
3	点火系统不良或发动机间歇熄火	7	变速器控制系统不良
4	废气控制辅助装置不良	8	变速器控制系统不良

5.5.2 OBD-Ⅱ随车诊断系统诊断代码的组成与结构

OBD-Ⅱ随车诊断系统诊断代码由 1 位字母和 4 位数字组成，结构如下。

① 第 1 位为英文字母，表示诊断代码的系统划分（SYSTEM DESIGNATION），分配的字母有 4 个，划分如下：

B——车身系统；

C——底盘系统；

P——动力系统；

U——未定义。

② 第 2 位为数字，表示诊断代码类型（CODE TYPE），共计 4 个数字，类型如下：

0——美国汽车工程师学会（SAE）定义的（通用）诊断代码；

1——汽车生产厂家定义的（扩展）诊断代码；

2、3——随系统划分的不同而不同。在 P 系统中，2 或 3 由 SAE 留作将来使用；在 B 或 C 系统中，2 为汽车生产厂家保留，3 由 SAE 保留。

③ 第 3 位为数字，表示故障的系统识别（SYSTEM IDENTIFICATION），共计 10 个数字，识别如下：

1——燃油或进气系统故障；

2——燃油或进气系统故障；

3——点火系统故障；

4——排放控制系统故障；

5——速度控制系统故障；

6——电脑或输出电路故障；

7——变速器控制系统故障；

8——变速器控制系统故障；

9——SAE 未定义；

10——SAE 未定义。

④ 第 4、5 位为数字，两位数字组合在一起使用，表示对具体故障的代码界定（CODE DEFINITION）。SAE 把不同传感器、执行器和电路分配了不同区段的两位数代码，以便使诊断代码表示的故障更为具体。在区段内，两位数中最小数字表示通用故障，即通用故障码；较大数字表示扩展故障，即扩展故障码。扩展故障码较通用故障码提供了更为具体的故障信息，如电压高或低、信号超出范围、响应太慢等，使诊断代码提供的故障信息更为具体，诊断的针对性更强。例如，美国通用（GM）汽车 OBD-Ⅱ诊断代码"P0116 发动机水温传感器电压信号不良""P0117 发动机水温传感器电压信号太高"与"P0118 发动机水温

传感器电压信号太低"就说明了这一问题：P0116 是通用故障码,只表明水温传感器电压信号不良；P0117 与 P0118 是扩展故障码,P0117 进一步表明水温传感器电压信号太高,P0118 进一步表明水温传感器电压信号太低。所以,扩展故障码比通用故障码更具体,针对性更强些。

OBD-Ⅱ随车诊断系统规定的诊断代码的组成与结构,对于任何厂牌、车型都是适用的,其中某车型的部分诊断代码如表 5-26 所列。

表 5-26　OBD-Ⅱ诊断系统某车型的部分诊断代码表

诊断代码	诊断代码含义	诊断代码	诊断代码含义
P0100	空气流量计线路故障	P0500	车速信号始终收不到
P0101	怠速时空气流量计电压不良	P0505	怠速(步进电机)控制不良
P0102	空气流量计信号太低	P0750	换挡电磁阀 A 不良
P0201	第一缸喷油器线路不良	P0751	换挡电磁阀 A 卡在全开位置
P0202	第二缸喷油器线路不良	P0753	换挡电磁阀 A 短路或断路
P0301	第一缸有间歇性不点火	P0755	换挡电磁阀 B 不良
P0325	前爆震传感器信号不良	P0756	换挡电磁阀 B 卡在全开位置
P0400	EGR 阀控制系统不良	P0758	换挡电磁阀 B 短路或断路
P0421	三元催化转换器不良	P0770	变矩器离合器电磁阀不良

5.5.3　采用 OBD-Ⅱ 的车系故障代码的读取和清除方法

采用 OBD-Ⅱ的主要车系,其诊断代码的显示方法,可以使用解码器等专用检测仪器显示,也可以采用如下方法就车读取。

(1) GM 通用车系

GM 通用车系读取发动机故障码的方法是跨接 16 针诊断座的 6♯、5♯ 端子,由仪表板上"CHECK ENGINE"灯闪烁读出。

(2) Ford 福特车系

Ford 车系读取发动机故障码的方法是跨接 16 针诊断座的 13♯、15♯ 端子,由仪表板上"CHECK ENGINE"灯闪烁读出。

(3) Chrysler 克莱斯勒车系

Chrysler 车系读取发动机故障码的方法是将点火开关打开等约 5~10s 后,由"CHECK ENGINE"灯闪烁读出。

(4) BENZ 奔驰车系

BENZ 车系无法由 OBD-Ⅱ诊断座利用跨接试灯方式读取故障码,但可由 38 孔诊断座中第 4♯孔读取 HFM 发动机电脑故障码,或由 38 孔诊断座第 19♯孔读取 DM 电脑故障码。

(5) Volvo 沃尔沃车系

Volvo 车系读取发动机故障码方法是在 OBD-Ⅱ诊断座 3♯端子跨接显示灯,按图 5-61 所示方法读取。

(6) TOYOTA 丰田车系

TOYOTA 车系发动机故障码的读取方法是将 OBD-Ⅱ16♯ 针诊断座 5♯、6♯跨接或将 TE1-E1 端子跨接,由仪表板上"CHECK ENGINE"灯闪烁读出。

(7) Mitsubishi 三菱车系

Mitsubishi 三菱车系可由 OBD-Ⅱ诊断座中读出下列 5 个系统的故障码。

① 发动机故障码。发动机故障码读取可将 OBD-Ⅱ诊断座 1♯端子搭铁,由"CHECK

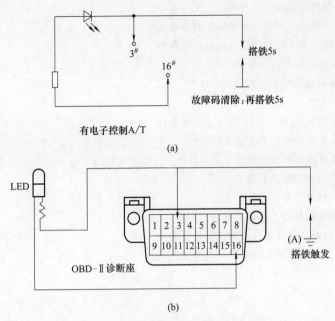

图 5-61　Volvo 沃尔沃车系故障码读取方法

ENGINE"灯闪烁显示。

② 变速器电脑故障码（A/T）。变速器电脑故障码可用显示灯跨接 OBD-Ⅱ诊断座的 6#、4#端子，由跨接灯闪烁读出。

③ ABS 电脑故障码。ABS 电脑故障码可用显示灯跨接 OBD-Ⅱ诊断座 8#、4#端子，由跨接灯闪烁读出。

④ SRS 电脑故障码。SRS 故障码可用显示灯跨接 OBD-Ⅱ诊断座 12#、4#端子，由跨接灯闪烁读出。

⑤ 定速（C/C）电脑故障码。定速 C/C 电脑故障码可用显示灯跨接 OBD-Ⅱ诊断座 13#、4# 端子，由跨接灯闪烁读出。

(8) 故障码的清除方法

只要将蓄电池负极搭铁线拆除 15s 以上，即可清除故障码（ABS 故障码除外）。

三菱车系 ABS 故障码的清除方法是在点烟器后方有一个两头插头，分别为红/黄和绿/白线，该两线分别与 ABS 电脑 9# 及 10# 端子相连。

① 跨接上述两线头，将点火开关 ON，此时 ABS 电磁阀全关，显示灯闪烁。

② 等待 7s 以上将点火开关 OFF，并将跨线断开。

③ 将点火开关再 ON，即完成清除 ABS 故障码。

复习与思考题

1. 电控汽油喷射发动机检修注意事项有哪些？
2. 发动机故障诊断系统显示故障码的方式有哪些？
3. 简述发动机故障诊断系统自诊断原理。
4. 进入发动机故障诊断系统的方法有哪些？
5. 简述发动机故障诊断系统的测试模式。
6. 用故障诊断系统检测诊断发动机故障的程序和方法是什么？

7. 发动机故障诊断代码清除方式有哪些？
8. 用传统方法检查诊断发动机故障的程序和方法是什么？
9. 发动机外观检查、基本检查的检查项目有哪些？
10. 如何使用发动机故障征兆一览表？
11. 故障征兆模拟试验有哪些模拟试验方法？
12. 什么是对比试验？
13. EFI 系统电子控制器 ECU 的检测方法是什么？
14. EFI 系统基本传感器的检测方法是什么？
15. EFI 系统基本传感器的检测方法和波形分析方法是什么？
16. 宽域氧传感器的检测方法是什么？
17. 霍尔式节气门位置传感器怎样检测？
18. 为什么不能随意拆除蓄电池电机桩线？
19. OBD-Ⅱ随车诊断系统要求达到的目标是什么？
20. 说明 OBD-Ⅱ随车诊断系统诊断代码的组成与结构。

第6章 汽车整车性能检测

整车性能参数检测的目的是确定汽车整车技术状况。当确定整车性能参数的变化情况后，再据此进行汽车各系统的深入检测和诊断。

汽车整车技术状况影响到汽车运行中的动力性、经济性、制动性、操纵稳定性、行驶平顺性，安全性等，是汽车检测的重点内容。本章主要内容有汽车动力性检测、汽车燃油经济性、汽车制动性能检测、汽车前照灯检测、汽车排放和噪声检测等。

6.1 汽车外观和整车技术参数检测

外观和整车技术参数检测是汽车检测诊断的重要内容，包括汽车外观、结构、质量、通过性和稳定性等技术参数的检测。

6.1.1 汽车外观检测

(1) 整车外观检测的项目

① 车辆标志　车辆标志包括车辆的商标、铭牌、发动机型号和出厂编号、底盘型号及出厂编号。

车辆铭牌应置于车辆前部易于观看之处。客车铭牌应置于车内前乘客门的上方。车辆铭牌应标明厂牌、型号、发动机功率、总质量、载质量或载客人数、出厂编号、出厂日期及厂名等。

发动机型号和出厂编号应刻印在发动机气缸套侧平面上。

底盘型号和出厂编号应刻印在金属车架易见部位。

② 漏水检查　发动机运转及停车时水箱、水泵、缸体、缸盖、暖风装置及所有连接部位均不得有明显渗漏水现象。

③ 漏油检查　机动车连续行驶距离不小于10km，停车5min后观察，不得有明显渗漏油现象。

④ 车体周正的检查　GB 7258—2012《机动车运行安全技术条件》规定：车体应周正，车体外缘左右对称部位高度差应小于40mm。

(2) 整车外观检测的方法

将送检车辆停放在外观检视工位。首先目测检查，观察是否有严重的横向或纵向歪斜等现象，再用高度尺（或钢卷尺）、水平尺检测是否超过规定值。同时检查车架和车身是否变形，悬架是否断裂或刚度下降，轮胎装配及气压是否正常等。如果有异常，即使车体歪斜未超过规定值，也要予以排除，否则歪斜会越来越严重，会引起操纵稳定性差、行驶跑偏、质心转移、轮胎磨损加剧等。

6.1.2 汽车结构参数检测

(1) 汽车的主要结构参数

① 外廓尺寸　汽车外廓尺寸指车辆的长度、宽度和高度，见图 6-1。

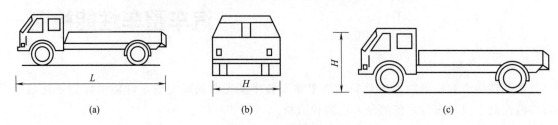

图 6-1　车辆的外廓尺寸
(a) 车辆长度；(b) 车辆宽度；(c) 车辆高度

车辆长度指垂直于车辆的纵向对称平面并分别抵靠在汽车前、后最外端突出部位的两垂面之间的距离。

车辆宽度是指平行于车辆纵向对称平面并分别低靠车辆两侧固定突出部位（除去后视镜、侧面标志灯、示位灯、转向信号灯、挠性挡泥板、防滑链以及轮胎与地面接触部分的变形）两平面之间的距离。

车辆高度指在车辆无装载质量时，车辆支撑水平地面与车辆最高突出部位相低靠的水平面之间的距离。

② 轴距和轮距　汽车轴距是通过车辆同一侧相邻两车轮的中点，并垂直于车辆纵向对称平面的两垂线之间的距离。简单地说，就是汽车前轴中心到后轴中心的距离。对于三轴以上的汽车，其轴距由从前到后的相邻两车轮之间的轴距分别表示，总轴距为各轴距之和。

汽车轮距，是车轮在车辆支承平面（一般就是地面）上留下的轨迹的中心线之间的距离。如果车轴的两端是双车轮时，轮距是双车轮两个中心平面之间的距离。

汽车的轮距有前轮距和后轮距之分，前轮距是前面两个轮中心平面之间的距离，后轮距是后面两个轮中心平面之间的距离，两者可以相同，也可以有所差别。

③ 前悬和后悬　汽车的前悬指前轮中心与车前端的水平距离。前悬的长度应足以固定和安装发动机、散热器、转向器等。前悬不宜过长，否则汽车的接近角过小，上坡时容易发生触头现象，影响汽车的通过性。

汽车的后悬，是通过车辆最后车轮轴线的垂面与抵靠在车辆最后端（包括牵引装置、车牌及任何固定在车辆后部的刚性部件）并垂直于车辆纵向对称平面的垂面之间的距离。简单地说，就是汽车后轮中心到汽车最后端的水平距离。后悬的长度主要决定于车厢的长度、轴距和杂荷分配的情况。后悬不宜过长，否则，离去角偏小转弯也不灵活。

(2) 汽车结构参数检测方法

测量汽车的结构尺寸参数时，须将车摆正，放在水平干燥的柏油或水泥路面上，用简单量具测量或直接测量车的外廓尺寸、内部尺寸及人机工程参数。

(3) 汽车外廓尺寸界限

① 车辆高≤4m。

② 车辆宽≤2.5m。

③ 车辆长：两轴货车≤9.0m，三轴货车≤12.0m；两轴客车≤12.0m，三轴客车

≤13.7m；铰接式客车≤18m；半挂汽车列车≤16.5m；全挂汽车列车≤20m。

④ GB 7258—2012《机动车运行安全技术条件》规定：客车及封式车厢的车辆，其后悬应小于等于轴距的 65%，专项作业车和轮式专用机械车，在保证安全的情况下，后悬可按客车后悬核算，其他车辆的后悬应小于等于轴距的 55%。车长小于 16m 的发动机后置的铰接客车，在保证安全的情况下，后悬可不超过轴距的 70%。机动车的后悬均应小于等于 3.5m。后悬从最后一轴的中心线往后计算，客车的后悬以车身外蒙皮尺寸计算，如后保险杠突出于后背外蒙皮，则以保险杠尺寸计算。

6.1.3 汽车质量参数检测

(1) 汽车质量的测定

车辆先从一个方向驶上秤台，依次测量前轴、后轴质量。当台面较大时，可依次测量前轴、整车和后轴质量。然后，车辆再从反方向驶上秤台，按上述程序重复测试后轴、整车和前轴质量。以两次平均值作为测量结果。为保证测量精度，秤台入口地面应与台面保持在同一水平面。

测量时，车辆要停稳，发动机熄火，变速器置于空挡，制动器放松。货箱内的载荷物装载应均匀，驾驶员和乘客座椅上放置 65kg 的沙袋代替乘员质量。

(2) 质心位置参数测试

① 质心纵向水平位置测定方法 质心纵向水平位置参数（图 6-2）指质心距前轴中心线的水平距离 L_1（m）和质心距后轴中心线的水平距离 L_2（m）。根据前后轴的轴载质量 m_1、m_2 和轴距 L，可计算出 L_1 和 L_2。

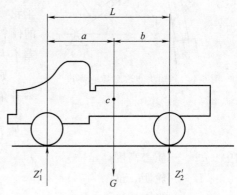

图 6-2 质心纵向水平位置测定

$$L_1 = \frac{m_2 L}{m_1 + m_2}$$

$$L_2 = \frac{m_1 L}{m_1 + m_2}$$

② 质心横向水平位置测定方法 对于前、后轴轮距相等的汽车，在地中衡上分别测量出左、右侧车轮负荷，据此可计算出质心的横向位置（见图 6-3）。

$$B_1 = \frac{B F_{Zr}}{G}$$

$$B_2 = \frac{B F_{Zl}}{G}$$

式中 B_1——质心至左侧车轮距离，m；
　　　B_2——质心至右侧车轮连线距离，m；
　　　G——汽车质量，N；
　　　F_{Zl}——左侧车轮负荷总和，N；
　　　F_{Zr}——右侧车轮负荷总和，N。

③ 质心高度的测定方法 质心高度指质心距车辆支撑

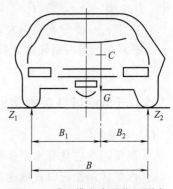

图 6-3 质心横向水平位置测定

平面的垂直距离 h_g（m）。用侧倾试验台测定质心高度的方法如下。

a. 试验准备　试验设备有侧倾试验台、车轮负荷计等。试验前应将侧倾试验台的台面调整到水平状态。

车辆处于整备质量状态；车门、窗应完全关闭，作业调整到标准位置上；轮胎气压充至技术条件中的规定值；试验中应采取措施防止汽车侧倾时燃料、润滑油及冷却液等泄漏；如果试验车辆装用空气弹簧悬架，应将悬架调整到标准技术状态后锁死。

将汽车驶上侧倾试验台，用台面侧下部的车轮抵挡装置（防侧滑挡块）挡住车轮（图6-4），防止汽车在台面上侧向滑动。另外，还要使用钢丝绳对汽车进行保护性约束，以防止汽车侧翻出试验台面。但正常试验时，钢丝绳应处于自由状态。

b. 侧倾试验　用液压举升机构举起试验台面及被试汽车，使其向右侧斜。侧倾角每增大5°时，用车轮负荷计依次测量车轮负荷。缓慢举升试验台，直到汽车左侧车轮负荷为零或左侧车轮脱离试验台面时为止。向右侧的倾斜试验共进行三次，且要求每次测量结果的相对误差不大于1%。

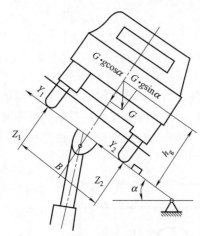

图6-4　侧倾法测汽车质心高度

如果汽车质心位于汽车纵向对称平面内，则可根据举升角度直接计算出质心高度，即：

$$h_g = \frac{B}{2} \cot\alpha_{max}$$

式中　h_g——质心高度，m；
　　　B——轮距，m；
　　　α_{max}——最大侧倾角，(°)。

若汽车质心的横向位置不处于车辆纵向对称平面内，则应使汽车再向左倾斜，重复上述试验步骤。

分别取向左、向右侧倾三次所测最大倾角的算术平均值作为汽车侧倾角的测量结果，而后据此计算质心高度，计算式为：

$$h_g = \frac{B_l}{\tan\alpha_l} \text{ 或 } h_g = \frac{B_r}{\tan\alpha_r}$$

式中　B_l，B_r——分别为质心距左、右轮的距离，m；
　　　α_l，α_r——分别为向左、右倾斜时，所测最大倾角的算术平均值，(°)。

根据向左、向右侧倾角计算出的质心高度应相等。若不相等则取其均值作为质心高度的测定结果。

6.1.4　汽车通过性参数检测

(1) 测量条件

① 测量场地应具有水平坚硬覆盖层的支撑表面，其大小应适合汽车做圆周行驶。
② 汽车转向轮应以直线前进状态置于测量场地上。
③ 汽车轮胎气压应符合设计要求。

④ 汽车前轮最大转角应符合该车的技术条件规定。

(2) 测量仪器、设备

① 高度尺：量程 0～1000mm，最小刻度 0.5mm。

② 离地间隙仪：量程 0～500mm，最小刻度 0.5mm。

③ 角度尺：量程 0°～18°，最小刻度 1°。

④ 钢卷尺：量程 0～20m，最小刻度 1mm。

⑤ 行驶轨迹显示装置。

⑥ 水平仪。

(3) 测量部位及载荷状况

① 接近角、离去角、纵向通过角的测量 测量部位如图6-5所示，测量的载荷状况分别为空车和满载两种情况。

② 最小离地间隙测量 测量支承平面与车辆中间部分最低点的距离且指明最低点部

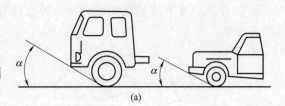
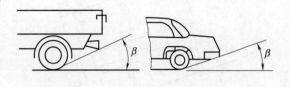
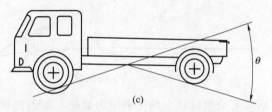

图 6-5 接近角、离去角、纵向通过角的测量

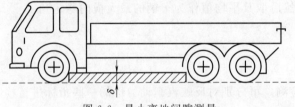

图 6-6 最小离地间隙测量

件，测量的荷载状况为满载，见图6-6。

③ 汽车转弯直径的测定 汽车转弯直径（图6-7）的测定步骤如下。

在前外轮和后内轮胎面中心的上方，在车体离转向中心最远点和最近点垂直地面的方向，分别装置行驶轨迹显示装置。

汽车以低速行驶，转向盘转到极限位置，保持不动，待车速稳定后启动显示装置，使各测点分别在地面上显示出封闭的运动轨迹之后，将车开出轨迹外。

用钢卷尺测量各测点在地面上形成的轨迹圆直径，应在互相垂直的两个方向测量，取算术平均值作为测试结果。

汽车向左转和向右转各测定一次。

6.1.5 汽车稳定性参数检测

汽车停放在坡度角为 α 的侧向坡道上时，其受力情况如图6-8所示。随着 α 增大，左侧车轮的荷载 Z_1 增大右侧车轮的载荷 Z_2 减小，侧翻临界角 α_f 为：

$$\tan\alpha_f = \frac{B}{2h_g}$$

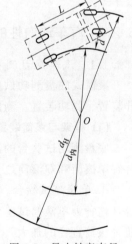

图 6-7 最小转弯直径和内轮差

GB 7258—2012《机动车运行安全技术条件》规定如下。

① 客车在乘客区满载、行李舱空载的情况下测试时，向左或向右侧倾斜最大侧倾稳定角均应大于28°（对专用校车均应大于32°）；且除定线行驶的双层（公共）汽车外，在空载、静态条件下，向左侧和右侧倾斜最大侧倾稳定角均应大于等于35°。

② 罐式汽车和罐式挂车在满载、静态状态下，向左侧和右侧倾斜最大侧倾稳定角应大于等于 23°。

③ 其他机动车在空载、静态状态下，向左侧和右侧倾斜最大侧倾稳定角各不相同，其中三轮机动车大于等于 25°；总质量为整备质量的 1.2 倍以下的机动车大于等于 30°；总质量不小于整备质量的 1.2 倍的专项作业车和轮式专用机械车 32°；其他机动车 35°。

在倾斜试验台上检验静态横向稳定性时，应使汽车的纵向中心线平行于倾斜试验台转轴的中心线，将汽车制动后，用绳索在汽车将出线滑移或翻倒的方向上拴住，但绳索上不应预先施加拉力。然后，将试验台缓慢而稳定地倾斜，当倾斜角达

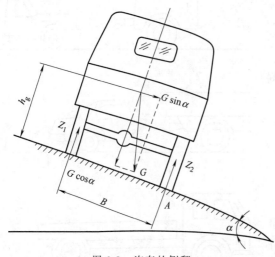

图 6-8 汽车的侧翻

到规定的值时，车辆不翻倒为合格。如若测取某车辆的最大横向稳定角，则将倾斜试验台继续缓慢而稳定地倾斜，当汽车出现侧滑或翻转时，即刻从试验台倾斜角度指示盘上记下读数值。以同样的方法，左右倾斜各 2~3 次，然后取其平均值作为车辆的最大横向稳定角。

6.2 汽车动力性检测

汽车动力性检测分为台架检测和路试检测。可分别对反映汽车动力性的一些指标进行检测，如驱动轮输出功率、驱动力、滑行距离、最高车速、加速能力、爬坡能力、传动系传动效率等。

6.2.1 汽车动力性的台架检测

6.2.1.1 汽车底盘测功试验台结构和工作原理

滚筒式底盘测功试验台也称为转鼓试验台，试验台组成部分一般有框架、滚筒装置、举升装置、测功装置、测速装置、控制与指示装置和辅助装置。

(1) 框架与滚筒装置

底盘测功试验台的滚筒相当于不断移动的路面，被测车辆的车轮在其上滚动。该种试验台有单滚筒和双滚筒之分，双滚筒又进一步分为单轮双滚筒和双轮双滚筒，如图 6-9 所示。

① 单滚筒试验台。驱动车轮分别支承在左右两边的滚筒上，两边的滚筒各为单个试验台，这种为单滚筒试验台。单滚筒试验台的滚筒直径多在 1500~2500mm 之间，直径较大。随着滚筒直径的加大，车轮在滚筒上的滚动就愈接近平路上滚动，使轮胎与滚筒间的滚动阻力小、滑转率小，测试精度愈高。可是加大滚筒直径会受到制造、安装、占地和费用等多方面的限制，因此滚筒直径不宜过大。单滚筒试验台使用不方便，因为单滚筒试验台要求车轮在滚筒上的安放、定位要准确，而车轮中心与滚筒中心的对中又是比较困难的。所以，这种试验台适用于需要做科研性试验的汽车制造厂、科研院所和大专院校，不适用于需要做生产性试验的汽车维修单位、汽车检测站等。

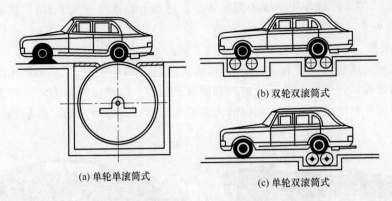

(a) 单轮单滚筒式　(b) 双轮双滚筒式　(c) 单轮双滚筒式

图 6-9　滚筒式底盘测功试验台

② 双滚筒试验台。双滚筒试验台分别用两个滚筒支承汽车左、右驱动车轮。双滚筒试验台的滚筒直径一般在 185~400mm 之间，滚筒直径往往随试验台的最大试验车速而定，当最大试验车速高时，直径也大些。由于滚筒直径相对比较小，轮胎与滚筒的接触与在道路上相差较大，滑转率、滚动阻力增大，滚动损失增加，测试精度较低，所以滚筒直径不宜太小。在较高试验车速下，滚动损失一般可能达到传递功的 15%~20%。现在滚筒直径有变大的趋势，常为 400~600mm。双滚筒试验台具有车轮在滚筒上的安放、定位方便和制造成本低等优点，因而适用于汽车维修单位、汽车检测站等，特别是单轮双滚筒式得到了广泛应用。

双滚筒试验台的滚筒多使用空心结构，用钢质材料制成。表面形状又有多种形式，如光滑式、滚花式、沟槽式和涂覆层式。当前光滑式滚筒使用得最多，滚花式和沟槽式应用较少。光滑式滚筒的表面摩擦系数较低，而涂覆层式滚筒比较理想，它是在光滑式滚筒表面上涂覆摩擦系数与道路实际情况接近一致的材料。

单滚筒试验台的滚筒一般使用硬质木料或钢板制成，也是采用空心结构。

双滚筒式底盘测功试验台的滚筒有主、副滚筒之分。主滚筒与测功器相连，左右两个主滚筒之间装有联轴器，左右两边的副滚筒处于自由状态。

所有类型的滚筒，均通过滚动轴承安装在框架上。框架是底盘测功试验台机械部分的基础，由型钢焊接而成，固定在地坑内。

图 6-10 所示为国产 DCG-10C 型汽车底盘测功试验台机械部分的结构，该试验台采用美

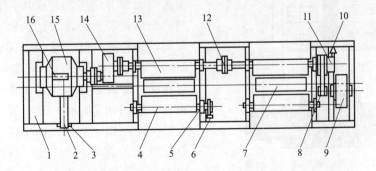

图 6-10　DOC-10C 型汽车底盘测功试验台机械部分的结构

1—框架；2—测力杠杆；3—压力传感器；4—副滚筒；5—轴承座；6—速度传感器；7—举升装置；8—传动带轮；9—飞轮；10—电刷；11—离合器；12—联轴器；13—主滚筒；14—齿轮箱；15—电涡流测功器；16—冷却水入口

国 Intel 公司生产的单片机作为系统的控制核心，适用于轴质量不大于 10t、驱动车轮输出功率不大于 150kW 的汽车检测。

（2）举升装置

汽车底盘测功试验台需要在主动滚筒和从动滚筒之间安装举升器，见图 6-11。在测试前，将举升器升起，以便使车轮方便进入和离开试验台。在测试时，需将举升器降下，以便使车轮接触滚筒并驱动滚筒转动。测试前或测试完毕后，升起举升器，汽车顺利进入或驶出试验台。

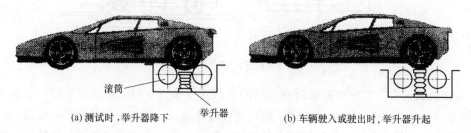

图 6-11　举升器作用示意

举升器可有气压、液压和电动三种动力形式，气压举升器应用最多。

（3）测功装置

测功装置用于测量发动机经传动系传至驱动车轮的功率。测功装置是一个可以进行加载的设备，这对于滚筒式测功试验台是非常必需的。这是因为汽车在滚筒式试验台上做试验时，滚筒式试验台应模拟车辆在道路上行驶所受的各种阻力，因此需要对滚筒加载，以使车辆的受力情况尽量接近在实际道路上行驶时的受力情况。

测功装置由测功器和测力装置组成。

① 测功器　滚筒式底盘测功试验台常用的测功器有水力测功器、电力测功器和电涡流测功器 3 种。三种测功器都是由转子和定子两大部分组成的，并且定子是浮动的，可以围绕中心摆动，而转子则与主滚筒相连一起转动。在这三种测功器之中，水力测功器目前应用的较少。电力测功器的功能最强，但成本较高，更适合于科研部门和高等院校作科研使用。电涡流测功器应用最为广泛，其特点是体积小、运转平稳和测量精度较高。

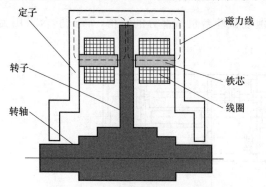

图 6-12　电涡流测功器工作原理

电涡流测功器工作原理见图 6-12，在它主要两大部分定子和转子中，定子是一个钢制的壳体，若干个带磁芯的励磁线圈沿壳体圆周均匀排布，转子是一个固定在转轴上钢制的、很厚实的圆盘（涡流盘），可随转轴一起转动，而转轴则与主动滚筒相连。转子涡流盘、线圈铁芯之间，定、转子之间，都只有很小的间隙。当在线圈中通入直流电，就会有较强的磁场产生。磁力线会穿过铁芯、定子和转子盘而形成一个完整闭合回路，如图 6-12 中虚线所示。当转子转动时，会因为转子盘切割磁力线而感应很强的涡流。涡流与励磁线圈的磁场间的相互作用，将使转子的转动受到一定的阻力或制动转矩。汽车驱动轮要带动涡流测功器的转子转动，就必然要消耗能量克服这种涡流阻力。要改变磁场和涡流的强度，调节励磁线圈的电流即可，这便可以很容易地改变驱动轮的负载。

实际的电涡流测功器存在有多种结构形式，但基本原理都是一样的。为了便于散热，常将铁芯线圈置于中间，而将涡流盘置于两个端面上。

根据冷却方式，电涡流测功器又可分为水冷和风冷（即空气冷却）两种类型。电涡流测功器运行时要吸收几十到上百千瓦的功率，涡流部件很容易发热，需采用水冷或空气冷却的方法将热量带走。

② 测力装置 根据作用力和反作用力的原理，上述转子所受涡流力矩是可以测量的。当转子转动受到电涡流的阻力矩时，定子也会受到大小相等、方向相反的力矩。所以只要测得定子所受的反力矩，就可以知道转子受的涡流力矩。

常用的测力装置如图 6-13 所示，电涡流测功器的定子是浮动安装的（可绕中心摆动），在定子表面装有一个测力杆，该测力杆压在一个压力传感器上面（图 6-10 中部件 2、3）。这样，当定子受到转子转动而产生反作用力矩时，将通过测力杆对传感器施加一个压力。测力杆的长度 L 是一定的，从而可以通过传感器受的力 F，计算出汽车在各种不同工况下的驱动力。

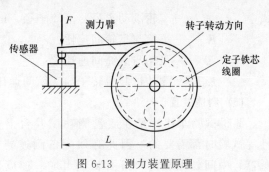

图 6-13 测力装置原理

试验台的速度传感器（图 6-10 中部件 6），可检测车速。车速与检测到的驱动力一起可以计算出驱动轮的输出功率。

(4) 飞轮装置

上述对驱动力和车速的测试，主要适用于检测稳态时的驱动轮的驱动功率。如果在试验台上要检测汽车的加速性能和滑行性能，便需要模拟汽车行驶时的惯性。为此，可以在测功试验台上安装一套飞轮组（图 6-10 中部件 9），按照不同汽车的质量配以相应转动惯量的飞轮。飞轮与滚筒的结合与断开由离合器（图 6-10 中部件 11）控制。

底盘测功试验台要保证汽车加速能力（加速时间）和滑行距离的测试精度，首先应该使飞轮机构、滚筒装置及其他旋转部件的旋转动能与汽车实际在道路上以相应的速度运行时的动能相一致。

道路试验时，车速 v 与汽车动能 A 的关系为：

$$A = \frac{1}{2}mv^2 + \frac{1}{2}(J_k + J_r)\omega^2 + A_0$$

式中　m——汽车质量，kg；

ω——车轮角速度，rad/s；

J_k，J_r——前、后车轮转动惯量，kg·m²；

A_0——汽车传动系统旋转动能，J。

汽车在底盘测功试验台上试验时，在同一车速下，汽车及滚筒、飞轮装置和其他主要旋转部件所具有的动能 A' 为：

$$A' = \frac{1}{2}J\omega_f^2 + \frac{1}{2}J_0\omega_0^2 + \frac{1}{2}J_h\omega_h^2 + \frac{1}{2}J_r\omega^2 + A_0$$

式中　J，ω_f——飞轮装置转动惯量（kg·m²）、飞轮角速度（rad/s）；

J_0，ω_0——滚筒转动惯量（kg·m²）、滚筒角速度（rad/s）；

J_h，ω_h——测功试验台转子转动惯量（kg·m²）、转子角速度（rad/s）。

令 $A = A'$

且 $\omega_0/\omega = r/r_0 = K_0$

$\omega_f/\omega_0 = K_f$

$\omega_h/\omega_0 = K_h$

注意到 $v = r\omega$，则飞轮装置的转动惯量应满足

$$J = \frac{mr^2 + j_k - J_0 K_0^2 - J_h K_h^2 K_0^2}{K_f^2 K_0^2}$$

式中 r，r_0——车轮滚动半径、滚筒半径，m；

K_0——滚筒与车轮间速比；

K_f——飞轮与滚筒间速比；

K_h——测功试验台转子与滚筒间速比。

(5) 测速装置

测得试验车速，是在底盘测功试验台上在进行测功、加速、等速、滑行和燃料经济性等试验时都需要的，因此必须配备测速装置。测速装置通常为电测式，一般由速度传感器、中间处理装置和指示装置组成。速度传感器的常见形式有磁电式、光电式和测速发电机等，这些传感器安装在副滚筒一端，随副滚筒一起转动，从而能把滚筒的转动转变为电信号。

与测速发电机相配的指示装置是一电压计，电压计的刻度盘以千米每小时（km/h）进行指示。DCG-1 OC 型汽车底盘测功试验台的速度传感器为光电式。该速度传感器输出脉冲信号，送入单片机处理后，在指示装置上以单位为千米每小时（km/h）进行指示车速。

(6) 控制与指示装置

底盘测功试验台的控制装置和指示装置通常制成一体，形成柜式结构，安置在底盘测功试验台前方易于操作和观察的地方。如果测力装置为电测式，指示装置能直接指示驱动车轮的输出功率。尤其是微机控制的底盘测功试验台，测力杠杆下测力传感器输出的电信号送入微机处理后，可在指示装置上直接显示功率数值。

测力装置为机械式和液压式的试验台，其指示装置仅能指示驱动车轮的驱动力。此时，驱动车轮的输出功率应根据测得的驱动力和对应的试验车速按下式计算

$$P_k = \frac{Fv}{3600}$$

式中 P_k——驱动车轮的输出功率，kW；

F——驱动车轮的驱动力，N；

v——试验车速，km/h。

(7) 辅助装置

除上述基本设备外，底盘测功试验台还需要以下辅助装置。

① 纵向约束装置　汽车在底盘测功试验台上试验时，必须加以纵向约束，可以防止汽车因可能出现的摆动、移动或者万一冲出试验台而造成的不良后果。单滚筒试验台必须用钢索拉紧，使汽车能够纵向固定。对于双滚筒试验台，只需要在从动轮前后用三角木块顶住，不必用钢索。

② 吹风装置　汽车在底盘测功试验台上试验时，虽然车轮在运转，但汽车并未行驶，没有迎面吹来的风对发动机进行附加的冷却，这是光靠发动机自身的冷却系统散热就不充足了。特别是长时间、大负荷试验时，发动机很容易发热。所以试验时应该在车前放置适当的风机，对发动机进行强制冷却。连轮胎也存在同样的问题，轮胎周围空气不流通，轮胎长时间在滚筒上转动也容易受热甚至变形，因此在驱动轮附近也应采用风机进行适当的冷却。

(8) 带有反拖系统的底盘测功试验台

所谓反拖系统是采用反拖电机带动功率吸收装置、滚筒及车轮以及汽车传动系旋转的一种装置，如图 6-14 所示，其基本结构由反拖电机、滚筒、车轮、扭矩仪（或电机悬浮测力装置）等组成。

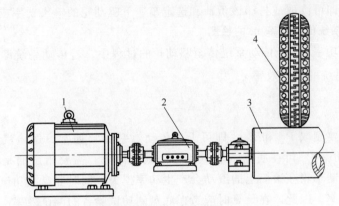

图 6-14　反拖装置
1—反拖电机；2—扭矩仪；3—滚筒；4—车轮

其主要作用为：

① 可以方便检测汽车底盘测功试验台台架的机械损失；

② 可以检测汽车传动系、主减速器、车轮与滚筒以及台架机械系统的阻力损失。但值得注意，倒拖与正向拖动主减速器、车轮与滚筒的阻力有差异，使用还不广泛。

6.2.1.2　台架检测

汽车开上底盘测功试验台以前，必须通过路试运转至正常工作温度，然后调试发动机供油系、点火系至最佳工作状态，检查并紧固传动系、车轮的连接情况，检查轮胎气压并使之达到汽车制造厂的规定值。

车辆准备好后，开上底盘测功试验台，若为双滚筒试验台，将被测汽车驱动轮置于两滚筒之间，放下举升器平板，并视需要用三角木对车辆从动轮进行纵向约束。

(1) 驱动轮输出功率或驱动力的检测

① 发动机额定功率下，驱动轮的输出功率或驱动力　在测试发动机在额定功率和额定转速下驱动轮的输出功率和驱动力时，应将变速器挂入选定挡位，然后松开手制动，逐渐踩下油门踏板，发动机将逐渐加速。与此同时，用逐渐增大测功试验台励磁电流的方法给发动机加载，直至发动机在油门全开情况下，达到额定转速并以该转速稳定运转。此时就可以读取或打印驱动轮的输出功率或驱动力的值。

② 发动机最大转矩转速下，驱动轮的输出功率或驱动力　在达到了上述试验的情况，即节气门全开、发动机转速达到额定值之后，保持节气门全开，并继续增大励磁电流给发动

机加载，发动机转速将会下降，使转速降到发动机最大转矩对应的转速为止，当运转稳定后，读取或打印驱动轮的驱动功率或驱动力值。

由此可见，如果要测量在变速器不同挡位下的驱动轮输出功率或驱动力，只要依次挂入不同挡位，按上述方法进行检测即可。在发动机发出额定功率时，挂直接挡，可测得驱动轮输出最大功率；当发动机发出最大转矩时，挂1挡，则可测量驱动轮的最大驱动力。

③ 发动机全负荷和选定车速下，驱动轮的输出功率或驱动力　按照上面的做法，在节气门全开情况下，调节测功机励磁电流，使发动机以选定的车速所对应的转速运转。运转稳定后，可读取或打印该车速下驱动轮的输出功率或驱动力。

④ 发动机部分负荷和选定车速下，驱动轮的输出功率或驱动力　做法与第③项相同，但节气门不要全开，而是部分打开，即在部分负荷下工作，待发动机以选定的车速所对应的转速稳定运转后，即可读取或打印该负荷和选定车速下驱动轮的输出功率或驱动力。

(2) 汽车传动系统传动效率 η_t 的检测

发动机发出的功率 P_e 经传动系统传至驱动轮的过程中，若传动系统摩擦阻力消耗的功率为 P_t，则传动系统的传动效率 η_t 为

$$\eta_t = \frac{P_e - P_t}{P_e}$$

由上式知，只要测取 P_e 和 P_t，即可求出传动效率 η_t。通常，送检汽车的发动机功率 P_e 及其传动损失功率 P_t 可在底盘测功试验台上间接测得。需要指出的是，在底盘测功试验台上测功时，驱动车轮在滚筒上的滚动会产生功率损失，同时底盘测功试验台在传递动力时也会产生阻力功率。因此，在计算时应考虑底盘测功试验台的测试效率。设底盘测功试验台测试效率为 η_c，测功试验台检测到的输出功率为 P_k，那么 $\eta_c = \dfrac{P_k}{P_e - P_t}$，汽车传动系损失功率与底盘测功机测试损失功率之和为 P_r，那么 $P_e = P_k + P_r$，则传动效率 η_t 的计算式为

$$\eta_t = \frac{P_e - P_t}{P_e} = \frac{P_k}{(P_k + P_r)\eta_c}$$

底盘测功试验台正常时，η_c 可取 0.80~0.85，P_k 由测功试验台测得，而 P_r 可利用底盘测功试验台对传动系统进行同转速的反拖试验测出，由此，可求出传动系统的传动效率 η_t。传动效率的正常值见表6-1。

表6-1　汽车传动系传动效率的正常值

汽车类型		传动效率
轿车		0.90~0.92
载货汽车和公共汽车	单级主减速器	0.90
	双级主减速器	0.84
4×4越野汽车		0.85
6×4越野汽车		0.8

(3) 加速时间测试方法

超车加速时间检测。将测试汽车驱动轮置于底盘测功试验台的滚筒上，在启动汽车后，经逐步加速及换挡，直至直接挡，待车速稳定在30km/h后，迅速将油门踏板踩到底，使汽车全力加速至该车型最高车速的80%，记录所需加速时间，测试两次，取平均值。

轿车起步加速时间检测。汽车在试验台上启动后，由初速度为0km/h起步，司机以最

佳时机连续换挡，全力加速到100km/h，记录所需加速时间，测试两次，取平均值。

(4) 滑行距离和时间的测定

将测试车辆驱动轮置于测功试验台滚筒上，启动汽车，按引导系统的提示加速至高于规定滑行初速度30km/h后，置变速器于空挡，利用汽车-测功试验台系统储藏的动能，使其运转至车轮停止转动。将滑行的距离记录下来与表6-2参考值对照，可判断汽车的滑行距离是否符合要求。

表 6-2 车辆滑行距离要求

汽车整备质量 M/kg	双轴驱动车辆滑行距离/m	单轴驱动车辆滑行距离/m
$M<1000$	≥104	≥130
$1000 \leqslant M \leqslant 4000$	≥120	≥160
$4000 < M \leqslant 5000$	≥144	≥180
$5000 < M \leqslant 8000$	≥184	≥230
$8000 < M \leqslant 11000$	≥200	≥250
$M > 11000$	≥214	≥270

(5) 车速表检测

车速表是否准确，需要检测。检测可在底盘测功试验台上进行，汽车驱动轮安置在底盘测功试验台滚筒上后，启动、加速，让汽车以某一预定车速（例如40km/h）行驶，当底盘测功试验台测速装置所显示的车速达到预定车速时，观察车速表指示值。根据GB 7258—2004《机动车运行安全技术条件》的规定，车速表允许误差范围为0～20%，即当实际车速为40km/h时，车速表指示值应为40～48km/h。由于汽车底盘测功试验台具有车速检测功能，所以在装备有底盘测功试验台的汽车检测站，检测站可以不用配备车速表试验台。

6.2.2 汽车动力性的路试检测

6.2.2.1 试验条件

① 装载质量 试验车辆的装载质量为厂定最大装载质量；装载物应均匀分布并固定牢靠，试验过程中不得晃动和颠离；乘员质量和替代重物分布应符合表6-3规定。

表 6-3 乘员质量（kg）和替代重物分布

车型			每人平均质量	行李质量	替代重物分布			
					座椅上	座椅前的地板上	吊在车顶的拉手上	行李箱（架）
载货汽车,越野汽车,专用汽车自卸汽车,牵引汽车			65	—	55	10	—	—
客车	公共	长途	60	13	50	10	—	13
		座客	60	—	50	10	—	—
		站客	60	—	—	55(地板上)	5	—
		旅游	60	22	50	10	—	22
轿车			60	5	50	10	—	5

② 轮胎压力 试验时，轮胎冷态情况下充气压力应符合该车技术条件的规定，误差不超过±10 kPa（±0.1kgf/cm^2）。

③ 燃料、润滑油（脂）和制动液 汽车试验中使用的燃料、润滑油（脂）和制动液的牌号和规格应严格按照该车技术条件的规定执行。同一次试验必须使用同一批次的燃料、润滑油（脂）和制动液。

④ 气象条件 试验应在晴好天气的条件下进行，相对湿度小于95%，气温0~40℃，风速不大于3m/s。

⑤ 试验道路 各项性能试验应在用沥青或混凝土铺装的清洁、干燥、平坦的直线道路上进行。道路长不小于2~3km，宽不小于8m，纵向坡度不大于0.1%。

⑥ 试验仪器、设备 所有试验仪器、设备须经计量检定，并在有效期内，应确保功能正常，精度满足要求。如果试验中使用汽车自带的速度表、里程表，必须先检测车速表、里程表是否准确，并进行必要的误差校正。

⑦ 试验车辆的准备 试验前要记录试验样车的生产厂名、牌号、型号、发动机号、底盘号、各主要总成号和出厂日期等。

进行道路试验前，首先检查车辆装备完整性及装配调整情况，应符合该车装配调整技术条件及国家标准的有关规定，经过行驶里程不大于100km的行驶检查，试验的车辆还应经过根据试验要求、按照该车使用说明书的规定磨合规范进行了磨合方可。试验时，车辆应进行预热行驶，使发动机、传动系及其他部分达到规定的水温和油温。

6.2.2.2 试验仪器

在进行道路试验测量车辆的行驶距离和速度时，虽然可以使用汽车仪表盘上的里程表和速度表，但不准确。因为它们是由汽车传动系驱动的，而车辆驱动轮的滚动半径受到诸如驱动力矩、地面对轮胎的切向反作用力、车轴载荷、轮胎气压及其磨损程度等因素的影响。并且车用里程表和速度表本身的精度也较低。为了排除这些因素对测量精度的影响，在车辆旁边或后边附加一个测量用的被称为五轮仪的轮子。这个轮子是从动轮，行驶中无滑转，故能在平坦的路面上准确地测量距离。该设备常用在加速、滑行、制动等试验中，可以准确地测出车辆行驶距离、时间和速度。

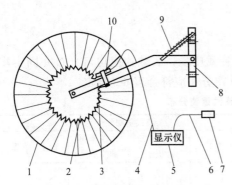

图6-15 接触式五轮仪组成示意
1—轮子；2—齿圈；3—连接臂；4—导线；
5—显示器；6—开关导线；7—脚踏开关；
8—安装盘；9—加力弹簧；10—磁电传感器

(1) 接触式五轮仪

国产AM-2020型汽车动力性能测试仪就是常用的一种五轮仪设备，其组成如图6-15所示。

该五轮仪主要组成有轮子1、磁电传感器10、安装盘8、显示器5、加力弹簧9、脚踏开关7等。齿圈2与轮子1固定在一起，当轮子旋转时，带动齿圈同步转动；传感器10固定在连接臂3上，其头部与齿圈齿顶之间的间隙有0.5~1mm；传感器信号线与显示器相连，加力弹簧的作用是通过连接臂将轮子紧压在地面上，保持试验时始终接触地面。五轮仪通过安装盘安装在车辆尾部或侧面的专用支架上，脚踏板开关用于加速性能和制动性能等测试开始时发出信号。显示器的作用是接收脉冲信号，计算、显示试验结果，设置试验初始条件的相关参数等。

(2) 非接触式五轮仪

当路面状态不好，接触式五轮仪有时会打滑或跳离地面，加之五轮仪轮胎气压等原因会使测试精度降低；接触式五轮仪因其结构上的限制，而不适用于180km/h以上的高速测试。非接触式车速仪采用光电滤波技术，是接触式五轮仪的换代产品。测试范围可达1.5~250km/h。它只用真空吸盘固定在被测车的车身后部或侧面而不需要特殊的夹具。其关键元件是 SF 系列空间滤波器，这是一种非常特殊的传感器，可从路面上的小石块、砂粒、柏油路面的各种粒子，或轮胎印在路面上的不规则痕迹中，提取特定的反射斑纹（色斑、凸凹斑等）并作出空间（地面）反射信息处理。如图 6-16 所示为非接触五轮仪示意。

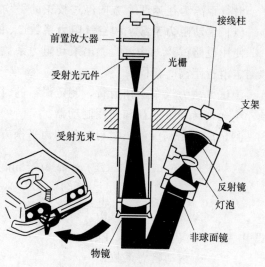

图 6-16　非接触式五轮仪示意

6.2.2.3　路试检测

(1) 滑行距离的检测

汽车传动效率的高低影响汽车滑行距离。如行驶阻力小，传动效率高，则滑行距离长，汽车的动力性好。反之，若行驶阻力大，传动效率低，汽车的功率损失大，则滑行距离短，动力性差，由此可见这种试验可用于检查汽车底盘部分的技术状况。检测滑行距离时，汽车的初始行驶速度为 50km/h。该试验适用于各类汽车。汽车滑行距离的长短还会影响到汽车的燃油经济性，汽车的滑行距离越长汽车的燃油经济性越好。

试验时关闭汽车门窗，测量仪器用五轮仪等车速、行程记录装置。

① 测试方法

a. 在长度大约 1000m 的试验路段两端设立标杆作为滑行试验检测区段。

b. 汽车在进入滑行试验检测区段前，使车速稍高于 50km/h，此时驾驶员将变速器挡位挂入空挡，汽车开始滑行。当车速降到 50km/h 时，汽车应进入滑行试验检测区段，用脚踏开关发出信号，五轮仪进行记录，直至汽车完全停止。记录滑行初速度（应约 50km/h±0.3km/h）和滑行距离。在滑行距离检测过程中，驾驶员不得转动转向盘，应保持汽车处于直线行驶状态。

c. 试验至少往返各滑行一次，往返区段尽量重合，以减少道路对试验结果的影响。

② 试验数据处理　试验中难以精确保证滑行初速度为标准的 50km/h，所以应根据实际试验结果计算出标准初速度为 50km/h 的滑行距离，即进行校正。试验数据按下列公式校正：

$$S = \frac{-b \pm \sqrt{b^2 + ac}}{2a}$$

$$a = \frac{v_{a01}^2 - bS_1}{S_1^2} s^{-2};$$

式中　S——初速度为 50km/h 的滑行距离，m；

　　　b——常数，一般 $b = 0.2 \text{m/s}^2$，

　　　　　当整车总质量≤4000kg，且滑行距离≤600m 时，$b = 0.3 \text{m/s}^2$；

　　　c——常数，$c = 771.6 \text{m/s}^2$；

　　　a——计算系数；

　　　v_{a01}——实测滑行初速度，m/s；

　　　S_1——实测滑行距离，m。

滑行距离为往返两个方向经过校正的平均值。

（2）滚动阻力系数 f 和空气阻力系数 C_D 的测定

使用道路试验方法可检测出滚动阻力系数 f 和空气阻力系数 C_D，测试条件与测量仪器和测定滑行距离时相同。

测试方法为汽车空挡滑行，测定滑行的时间和滑行的距离。滑行中，应保持汽车直线行驶，不允许转动方向盘和使用制动器。

测量原理是利用汽车滑行时的动力平衡方程。滑行时，汽车行驶动力平衡方程式为：

$$Ggf\cos a + Gg\sin a + \frac{C_D A v_a^2}{21.15}\delta G \frac{dv}{dt} = 0$$

$$\frac{dv}{dt} = -\frac{g}{\delta}(f\cos a + \sin a) - \frac{C_D A}{21.15\delta G}v_a^2$$

式中　　G——汽车总质量，kg；

　　　　f——滚动阻力系数；

　　　　a——道路坡度，(°)；

　　　　C_D——汽车的空气阻力系数；

　　　　A——汽车迎风面积，m^2；

　　　　v_a——汽车行驶速度，km/h；

　　　　δ——汽车空挡时的回转质量换算系数；

　　　　g——重力加速度，$g=9.8 m/s^2$；

　　　　$\frac{dv}{dt}$——汽车行驶加速度（实为减速度），m/s^2。

由于试验路段坡度 a 很小，且试验在同一路段上往返进行，两次试验中使运动方程中的 $\sin a$ 项符号相反，取平均值时可忽略 a 的影响，认为 $\cos a = 1$，$f\cos a + \sin a = f$，则

$$\frac{dv}{dt} = -\frac{g}{\delta}f - \frac{C_D A}{21.15\delta G}v_a^2$$

式中　　v——汽车行驶速度，m/s。

因为　　　　　　　　　　　　　$v_a = 3.6v$

因此　　　　　　　　　　　$\frac{dv}{dt} = -\frac{g}{\delta}f - \frac{0.613 C_D A}{\delta G}v^2$ 　　　　　　　　(6-1)

应用上式可以求出滚动阻力系数 f 和空气阻力系数 C_D。

① 用低速滑行测滚动阻力系数 f　当汽车低速滑行时，$\frac{0.613 C_D A}{\delta G}v^2$ 项很小，可忽略不计。则式（6-1）变为

$$\frac{dv}{dt} = -\frac{g}{\delta}f \qquad (6-2)$$

如果能够得滑行时汽车的减速度 $\frac{dv}{dt}$，即可求得滚动阻力系数 f，下面分析求减速度 $\frac{dv}{dt}$ 的方法。

在试验道路边设立三组标杆，它们之间的距离均为 S，如图6-17所示，国标规定 S 为50m。试验时测定汽车滑行通过第一段 S 用的时间 t_1 及通过 $2S$ 段用的响 t_2。

其运动方程为

$$\begin{cases} S = v_0 t_1 + \dfrac{1}{2} \times \dfrac{\mathrm{d}v}{\mathrm{d}t} t_1^2 \\ 2S = v_0 t_2 + \dfrac{1}{2} \times \dfrac{\mathrm{d}v}{\mathrm{d}t} t_2^2 \end{cases}$$

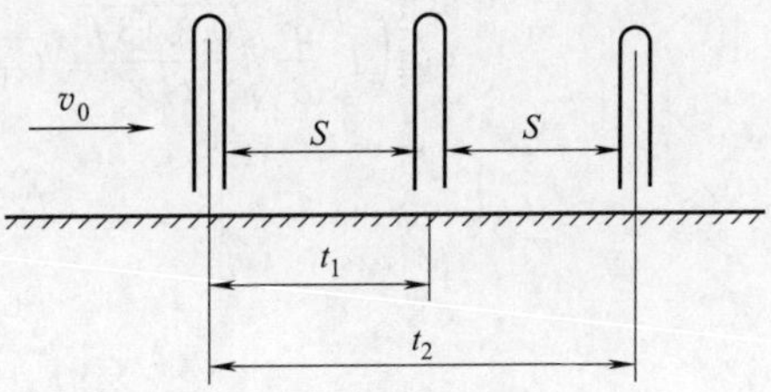

即
$$\begin{cases} \dfrac{S}{t_1} = v_0 + \dfrac{1}{2} \times \dfrac{\mathrm{d}v}{\mathrm{d}t} t_1 \\ \dfrac{2S}{t_2} = v_0 + \dfrac{1}{2} \times \dfrac{\mathrm{d}v}{\mathrm{d}t} t_2 \end{cases}$$

图 6-17 测滚动阻力系数 f 简图

所以
$$\frac{2S}{t_2} - \frac{S}{t_1} = \frac{1}{2}(t_2 - t_1)\frac{\mathrm{d}v}{\mathrm{d}t}$$

$$\frac{\mathrm{d}v}{\mathrm{d}t} = 2S\left(\frac{1}{t_2} - \frac{1}{2t_1}\right)\frac{2}{t_2 - t_1}$$

$$\frac{\mathrm{d}v}{\mathrm{d}t} = 2S \frac{2t_1 - t_2}{2t_1 t_2} \times \frac{2}{t_2 - t_1}$$

$$\frac{\mathrm{d}v}{\mathrm{d}t} = \frac{2S}{t_2}\left(\frac{1}{t_2 - t_1} - \frac{1}{t_1}\right)(\text{为负数}) \tag{6-3}$$

低速滑行时，控制汽车滑行初速度，记录汽车通过 50m 和 100m 的时间 t_1 和 t_2，由式 (6-3) 计算得到 $\dfrac{\mathrm{d}v}{\mathrm{d}t}$，再将其结果代入式 (6-2)，则可得到滚动阻力系数 f。

试验往返各进行 3 次（共 6 次），试验结果取平均值。

② 用高速滑行测空气阻力系数 C_D 当汽车高速滑行时，式（6-1）中 $\dfrac{0.613C_D A}{\delta G} v^2$ 项较大，不能忽略。

设汽车以初速度 v_0 (m/s) 滑行到停车的时间为 T 秒，则

$$T = \int_{v_0}^{0} \mathrm{d}t$$

$$= \int_{v_0}^{0} \frac{\mathrm{d}v}{-\dfrac{g}{\delta}f - \dfrac{0.613C_D A}{\delta G}v^2}$$

$$= \int_{0}^{v_0} \frac{\mathrm{d}v}{-\dfrac{g}{\delta}f - \dfrac{0.613C_D A}{\delta G}v^2}$$

由于
$$\int \frac{\mathrm{d}x}{a^2 + b^2 x^2} = \frac{1}{ab}\arctan\frac{b}{a}x + c$$

所以
$$T = \frac{1}{\sqrt{\dfrac{gf}{\delta} \times \dfrac{0.613C_D A}{\delta A}}} \arctan\left(\sqrt{\dfrac{\dfrac{0.613C_D A}{\delta G}}{\dfrac{gf}{\delta}}} v_0\right)$$

$$T\frac{g}{\delta}\sqrt{\frac{0.613f}{Gg}}\sqrt{C_D A} = \arctan\sqrt{\frac{0.613}{Ggf}}\sqrt{C_D A}\, v_0$$

$$\tan\left(T\frac{g}{\delta}\sqrt{\frac{0.613f}{Gg}}\sqrt{C_D A}\right)=\frac{\delta v_0}{Tfg}\times T\frac{g}{\delta}\sqrt{\frac{0.613f}{Gg}}\sqrt{C_D A}$$

令
$$T\frac{g}{\delta}\sqrt{\frac{0.613f}{Gg}}=B \tag{6-4}$$

$$B\sqrt{C_D A}=\varepsilon \tag{6-5}$$

$$\frac{\delta v_0}{Tfg}=\gamma \tag{6-6}$$

则
$$\tan\varepsilon=\gamma\varepsilon \tag{6-7}$$

$$C_D A=\left(\frac{\varepsilon}{B}\right)^2 \tag{6-8}$$

$$C_D=\frac{1}{A}\left(\frac{\varepsilon}{B}\right)^2 \tag{6-9}$$

滚动阻力系数 f 在低速滑行时已经得到。

由式（6-7）可得 ε 与 γ 的对应值，其计算结果见表 6-4。

汽车高速滑行时，测得：汽车滑行初速度 v_0（m/s）；汽车滑行到停车的时间 T(s)。

表 6-4　ε 与 γ 对应值

ε/(rad)	0.2	0.25	0.30	0.35	0.40	0.45	0.50	0.55	0.60
γ	1.01355	1.02137	1.03112	1.04294	1.05698	1.07346	1.09260	1.11474	1.14023
ε/(rad)	0.65	0.70	0.75	0.80	0.85	0.90	0.95	1.00	1.05
γ	1.16954	1.20327	1.24213	1.28705	1.33921	1.40018	1.47198	1.55741	1.66030

由式（6-4）计算得到 B。

由式（6-6）计算和到 γ。

由表 6-4 得到 ε。

由式（6-8）计算得到 $C_D A$。

因此，由式（6-9）可得到汽车的空气阻力系数 C_D。

试验往返各进行 3 次（共 6 次），试验结果取平均值。

(3) 汽车最低稳定车速的检测

汽车的最低稳定车速会影响汽车的加速能力和通过能力，最低稳定车速越低则性能越好。在公路上行驶的汽车一般是测定汽车在直接挡口行驶时的最低稳定车速。越野车通常需要测定汽车以最低挡行驶时的最低稳定车速和汽车以直接挡行驶时的最低稳定车速。

试验车发动机的急速工况应良好，测试仪器为五轮仪或其他车速、行程记录装置，钢卷尺和标杆等。

① 测量方法

a. 在试验道路上，选取 50m 长的试验路段，两端各插一根标杆。

b. 将试验汽车的变速器（及分动器）置于所要求的挡位（1 挡或直接挡），使汽车保持一个较低的稳定车速行驶并进入试验路段，当汽车驶出试验路段时，立即急速踩下油门踏板，此时不应有发动机熄火、传动系颤动现象，汽车能够平稳地加速。如出现不应有的现象（发动机熄火、传动系颤动），适当提高汽车较低的稳定车速，然后重复进行试验，直到找到符合上述条件的最低稳定车速。试验时用五轮仪或其他车速、行程记录装置观察车速和时间，测定汽车通过试验路段时的实际平均车速。试验进行中，为保持汽车稳定行驶而切断离合器或使离合器半联动是不允许的。

c. 试验应往返进行至少各 3 次（共 6 次）。

② 试验数据处理　试验结果取实测车速的算术平均值作为汽车的最低稳定车速。

(4) 汽车最高车速的检测

汽车最高车速是汽车满载时在良好的水平路面上能达到的最大行驶速度。汽车的最高车速高，汽车的平均行驶车速就高，汽车的运输效率就高。

试验前，检查汽车的转向机构、各部紧固件的紧固情况和制动系统的工作状况，以保证试验的安全。试验时应关闭车辆的门窗。

测试仪器为计时器（最小读数为 0.01s）、钢卷尺、标杆等。

① 检测方法

a. 在水平、直线、干燥的沥青或水泥试验道路上，选定中间一段 200m 为测试路段，并用标杆作好标志。

b. 选定足够长的加速区段，使汽车在驶入测量路段前能够达到最高的稳定行驶车速。

c. 试验汽车在加速区段以最佳加速状态换挡加速至最高稳定车速（即在测量路段前保持变速器在汽车设计最高车速的相应挡位，且油门踏板全部踩下），让汽车以该最高的稳定车速通过测量路段。测定汽车以最高的稳定车速通过测速路段的时间。

d. 试验往返各进行一次。

② 试验数据处理　试验结果按测速距离与各次通过测速路段的时间的平均值算出汽车的最高车速。

$$v_{amax} = \frac{200}{t} \times 3.6 = \frac{720}{t}$$

式中　v_{amax}——汽车的最高车速，km/h；

t——汽车各次通过 200m 的平均时间，s。

(5) 汽车加速性能的检测

汽车的加速能力对汽车的平均行驶车速有很大的影响，是评价汽车动力性的重要指标，对轿车来说尤为重要。通常用加速时间来评价汽车的加速能力。加速时间可以分为汽车原地起步加速时间和超车加速时间。汽车原地起步加速时间是指汽车以第 1 挡或 2 挡起步，并以可以获取最大加速度的最佳换挡时机换挡至最高挡后，加速到某一预定的距离或车速时所需的时间。超车加速时间则是指汽车用最高挡或次高挡由某一预定的较低车速全力加速到某一预定的距离或较高车速（目标高速）时所需的时间。超车加速试验通常采用直接挡，故一般称超车加速能力为直接挡加速能力。超车加速能力好，汽车并行行程短，能保证行车安全。

试验前应检查汽油发动机的节气门和阻风门，应保证能全开，柴油发动机喷油泵齿条行程应能达到最大供油位置。测量仪器为五轮仪和数字打印机等。

① 试验方法

a. 超车加速性能试验方法

ⅰ. 在水平、直线、干燥的沥青或水泥试验道路上，选取合适长度的路段作为测试路段，在两端设立标记。

ⅱ. 汽车使用变速器预定的挡位（最高挡或次高挡），以选定的初速度（稍高于该挡的最低稳定车速）等速行驶。选定的初速度一般在 20km/h、25km/h、30km/h、35km/h、40km/h 中选择，20km/h 常取作为直接挡试验初速度。当五轮仪监督初速度在选定的初速度稳定行驶并驶入试验路段时，急速将油门踏板踩到底，使汽车以最大加速能力加速到该挡最大车速的 80% 以上。对于轿车应加速到 100km/h 以上。用五轮仪记录汽车的加速度、由初速度加速到目标高速的加速时间和加速行驶的全过程。

ⅲ. 试验往返各进行一次，试验路段应重合。

b. 起步连续换挡加速性能试验方法

ⅰ. 试验路段与超车加速试验路段相同。

ⅱ. 汽车停于加速试验路段起点，变速器挂入该车的起步挡位，迅速起步以可以获取最大加速度的最佳换挡时机换挡至最高挡，加速到最高车速的 80% 以上（轿车应加速到 100km/h 以上）。用五轮仪记录加速行驶全过程。

ⅲ. 试验往返各进行一次，试验路段应重合。

② 试验结果处理 根据试验数据，分别绘制超车加速性能曲线和起步连续换挡加速性能曲线。在绘制每种加速性能曲线时，首先需绘制试验车往返两次的加速性能曲线：

车速-加速时间曲线（v_a-t 曲线）；

车速-加速行程曲线（v_a-S 曲线）。

然后取往返两次曲线的平均值绘制汽车的加速性能曲线，即 v_a-t 曲线和 v_a-S 曲线，并以加速曲线对应点取值，列表说明试验结果。

(6) 汽车爬坡能力的检测

汽车的爬坡能力分为汽车陡坡爬坡能力和长坡爬坡能力。汽车爬陡坡能力是汽车满载时用 1 挡在良好的路面上行驶所能克服的最大坡度。通常最大爬坡使用 i_{max} 表示。

$$i_{max} = \tan a_{max}$$

式中 i_{max}——汽车的最大爬坡度，%；

a_{max}——汽车所能越过的最大坡度角，(°)。

载货汽车在各种地区的各种路面上行驶，要求有足够的爬坡能力，一般 i_{max} 在 30% 左右。越野汽车在坏路和无路地带行驶，最大爬坡能力很重要，一般 i_{max} 在 60% 左右。轿车通常在较好的路面上行驶，一般不强调它的爬坡能力，但由于轿车最高车速高，所以配备的发动机功率大，转矩大，其加速能力也强，因而轿车的最大爬坡能力也相当好。

汽车长坡爬坡能力是考核汽车在长坡上行驶时，汽车的动力性、启动性和传动系的热状况，挡位的使用情况以及燃料消耗量等。

试验时，汽车的技术状况和气候条件应符合相关的规定，并检查发动机、传动系、转向系和制动系（包括驻车制动器）等的技术状况。

测试仪器有秒表、钢卷尺、标杆、转速表、坡度仪、温度计、燃油流量计、排挡使用次数与时间（或里程）记录装置等。

① 汽车最大爬坡能力的检测

a. 检测方法

ⅰ. 选择坡度与试验车的最大爬坡度相接近的试验坡道，坡道长度大于 25m，坡道前应有 8～10m 的平直路段。坡道坡度不小于 30% 的路面用水泥铺装，坡道坡度小于 30% 的路面可用水泥或沥青铺装。在坡道中部设置 10m 的测速区段。允许用表面平整、坚实、坡度均匀的自然坡道代替。为安全起见，当坡道大于 40% 时，必须设置安全保险装置。

ⅱ．变速器使用最低挡，爬坡过程中不换挡。

ⅲ．经预热行驶后的汽车停在坡道前的平直路面上。起步行驶至坡前，油门踏板踩到底，全力爬坡，记录汽车通过测速区段的时间和发动机转速。并监视水温表、机油压力表等仪表的工作情况。当汽车爬至坡顶后，应停车检查汽车各部位有无异常现象发生。

如中途爬不上坡时，测量坡底到停车点后轮接地中心的距离，分析爬不上坡的原因。如第一次爬不上去，可进行第二次，但不得超过2次。

ⅳ．如坡度不合适（过大或过小）时，可增减装载质量或使用变速器较高一挡（如2挡）进行试验，并将试验结果换算成在汽车厂定最大总质量下，变速器使用最低挡时的最大爬坡度。

ⅴ．对于越野汽车，分动器应置于1挡，全轮驱动，除按上述规定检测外，当汽车到达坡道中间时，停住汽车，挂入空挡，用驻车制动器制动，发动机熄火2min后，重新启动发动机，再起步爬至坡顶。

b. 试验数据的处理

ⅰ．汽车最大爬坡度 i_{max} 的计算如下

$$i_{max} = \tan a_{max}$$

$$a_{max} = \arcsin\left(\frac{G_{实}}{G} \times \frac{i_1}{i_{实}} \sin a_{实}\right)$$

式中　i_{max} ——汽车的最大爬坡度，%；

　　　a_{max} ——汽车所能越过的最大坡度角，(°)；

　　　$a_{实}$ ——坡道的实际坡度，(°)；

　　　G ——汽车厂定最大总质量，kg；

　　　$G_{实}$ ——试验时汽车实际总质量，kg；

　　　i_1 ——汽车最低挡总速比；

　　　$i_{实}$ ——汽车试验时实际总速比。

ⅱ．汽车爬坡时的平均车速为

$$v = \frac{36}{t}$$

式中　v ——汽车爬坡时的平均车速，km/h；

　　　t ——汽车通过10m测速区段的时间，s。

② 汽车爬长坡能力的检测

a. 检测方法

ⅰ．试验路段为表面平整、坚硬、干燥的连续的长坡道，坡长为8~10km；上坡路段占坡道全长的90%以上，最大坡度不小于8%。

ⅱ．试验车装载质量为额定装载质量。

ⅲ．在坡道试验的起点和终点记录里程表指示数、时间、燃油流量计读数。

ⅳ．爬坡时，汽车尽可能使用高的挡位，以保持较高的行驶车速，每行驶1km做一次温度值记录，并要记录整个试验过程中各挡位使用次数、时间（或里程），注意观察发动机和传动系有无异常现象。

如发生发动机开锅（冷却水沸腾）、机油温度超过105℃、燃料系产生气阻、发动机强烈爆震、传动系脱挡等影响正常行驶的问题时，应停车。做好停车点的里程、行驶时间及各

部温度值记录，并详细记录故障情况。
  b. 试验结果的处理
  ⅰ. 根据记录的行驶里程和时间计算出汽车的平均车速。
  ⅱ. 根据记录的行驶里程和燃油流量计读数计算出平均燃料消耗量。
  ⅲ. 统计试验中的各类故障情况。

6.3 汽车燃油经济性检测

汽车燃油经济性检测分为台架检测和路试检测。台架检测不受场地条件限制，可在底盘测功试验台上参照有关规定模拟道路进行检测。

6.3.1 汽车燃油经济性的台架检测

汽车燃油经济性的台架试验设备，除了底盘测功试验台以外，还需油耗仪（或称燃油流量测试仪、燃油流量计、油耗传感器）。

6.3.1.1 常用油耗仪工作原理

汽车的燃油消耗量是由油耗仪来测量的。油耗仪种类很多，按测试方法可分为容积式油耗仪、质量式油耗仪、流量式油耗仪和流速式油耗仪。油耗仪由油耗传感器和显示装置构成。以下主要介绍容积式油耗仪和质量式油耗仪。

(1) 容积式油耗仪

容积式油耗仪由传感器和显示装置组成，有容量式和定容式两种，容量式油耗传感器通过累计发动机工作中所消耗的燃料总容量，用时间和里程来计算油耗量。它可以连续测量，其结构有行星活塞式。往复活塞式、膜片式、油泡式等，现以行星活塞式油耗传感器为例予以说明。其流量检测装置是由流量变换机构及信号转换机构组成。流量变换机构是将一定容积的燃油流量变为曲轴的旋转运动，它是由十字形配置的四个活塞和旋转曲轴构成，其工作原理如图 6-18 所示。

燃油在泵油压力作用下推动活塞运动，再由活塞运动推动曲轴旋转，曲轴旋转一周即四个活塞各往复运动一次，完成一个进排油循环。活塞在油缸中处于进油行程还是排油行程，取决于活塞相对于进排油口的位置。图 6-18（a）表示活塞 3 处于进油行程，从其曲轴箱来的燃油通过 P_3 推动活塞 3 下行，并使曲轴作顺时针旋转，此时活塞 2 处于进油行程终了，活塞 1 处在排油行程中，燃油从活塞 1 上部通过 P_1 从排油口 E_1 排出，活塞 4 处于排油终了。当活塞和曲轴位置如图 6-18（b）所示时，活塞 3 进油终了，活塞 2 处于排油行程，燃油从 P_2 经排油口 E_2 排出，活塞 1 排油终了，通道 P_4 导通，活塞 4 处于进油行程。同理，可描述图 6-18（c）、（d）所示位置各活塞的进排油状态。如此反复在燃油泵泵油压力的作用下，就可完成定容量、连续泵油的作用。曲轴旋转一周，各缸旋转一周，各缸分别排油一次，其排油量可用下式确定：

$$V = 4 \times \frac{\pi d^2}{4} \times 2h = 2h\pi d^2$$

式中　V——四缸排油量，cm^3；
　　　　4——代表四个油缸；
　　　$\dfrac{\pi d^2}{4}$——代表某一活塞截面积，cm^2；

$2h$——2倍的曲轴偏心距（cm）即活塞行程。

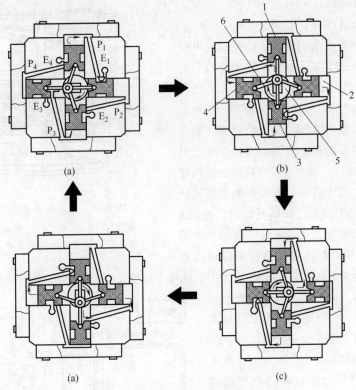

图 6-18　行星活塞式油耗传感器原理

1～4—活塞；5—曲轴；6—连杆；
P_1、P_2、P_3、P_4—油道；E_1、E_2、E_3、E_4—排油口

由此可见，经上述流量转换机构转换后，则将燃油消耗量转化为流量转换机构曲轴的旋转圈数。再由装在曲轴一端的信号转换装置（一般采用光电测量装置）进行信号转换，把曲轴旋转圈数转化为电脉冲信号。

信号转换装置由主动磁铁、从动磁铁、转轴、光栅、发光二极管和光敏管等组成。主动磁铁装在曲轴端部、从动磁铁装在转轴端部，两磁铁相对安装但磁铁之间留有间隙，其作用在于构成磁性联轴器；光栅固定在转轴上，由转轴带动旋转；光栅两侧相对位置上固定有发光二极管和光敏管，光敏管用于接收发光二极管发出的光线，光栅位于二者之间，其作用是把发光二极管发出的连续光线转变为光脉冲。当曲轴转动时，通过磁性联轴器带动转轴及光栅旋转，光栅在发光二极管和光敏管之间旋转使光敏管接收到光脉冲。由于光敏管的光电作用将光脉冲转换为电脉冲信号输入到计量显示装置。显然，该电脉冲数与曲轴转过的圈数成正比，从而经过运算处理，在显示装置上显示出燃油的消耗量。

油耗传感器结构及油路如图 6-19 所示。

(2) 质量式油耗仪

质量式油耗仪由称量装置、计数装置和控制装置构成，见图 6-20。

质量式油耗仪测量消耗一定质量的燃油所用的时间，燃油消耗量可按下式计算

$$G = 3.6 \frac{\omega}{t}$$

式中　ω——燃油质量，g；
　　　t——测量时间，s
　　　G——燃油消耗量，kg/h。

称量装置的秤盘上装有油杯1，燃油经电磁阀3加入油杯。电磁阀的开闭由装在平衡块上的行程限位器8拨动两个微型限位开关6和7进行控制。光电传感器由两个光电二极管5、10和装在菱形指针上的光源9组成，用于给出油耗始点和终点信号。光电二极管5为固定式，光电二极管10装在活动滑块上，滑块通过齿轮齿条机构移动，齿轮轴与鼓轮12相连，计量的燃油量通过转动鼓轮12从刻度盘上读出。计量开始时，光源9的光束射在光电二极管5上，光电二极管发出信号使计数器13开始计数，随着油杯中燃油的消耗，指针移动。当光束到光电二极管10上时，光电二极管10发出信号，使计数器停止计数。表示油杯中燃油耗尽。记录仪上两个带数字显示的半导体计数器，一个用于计算发动机曲轴转速；另一个计算器记录时间。

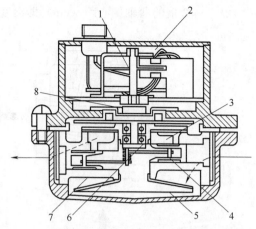

图 6-19　流耗传感器结构及油路
1—光隙板；2—光电管；3—排油腔；4—活塞；
5—滤油器；6—曲轴；7—油缸体；8—磁耦合轴

6.3.1.2　台架试验

汽车燃油经济性台架试验是把底盘测功试验台和油耗仪配合使用完成的。底盘测功试验台用来作活动路面并模拟汽车在道路上行驶时的各种阻力，油耗仪则用来测量燃油消耗量。因此，燃油经济性检测结果的准确性除与油耗仪的测量精度有关外，还取决于底盘测功试验台对汽车行驶阻力的模拟是否准确。

(1) 油耗传感器在燃油管路中的安装

① 油耗传感器在供油管路中的连接。对于一般无回油管路的化油器汽油车，可将传感器串联在汽油泵与化油器之间，使传感器的入口与汽油泵出口相连，而传感器的出口与化油器的入口相连。见图6-21。

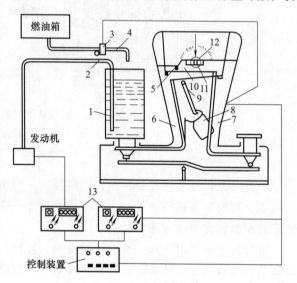

图 6-20　质量式油耗仪
1—油杯；2—出油管；3—电磁阀；4—加油管；
5,10—光电二极管；6,7—限位开关；8—限位器；
9—光源；11—鼓轮机构；12—鼓轮；13—计数器

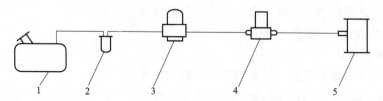

图 6-21　无回油管路时传感器的安装
1—油箱；2—滤油器；3—汽油泵；4—传感器；5—化油器

在柴油车的供油系统中，全部设置回油管路，输油泵的供油量比喷油泵的出油量多3～4倍。为保持喷油泵油室中有一定压力，一般在喷油泵低压油出口装有溢流阀，大量多余的燃油经溢流阀和回油管路流回输油泵入口或直接流回油箱；此外，从喷油器工作间隙处泄漏的少量燃油也经回油管流回油箱。图6-22所示为油耗传感器在柴油车供油管路中的连接方法，油耗传感器接在油箱到高压油泵之间的油路中，回油管路则用三通接在油耗传感器的出油管路上，以免燃油被油耗传感器重复计量。

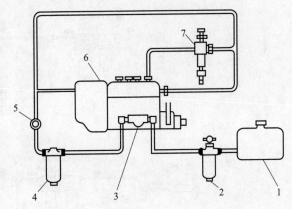

图 6-22　检测柴油机时传感器的安装
1—油箱；2—粗滤器；3—低压油泵；4—细滤器；
5—油耗传感器；6—高压油泵；7—喷油器

② 油路中空气泡的排除。为了保证燃油测量结果的准确性，传感器接入供油管路后，必须注意检查并排除管路中进入的空气。因为如果空气不排除，传感器会把气泡所占的容积当成所消耗燃油的容积计入燃油消耗量，从而使检测结果失准。

排除气泡时，可将传感器置于较低的位置，用手动泵油，同时卸开化油器油管接头，连续泵油直至泵出的油不含气泡为止。若传感器壳体上设有放气螺钉，可以松开螺钉，由此排出传感器体内的空气。

在柴油车油路中装好油耗传感器后，也须用手动泵泵油以排除油路中的空气泡。柴油车与汽油车的差别之一是汽油车可以在发动机发动后排除空气泡，而柴油车必须在发动前排除空气泡；差别之二在于汽油车在拆去油耗传感器恢复原油路时，无需排除空气泡，而柴油车在拆去传感器恢复原油路后仍需排除油路中刚产生的空气泡。

③ 电控喷射的汽油机油耗测定时油路连接的问题。使用油耗传感器时，电控喷射发动机需处理从压力调节器回油的问题。多余的油回到油耗传感器的输出端才算正确，见图 6-23（a）。

如果油耗传感器及燃油泵间产生负压而产生气泡，有必要加一个辅助泵，如图 6-23（b）所示。该辅助泵使燃油泵的进油端的油路保持正压，气穴现象不易发生，可以进行稳定的油耗测量。

当回油温度过高时，采用图 6-23（c）所示连接法。

当回流管路内有阻力，压力调节器的工作特性压力比规定压力高时，采用回注处理用油罐，如图 6-23（d）所示。使回油向大气开放，可解决上述问题。

(2) 模拟加载量的确定和试验

在底盘测功试验台上进行燃油耗试验，要想取得与道路上一致的试验结果，怎样在测功实验台上尽可能准确地把汽车在道路上的行驶阻力（滚动阻力和空气阻力）模拟出来是关键。

国家标准规定了用底盘测功试验台检测汽车的等速百公里燃油耗时的测试条件为：汽车预热到正常热状态；变速器挂直接挡或最高挡；边加大油门边用测功试验台加载，直至达到试验车速和该车速所对应的功率，使汽车在该工况稳定运转。试验车速为：轿车（60±2）km/h，铰接式客车（35±2）km/h，其他车辆（50±2）km/h。

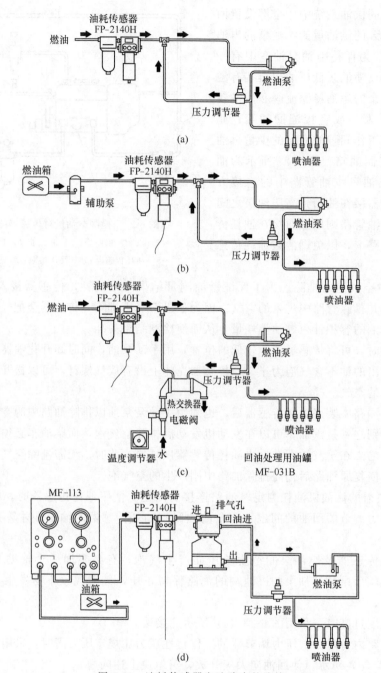

图 6-23 油耗传感器在油路中的连接

在台架试验汽车的等速百公里油耗时，合理确定测功机的加载量以模拟汽车在道路上以规定车速行驶时所受到的阻力极其重要。此时，汽车克服滚动阻力和空气阻力所消耗的驱动轮功率为

$$P_K = \left(Gf + \frac{1}{21.15}C_D A v^2\right) v/3600$$

式中 P_K——驱动轮输出功率，kW；
   G——汽车总重，N；

f——滚动阻力系数；
C_D——空气阻力系数；
A——迎风面积，m^2；
v——试验车速，km/h。

式中，C_D、f、A 可参考表6-5，求出试验车速下驱动轮功率，还应考虑到在试验期间的功率损失，即测功试验台传动机构的摩擦功率损失及驱动轮与滚筒间的摩擦功率损失。此两项功率损失从 P_K 值中减掉后，才是真正应该在测功试验台所加载的模拟功率量，即：

$$P_{PAU} = P_K - P_{PL} - P_C$$

式中 P_{PAU}——模拟功率，kW；
P_{PL}——测功试验台传动机构摩擦功率损失，kW。
P_C——轮胎与滚筒间摩擦功率损失，kW。

表6-5 C_D、f、A 推荐值

车辆类型	C_D	f	A
轿车	0.35～0.55	$f = 0.0076 + 0.000056v$	$A = 1.05B \times H$（B 为轮距，H 为车高）
货车	0.40～0.60		
客车	0.58～0.80		

以 P_{PAU} 作为测功试验台的模拟加载量。试验时，首先把汽车驱动轮驶入底盘测功机滚筒装置，并把油耗传感器接入汽车的燃油管路；然后设定好试验车速，启动发动机，变速器挂直接挡；逐渐踩下加速踏板，并使测功试验台加载；待到达试验车速并测功试验台指示的功率值等于 P_{PAU} 后，使之稳定，此时按下油耗测量按钮，当驱动轮在滚筒上驶过不少于500m 的距离时，即可从显示装置上读得汽车的等速百公里油耗值。为消除偶然因素的影响，应重复试验三次，取其平均值作为被测汽车在给定测试条件下的百公里燃油耗值。

参照有关规定，可以不同试验车速进行汽车的等速百公里燃油耗试验，然后作出汽车等速百公里燃油耗随车速变化的曲线，即等速百公里燃油耗特性曲线。试验时，汽车使用常用挡位（如直接挡），试验车速从20km/h（最小稳定车速高于20km/h 时，从30km/h 开始）开始，以车速10km/h 的整倍数均匀选取试验车速，直到最高车速的90%。至少测定5个试验车速。

测出行驶 500m 的燃油耗油量，单位为毫升时，可用下式折算成百公里燃油耗量

$$Q = \frac{q}{5}$$

式中 Q——百公里耗油量，L/100km；
q——500m 的燃油耗油量，mL。

不同的试验车速下，底盘测功试验台所对应的模拟加载功率不同。在不同试验车速和所对应模拟加载功率条件下，每个试验车速测试三次，计算出来三个百公里燃油耗量值，取其平均值作为被测汽车在给定试验车速时的百公里燃油耗量。当所选取的规定车速下的百公里燃油耗量都测出后，便可在以车速为横轴、百公里燃油耗量为纵轴的平面直角坐标系中绘出该车的百公里燃油耗特性曲线图。图6-24 为某些车型的等速百公里燃油耗特性曲线。

(3) 试验环境条件

环境温度：0～40℃。

环境相对湿度：小于85%。

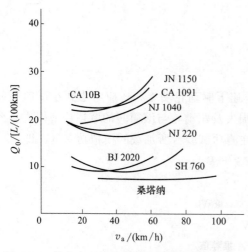

图 6-24 某些车型的等速百公里燃油耗特性曲线

大气压力：80~110kPa。

(4) 注意事项

① 为使汽车燃油经济性检测结果准确可靠，应注意以下各点。

a. 发动机冷却液温度应在 80~90℃ 范围内，可用冷却风扇对温度过高时的发动机降温；轮胎气压与规定值之间误差不超过 ±0.01MPa；左右轮胎的花纹应一致；被测车底盘温度应控制在 25℃ 以上。

b. 油耗仪传感器连接在汽车燃油系统中的连接位置应正确，进口和出口不要接反，注意排除油路中的空气泡。

② 为保证台架试验汽车燃油经济性时的安全，应注意以下各点。

a. 测试车辆旁必须配备适当灭火设备。

b. 油耗仪所用油管应透明、耐油、耐压，油管接头用合格的环形夹箍，不得用铅丝缠绕，并确保无渗漏。

c. 拆卸燃油管路时，注意燃油不要飞溅到发动机排气管上，必须用沙盘接油，不允许用棉纱或其他易燃物接油。

d. 发动机盖应打开进行测试，以利观察有无燃油渗漏。

6.3.2 汽车燃油经济性的路试检测

汽车燃油消耗量的路试检测包括三项：不控制的道路试验、控制的道路试验和循环道路试验。

不控制的道路试验是指汽车在试验中不对试验行驶道路、交通情况、驾驶习惯和周围环境等各方面因素进行规定约束。这种试验方法，各种因素随机因素多，试验结果重复性差，要多车、长距离试验，因此试验时间长、费用高，是一种很少采用的试验方法。

控制的道路试验是指对试验中上述因素中的一个或几个有规定，只有试验条件满足规定时，测试的数据才有效，这种方法称为控制的道路试验。

循环道路试验是指汽车在试验中完全按照规定的各种工况进行试验。试验规范中规定了何时换挡、何时制动以及行车速度、加速度、减速度等，需严格遵守。这种试验方法也常称为"多工况试验"。

下面介绍控制的道路试验中的直接挡全油门加速燃油消耗量、等速百公里燃油消耗量、限定条件下的平均使用百公里燃油消耗量试验和循环道路燃油消耗量试验。

(1) 燃油经济性路试的基本条件

试验的车辆应进行了磨合。试验时，试验车辆必须进行预热行驶到规定的温度状态。轮胎气压与规定值之间误差不超过 ±0.01MPa。轿车的装载质量应为规定乘员数的一半（取整数），城市客车的装载质量为总质量的 65%，其他车辆为满载。装载物应均匀分布，且装载物应固定牢靠，使试验过程中不会因晃动和颠离而改变分布状态。也不应因潮湿、散失等条件变化而改变其质量，以保证装载质量的大小不变。车窗和驾驶室通风口的开关状态对试验车辆行驶中的空气阻力有影响,所以关闭车窗和驾驶室通风口。做各项燃料消耗量试验时,汽车发动机不调整。

试验道路应为清洁、干燥、平坦的,用沥青或混凝土铺成的直线道路,道路长 2~3km,宽不小于 8m,纵向坡度在 0.1%以内。

试验应在无雨无雾,相对湿度小于 95%,气温 0~40℃,风速不大于 3m/s 的气候条件下进行。

车速测定仪器和油耗仪的精度为 0.5%;计时器最小读数为 0.1s。试验油耗仪常用容积式。

(2) 试验项目及规程

① 直接挡全油门加速燃料消耗量试验 试验测试路段长度为 500m,试验时,汽车挂直接挡(没有直接挡可用最高挡),在进入测试路段前,汽车以 (30±1)km/h 的初速度稳定运行并通过 50m 的预备路段,到达测试路段的起点油门踏板全开,汽车全力加速通过 500m 测试路段。测量并记录通过测试路段的加速时间、燃料消耗量及汽车到达测试路段终点时的速度。试验往返各进行两次(共 4 次),以四次加速时间的算术平均值作为测定值。

② 等速百公里燃料消耗量试验 试验测试路段长度为,汽车用常用挡位等速行驶通过 500m 的测试路段,测量通过该路段的时间及燃料消耗量。根据测得通过 500m 测试路段的燃料消耗量计算出百公里燃料消耗量。

试验车速从 20km/h(最小稳定车速高于 20km/h 时,从 30km/h)开始,以 10km/h 的整数倍为间隔均匀选取车速点,直至最高车速的 90%,至少需要测定 5 个试验车速点,同一车速往返各进行两次。

以车速为横轴,百公里燃料消耗量为纵轴,绘制等速百公里燃料消耗量特性曲线。

③ 限定条件下的平均使用百公里燃料消耗量试验 该试验是在正常交通情况下的公路上进行,测试路段长度不小于 50km,尽可能保持匀速行驶,轿车车速为 (60±2)km/h,铰接式客车车速为 (35±2)km/h,其他车辆车速为 (50±2)km/h。

客车应每隔 10km 停车一次,急速 1min 后重新起步,这样是为了更符合实际情况。记录制动次数、各挡位使用次数、时间和行程。测定每 50km 单程的燃料消耗量,往返各试验一次,以两次测量结果的算术平均值算出限定条件下的平均使用百公里燃料消耗量值。

④ 循环道路百公里燃油消耗量试验 上述的等速百公里燃料消耗量试验最接近实际情况,但时间长、不经济,而且不安全。循环道路百公里燃油消耗量试验模拟汽车实际运行中的各工况及所占比重,制订了试验循环中汽车运行工况匀速、加速、减速和急速等的组合。既使得试验结果比较接近于实际情况,又可缩短试验周期。各国根据不同车型车辆的常用工况,制订了不同的试验循环。通过测得完成循环试验经过的路程长度和燃料消耗量可计算出循环道路百公里燃油消耗量值。

循环道路百公里燃油消耗量试验的方法就是让不同车型的车辆严格依据各自的试验循环进行燃料消耗量测定。急速工况时,变速器挂入空挡而离合器处于接合状态;从急速工况转换为加速工况时,换挡前 5s 踩下离合器踏板,然后迅速、平稳把变速器挡位挂入低速挡;减速工况中,应完全放松油门踏板,减速开始时离合器仍然接合,当车速降至 10km/h 时,踩下离合器踏板使离合器分离,必要时允许使用车辆的制动器。

汽车在进行循环道路百公里燃油消耗量试验时,加速、匀速和用车辆的制动器减速时,车速偏差为±2km/h。在工况改变过程中允许车速的偏差大于规定值,但在任何条件下超过车速偏差的时间不大于1s,即时间偏差为±1s。

每循环试验后,应记录通过循环试验的燃料消耗量、路程长度和通过的时间。试验在同一路段往返各进行两次,取四次试验结果的算术平均值为多工况燃料消耗量试验的测定值。

下面是各类汽车进行循环道路百公里燃油消耗量试验时的试验循环图。

① 轿车试验循环如图6-25所示。

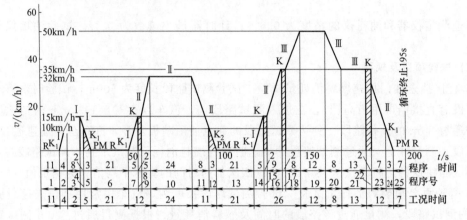

图 6-25 轿车试验循环图

K—离合器分离;K_1,K_2—离合器分离,变速器接合1挡或2挡;
Ⅰ,Ⅱ,Ⅲ—变速器1挡、2挡、3挡;PM—空挡;R—怠速(图中阴影表示换挡)

② 微型汽车试验循环如图6-26所示。

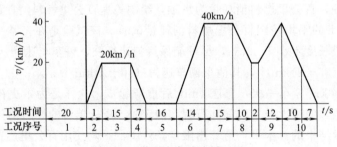

图 6-26 微型汽车试验循环图

③ 客车、城市客车(包括铰接式客车)试验循环如图6-27所示。

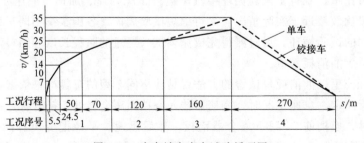

图 6-27 客东城市客车试验循环图

④ 载货汽车总质量小于3500kg的货车,试验循环可参照轿车的试验循环,如图6-25所示。总质量为3500～14000kg时,试验循环见图6-28;总质量大于14000kg时,试验循

环见图6-29。

为了提高测试精度，一般每辆车的循环道路百公里燃油消耗量试验应进行四次，取四次试验结果的算术平均值，作为循环道路百公里燃油消耗量试验的测定值。

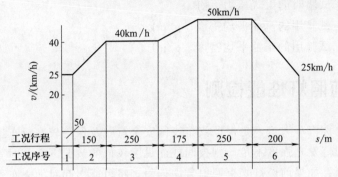

图6-28 载货汽车试验循环图（一）

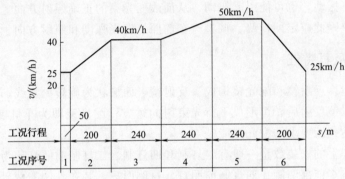

图6-29 载货汽车试验循环图（二）

(3) 试验数据的校正

燃料消耗量的测定值要校正到标准状态下的数值。

① 标准状态

气压：100kPa。

气温：20℃。

柴油密度：0.830kg/mL。

汽油密度：0.742kg/mL。

② 校正公式

$$Q_0 = \frac{\overline{Q}}{C_1 C_2 C_3}$$

$$C_1 = 1 + 0.0025(20 - T)$$

$$C_2 = 1 + 0.0021(P - 100)$$

汽油机 $\quad C_3 = 1 + 0.8(0.742 - G_s)$

柴油机 $\quad C_3 = 1 + 0.8(0.830 - G_d)$

式中　Q_0——校正后的燃料消耗量，L/100km；

$\overline{Q}$——实测的燃料消耗量的均值，L/100km；

C_1——环境温度校正系数；

C_2——大气压力的校正系数；

C_3——燃料密度校正系数；

T——试验时的环境温度，℃；

P——试验时的大气压力，kPa；

G_s——试验用的汽油平均密度，g/mL；

G_d——试验用的柴油平均密度，g/mL。

6.4 汽车前照灯性能检测

汽车前照灯也称汽车大灯，是保证汽车夜间安全行驶及保持较高行车速度必不可少的汽车装置。如果前照灯发光强度不足，则夜间或能见度较低的情况下行车时驾驶员对汽车前方的情况辨认不清晰；如果前照灯光束照射方向偏斜，将可能引起对面来车驾驶员的炫目。前照灯灯泡随着使用会逐渐老化，发光强度下降。另外反射镜污暗，聚光性能也变差。前照灯安装位置随着行车振动，也可能引起错动，从而改变光束的正确照射方向。这些都可能导致交通事故的发生。因此应定期检测、调整汽车前照灯发光强度和照射方向。

6.4.1 前照灯及其特性

前照灯由灯泡、反射镜和配光镜构成。反射镜表面形状为旋转抛物线，当灯丝位于焦点处时，光线经反射镜反射后，可形成平行光束射向远方；配光镜即为车灯前部的透光玻璃，光线通过时，可达到所要求的配光性能。

前照灯在汽车上的安装数量一般有二灯制和四灯制。二灯制前照灯均为远、近光双光束灯，对称安装在汽车前部两侧；四灯制前照灯，每侧两只，装在外侧的两只是远、近双光束灯，装在内侧的两只是远光单光束灯。

前照灯特性有发光强度、光束照射方向和配光特性等。

(1) 发光强度

发光强度是光线在给定方向上发光强弱的度量。其单位为坎德拉，用符号 cd 表示。前照灯（光源）所发出的光线，照到被照射物体上时，使其受光面的明亮度发生变化。衡量受光面明亮度的物理量为照度，单位为勒克斯，用符号 lx 表示。在前照灯（光源）发光强度不变的情况下，被照物体离光源越远，被照明的程度越差，照度越小。若发光强度用 I（cd）表示，照度用 E（lx）表示，前照灯（光源）距被照物体距离为 s（m），则三者的关系是：

$$E = I/S^2$$

图 6-30 光束照射方向

(2) 光束照射方向

若把前照灯光线最亮的地方作为光束中心，则光束照射方向用该中心对水平和垂直坐标轴的偏移量来表示，如图 6-30 所示。

(3) 配光特性

前照灯的远光是夜间行车照明用的，当无迎面来车或不尾随其他车辆时，希望灯光照得远并使路面有足够的亮度；前照灯的近光是会车时用的，要求光束倾向路面一侧，避免对面来车使驾驶员炫目。因此，前照灯发出的光线应满足一定的分布。配光特性就是用等照度曲线表示的明亮分布特性。

目前国际上通用的前照灯配光标准有两种：美国的 SAE 标准和欧洲的 ECE 标准。我国国家标准所规定的配光标准与 ECE 标准一致，按照此标准制造的前照灯属于"非对称防眩光前照灯"。两种配光方式的远光基本相同，区别在于近光的照射位置和防炫目的方法。前照灯的配光特性应满足的要求是远光要有良好照明，近光应具有足够照度和不炫目。

① SAE 配光方式 SAE 配光方式也称为美国配光方式，见图 6-31。远光灯丝位于反射镜焦点处，所发出光线经反射沿光学轴线方向射向远方；近光灯丝位于焦点之上，所发出的光线经反射后，大部分向下倾斜，从而下部较亮而上部较暗，所形成的光形分布是水平方向宽，垂直方向窄。若等照度曲线左右对称，不偏向一边，上下扩展不太宽，就是好的配光特性。SAE 配光方式的近光照射在屏幕的光斑没有明显的明暗截止线。

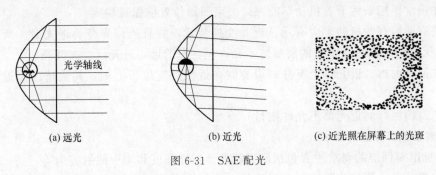

(a) 远光　　　　(b) 近光　　　　(c) 近光照在屏幕上的光斑

图 6-31　SAE 配光

② ECE 配光方式 ECE 配光方式也称为欧洲配光方式。其远光配光与 SAE 配光方式相同；但近光灯丝位于反射镜焦点之前，且在灯丝下设一遮光屏。这样，近光光线只落在反射镜上半部分而向下倾斜反射，照到屏幕上时，可看到明显的明暗截止线和明暗截止线转角点的光斑，见图 6-32。

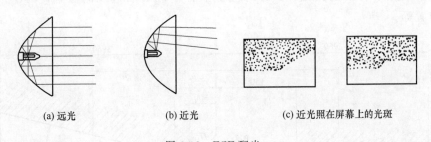

(a) 远光　　　　(b) 近光　　　　(c) 近光照在屏幕上的光斑

图 6-32　ECE 配光

ECE 配光方式有两种：一种在配光屏幕上，左半边明暗截止线是与水平的前照灯基准中线（高度水平线 $h-h$）重合的 [如图 6-33（a）]，右半部分明暗截止线以 h-h 与 V-V 线（汽车纵向中心平面在屏幕上的投影线）的交点为起点，呈 15°向右上方倾斜。另外一种配

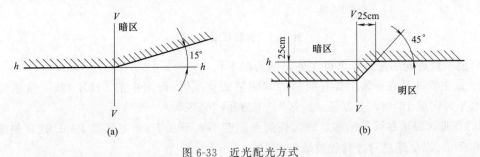

图 6-33　近光配光方式

光方式，灯光在屏幕上的投影呈 Z 字形。左半部分投影明暗截止线在 $h\text{-}h$ 线下 250mm 处，右半部分则先在左半部分投影明暗截止线与 $V\text{-}V$ 线交点处向上倾斜 45°角，与 $h\text{-}h$ 线相交后成为水平线，明暗截止线在屏幕上呈 Z 字形，如图 6-33（b）所示。我国前照灯的近光灯已采用 Z 字形配光方式。

6.4.2 前照灯的检测项目与标准

国家标准《机动车运行安全技术条件》（GB 7258—2017）对前照灯的安装、使用以及性能方面有如下要求。

(1) 对前照灯安装、使用的要求

① 在正常使用条件下，机动车前照灯光束照射位置应保持稳定。

② 装有前照灯的机动车应有远、近光变换装置，并且当远光变为近光时，所有远光应能同时熄灭。同一辆机动车上的前照灯不允许左、右的远、近光灯交叉开亮。

③ 前照灯的远、近光灯上下并列设置时，近光灯应位于上侧，其他情况下近光灯应位于外侧。

④ 所有前照灯的近光都不允许炫目。

(2) 对前照灯性能的要求

国家标准对性能的要求主要包括配光特性、发光强度和光束照射方向等。

① 配光特性　测试前照灯配光特性的方法，按有关国家标准规定，是在汽车前方 25m 处放置一屏幕，测试近光灯在屏幕上的照度分布，如图 6-34 所示。图中 H 对应前照灯的中心点，HV 对应右车道中心线。图中划分了Ⅰ、Ⅱ、Ⅲ、Ⅳ区，对应于路面和前方的不同位置，还标出了若干测试点，如 B50L 相当于前方 50m 距离处迎面汽车驾驶员眼睛的位置。50V 表示本车前方 50m 的路面，25R 对应于车前方 25m 右边线的位置，50L 为左侧车道 50m 处位置等。

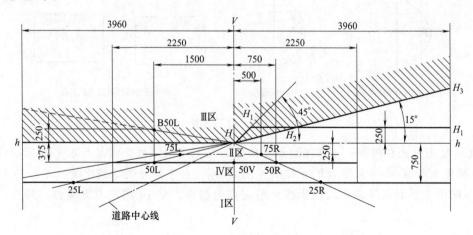

图 6-34　前照灯配光特性

对前照灯近光的配光要求可主要归纳为以下几点。

a. 最主要的是在屏幕上要有明显的"明暗截止线"，即图中的 hHH_3 线。这条线的右侧与水平方向成 15°角，上方是"暗区"，下方是"亮区"。

b. 在Ⅲ区要求尽可能暗些，该区任何点照度不大于 0.7lx；尤其是 B50L 处，照度不能超过 0.7lx，以免造成对方驾驶员炫目。

c. Ⅳ区代表车前方25～50m处路面，是近光灯最主要的照明区域。要求该区任何点的照度不小于2lx，以保证有足够的照明。

d. Ⅰ区代表车前10～25m近处路面，是照得最亮的区域。为了避免周围区域产生过大的明暗对比，该区最大照明限制在20lx以下。

远光灯光束在屏幕上的分布大体上是椭圆的光形。一般照度最大的点与车灯对应的中心点并不重合，而略低于中心点，见图6-35。由于远光灯主要是要照亮远方的路面，所以屏幕上的某些点，例如中心点和最大照度点等，都不能小于相应的规定值。例如，对于白炽灯，最大照度E_{max}不应小于32lx，中心点的照度不应小于$0.9E_{max}$。

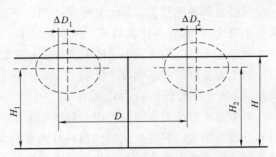

图6-35 用屏幕法检测前照灯光束照射位置

② 发光强度　发光强度是对远光灯最重要的检测项目之一。表6-6给出了国家标准《机动车运行安全技术条件》（GB 7258—2004）对前照灯远光发光照度的规定。

表6-6　前照灯远光光束发光强度最小值要求　　　　　　　　　　　　　　　　　　　cd

机动车类型		检查项目					
		新注册车			在用车		
		一灯制	二灯制	四灯制①	一灯制	二灯制	四灯制
三轮汽车		8000	6000	—	6000	5000	—
最高设计车速小于70km/h的汽车		—	10000	8000	—	8000	6000
其他汽车		—	18000	15000	—	15000	12000
摩托车		10000	8000	—	8000	6000	—
轻便摩托车		4000	—	—	3000	—	—
拖拉机运输机组	标定功率>18kW	—	8000	—	—	6000	—
	标定功率≤18kW	6000②	6000	—	5000②	5000	—

① 四灯制是指前照灯具有四个远光光束；采用四灯制的机动车其中两只对称的灯达到两灯制的要求时视为合格。
② 允许手扶拖拉机运输机组只装用一只前照灯。

国家标准对近光灯的发光强度没有作具体的规定。因为近光灯照明距离较近，一般在40m左右，所以发光强度远比远光要低。

远光灯发光强度也不是越大越好。因夜间会车时，车灯由远光变为近光，照明距离突然从100m左右减到50m以内，50m以外的路面一下子变暗，眼睛不能适应这种突然变化，几秒钟内看不清远处路面，造成盲目开车，也是很危险的。

③ 光束照射方向　图6-35给出了用屏幕法检测前照灯光束照射位置的示意图。这种方法可以同时用于测近光和远光。图6-35中，H为前照灯基准中心的高度，D为两灯中心间的距离。虚线表示为前照灯光束的照射位置。其中H_1、H_2分别代表左、右灯光束中心高度，ΔD_1、ΔD_2分别代表左、右两灯光束的水平偏移量。

检查前照灯的近光光束照射位置时，按照国家标准的规定，前照灯在距离屏幕10m处，光束明暗截止线转角或中点的高度（即图中H_1、H_2）应为$(0.6～0.8)H$，其水平方向位置向左偏移均不得超过100mm。

对于远光灯的照射方向，国家标准规定：四灯制前照灯其远光单光束的调整要求在屏幕上（也就是距离前灯10m远）光束中心离地面高度为$(0.85～0.9)H$，水平位置要求左灯向左偏不得大于 100mm（避免炫目），向右偏不得大于 170mm。右灯向左或者向右偏不得大于 170mm。

可见不论是远光还是近光，光束照射方向都只能是向下偏而不能向上偏，目的是能照到前方路面。

照射方向的偏移量实际上是非常小的，下面把偏移量折算成光轴角 α（光束偏离正前方的微小角度），看看是什么结果。例如假定 $H=850$mm，则：

对于近光灯，向下偏 $0.8H$ 相当于 $\alpha=58'27''$，左右偏 100mm 相当于 $\alpha=58'27''$；

对于远光灯，向下偏 $0.9H$ 相当于 $\alpha=29'13''$，左右偏 170mm 相当于 $\alpha=58'27''$，左灯向左偏 100mm 相当于 $\alpha=34'23''$。

可见国家标准对前照灯照射方向的要求是非常严格的，有的汽车就是用光轴角 α（或者以百分数为单位的斜度）来标注前照灯光束的向下偏斜程度的。另外国家标准还规定，对于装有远光和近光双光束的灯，以调节近光光束为主；对于只能调节远光单光束的灯，则调节远光单光束的照射方向。

6.4.3 前照灯的检测原理

(1) 用屏幕检测前照灯光束照射位置

光束照射位置一般用下列方法检测：在规定的检测条件下，在距离前照灯 10m 处放置一垂直于地面的专用屏幕。屏幕上画有三条垂直线和三条水平线，见图 6-36。中心垂线 V-V 与汽车纵向中心线对齐，左右两侧垂线 $V_左$-$V_左$ 和 $V_右$-$V_右$ 分别与左右前照灯中心线对齐。

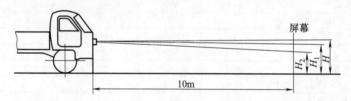

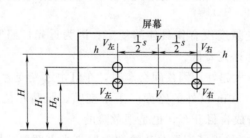

图 6-36 用屏幕检测前照灯光束照射位置

上边第一条水平线 h-h 与被检汽车前照灯中心等高，距离地面高度为 H（mm），第二条水平线与被检汽车前照灯远光光束中心的上限值等高，距地面高度为 $H_1=0.9H$；第三条水平线与被检汽车前照灯近光光束中心的上限值等高，距地面高度为 $H_2=0.8H$。标准规定远、近光光束高度的偏差范围分别是 $0.05H$ 和 $0.2H$，即其下限值分别为 $0.85H$ 和 $0.6H$。

检测时先遮住一侧的前照灯，然后检测未遮盖前照灯的近光，根据检测标准，其近光明暗截止线转角或光束中心应照在高度为 H_2、$H_2-0.2H$ 的两条水平线及距垂直线 V-V 的

距离为 $\frac{1}{2}s+100$、$\frac{1}{2}s-100$（mm）的两条垂直线所围成的矩形框内，否则表明近光光束偏斜量超标。

对远光单光束前照灯而言，需要检测远光光束的照射位置。根据检测标准，其中光束中心应位于高度为 H_1、$H_1-0.05H$ 的两条水平线及距垂直线 V-V 的距离为 $\frac{1}{2}s+170$、$\frac{1}{2}s-170$（mm）（对右灯）或者 $\frac{1}{2}s-100$、$\frac{1}{2}s+170$（mm）（对左灯）的两条垂直线所围成的矩形框内。

根据检测标准，在检测、调整远、近光双光束照射方向时，以检测近光光束为主。因为近光调整合格后，远光光束是否合格是由灯泡的制造质量决定的。在近光光束调整合格后，如果远光光束照射方向不合格，应该更换灯泡。

屏幕法简单易行，但只能检测光束的照射位置，而无法检测发光强度，同时需经常更换屏幕以适应不同车型，并且占地较大。因此，在汽车检测站，广泛使用前照灯检测仪对汽车前照灯进行检测。

(2) 用检测仪检测前照灯发光强度和光轴偏斜量

前照灯检测仪是可以用来检测前照灯发光强度和光轴偏斜量的专用设备。检测时，前照灯检测仪按照一定测量距离放在被检车对面。

前照灯检测使用光电池作为传感器，来测量发光强度和光轴偏斜量。

① 发光强度的检测原理　如图 6-37 所示，连接光电池与光度计，前照灯放在规定的距离上照射光电池，光电池根据接受光强度的大小产生相应的光电流，使光度计指针偏转，指示前照灯的发光强度。

② 光轴偏斜量的检测原理　如图 6-38 所示，在四块光电池 $S_左$、$S_右$、$S_上$、$S_下$ 中，$S_左$ 和 $S_右$ 之间串有左右偏斜指示计，$S_上$ 和 $S_下$ 之间串有上下偏斜指示计。打开前照灯，四块光电池接受光照各自产生电流，根据 $S_上$ 和 $S_下$、$S_左$ 和 $S_右$ 之间的电流差值，使上下偏斜指示计和左右偏斜指示计动作。

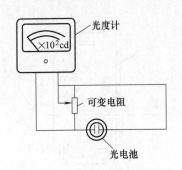

图 6-37　发光强度的检测原理

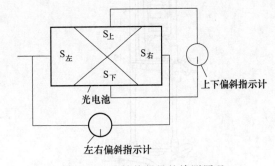

图 6-38　光轴偏斜量的检测原理

图 6-39 所示为光电池受光面无偏斜受光的情况，这时上下光电池产生的光电流平衡，上下偏斜指示计指针垂直指向下方，即处于零位；同理左右偏斜指示计的指针也向下指零位。图 6-40 所示为光电池受光面向左下方偏斜受光的情况，这时左右光电池不平衡，使左右偏斜指示计的指针向左偏斜，上下光电池也不平衡，使上下偏斜指示计的指针向下偏斜。

6.4.4 前照灯检测仪的类型

根据结构特征与测量方法,前照灯检测仪可分为聚光式、屏幕式、投影式和自动追踪光轴式等几种类型。这些不同类型的前照灯仪主要组成是:接受前照灯光束的受光器、使受光器与汽车前照灯对正的校准装置、前照灯发光强度指示装置、光轴偏斜方向和偏斜量指示装置以及支柱、地板、导轨、汽车摆正找准装置等。

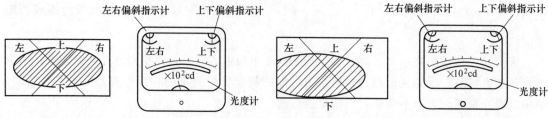

图 6-39 光轴上下与左右均无偏斜的情况　　　图 6-40 光轴上下与左右均有偏斜的情况

(1) 聚光式前照灯检测仪

聚光式前照灯检测仪的构造如图 6-41 所示。它是由受光器的聚光透镜把前照灯的散射光束聚合起来,根据其对光电池的照射强度,来检测前照灯的发光强度和光轴偏斜量。

聚光式前照灯检测仪放在前照灯对面 1m 处进行检测。根据测量方法的不同,该仪器可分为移动反射镜式、移动光电池式和移动聚光透镜式三种形式。

① 移动反射镜式检测法　如图 6-42 所示,前照灯的灯光被聚光透镜聚集、投射在反射镜上,然后反射镜将光线反射在光电池上。反射镜的安装角可由转动移动光轴刻度盘发生变化,改变反射光线照在光电池的位置。当调整反射镜使光轴偏斜指示器的指针指向零位时,可从光轴刻度盘读得光轴的偏斜量,光度计也同时指示出发光强度。

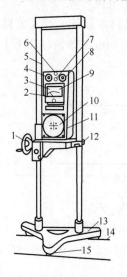
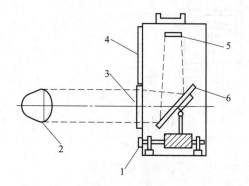

图 6-41 聚光式前照灯检测仪
1—升降手轮;2—光度针;3—左右偏斜指示计;
4—光轴刻度盘(左、右);5—支柱;
6—汽车摆正找准器;7—光度、光轴变换开关;
8—光轴刻度盘;9—上下偏斜指示计;
10—前照灯照准器;11—聚光透镜;12—角度调整螺钉;
13—底座;14—导轨;15—车轮

图 6-42 移动反射镜式检测法
1—光轴刻度盘;2—前照灯;
3—聚光透镜;4—光轴偏斜指示器;
5—光电池;6—反射镜

② 移动光电池式检测法　如图 6-43 所示，转动光轴刻度盘可以使光电池上下、左右移动，光电池受光位置随之发生变化，待左右偏斜指示计和上下偏斜指示计的指针均指向零位时，从光轴刻度盘即可读取光轴的偏斜量，同时通过光度计指示出发光强度。

③ 移动聚光透镜式检测法　如图 6-44 所示，移动光轴检测杠杆可以改变聚光透镜的方位，照射在光电池的光束随之改变。当使通过聚光透镜照到光电池上的光线最强

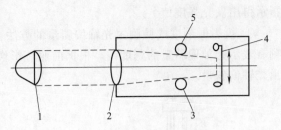

图 6-43　移动光电池式检测法
1—前照灯；2—聚光透镜；3—光轴刻度盘（左、右）；
4—光电池；5—光轴刻度盘（上、下）

时，光轴偏斜指示器的指针为零，此时光度计指示发光强度，光轴刻度盘与光轴检测杠杆联动，从而指示出光轴的偏斜量。

(2) 屏幕式前照灯检测仪

屏幕式前照灯是把光束照在屏幕上，从而检测发光强度和光轴偏斜量的。屏幕式前照灯检测仪的构造如图 6-45 所示。活动屏幕 9 可在固定屏幕 3 上左右移动，内部带光电池的受光器 11 装在活动屏幕上可以上下移动。检测时，移动活动屏幕和受光器，使光度计指示值为最大时即表明找到了主光轴的方向，然后由固定屏幕和活动屏幕上的光轴刻度尺 10、2、8 即可读取光轴上下、左右偏斜量，同时可从光度计 6 的指示值得出发光强度。

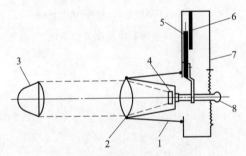
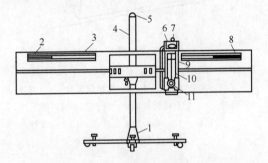

图 6-44　移动聚光透镜式检测法
1—连接器；2—聚光透镜；3—前照灯；4—光电池；
5—指针；6—光轴刻度盘；7—外壳；8—光轴检测杠杆

图 6-45　屏幕式前照灯检测仪
1—底座；2,8—光轴刻度尺（左、右）；3—固定屏幕；
4—支柱；5—汽车摆正找准器；6—光度计；
7—前照灯照准器；9—活动屏幕；
10—光轴刻度尺（上、下）；11—受光器

(3) 投影式前照灯检测仪

投影式前照灯检测仪的构造如图 6-46 所示。投影式前照灯检测仪是通过将前照灯光束的影像映射到投影屏上而检测出发光强度和光轴偏斜量的。

投影式前照灯检测仪是在前照灯对面 3m 的距离处检测，将前照灯的影像射到投影屏上。在聚光透镜 14 的上、下与左、右方向装有 4 个光电池 4。前照灯影像通过聚光透镜 14、反射镜之后（均装在受光器 15 内），映射到投影屏 11 上，同时光线还照射在光度计的光电池（也在受光器上）上。在检测时，上下和左右移动受光器 15，直到上下偏斜指示计 10 和左右偏斜指示计 9 的指针指到零为止。此时上和下与左和右的光电池受光量相等，受光器对准了主光轴的方向。然后使用下述两种测量方法，测出主光轴偏斜量，再根据光度计 13 的

指示得出发光强度值。

① 投影屏刻度式检测主光轴偏斜量的方法　这种检测方法如图 6-47 所示。在投影屏上刻有表示光轴偏斜量的刻度线，根据前照灯影像中心在投影屏上所处的位置，就可以直接测出光轴偏斜量。

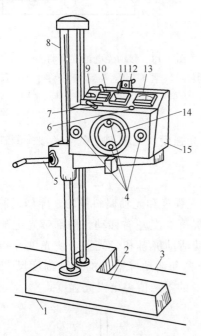

图 6-46　投影式前照灯检测仪

1—车轮；2—底座；3—导轨；4—光电池；5—上下移动手柄；
6—光轴刻度盘（上、下）；7—光轴刻度盘（左、右）；
8—支柱；9—左右偏斜指示计；10—上下偏斜指示计；
11—投影屏；12—车辆摆正找准器；13—光度计；
14—聚光透镜；15—受光器

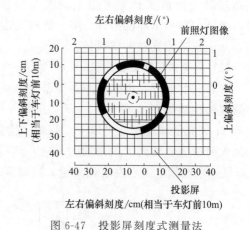

图 6-47　投影屏刻度式测量法

② 光轴刻度盘式检测主光轴偏斜量的方法　这种检测方法如图 6-46 所示。它没有光轴偏移量刻度线，要知道光轴的偏移量须转动光轴刻度盘 6 和 7，直到前照灯影像中心与投影屏坐标原点重合为止，然后由光轴刻度盘 6 和 7 上的刻度分别测出主光轴上、下偏斜量和左、右偏斜量。

(4) 自动追踪光轴式前照灯检测仪

自动追踪光轴式前照灯检测仪采用受光器自动追踪光轴的方法检测汽车前照灯的发光强度和光轴偏斜量，一般检测距离为 3m。

自动追踪光轴式前照灯检测仪如图 6-48 所示，其受光器的构造如图 6-49 所示。在受光器聚光透镜的上下和左右装有四个光电池构成主受光器（用于对准光轴），受光器内部也有四个光电池构成副受光器（用于检测光轴偏斜），透镜后中央部位装有光度计光电池（检测光强）。测试仪台架和受光器位移由电动机驱动。主受光器每对光电池由于受光不均所产生的电流差值，用于控制驱动电机运转使检测仪台架沿轨道移动，和使受光器上下移动，直至主受光器每对光电池所产生的电流相等，电动机停转。这样便实现了自动追踪光轴，追踪过程中受光器的位移由光轴偏斜指示器指出，发光强度由中央光度计光电池检测并由光度计指示。

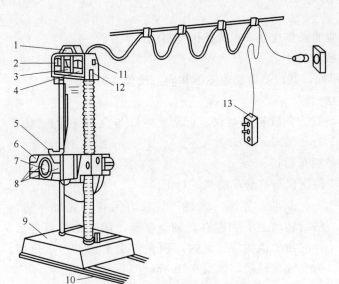

图 6-48 自动追踪光轴式前照灯检测仪
1—在用显示器；2—左右偏斜指示器；3—光度计；
4—上下偏斜指示器；5—车辆找准装置；6—受光器；
7—聚光透镜；8—光电池；9—控制箱；
10—导轨；11—电源开关；12—熔丝；13—控制盒

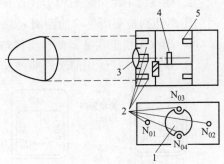

图 6-49 自动追踪光轴式前照灯
检测仪受光器的构造
1，3—聚光透镜；2—主受光器光电池；
4—光度计光电池；5—副受光器光电池

6.4.5 前照灯的检测方法与步骤

(1) 检测前的准备工作

① 检测仪器的准备

a. 在不受光的情况下，调整前照灯检测仪光度计和光轴偏斜指示器指示指针的机械零点。

b. 检查聚光透镜和反射镜的镜面有无污物，若有，用柔软的布或镜头纸擦拭干净。

c. 检查导轨是否沾有泥土等杂物，若有，应扫除干净。

② 被测车的准备

a. 清除前照灯上的污垢。

b. 轮胎气压应符合汽车制造厂的规定，否则影响车灯中心高度。

c. 汽车空载，在司机座位乘坐一名驾驶员。

d. 汽车蓄电池应处于充足电状态，以保证能检测到正确的前照灯光照强度值。

③ 检测仪使用注意事项

a. 按说明书要求，正确安装设备（如场地要求、检测距离要求、平行度要求、垂直度要求、高度要求等）。

b. 正确连接电源和各种线缆，前照灯检测仪在检测时要在前照灯间移动，因此线缆应有足够长度和适当防护措施。

c. 仪器使用前应检查各指示器的零位是否漂移，受光器的受光面是否蒙有灰尘或受到污染，对追踪光轴式检测仪的追踪性能应作周期性校准。

d. 要避开外来光线的影响，对于四灯制的汽车，检测时应将同侧的两只前照灯遮住一只，然后再检测另一只。

e. 按检测仪的说明书要求制订相应的操作规程，正确操作检测仪。

（2）前照灯发光强度和光轴偏斜量检测

由于前照灯检测仪的牌号、形式不同，其检测方法也不尽相同，现分述如下。

① 聚光式前照灯检测仪的检测方法

a. 将被测车尽可能与检测仪保证垂直方向驶近检测仪，直至前照灯与检测仪受光器之间的距离达到检测所要求的距离（3m、1m、0.5m、0.3m）。

b. 用汽车摆正找准器使检测仪与被测车对正。

c. 开亮前照灯，用前照灯照准器使检测仪与被测车前照灯对正。

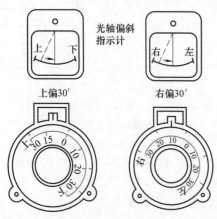

图 6-50 光轴偏斜量的检测

d. 将"光度·光轴"转换开关扭向光轴一边，然后转动上下和左右光轴刻度盘，使光轴偏斜指示计的指示值为零。此时，两光轴刻度盘上指示值即为光轴偏斜量，如图 6-50 所示。

e. 保持光轴刻度盘位置不动，将"光度·光轴"转换开关扭到光度一边，此时光度计的指示值即为前照灯的发光强度。

② 屏幕式前照灯检测仪的检测方法

a. 将被测车尽可能与检测仪的屏幕或导轨保证垂直方向驶近检测仪，使前照灯与检测仪受光器相距 3m。

b. 用汽车摆正找准器使检测仪与被测车对正。

c. 开亮前照灯，用前照灯照准器使检测仪与被测车前照灯对正，然后把固定屏幕调整到与前照灯一样高，要特别注意使受光器与被测前照灯配光镜的表面中心重合。

d. 使固定屏幕上左右光轴刻度尺的零点与活动屏幕上的基准指针对正，如图 6-51 所示。

e. 上下和左右移动受光器，使光度计指示值达到最大，此时，根据受光器上的基准指针所指活动屏幕上的上下刻度值和活动屏幕上的基准指针所指固定屏幕上的左右刻度值，即可得到光轴偏斜量。根据此时光度计上的指示值，可得出前照灯发光强度，如图 6-52 所示。

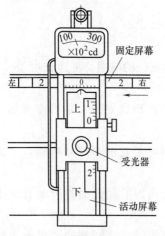

图 6-51 左右光轴刻度尺零点校准

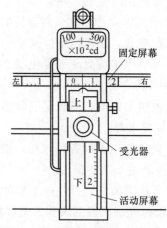

图 6-52 光轴偏斜量和发光强度显示

③ 投影式前照灯检测仪的检测方法

a. 将被测车尽可能与检测仪的导轨保证垂直方向驶近检测仪，使前照灯与检测仪受光器相距 3m。

b. 用汽车摆正找准器使检测仪与被测车对正。

c. 开亮前照灯，移动检测仪，使光束照射到受光器上，并使上下和左右光轴偏斜指示计的指示值为零。此时，根据投影屏上前照灯光束的影像位置，即可得出光轴的偏斜量。

d. 根据光度计上的指示值，即可得出前照灯的发光强度。

④ 自动追踪光轴式前照灯检测仪的检测方法

a. 将被测车尽可能与检测仪的导轨保证垂直方向驶近检测仪，使前照灯与检测仪受光器相距 3m。

b. 用汽车摆正找准器使检测仪与被测车对正。

c. 开亮前照灯，接通检测仪电源，用控制器上的上下、左右控制开关移动检测仪的位置，使前照灯光束照射到受光器上。

d. 按下控制器上的测量开关，受光器随即追踪前照灯光轴，根据光轴偏斜指示计和光度计的指示值，即可得出光轴偏斜量和发光强度。

(3) 前照灯检测仪的维护

前照灯检测仪的维护按表 6-7 的规定进行。

表 6-7 前照灯检测仪的维护

维护周期	维护部位	维护要领	调修方法
使用前	指示仪表	切断"光轴·光度"转换开关（相当于不受光状态），检查光度计和光轴偏斜指示计的指针机械零点	指针若不在零点，用零点调整旋钮将指针调到零点
	聚光透镜和反射镜	检查镜面有无污垢或模糊不清	有污垢，用软布擦净
	水准器	检查有无气泡与气泡位置	无气泡，应进行修理；气泡位置不对，用调节器调整
	导轨	检查有无泥土或小石块等杂物	如有，要清除干净
3 个月	车轮、支柱与升降台	检查动作是否灵活	动作不灵活，应除锈、清洗和润滑；如弯曲变形，应进行修理
	导轨	左右移动检测仪，检查动作是否灵活	如有弯曲，不水平时，应进行修理
6 个月	行走部分	检查工作状况	进行清洁、润滑和调整
	限位开关	检查是否有卡滞	如有，要排除并进行调整
1 年	接受设备检定部门的检定		

6.5 汽车排放检测

汽油车所必需控制的排放污染物包括 HC、CO 以及 NO（仅对 2001 年 1 月 1 日以后上牌车辆），能够检测这些排放污染物的设备称为汽油车尾气分析仪，也有俗称为废气分析仪、排气分析仪的。这种仪器视其可以测量组分的数目，可分为二组分、四组分、五组分分析仪。见表6-8。

表6-8　汽油车尾气分析仪分类

	HC	CO	CO_2	O_2	NO
二组分分析仪	○	○	—	—	—
四组分分析仪	○	○	○	○	—
五组分分析仪	○	○	○	○	○

注：表中标注○为该类仪器可测组分。

我国20世纪80年代国内汽车排放污染物的控制对象主要是在怠速状态下的HC、CO，开始使用二组分尾气分析仪。进入20世纪90年代后，在国际上，二组分尾气分析仪已越来越多地被四组分尾气分析仪所代替，是因为如下。

① 研究表明，有害排放物的排放量直接受汽车发动机燃烧状态的影响。而尾气中的CO_2及O_2的浓度，正是表征发动机燃烧状态的重要参数。正常燃烧时，尾气中CO_2的浓度应在12%左右，而O_2应在1%左右。

② 目前大多数电喷车装有闭环式控制的三元催化转化器，它的净化效率在发动机工作时的过量空气系数λ值在1.0附近最为理想。通过对尾气中的CO、HC、CO_2、O_2浓度进行运算，可以得出相应的过量空气系数λ。

③ 通过分析尾气中CO_2和O_2的浓度，可以及时发现许多问题，如：在检测过程中出现的诸如取样探头脱落；取样管路漏气等失误；以及某些作弊现象（如在排气管上打孔、拿掉接口垫等）。因为这些现象存在时，排气中的O_2浓度会异常升高，而CO_2浓度异常降低。

近年来，汽车尾气中的NO对环境造成的污染日益受到重视，因而在原有的四组分尾气分析仪的基础上增加了NO检测功能，构成了五组分尾气分析仪。并且四组分、五组分尾气分析仪的使用已成为主流。

五组分尾气分析仪采用不分光红外线吸收原理对汽车尾气中的HC、CO、CO_2进行分析，采用电化学电池原理，对汽车尾气中的O_2、NO进行分析，下面分别叙述。

6.5.1　不分光红外线尾气分析仪检测原理和构成

(1) 不分光红外线尾气分析仪检测原理

不分光红外线尾气分析仪利用不同气体具有吸收不同波长红外线的特性进行检测。用眼睛看（在可见光范围内），汽车排放废气中的CO、HC、NO和CO_2等气体都是透明的。但在某种波长红外线照射下就似乎不那么透明了，好像红外线被吸收或被挡住了一部分。造成这种结果的原因是，当红外线穿过这些气体时它的能量被吸收了一部分。而被吸收能量的多少，与该气体的浓度有一定关系。

不同的气体对不同波长的红外线吸收的情况也不相同。如图6-53所示，CO主要吸收波长为4.7μm附近的红外线。如果要检测尾气中CO的含量，可以让红外线穿过一定量的汽车尾气，然后检测4.7μm红外线经过尾气前后能量的变化值，即可确定尾气CO的浓度。这就是不分光红外线尾气分析仪的基本检测原理。

需要注意的是，图6-53中，HC对应的曲线是正己烷（C_6H_{14}）的特性，它吸收的红外线波长为3.4μm。尾气中含有多种成分HC，而且不同的碳氢化合物吸收红外线的波长也有些差异。检测汽车废气时所说的HC浓度。都是以正己烷为基准的。

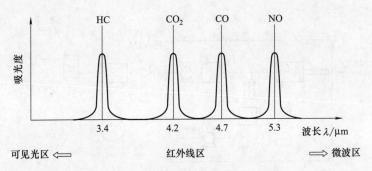

图 6-53 不同气体吸收红外线的特性

(2) 不分光红外线尾气分析仪的构成

不分光红外线尾气分析仪从汽车排气管中采集气样,对其中 CO 和 HC 含量连续进行分析,外形图如图 6-54 和图 6-55 所示。它的组成主要是排气取样装置、排气分析装置、含量指示装置和校准装置等。汽车排气在分析仪内的流动顺序如图 6-56 所示。

① 排气取样装置 排气取样装置的组成有取样探头、滤清器、导管、水分离器和泵等。取样探头、导管和泵从车辆排气管里采集排气。滤清器和水分离器把排气中的炭渣、灰尘和水分等去除,经过这样处理的排气送入分析装置。用特殊材料制成的取样探头具有耐热性和防止导管吸附 HC 气体的特性。

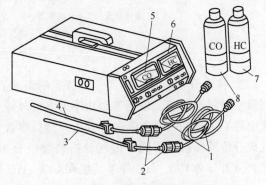

图 6-54 MEXA-324F 型汽车排气分析仪
1—导管；2—滤清器；3—低含量取样探头；
4—高含量取样探头；5—CO 指示仪表；6—HC 指示仪表；
7—标准 HC 气样瓶；8—标准 CO 气样瓶

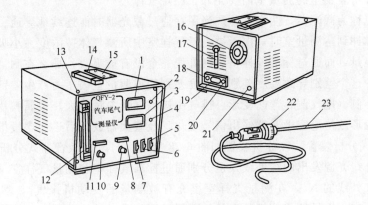

图 6-55 汽车尾气分析仪
1—CO 显示器；2—CO 定标旋钮；3—HC 显示器；4—HC 定标旋钮；
5—电源开关；6—风扇开关；7—取样泵开关；8—CO 量程切换开关；
9—CO 调零旋钮；10—HC 调零旋钮；11—HC 量程切换开关；12—流量计；
13—标准气样入口；14—拉手；15—上盖板；16—过滤器；17—水分离器；
18—熔丝座；19—电源线插座；20—进气口；21—出气口；
22—前置过滤器；23—取样管

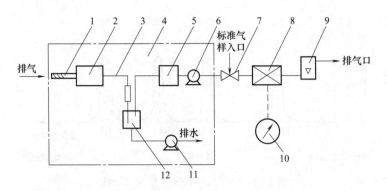

图 6-56 汽车排气在分析仪内的流动顺序
1—取样探头；2,5—滤清器；3—导管；4—排气取样装置；6,11—泵；
7—换向阀；8—排气分析装置；9—流量计；
10—浓度指示装置；12—水分离器

② 排气分析装置　排气分析装置的组成有红外线光源、气样室、旋转扇轮（截光器）、测量室和传感器等。该装置利用不分光红外线分析法，对来自取样装置的混有多种成分的排气中的 CO 和 HC 的含量进行分析，然后将含量转变成电信号输送给指示装置。按照测量尾气成分传感器形式不同，排气分析装置可分为电容微音器式和半导体式等；另外按功能不同，又可分为 CO、HC 等单功能和 CO、HC 等综合功能两种形式。

a. 电容微音器式分析装置。如图 6-57 所示，从两个红外线光源发出的红外线，分别通过标准气样室和测量气样室后到达测量室。在标准气样室内充有不吸收红外线的 N_2，在测量气样室内充有被测量的发动机排气。测量室由两个分室组成，两个分室之间装有金属膜式电容微音器作为传感器。为了能够从排气中选择需要测量的成分，在测量室的两个分室内，充入适当含量的与被测气体相同的气体（CO 浓度分析装置里的测量室内充入 CO 气体，在测量 HC 含量分析装置里的测量室内要充入正己烷气体）。

旋转扇轮也称为截光器，两个红外线光源在通过截光器时能连续地导通、截止，形成射线脉冲。射线脉冲到达测量室时，由于被测量气样室中所测气体按浓度大小吸收掉一部分一定波长范围的能量，而通过标准气样室的红外线完全没有被吸收，那么在测量室的两个分室内的能量不同，这个差别导致温度差别，温度差别使得测量室内压力产生差别，致使金属膜片向能量小的一侧（尾气侧）弯曲变形。排气中被测气体含量越大，金属膜片弯曲变形也越大。膜片弯曲变形致使电容微音器输出信号变化，经放大器放大后送往含量指示装置。

b. 半导体式分析装置。该分析装置如图 6-58 所示。与电容微音器式分析装置相似，该装置从两个红外线光源发出的红外线，也分别通过标准气样室和测量气样室（在标准气样室里充有不吸收红外线的 N_2，在测量气样室里充有被测量的发动机排气）。然后用聚光管聚光，输送到测量室。半导体式分析装置的传感器采用的是一种能按照红外线能量强度的变化改变电信号大小的半导体元件。在半导体元件前面放置一片光学滤色片，仅让被测气体吸收的一定波长范围内的红外线通过。红外线穿过旋转扇轮后，断续地通过标准气样室和测量气样室，经过聚光管和光学滤色片后到达半导体传感器。通过测量气样室的红外线，由于被所测气体吸收掉一部分一定波长范围的红外线，能量减小，而通过标准气样室的红外线由于未被吸收，能量保持不变；因而分别通过两气样室的红外线的能量形成的差异到达半导体传感器后，由传感器将红外线能量差异转变成电信号差异，经放大器放大后输送给含量指示装置。

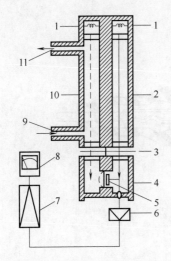

图 6-57　电容微音器式分析装置
1—红外线光源；2—标准气样室；
3—旋转扇轮；4—测量室；5—电容微音器；
6—前置放大器；7—主放大器；8—指示仪表；
9—排气入口；10—测量气样室；11—排气出口

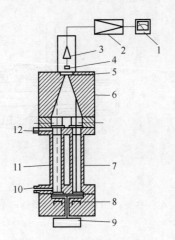

图 6-58　半导体式分析装置
1—指示仪表；2—主放大器；3—前置放大器；
4—半导体传感器；5—光学滤色片；6—聚光管；
7—标准气样室；8—红外线光源；9—旋转扇轮；
10—排气入口；11—测量气样室；12—排气出口

③ 含量指示装置　CO 和 HC 综合式气体分析仪的含量指示装置主要由 CO 指示装置和 HC 指示装置组成，显示器类型有指针式仪表和数字式两种。从排气分析装置送来的电信号，在 CO 指示仪表上以体积百分数（%）表示；以前 HC 的体积分数常用正己烷当量的体积百万分数（10^{-6}）表示，现在 HC 等气体的体积分数则以正己烷当量的百分数（%）表示。指针式仪表的指示，可利用零点调整旋钮、标准调整旋钮和读数转换开关等进行控制。

气体分析仪内的滤清器脏污时，对测量值有影响，发现指针进入红区应及时更换滤清器滤芯。

④ 校准装置　校准装置是一种为了保持分析仪的指示精度，使之能准确指示测量值的装置。在校准装置中，往往设有两种，一种是用加入标准气样进行校准的装置，另一种是用机械方式简易校准的装置。

a. 标准气样校准装置。标准气样校准装置是把标准气样从分析仪上单设的一个专用注入口直接送到排气分析装置，再通过将仪表指示值与标准气样浓度值进行比较而完成校准的。

b. 简易校准装置。简易校准装置通常是用遮光板把排气分析装置中通过测量气样室的红外线遮挡住一部分，将此时仪表实际指示值与标准值进行比较而完成校准的。

6.5.2　电化学电池检测原理

汽车废气分析仪中的 O_2 及 NO 浓度，由电化学电池原理进行分析，下面以氧传感器为例，介绍其检测原理。

氧传感器的基本构成，是包括一个电解质阳极和一个空气阴极组成的金属——空气有限度渗透型电化学电池。其结构如图 6-59 所示。

在阴极，其反应方程式为：

$$O_2 + 2H_2O + 4e^- \longrightarrow 4OH^-$$

氧分子被还原成氢氧离子。

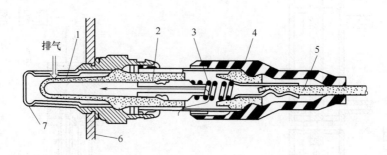

图 6-59 氧传感器结构简图

1—锆管；2—电极；3—弹簧；4—线头支架（绝缘）；5—导线；6—排气管；7—导入排气管罩

随后，在金属阳极氢氧离子被氧化，如下式所示：

$$2Pb + 4OH^- \longrightarrow 4PbO + 2H_2O + 4e^-$$

上述电池的反应作用，可概括为

$$2Pb + O_2 \longrightarrow 2PbO$$

综上所述，氧传感器是一个电流发生器，其所产生的电流正比于氧的消耗率。此电流可通过在输出端子上跨接一个电阻以产生一个电压信号。

在实际应用中，氧传感器的电流或电压信号取决于被测氧气在渗透膜上的渗透率。在氧传感器上，使用一种特殊的塑料薄膜作为渗透膜，其渗透量受控于气体分子撞击膜壁上的微孔的概率。如果气体分压增加，分子的渗透率增加。因此输出的结果正比于氧的分压且在整个浓度范围内呈线性响应。

氧传感器在实际应用中的一个局限是其寿命。在使用一段时间后（通常在一年半左右，视传感器的制造质量而定），其输出将大幅下降至 0mV，必须更换。而且该寿命从传感器启封时开始计算，而不管仪器是否投入使用。具体的氧传感器输出特性见图 6-60。

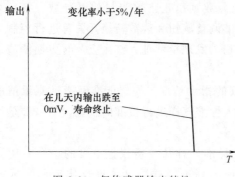

图 6-60 氧传感器输出特性

NO 传感器的工作原理与氧传感器类似，不再叙述。

6.5.3 汽车尾气检测方法

不同国家和地区对汽油车废气排放检测工况和方法有不同的要求。主要有怠速工况法、双怠速工况法、加速模拟工况法（Acceleration Simulation Mode，缩写为 ASM）等。

(1) 怠速工况试验法

怠速工况法主要测量 CO 和 HC 的排放量。发动机在怠速工况下转速低，节气门开度小，混合气较浓，发动机燃烧温度低，排气中 CO、HC 等含量比较多，所以要加以检测。我国怠速工况法测量程序如下（如图 6-61 所示）：①发动机先以 70% 额定转速维持 60s；

②转入怠速状态维持 15s；③开始读数，读取 30s 内的最高值和最低值，取其平均值即为测量结果。CO 排放量的单位是"％"，即"容积百分数"。HC 的单位有"10^{-6}"（parts per million）和"％"，即"容积百万分数"（10^{-6}）。

图 6-61 怠速排放测量程序

怠速法的特点是操作简便但有一定的局限性。例如它难以检验 NO_x 的排放情况（因 NO_x 在高温、大负荷时排放较多）；对于 EFI 发动机来说，由于其怠速控制部分是相对独立的，所以怠速测试合格并不能说明各种工况下都合格。

国家标准规定了各类车辆进行怠速试验时排放污染物限值，见表 6-9。

表 6-9 装配点燃式发动机的车辆怠速试验排放污染物限值

车辆类型	轻型车		重型车	
	CO/％	HC/10^{-6}①	CO/％	HC/10^{-6}①
1995 年 7 月 1 日以前生产的在用汽车	4.5	1200	5.0	2000
1995 年 7 月 1 日起生产的在用汽车	4.5	900	4.5	1200

① HC 体积浓度值按正己烷当量计量。

(2) 双怠速工况试验法

双怠速试验是国外为了监控因化油器量孔磨损或因催化转化器转化效率降低所造成的汽车排放恶化，而采取的一种简单而有效的测量方法。该方法要求被测车辆走热后，然后程序如图 6-62 所示：①70％额定转速下运行 1min；②再降至 50％额定转速（高怠速），稳定后测量一次排气污染物平均值；③最后降至怠速，稳定后再测量一次读数。其中，高怠速排放测量值应低于低怠速测量值。汽车双怠速试验排放污染物限值见表 6-10。

70％额定转速	50％额定转速		怠速转速	
60s	15s 稳定	30s 读平均值	15s 稳定	30s 读平均值

图 6-62 双怠速排放测量程序

表 6-10 装配点燃式发动机的车辆双怠速试验排放污染物限值

车辆类型	轻型车		重型车	
	CO/％	HC/10^{-6}①	CO/％	HC/10^{-6}①
2001 年 1 月 1 日以后上牌照的 $M_1$② 类车辆	0.8	150	0.3	100
2002 年 7 月 1 日以后上牌照的 $N_1$③ 类车辆	1.0	200	0.5	150

① HC 体积浓度值按正己烷当量计量。
② M_1 指车辆设计乘员数（含驾驶员）不超过 6 人，且车辆的最大总质量不超过 2500kg。
③ N_1 还包括设计上乘员数（含驾驶员）超过 6 人，或车辆的最大总质量超过 2500kg 但不超过 3500kg 的 M 类车辆。

(3) 加速模拟工况（ASM）试验法

加速模拟工况（ASM）试验方法检测的排放包括 CO、HC 和 NO。加速模拟工况试验方法简称工况法。工况法由两个试验组成，分别称为 ASM5025 和 ASM2540。进行 ASM 试验需要使用两种设备：底盘测功试验台和尾气分析仪。

表 6-11 为加速模拟工况试验排放污染物限值。注意，表中对于在用车测试 NO 含量的要求，表示的是废气中 NO_x 的含量。

试验过程如图 6-63 所示。表 6-12 列出了具体试验循环说明。

表 6-11　装配点燃式发动机的车辆加速模拟工况试验排放污染物限值

车辆类型	基准质量 (RM)/kg	ASM5025			ASM2540		
		$HC/10^{-6}$	$CO/\%$	$NO/10^{-6}$	$HC/10^{-6}$	$CO/\%$	$NO/10^{-6}$
2001年1月1日以后上牌照的M_1类车辆	<1050	260	2.2	2500	260	2.4	2300
	<1250	230	1.8	2200	230	2.2	2050
	<1470	190	1.5	1800	190	1.8	1650
	<1700	170	1.3	1550	170	1.5	1400
	<1930	150	1.1	1350	150	1.3	1250
	<2150	130	1.0	1200	130	1.2	1100
	<2500	120	0.9	1050	120	1.1	1000

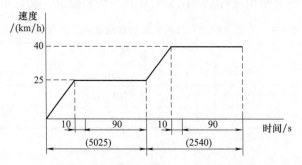

图 6-63　加速模拟工况（ASM）试验过程

① ASM5025 工况　经预热后的车辆加速至 25.0km/h，测功机以车辆速度为 25.0km/h、加速度为 $1.475m/s^2$ 时的输出功率的 50% 作为设定功率对车辆加载，车辆以 (25.0±1.5) km/h 的速度持续运转 10s 后，开始计时测试，持续运行测试时间为 90s。

② ASM2540 工况　在 ASM5025 工况试验结束后，车辆立即加速至 40.0km/h，测功机以车辆速度为 40.0km/h、加速度为 $1.475m/S^2$ 时的输出功率的 25% 作为设定功率对车辆加载，车辆以 (40.0±1.5) km/h 的速变持续运转 10s 后，开始计时测试，持续运行测试时间为 90s。

若第一次试验不合格，可进行复检试验。要求连续进行 ASM5025 和 ASM2540 工况试验，每个工况测试时间延长至 145s，两个工况重复测试时间为 290s。

表 6-12　加速模拟工况（ASM）试验运转循环

工况	运转次序	速度/(km/h)	操作时间/s	测试时间/s
5025	1	0~25	3.5~8.5	—
	2	25	10	
	3	25	90	90
2540	1	25~40	2.3~5.6	—
	2	40	10	
	3	40	90	90

6.5.4　废气分析仪使用

本节以佛山分析仪器厂生产的 MEXA-324F 型 CO/HC 红外线气体分析仪为例，介绍检测方法、仪器校正方法及检测中应注意事项等。

(1) 检测所需仪器设备及条件

MEXA-324F 型 CO/HC 红外线气体分析仪（见图 6-64）、HC/CO 标准气体（即浓度已知的样气)、被检测汽油车及 220V/50Hz 电源。加速模拟工况检测时还需要底盘测功试验台。

图 6-64 红外线气体分析仪面板
1—HC 指示仪表；2—CO 指示仪表；3—标准气注入口；
4—电源指示灯；5—流量计；6—电源开关；7—泵开关；
8—CO 零位旋钮；9—量距旋钮；10—机械检查开关；
11—CO 量程切换开关；12—HC 量程切换开关；
13—HC 零位旋钮；14—HC 量距旋钮

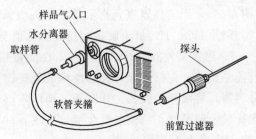

图 6-65 取样管连接方法

(2) 检测前的准备

① 被检测汽油车的准备　检测前应使被测汽油车运转达到正常使用温度。

② 仪器的准备

a. 用取样软管把测试探头（带前置过滤器）和水分离器连接起来，并用软管夹箍夹紧（图 6-65），防止接头部位漏气。

b. 将水分离器连接到仪器的样品气入口，注意使密封垫圈可靠夹紧。

c. 接通仪器电源，把电源开关拨到"开"，预热 30min，在预热过程中用 CO、HC 零位旋钮不断进行调零。

d. 把测试探头置于洁净空气中，将泵开关拨到"开"，检查流量监测器的指针是否指在黑色区域，在黑色区域正常，表明抽气流量足够大。如果指针落在红色区域，表明抽气流量太小，应检查探头、前置滤清器、粉尘过滤器等是否堵塞。如有堵塞应清洁探头，更换滤芯或滤纸。

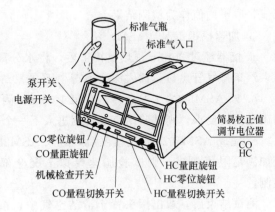

图 6-66 仪器校正方法

③ 仪器的校正　仪器的校正必须在电源开关、泵开关拨到"开"位预热 30min 后进行。校正分为用标准气体进行的精确校正和用机械检查器进行的简易校正。

a. 用标准气体校正

ⅰ. 首先要确定校正值。标准气瓶上所标明的 CO 气体浓度就是其校正值；但是标准气瓶上所标明的丙烷（C_3H_8）气体浓度应与仪器上所标明的换算系数（本仪器为 0.51）相乘后的值作为正己烷（C_6H_{14}）换算浓度，此值作为 HC 气体浓度的校正值。根据校正值大小选择适当的量程挡位。

ⅱ．仪器的零位校正。取下水分离器，吸入清洁空气，待指针充分稳定后，调整零位旋钮，使指针指到零位。

ⅲ．仪器的量距校正。将泵开关拨到"关"位，使标准气瓶喷嘴对准仪器的标准气入口（图 6-66），用力压紧直到指示稳定，一般只需 7~8s。取下标准气，密封标准气入口，用螺丝刀调整 CO、HC 量距旋钮，使其指示值与标准气瓶标明的气体浓度（或换算浓度）一致。

b. 用机械检查进行简易校正　在测量精度要求不高的情况下，可用机械检查开关来进行简易校正。先把量程开关切换到最低量程（CO 为 2% 挡，HC 为 $500×10^{-6}$ 挡）。取下水分离器，将泵开关拨到"开"位，确认零点正确。按下机械检查开关，用螺丝刀调整仪器右侧面板上简易校正值调节电位器（见图 6-66），使指示值与设定值（HC 设定值 $400×10^{-6}$，CO 设定值为 1.5%）一致。

(3) 检测方法及步骤

检测时被测车应达到正常使用温度，处于怠速状态。

① 怠速工况法

a. 仪器经过 30min 预热及校正后，将水分离器连接到仪器的样品气入口，把取样探头插入汽车排气管出口，插入深度不得小于 0.30m。

b. 根据表头指示，选择适当的量程挡位，发动机怠速运转，在 30s 内读取最高值和最低值，取其平均值为测量结果，也可在 30s 内随机读取 3 次数据，取其平均值为测量结果。

② 双怠速工况法

a. 仪器经过 30min 预热及校正后，将水分离器连接到仪器的样品气入口，把取样探头插入汽车排气管出口，插入深度不得小于 0.30m。

b. 发动机按程序要求在高怠速维持 15s 后开始读数，读取 30s 内排放物的最高值和最低值，取平均值作为检测结果。

③ 加速模拟工况（ASM）法

a. 仪器经过 30min 预热及校正后，将水分离器连接到仪器的样品气入口，把取样探头插入汽车排气管出口，插入深度不得小于 0.30m。

b. 以 ASM5025 工况运转，在第 10~90s 测量过程中，任意 10s 内 10 次排放的平均值如满足限值要求，则试验结束，否则进入下一个 10s 的 ASM5025 工况检测。

c. 完成 ASM5025 工况检测后，进入 ASM2540 工况运转，任意 10s 内 10 次排放的平均值如满足限值要求，则试验加速模拟工况全部结束，否则进入下 10s 的 ASM5025 工况检测。

测试结束后，取出探头置于清洁空气中，泵开关保持在"开"位，直到指针回到零位附近。

(4) 检测中应注意事项

① 防止把水、汽油、灰尘等吸入仪器，否则会影响滤清器、泵、分析部位的正常工作，甚至损坏。

② 注意观察流量监测器的指针位置，当指针接近红色区域时，说明抽气流量偏低，要及时更换滤清器，否则会使测量误差增大。

③ 不要过度拉伸取样软管，以免导致连接处破损。

④ 测试结束后，取出探头置于清洁空气中，使表头指针回到零位后才能关闭泵开关。

6.6 汽车噪声和喇叭声级检测

汽车行驶时发出的各种声响，使汽车成为一个噪声源。从减轻噪声对人听觉器官的刺激，防止噪声对人的危害出发，噪声的响度越低越好。从保证行车安全的目的出发，汽车喇叭必须有适度的响度。

尽管人们对噪声和喇叭声响有不同的主观要求，但声音的本质和检测原理及所使用的仪器均相同，所不同的是检测标准和检测方法。

6.6.1 汽车噪声的来源

汽车是一个综合噪声源，汽车行驶中所产生的综合声辐射称为汽车噪声，一般为60～90dB 的中等强度的噪声。但汽车噪声影响范围大，干扰时间长，因而对人的危害不容忽视。噪声会使人的听力减弱、视觉功能下降、神经衰弱、血压变化和胃肠道出现消化功能障碍，甚至影响人的睡眠、谈话、学习、工作和情绪等。

汽车噪声主要包括发动机噪声、传动系统噪声、制动噪声、轮胎噪声、车声噪声和喇叭噪声等。

(1) 发动机噪声

发动机噪声主要包括燃烧噪声、机械噪声、进排气噪声和风扇噪声等。燃烧噪声是可燃混合气燃烧时产生的气体压力作用于活塞、连杆、曲轴、缸体及气缸盖等引起发动机壳体表面振动而辐射出来的噪声；机械噪声是发动机零部件做往复运动和旋转运动产生的周期性作用力，使零部件产生弹性变形导致发动机壳体表面振动所引起的噪声；进排气噪声是由于发动机在进、排气过程中的气体压力波动和气体流动所引起的振动而产生的噪声；风扇噪声是冷却系统风扇或风冷发动机风机产生的空气动力噪声。

(2) 传动系统噪声

传动系统噪声包括变速器噪声、传动轴噪声及驱动桥噪声。变速器噪声主要是因齿轮振动引起的噪声，以及轴承运转声、润滑油搅拌声、发动机振动传至变速箱体而辐射的噪声等；传动轴噪声主要表现为汽车行驶过程中传动轴发出的周期性响声，主要由于传动轴变形、轴承松动及装配不良等原因造成；当驱动桥齿轮齿隙调整不当、齿轮装配不当、轴承调整不当时，会产生较大声响。

(3) 制动噪声

制动噪声是汽车制动过程中由制动器摩擦副之间的摩擦而产生的一种刺耳的高频噪声。其噪声强弱取决于制动蹄摩擦片长度方向上的压力分布规律，还受制动系统及零部件刚度的影响。制动噪声通常发生在制动蹄摩擦片端部和根部与制动鼓接触的位置，在制动器由热态转为冷态时较为明显。鼓式制动器比盘式制动器产生的制动噪声稍大。

(4) 轮胎噪声

轮胎噪声是由于弹性车轮在道路上行驶时，封闭于轮胎花纹内或路面凹坑内的空气受到周期性的挤压和释放而产生的。影响轮胎噪声的因素主要有轮胎花纹、车速及负荷、轮胎气压、轮胎磨损程度和路面状况等。

(5) 车身噪声和喇叭噪声

汽车高速行驶时，车身干扰空气，在车身表面形成空气涡流分离现象，车身前、后和上、下产生压差，同时车身表面与空气间产生摩擦，因而导致车身噪声的产生。车身噪声的强弱与汽车车身的形状和表面状况有关，且车速越高，其车身噪声越强。

喇叭噪声在按动汽车喇叭时产生，其声压级大约为90~115dB。

6.6.2 汽车噪声的检测指标

声音是物体振动在周围空气中传播的一种波，可用高低、强弱、响度和音色等指标表示。

(1) 声压与声压级

声音的强弱取决于声波的压力，单位为Pa。由于声音的强弱是人们对声音的感觉，而人对声音的感觉特性是与声音能量的对数成比例的。因而把听阈声压（2×10^{-5} Pa）作为基准声压，以实际声压与基准声压比值的对数——分贝数（dB）作为表示声音强弱的单位，称为声压级。

$$L = 20\lg\frac{P}{P_0}$$

式中　L——声压级，dB；

　　　P——实际声压，Pa；

　　　P_0——基准声压，$P_0 = 2\times10^{-5}$ Pa。

(2) 响度与响度级

声调的高低取决于声音的频率。频率越高，声调越高；频率越低，声调越低。人耳可听到的声音频率范围大约为16~20000Hz。通常，感到声调高的频率范围为2000~4000Hz，而感到声调低的频率范围为200Hz以下。

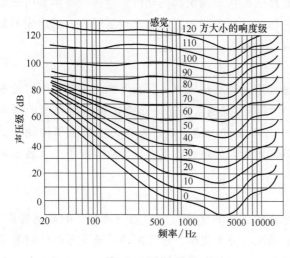

图 6-67　等响曲线

声音的响度为人们听到声音的主观感觉。即使是同样声压级的声音，低音听起来响度小，高音听起来响度大。表示响度级时，用"方"作单位。"方"是1000Hz纯音的声压级数值。对于1000Hz以外的声音，是把和它一样响的1000Hz纯音的声压级数值作为其响度级数值。为了确定声压级与响度级间的关系，通过大量人的听觉试验，把不同频率、相同响度级的点在横坐标为频率、纵坐标为声压级的坐标系中的点连成曲线，得到等响曲线，见图6-67。可以看出，人的听觉对频率为1000Hz声音的响度级（方）和声压级（dB）相同。

(3) A声级

不同频率的声音，即使响度相同，声压也不同。由于汽车噪声不是纯声，而声级计的传声器对声音强弱的计量是声压。因此，为了使检测仪器具有与人的听觉一致的频率反应，在仪器内设计有听觉修正网络,即 A、B、C 三种计权网络。因此,利用声级计检测噪声时,在显示声压级单位的同时,也同时给出了把其修正为响度所用的计权网络,如 dB(A)表示使用 A 计权网络测量的声压级分贝值,称为 A 计权声级,简称 A 声级(L_A)。

由于噪声的 A 声级与人们的主观感觉比较接近,同时 A 声级的测量较为方便,因此 A 声级已成为国际标准化组织和绝大多数国家评价噪声的度量指标。

汽车噪声是汽车的重要环保性能,汽车噪声评价指标有汽车加速行驶车外噪声、汽车定置噪声、客车车内噪声、驾驶人耳旁噪声和汽车喇叭噪声等。

6.6.3 汽车噪声的检测标准

(1) 喇叭声级检测标准

根据 GB 7258—2017《机动车运行安全技术条件》,汽车喇叭性能应满足以下要求。

① 机动车(手扶拖拉机运输机组除外)应设置具有连续发声功能的喇叭。

② 机动车喇叭声级在距车前 2m、离地高 1.2m 处测量时,发动机最大及功率为 7kW 以下的摩托车为 80~112dB(A),其他机动车为 90~dB(A)。

③ 教练车还应设置辅助喇叭开关,其工作应可靠。

(2) 车内噪声检测标准

① 客车车内噪声检测标准。根据 GB 7258—2012《机动车运行安全技术条件》,汽车车内噪声应满足:客车以 50km/h 的速度匀速行驶时,客车车内噪声<79dB(A),其检测方法按 GB/T 18697—2002《声学 汽车车内噪声测量方法》的规定执行。

② 驾驶人耳旁噪声检测标准 汽车(低速汽车除外)驾驶人耳旁噪声声级应≤90dB(A),其检测方法见 GB 7258—2017《机动车运行安全技术条件》附录 A,测量位置应符合 GB/T 18697—2002《声学 汽车车内噪声测量方法》的规定。

(3) 汽车加速行驶车外噪声检测标准

GB 1495—2002《汽车加速行驶车外噪声限值及测量方法》是机动车辆产品的噪声标准,同时也是城市机动车车辆噪声检查水温依据。各类机动车辆(包括汽车、摩托车、轮式拖拉机)行驶时,车外最大允许噪声级应符合表 6-13 的规定。对于各类变型车或改装车(消防车除外)加速行驶的车外最大噪声级,应符合基本车型噪声的规定。其测量位置应符合上述标准的规定。

表 6-13 汽车加速行驶车外噪声限值 dB(A)

汽车分类	噪声限值	
	第一阶段	第二阶段
	2002 年 10 月 1 日~2004 年 12 月 30 日期间生产的汽车	2005 年 1 月 1 日以后生产的汽车
M_1	77	74
$M_2(G{\leqslant}3.5t)$ 或 $N_1(G{\leqslant}3.5t);G{\leqslant}2t$	78	76
$2t<G{\leqslant}3.5t$	79	77
$M_2(3.5t<G{\leqslant}5t)$ 或 $M_3(G{\geqslant}5t);P<150kW$	82	80
$P{\geqslant}150kW$	85	83
$N_2(3.5t<G{\leqslant}12t)$ 或 $N_3(G{\geqslant}12t);P<75kW$	83	81

续表

汽车分类	噪声限值	
	第一阶段	第二阶段
	2002年10月1日～2004年12月30日期间生产的汽车	2005年1月1日以后生产的汽车
75kW≤P＜150kW	86	83
P≥150kW	88	84

注：汽车分类如下所述。

1. M类（客车）：至少有4个车轮的载客机动车辆；或者有三个车轮，且厂定最大总质量不超过1t的载客机动车辆。

   M_1类：除驾驶人外，乘客座位数不超过8个的客车。

   M_2类：除驾驶人外，乘客座位数超过8个，厂定最大总质量不超过5t的客车。

   M_3类：除驾驶人外，乘客座位数超过8个，厂定最大总质量超过5t的客车。

2. N类：至少有4个车轮的载客货机动车辆；或者有三个车轮，且厂定最大总质量不超过1t的载货机动车辆。

   N_1类：厂定最大总质量不超过3.5t的载货汽车。

   N_2类：厂定最大总质量超过3.5t，但不超过12t的载货汽车。

   N_3类：厂定最大总质量超过12t的载货汽车。

(4) 汽车定置噪声检测标准

汽车定置噪声指车辆不行驶，发动机处于空载运转状态下的排气噪声和发动机噪声。根据 GB 18565—2016《道路运输车辆综合性能要求和检测方法》，汽车定置噪声的限值见表 6-14。其测量位置应符合上述标准的规定。

表 6-14 汽车定置噪声限值

车辆类型	燃料种类		车辆出厂日期	
			1998年1月1日以前	1998年1月1日及以后
轿车	汽油		87	85
微型客车、货车	汽油		90	88
轻型客车、货车、越野车	汽油	$n_0^①$≤4300r/min	94	92
		n_0＞4300r/min	97	95
	柴油		100	98
中型客车、货车、大型客车	汽油		97	95
	柴油		103	101
重型货车	$P^②$＜147kW		97	95
	P＞147kW		103	101

① n_0 为发动机额定转速。

② P 为发动机额定功率。

6.6.4 车内噪声和驾驶人耳旁噪声检测

(1) 车内噪声检测

车内噪声的测量应满足如下要求。

① 测量条件。测量跑道应有试验需要的足够长度，应是平直、干燥的沥青路面或混凝土路面；测量时的风速（指相对于地面）应小于 3m/s；测量时车辆门窗应关闭，车内其他辅助设备若是噪声源，测量时是否开动，应按正常使用情况而定；车内本底噪声比所测车内噪声至少低 10dB，并保证测量不被偶然的其他声源所干扰；车内除驾驶人和测量人员外，不应有其他人员。

② 测量位置。客车室内噪声测点可选择在车厢中部及最后一排座位的中间位置，通常在人耳附近布置测点，传声器朝向车辆前进方向，见图 6-68。

③ 检测方法。检测车内噪声时，车辆以常用挡位、50km/h 车速匀速行驶，进行测量；用声级计"慢"挡测量 A 计权声级；若需要进行车内噪声频谱分析，可用频谱分析仪进行

检测，应包括中心频率 31.5Hz、63Hz、125 Hz、250Hz、00Hz、1000Hz、2000Hz、4000Hz、8000Hz 的倍频带。

(2) 驾驶人耳旁噪声检测

根据 GB 7258—2017《机动车运行安全技术条件》（附录 A），测量驾驶人耳旁噪声时，汽车应空载，处于静止状态其置变速器于空挡，发动机应处于而定转速状态，门窗紧闭；声级计置于"A"计权、"快"挡；驾驶人耳旁噪声测量点位置应符合 GB/T 18697—2002《声学 汽车车内噪声测量方法》，见图 6-68。

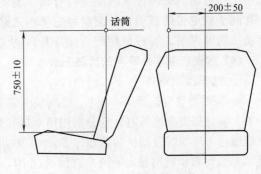

图 6-68 车内噪声测量点位置

6.6.5 汽车加速行驶时车外噪声的检测

(1) 基本检测条件

测量场地应平坦空旷，在测量中心以 50m 为半径的范围内不应有大的反射物（如建筑物、围墙等）；试验场地跑道应具有 20m 以上的平直、干燥的沥青或混凝土路面，路面坡度不得超过 0.5%；试验场地的本底噪声（包括风噪声）应比被测车辆的噪声至少低 10dB，并保证测量不被偶然的其他声源所干扰；测量应在良好天气中进行，测量时声级计传声器高度的风速不应超过 5m/s；声级计附近除测量者外，不应有其他人员，若不可缺少时，则必须在测量者背后。

(2) 检测场地要求

测量的场地见图 6-69。测试时传声器位于 20m 跑道中心点的两侧，各距中心线 7.5m、距地面高度 1.2m，传声器平行于地面，其轴线垂直于车辆行驶方向。

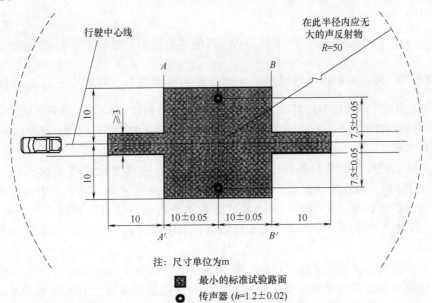

图 6-69 汽车车外噪声检测场地

(3) 车辆状态

被测车辆应空载，不带挂车或半挂车（不可分解的汽车除外）；被测汽车装用的轮胎必须是汽车制造厂为该车型指定选用的形式之一，必须把轮胎充气至汽车制造厂规定的空载状态气压；被测汽车的技术状况应符合该车型的技术条件（特别是该车的加速性能）；如果汽车有两个或更多的驱动轴，测量时应采用道路上行驶常用的驱动方式；如果汽车装有带自动驱动机构的风扇，在测量期间应保持其自动工作状态。

(4) 加速行驶车外噪声的检测方法

① 汽车挡位选择

a. 装用手动变速器 M_1 和 N_1 类汽车不多于4个前进挡时，应用第2挡进行测量；装用多于4个前进挡的变速器时，应分别用第2挡和第3挡进行测量。如果应用第2挡测量时，汽车尾端通过 BB' 线时发动机转速超过了 n_0（发动机的额定转速），则应逐次按5‰n_0 降低 n_A（接近 AA' 线时发动机的稳定转速）直到通过 BB' 线时的发动机转速不再超过 n_0。如果 n_A 降到了怠速，而通过 BB' 线时的转速仍超过 n_0，则只用第3挡测量。但是，对于前进挡多于4个并装用额定功率 $>140kW$ 的发动机，且额定功率与最大总质量之比 $\geq 75kW/t$ 的 M_1 类汽车，假如该车用第3挡其尾端通过 BB' 线时的速度大于 $61km/h$，则只用第3挡测量。

b. 装用手动变速器的非 M_1 和 N_1 类汽车，手动变速器前进挡总数为 X（包括由副变速器或多级速比驱动桥得到的速比）的汽车，应该用 $\geq X/n$ 的各挡分别进行测量。对于发动机额定功率 $<225kW$ 的汽车，取 $n=2$；对于额定功率 $\geq 225kW$ 的汽车，取 $n=3$。如 X/n 不是整数，则应选择较高整数对应的挡位。从第 X/n 挡开始逐渐升挡测量，直到该车在某一挡位下尾端通过 BB' 线时发动机转速第一次低于额定转速时为止。

c. 装用自动变速器的汽车，且自动变速器装用手动选挡器，则应使选挡器处于制造厂为正常行驶而推荐的位置来进行测量。

② 接近速度的确定

a. 对于装有手动变速器或带有手动选挡器的自动变速器的汽车，其接近 AA' 线时的稳定速度取下列速度中的较小值：

ⅰ. $50km/h$；

ⅱ. 对于 M_1 类和发动机功率 $<225kW$ 的其他各类汽车，对应于 $\frac{3}{4}n_0$ 的速度。

ⅲ. 对于 M_1 类以外的且发动机功率 $\geq 225kW$ 的各类汽车，对应于 $\frac{1}{2}n_0$ 的速度。

b. 对于装有无手动选挡器的自动变速器的汽车，应分别以 $30km/h$、$40km/h$、$50km/h$（如果该车道路上最高速度的 $3/4<50km/h$，则以其最高速度 $3/4$ 的速度）的稳定速度接近 AA' 线。

③ 加速过程

a. 汽车以上述规定的挡位和稳定速度接近 AA' 线，速度变化应控制在 $\pm 1km/h$ 之内，若控制发动机转速，则转速变化应控制在 $\pm 2\%$ 或 $\pm 50r/min$ 之内（取两者中较大值）。

b. 当汽车前端到达 AA' 线时，必须尽可能地迅速将加速踏板踩到底（即节气门或油门全开）加速行驶，并保持不变，直到汽车尾端通过 BB' 线时再尽快地松开踏板（即节气门或油门关闭）。

c. 汽车应直线加速行驶通过测量区，其纵向中心平面应尽可能接近测量区中心线。

d. 如果该车是由牵引车和不易分开的挂车组成，确定尾端通过 BB' 线时不考虑挂车。

④ 加速行驶时车外噪声级测量　检测车外噪声时，声级计用 A 计权网络、"快"挡进行测量。

a. 在汽车每一侧至少应测量四次。

b. 应测量汽车加速驶过测量区时的最大声级。每一次测得的读数值应减去 1dB（A）作为测量结果。

c. 若在汽车同侧连续四次测量结果相差<2dB（A），则认为测量结果有效。

d. 将每一挡位条件下每一侧的四次测量结果进行算术平均，然后取两侧平均值中较大者作为中间结果。

⑤ 最大噪声级的确定

a. 对于只用一个挡位测量的汽车，直接取中间结果作为最大噪声级。

b. 对于采用两个挡位测量的汽车，取两挡中间结果的算术平均值作为最大噪声级。

c. 最大噪声级的值应按有关规定保留到一位小数。

6.6.6 汽车喇叭声级检测

为了使汽车喇叭起到警示功能，喇叭声不能过低；但为了减小喇叭噪声对城市环境的影响，喇叭声级又不能过高。因此，应适当控制汽车喇叭声级。

检测汽车喇叭声级时，应将声级计置于距汽车前 2m，离地高 1.2m 处，其传声器朝向汽车，轴线与汽车纵轴线平行，见图 6-70。声级计置于 A 计权，"快"挡，在这种情况下测得的喇叭声级应在 90~115dB（A）的范围内。

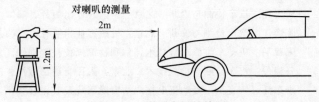

图 6-70 喇叭声级的检测

复习与思考题

1. 汽车整车与外观检测项目包括哪些？
2. 汽车主要结构参数包括哪些？
3. 试述底盘测功试验台的类型、结构和工作原理。
4. 滚筒式底盘测功试验台组成部分一般有哪些？
5. 带有反拖系统的底盘测功试验台主要作用是什么？
6. 底盘测功试验台配置飞轮装置的目的是什么？是根据什么原则配置飞轮装置的转动惯的？
7. 怎样使用接触式五轮仪？
8. 路试检测汽车动力性时，可以检测哪些内容？试述检测方法。
9. 试述台架检测汽车等速百公里燃油耗特性曲线的方法。
10. 什么是循环道路百公里燃油消耗量试验？
11. 汽车制动性评价参数主要有哪些？
12. 汽车制动试验台有哪些类型？各可以检测哪些参数？试述检测原理。
13. 前照灯特性包括哪些内容？
14. 前照灯检测仪可以检测哪些项目？
15. 试述汽车前照灯检测仪的类型、结构、检测原理。
16. 汽车主要排放污染物包括哪些？
17. 汽车五气体尾气分析仪对排放污染物的检测都应用了什么原理？这些原理分别适用于检测哪些排放污染物？
18. 汽车噪声的来源主要有哪些？
19. 汽车噪声检测指标是什么？
20. 车内噪声检测条件有哪些？

参 考 文 献

[1] 周建鹏，黄虎，严运兵．现代汽车性能检测技术．上海：上海科学技术出版社，2007．
[2] 张建俊．汽车检测技术．北京：高等教育出版社，2003．
[3] 韩顺武．汽车检测与诊断．大连：大连理工大学出版社，2007．
[4] 梁南丁．检测技术．郑州：河南科学技术出版社，2006．
[5] 赵英勋．汽车检测与诊断技术．3版．北京：机械工业出版社，2017．
[6] 邢文华．汽车检测与诊断技术．北京：国防工业出版社，2004．
[7] 马勇智．汽车检测技师培训教材．北京：人民教育出版社，2003．
[8] 安相璧．汽车检测诊断技术．北京：北京理工大学出版社，2005．
[9] 崔靖．汽车综合性能检测．上海：上海科学技术文献出版社，1999．
[10] 赵福堂．现代汽车检测诊断与维修．北京：北京理工大学出版社，2005．
[11] 明平顺．现代汽车检测技术．北京：人民交通出版社，2001．
[12] 周翼翔．汽车检测与诊断．北京：中国农业出版社，2004．
[13] 陈焕江．汽车检测与诊断．北京：机械工业出版社，2001．
[14] 宋双羽．机动车维修车辆技术评估和检测岗位技能训练．北京：机械工业出版社，2006．
[15] 张建俊．汽车诊断与检测技术．北京：人民交通出版社，2003．
[16] 李东江，宋良玉．发动机电控汽油喷射系统及其维修技术．北京：机械工业出版社，2000．
[17] 杨益明．汽车发动机构造与维修．西安：西安电子科技大学出版社，2007．
[18] 李东江，张大成，等．汽车电控系统故障检修．北京：机械工业出版社，2001．
[19] 解福泉．电控发动机维修．北京：高等教育出版社，2002．
[20] 王遂双，等．汽车电子控制系统的原理与维修．北京：北京理工大学出版社，1996．
[21] 陆华忠，云皓，肖超胜．丰田汽车维修手册．长春：吉林科学技术出版社，1996．
[22] 王秀红．汽车发动机电控技术．大连：大连理工大学出版社，2007．
[23] 秦浩．汽车检测与故障诊断．北京：化学工业出版社，2018．
[24] 戴晓锋．机动车检验技术与检验报告填制．北京：化学工业出版社，2012．